Roland Geißler

Großer Wanderführer
Hainich

mit Radtourenvorschlägen

3., überarbeitete Auflage 2014

Verlag Rockstuhl

Impressum

Herausgeber: Harald Rockstuhl, Bad Langensalza

Umschlaggestaltung: Harald Rockstuhl, Bad Langensalza

Titelbild: „Auf dem Baumkronenpfad", Foto Harald Rockstuhl

Grafiken auf der Rückseite: ARTIFEX Computerkartographie & Verlag Bartholomäus und Richter, Bad Langensalza

Bisherige Auflagen:
1. Auflage 2004 | 2., überarbeitete Auflage 2005

3., überarbeitete Auflage 2014
ISBN 978-3-86777-160-3
Redaktionsschluß: 1. März 2014

Streckenskizzen im Buch: Rüdiger Müller
Computer-Grafik, Leinefelde
Satz: Roland Geißler, Leinefelde
Innenlayout: Harald Rockstuhl, Bad Langensalza

Fotos ohne Unterschrift von Roland Geißler

Druck und Bindearbeit: Beltz GmbH Bad Langensalza

Gedruckt auf alterungsbeständigem Papier nach ISO 9706

Die Deutsche Nationalbibliothek verzeichnet diese Publikation in der Deutschen Nationalbibliografie. Detaillierte bibliografische Daten sind im Internet über *http://dnb.d-nb.de* abrufbar.

Verlag Rockstuhl
www.verlag-rockstuhl.de

Inhaber: Harald Rockstuhl
Mitglied des Börsenvereins des Deutschen Buchhandels e.V.
Lange Brüdergasse 12 in D-99947 Bad Langensalza/Thüringen
Telefon: 03603 / 81 22 46   Telefax: 03603 / 81 22 47
www.verlag-rockstuhl.de

Vorwort des Autors

„O Täler weit, O Höhen,
O schöner, grüner Wald,
Du meiner Lust und Wehen
Andächtiger Aufenthalt!
Da draußen, stets betrogen
Saust die geschäftige Welt,
Schlag noch einmal die Bogen
Um mich, du grünes Zelt!

Ob Joseph von Eichendorff im Hainich war, ist nicht überliefert. Wie aktuell sind doch seine Zeilen aus der ersten Strophe seines Gedichtes „Abschied im Walde bei Lubowitz".

Im April 2001 machte ich mich auf, den Hainich und angrenzende Gebiete zu durchwandern. Seitdem habe ich diese aufstrebende Wanderregion in mein Herz geschlossen.
Im Juli 2004 erschien die 1. Auflage des Buches. Ich war sehr gespannt, wie es angenommen wird. Bei allem Optimismus hielt ich es kaum für möglich, dass die Auflage bereits nach einem guten halben Jahr vergriffen sein wird. So erschien im August 2005 die zweite, überarbeitete Auflage.
Seitdem hat sich die Region im Städtedreieck Bad Langensalza – Mühlhausen – Eisenach dynamisch entwickelt. Neue Wander- und Radwanderwege wurden angelegt. Stellvertretend sei der Hainichlandweg genannt (s. SW 01-07).
Der Nationalpark Hainich lockt immer mehr Besucher an und wird über die Grenzen Thüringens hinaus immer bekannter, wenn es um sanften Tourismus geht. Folgerichtig wurde dieses Kleinod im Jahre 2011 in das UNESCO-Weltnaturerbe aufgenommen.

Abschließend wünsche ich allen, die unsere Heimat als Wanderer oder als Radler kennen lernen möchten, ein gutes Vorankommen. Möge dieses Büchlein eine wertvolle Orientierung dazu sein.
Außerdem möchte ich allen danken, die zum Gelingen dieses Werkes beigetragen haben. Das gilt insbesondere für die Sponsoren und alle Wander- und Heimatfreunde der Region, die mein Manuskript kritisch „unter die Lupe" nahmen und Anregungen für die 3., überarbeitete Auflage gaben.

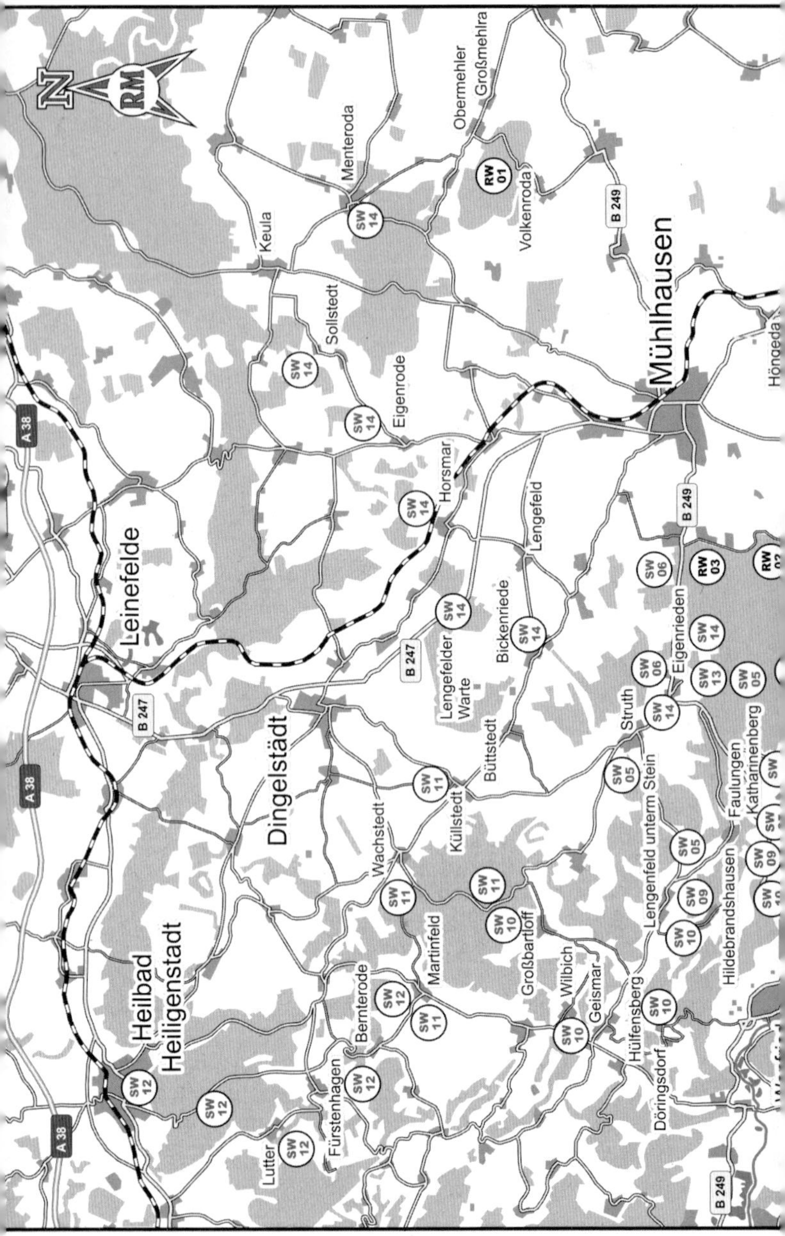
RM
N
Leinefelde
Heilbad
Heiligenstadt
Dingelstädt
Mühlhausen
Keula
Menteroda
Obermehler
Großmehlra
Volkenroda
Sollstedt
Eigenrode
Horsmar
Lengefeld
Bickenriede
Lengefelder Warte
Büttstedt
Küllstedt
Wachstedt
Struth
Eigenrieden
Lengenfeld unterm Stein
Faulungen
Katharinenberg
Hildebrandshausen
Großbartloff
Martinfeld
Wilbich
Geismar
Hülfensberg
Döringsdorf
Bernterode
Fürstenhagen
Lutter
A 38
B 247
B 249
RW 01
RW 03
SW 05
SW 06
SW 09
SW 10
SW 11
SW 12
SW 13
SW 14

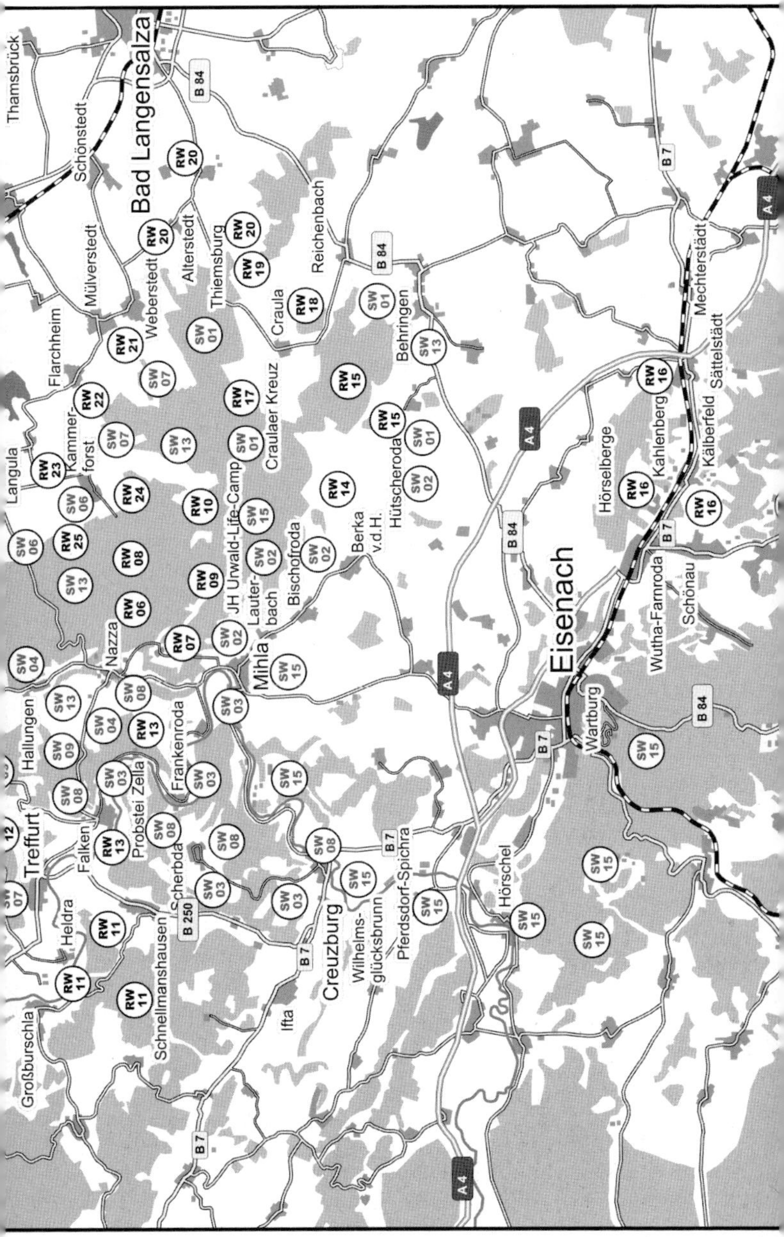
Thamsbrück
Bad Langensalza
Schönstedt
B 84
Mülverstedt
Weberstedt
Alterstedt
Thiemsburg
Reichenbach
Flarchheim
Craula
Behringen
Kammerforst
Craulaer Kreuz
Langula
Hütscheroda
Hörselberge
Kahlenberg
Kälberfeld
Sättelstädt
Mechterstädt
B 7
A 4
JH Urwald-Life-Camp
Lauterbach
Bischofroda
Berka v.d.H.
Nazza
Mihla
Eisenach
Wutha-Farnroda
Schönau
Hallungen
Frankenroda
Wartburg
Probstei Zella
Treffurt
Falken
Scherbda
Heldra
Schnellmannshausen
B 250
Creuzburg
Wilhelmsglücksbrunn
Pferdsdorf-Spichra
Hörschel
Ifta
Großburschla

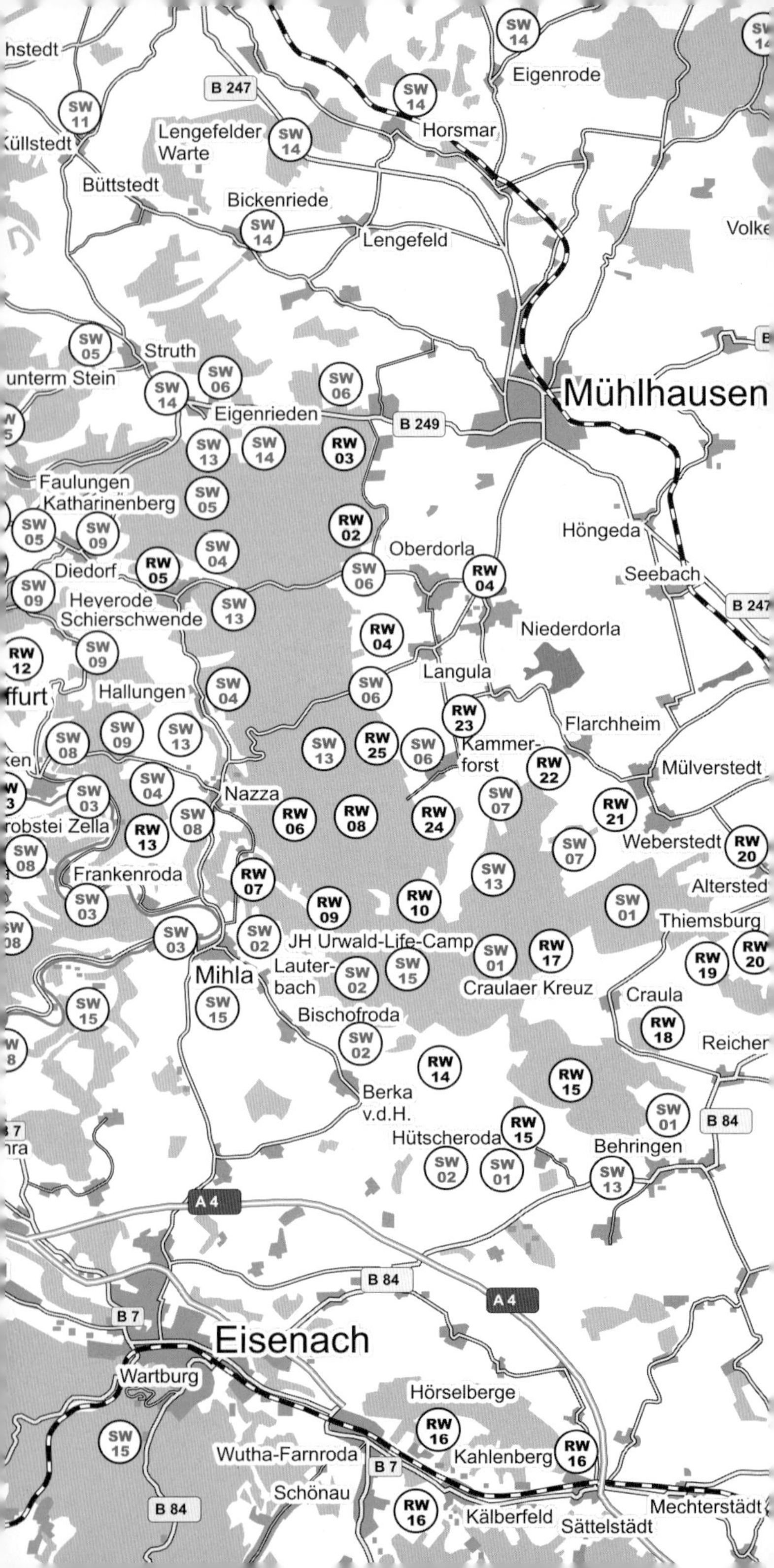

Mühlhausen
Eisenach
B 247
B 249
B 84
B 7
A 4
Eigenrode
Horsmar
Lengefelder Warte
Küllstedt
Büttstedt
Bickenriede
Lengefeld
Struth
unterm Stein
Eigenrieden
Faulungen
Katharinenberg
Diedorf
Heyerode
Schierschwende
Hallungen
Oberdorla
Niederdorla
Langula
Höngeda
Seebach
Flarchheim
Kammerforst
Mülverstedt
Weberstedt
Altersted
Thiemsburg
Nazza
Probstei Zella
Frankenroda
Mihla
JH Urwald-Life-Camp
Lauterbach
Bischofroda
Craulaer Kreuz
Craula
Reicher
Berka v.d.H.
Hütscheroda
Behringen
Wartburg
Hörselberge
Wutha-Farnroda
Kahlenberg
Schönau
Kälberfeld
Sättelstädt
Mechterstädt
Volke
SW 01
SW 02
SW 03
SW 04
SW 05
SW 06
SW 07
SW 08
SW 09
SW 11
SW 13
SW 14
SW 15
RW 02
RW 03
RW 04
RW 05
RW 06
RW 07
RW 08
RW 09
RW 10
RW 12
RW 13
RW 14
RW 15
RW 16
RW 17
RW 18
RW 19
RW 20
RW 21
RW 22
RW 23
RW 24
RW 25

Inhaltsverzeichnis

1. Rundwanderungen (RW)

2. Streckenwanderungen (SW)

I. Hainichland-Wanderweg

II. Weitere Streckenwanderungen

Radtourenvorschläge

Durchgängig mit dem Rad befahrbar sind nur die RW 04-05. Mit einem Mountainbike wäre es zwar möglich, jeden Wanderweg abzufahren. Dies sollte aber aus Gründen des Naturschutzes nicht geschehen. Im Nationalpark ist es sogar verboten, bestimmte Wanderwege mit dem Rad zu befahren, was durch entsprechende Schilder angezeigt wird.
Eine spezielle Strecke für Mountainbiker gibt es inzwischen von Creuzburg zum Rand des Naturschutzgebietes „Ebenauer Köpfe".
Außerdem werden 60 Radtourenvorschläge angeboten. Die Touren sind teilweise auf schon vorhandenen Radwanderwegen, Wirtschaftswegen und z. T. auch auf Straßen vorgenommen worden. Allerdings wurden Bundesstraßen bis auf wenige unvermeidliche Lückenergänzungen ausgenommen. Alle Tourenvorschläge wurden vom Autor persönlich mit einem Trekkingrad „abgestrampelt". Auf eine detaillierte Streckenbeschreibung wie bei den Wanderungen wurde allerdings aus Platzgründen verzichtet. Sonst wäre das Buch für einen Wanderführer mit Taschenbuchformat einfach zu dick geworden. Dafür werden Zwischenkilometer angegeben, damit man sich seine Tour entsprechend der Kondition zusammenstellen kann. Fettgedruckte Orte verfügen über einen Bahnhof bzw. Haltepunkt, sodass man gegebenenfalls Touren verkürzen oder mit einer anderen Route kombinieren kann. Bei seinen Recherchen war der Autor manchmal mehrere Tage unterwegs und so sind auch Angebote entstanden für Mehrtagestouren, die über den Horizont des Hainichs, des Unstruttals und des Werratals usw. hinausgehen.
Folgende Thüringer Radwege wurden teilweise integriert und in der Auflistung *kursiv* dargestellt:

- Unstrut-Radweg (RT 03, 05-06, 09-12, 15, 34-36, 39, 41, 46-48, 50, 52, 55, 57-58) s. auch www.unstrutradweg.de
- Werratal-Radweg (RT 18-19, 22-24, 51, 53, 60) s. auch www.werratal.de
- Unstrut-Werra-Radweg (RT 01-03, 10-11, 13-16)
- Kneipp & Kleinbahnradweg K^2 (RT 03, 34, 40, 48-49)
- Radweg „Gelbe Route" (RT 09, 14, 18-19, 21, 24-26)
- Radweg „Rote Route" (RT 13-14, 29-31, 33, 53)
- Radweg „Blaue Route" (RT 22)
- Haineck-Radweg (RT 51)
- Lautertal-Radweg (18-21, 57)
- Radweg Thüringer Städtekette (RT 56, 59) s. auch www.thueringer-staedtekette.de
- Herkules-Wartburg-Radweg (RT 18-19, RT 22-24, RT 51, RT 60) s. auch www.herkules-wartburg-radweg.de
- Gera-Radweg (RT 55) s. auch www.geraradweg.de
- Nessetal-Radweg (RT 58-59)

Gliederung der 60 Radtourenvorschläge:

RT 01: <u>Von Schlotheim zum Kloster Volkenroda</u> 32 km
Schlotheim, Markt - Schlotheim, Bahndamm (km 0,8) - Österkörner (3,1) - Gut Bergmühle (4,9) - Körner, ehem. Bf. (6,7) - Kloster Volkenroda (9,4) - Obermehler (13,5) - Goldberg (15,1) - Urbach (16,6) - Peukendorf (19,5) - Holzsußra (23,5) - Rockensußra (26,5) - Mehrstedt (29,6) - Schlotheim (32)
Bemerkung: *von Rockensußra bis Kreisgrenze UH sowie von Schlotheim bis Körner auf Unstrut-Werra-Radweg, von Peukendorf bis Holzsußra auf Radweg K 13*
- Unstrut-Werra-Radweg bei Drucklegung zwischen Mehrstedt und Schlotheim noch unterbrochen
- auf Landstraßen von Urbach bis Holzsußra

RT 02: <u>Rund um Schlotheim</u> 29 km
Schlotheim, Markt - Schlotheim, Bahndamm (km 0,8) - Österkörner (3,1) - Gut Bergmühle (4,9) - Körner, ehem. Bf. (6,7) - Rastplatz Kastanienbaum (10,4) - Altengottern (14,8) - Großwelsbach (18,1) - Bothenheilingen (20,1) - Issersheilingen (22,8) - Hohenbergen (25,2) - Schlotheim (29)
Bemerkung: *von Schlotheim bis Körner Unstrut-Werra-Radweg*
- auf Landstraßen von Großwelsbach bis Schlotheim

RT 03: <u>Von Schlotheim über die Heilinger Höhen</u> 42 km
Schlotheim, Markt - Hohenbergen (km 3,8) - Issersheilingen (6,2) - Neunheilingen (9) - Kleinwelsbach (11,1) - Großwelsbach (13,7) - Thamsbrück (17) - Altengotternsches Ried - Altengottern (22,9) - Bollstedt (29,8) - Abzw. Görmar (31,3) - unterhalb Grabsche Berge - Rastplatz Heimatverein Grabe (32,4) - Grabe (33,8) - Abzw. Furthühle (34,3) - Rastplatz Grenzbank (35,9) - Körner (37,1) - Bergmühle (38) - Österkörner (38,9) - Schlotheim, Ende Bahndamm (41,1) - Schlotheim, Markt (41,9)
Bemerkung: *von Kleinwelsbach bis Thamsbrück auf Kneipp & Kleinbahnradweg K^2 von Thamsbrück bis Abzw. Görmar auf Unstrut-Radweg, Abzw. Görmar bis Schlotheim auf Unstrut-Werra-Radweg,*
- auf Landstraßen von Schlotheim bis Neunheilingen

RT 04: <u>Rund um Hüpstedt</u> 25 km
Hüpstedt - Eigenröder Warte (km 2,3) - Eigenrode (5) - Sollstedt/UH (8,6) - *Chaussee MHL-NDH* (11,2) - Menteroda (14) - Keula (18,1) - Zaunröden (21,8) - *Wirtschaftsweg* - Hüpstedt (25)
Bemerkung: *auf Landstraßen von Eigenrode bis Sollstedt sowie von Menteroda bis Zaunröden*

RT 05: <u>Rund um die Lengefelder Warte und das Kloster Anrode</u> 3 km
Bickenriede - Lengefelder Warte (km 3,8) - Zella (5,2) - Helmsdorf (7) - Ölberggrotte (7,4) - **Silberhausen (9)** - Steckenpferdreiter (9,9) - Dingelstädt (11,8) - *Melmweg (13,6)* - Melmbaum (14,6) -

Schutzhütte Hollau (15,9) - Lindenhof (18,6) - *Straße Küllstedt-Büttstedt (18,9)* - Abzw. Anrode (19,3) - Kloster Anrode (21,7) - Bickenriede (23)
Bemerkung: *von Zella bis Dingelstädt Unstrut-Radweg*
- auf Landstraße vom Lindenhof bis zum Abzweig Anrode

RT 06: Zum Gut Breitenbich 20 km

Dachrieden, HP - Beyrode (km 2,5) - Horsmar (4,4) - Horsmarer Warte (5,7) - Gut Breitenbich (6,9) - Beberstedt (9,7) - Schutzhütte (11,8) - Hüpstedt (12,7) - Eigenröder Warte (15) - Eigenrode (16,7) - **Dachrieden (20)**
Bemerkung: *von Dachrieden bis Horsmar Unstrut-Radweg*
- auf Landstraße von Dachrieden bis Horsmar

RT 07: In das Künstlerdorf Friedrichsrode 47 km

Dachrieden, HP - Kaisershagen (km 3,6) - Sollstedt (8,5) - Chaussee MHL-NDH (10,2) - Menteroda (13) - Urbach (16,1) - Holzthaleben (21,7) - Holzthaleber Wald/*Friedrichsröder Straße (23,4) - Alte Trift (24,4)* - Friedrichsrode, Kunsthof (27) - *Keulaer Chaussee* - Schutzhütte Rodehorst (28,8) - Kleines Rondell (31,8) - Rondell Keula (32) - *Ritterstieg* - Schützenplatz Keula (33,8) - Keula (35,3) - Klein-Keula (39) - Sollstedt/UH (39,9) - Eigenrode (43,7) - **Dachrieden, HP (47)**
Bemerkung: *von Kaisershagen bis Sollstedt sowie von der Keulaer Chaussee bis zum Rondell Hauptwanderweg (blaues Andreaskreuz)*
- holpriger Abschnitt von Kaisershagen nach Sollstedt
- 1,2 km vor dem Kleinen Rondell schlechte Strecke (Wurzeln), aber immer noch besser als Chaussee Friedrichsrode-Keula, Der Ritterstieg ist nur bei trockenem Wetter zu empfehlen
- auf Landstraßen von Dachrieden bis Kaisershagen, vom Schützenplatz Keula bis Dachrieden

RT 08: Rund um Dachrieden 33 km

Dachrieden - Eigenrode (km 3,2) - Eigenröder Warte (4,9) - Hüpstedt (7,2) - *Wirtschaftsweg* - Zaunröden (10,5) - Keula (14,4) - Menteroda (18,8) - Schacht Pöthen (21,5) - Siedlung Pöthen (23) - Thomasecke (24,8) - Kaisershagen (30,8) - **Dachrieden (33)**
Bemerkung: *auf Landstraße von Dachrieden bis Eigenrode sowie von Zaunröden bis Dachrieden*

RT 09: Über Unstrut und Hainich von Mühlhausen nach Bad Langensalza 61 km

MHL - Görmar (km 1,5) - Bollstedt (5,2) - Altengottern (12,1) - Altengotternsches Ried - Thamsbrück (17,6) - **LSZ (22,4) -** *Thiemsburger Weg* - Thiemsburg/Baumkronenpfad (33,3) - Craula (36,9) - Craulaer Kreuz (39) - Otterbühl (41,7) - Eiserne Hand (43,1) - Zollgarten (44,7) - Kammerforst (46,9) - Langula (50,1) - Oberdorla (51,4) - Weidensee (54,6) - Jacobs-Brunnen - Popperöder Quelle (56,7) - Schwanenteich (57,7) - **MHL, Bf. (61)**
Bemerkung: *von MHL bis LSZ Unstrut-Radweg, von LSZ bis zum Otterbühl Radweg Gelbe Route, vom Otterbühl bis MHL Radweg Rote Route*

RT 10: <u>Zur Vogelschutzwarte Seebach und zum Gondelteich Höngeda</u> 32 km

MHL, Bf. - Schwanenteich (km 3,6) - Popperöder Quelle (4,7) - Jacobs-Brunnen - Weidensee (6,9) - Oberdorla (9,5) - Niederdorla, Mallinden (11,5) - Opfermoor Vogtei (12,5) - Campingplatz Palumpa-Land (15,3) - *Koppelweg* - **Seebach,** Wasserschloss **(20,2)** - Höngeda, Gondelteich (23,8) - Bollstedt (26,6) - Abzw. Grabe - Görmar (30,5) - **MHL, Bf. (32)**

Bemerkung: *vom Abzw. Grabe bis Oberdorla Unstrut-Werra-Radweg, von Bollstedt bis MHL auch Unstrut-Radweg*

- auf Landstraße von Höngeda bis Bollstedt

RT 11: <u>Durch die Vogtei</u> 41 km

MHL, Bf. - Görmar (km 1,5) - Bollstedt (5,2) - Altengottern (12,1) - **Großengottern** (14,2) - *Kammerforster Weg* - Gedenkstein US-Flieger (17,7) - Flarchheim (22,4) - Oppershausen (26,1) - (Abstecher Campingplatz Palumpa-Land) - Niederdorla (29,3) - Mallinden (30,3) - Oberdorla, ehem. Bf. (31) - Felchta, Hinter den Höfen (33,7) - Siedlung Felchta (34,2) - **MHL, Bf. (41)**

Bemerkung: *von MHL bis Alterngottern Unstrut-Radweg, von Oberdorla bis MHL Unstrut-Werra-Radweg bzw. Radweg Rote Route*

- auf Landstraßen von Flarchheim bis Abzw. Campingplatz

RT 12: <u>Über die Heilinger Höhen</u> 60 km

MHL, Bf. - Görmar (km 1,5) - Bollstedt (5,2) - Altengottern (12,1) - Großwelsbach (16,8) - Bothenheilingen (19,1) - Issersheilingen (21,8) - Hohenbergen (24,2) - Schlotheim (28,7) - Schaftal - Teichmühle (30,4) - Neuer Börner-Teich - Großmehlra, Notterbrücke (35,2) - Obermehler (37,3) - Siedlung Pöthen (39,5) - Thomasecke (41,3) - Windeberg (45) - Kaisershagen (49,2) - Reiser (51,9) - **Ammern** (53,9) - **MHL, Bf. (59,7)**

Bemerkung: *von MHL bis Altengottern Unstrut-Radweg*

- von Neuer Börner-Teich bis Großmehlra nur bei trockenem Wetter passierbar

- auf Landstraßen von Großwelsbach bis Reiser

RT 13: <u>Durch den Mühlhäuser Stadtwald</u> 35 km

MHL, Bf. - Schwanenteich (km 3,6) - Popperöder Quelle (4,7) - Jacobs-Brunnen - Weidensee (6,9) - Schullandheim Waldschlösschen (8,9) - Seebachgrund (13,5) - Großer Senkig (15,8) - Himmelsleiter (17,4) - Wetterscheidenchaussee - Luthereiche - Katalaunische Felder (19) - Rote Haus-Chaussee - Rote Haus-Hütte (20,4) - Rehbuche (22,4) - Spittelbrunnen (23,3) - Wegkreuzung Weidensee (24,7) - Weißes Haus (26,2) - Prinzenhaus (26,8) - Holzecke (28)/Überquerung B 249 - MHL-Pfafferode (29) - Johannistal (31,7) - Schützenberg (32,5) - **MHL, Bf. (35)**

Bemerkung: *von MHL bis Gut Weidensee Unstrut-Werra-Radweg und Radweg Rote Route*

- auf Landstraßen von Wegkreuzung Weidensee bis MHL

RT 14: Radweg „Rote Route“ **60 km**
MHL, Bf. - Schwanenteich (km 3,6) - Popperöder Quelle (4,7) - Jacobs-Brunnen - Weidensee (6,9) - Oberdorla, Anger (9,5) - Langula, Anger (11,6) - Sängerdenkmal (12,8) - Kammerforst (14,3) - Zollgarten (16,5) - Eiserne Hand (20,1) - Otterbühl (21,5) - Craulaer Kreuz (24,1) - Craula (26,3) - Thiemsburg/Baumkronenpfad (29,9) - Eichenberg (31,7) - Abzw. Alterstedt (32,9) - Mittelberg - Weberstedt, Goldackersches Schloss (36,2) - Mülverstedt (37,6) - Kuhbrücke (40) - Talsperre Großengottern (42) - Gedenkstein US-Flieger (42,9) - **Großengottern** (45,2) - Altengottern (47,4) - Bollstedt (54,3) - Abzw. Grabe - Görmar (58) - **MHL, Bf. (60)**
Bemerkung: *von MHL bis zum Otterbühl Radweg Rote Route (bis Langula Überschneidung mit Unstrut-Werra-Radweg), vom Otterbühl bis zum Abzweig Alterstedt Radweg Gelbe Route, von Altengottern bis MHL Unstrut-Radweg*

RT 15: Zum Kloster Volkenroda **39 km**
MHL, Bf. - **Ammern (km 5,4)** - Reiser (8) - LSG Reisersches Tal - **Dachrieden (11,4)** - Kaisershagen (13,6) - Thomasecke (16,6) - Obermehler (22,1) - Kloster Volkenroda (26,2) - Körner (28,9) - Rastplatz Grenzbank (30,1) - Abzw. Furthmühle (31,7) - Grabe (32,2) - Rastplatz Heimatverein Grabe (33,6) - unterhalb Grabsche Berge - Abzw. Bollstedt (34,7) - Görmar (37,7) - **MHL, Bf. (39,2)**
Bemerkung: *von MHL bis Dachrieden sowie vom Abzw. Bollstedt bis MHL auf Unstrut-Radweg, von Körner bis MHL auf Unstrut-Werra-Radweg*
- auf Landstraßen von Dachrieden bis Körner

RT 16: Von Heyerode nach Treffurt **30 km**
Heyerode - Gute Hoffnung (km 4) - Lindenhecke (4,9) - Vierzigacker (6,1) - Hochantenne - Burg Normannstein (9,5) - Treffurt (10,4) - Feldmühle (15,2) - Grabstein Ottilie Schwarz (18) - HP Normannstein (18,6) - Wendehausen, ehem. Bf. (21) - Diedorf, ehem. Bf. (24,9) - Alter Bf./Grenzhaus Heyerode (29,1) - Heyerode (30)
Bemerkung: *von Heyerode bis Treffurt Barbarossaweg (X8), von Treffurt bis Alter Bf. Unstrut-Werra-Radweg, von Diedorf bis Alter Bf. Hainichlandweg*
- auf Landstraße von Alter Bf. bis Heyerode

RT 17: Rund um Lengenfeld unterm Stein **15 km**
Lengenfeld unterm Stein - Hildebrandshausen (km 2,8) - GND Steinbruch (3,6) - Katharinenberg (8,4) - Faulungen (11) - Lengenfeld unterm Stein (15
Bemerkung: *von Hildebrandshausen bis Katharinenberg Hainichlandweg*
- auf Landstraßen von Lengenfeld unterm Stein bis Hildebrandshausen sowie von Katharinenberg bis Lengenfeld

RT 18: Rund um Mihla **26 km**
Mihla - Lauterbach (km 1,5) - Bischofroda (3,4) - Berka v. d. H. (7,2) - Berteroda (8,8) - Neukirchen (10,4) - Ütteroda (14,1) - Creuzburg (17,3) - Buchenau (21,9) - Mihla (26,2)

Bemerkung: *von Mihla bis Berka Lautertal-Radweg, von Bischofroda bis Berka sowie von Ütteroda bis Creuzburg Radweg Gelbe Route, von Creuzburg bis Mihla Werratal-Radweg*
- auf Landstraßen von Berka v. d. H. bis Ütteroda

RT 19: Über die Luderhütte zur Mallinde 34 km

Mihla - Lauterbach (km 1,5) - Bischofroda (3,4) - Rastplatz Nobi's Ruh (3,9) - Ziegenberg (4,9) - Im Trippel (5,6) - Luderhütte (6,8) - Hellmundstein (8,9) - Schnepfenhardt - Otterbühl (9,3) - Langes Tal - Gänserasen/Maurer-Gedenkstein (11,1) - Karl-Martin-Hübschmann-Gedenkstein (11,8) - Mallinde (13,9) - Berka v. d. H. (15,6) - Berteroda (17,2) - Neukirchen (18,8) - Ütteroda (22,5) - Creuzburg (25,7) - Buchenau (30,4) - Mihla (34,4)

Bemerkung: *von Mihla bis Bischofroda Lautertal-Radweg, von Bischofroda bis Berka sowie von Neukirchen bis Creuzburg Radweg Gelbe Route, von Creuzburg bis Mihla Werratal-Radweg*
- *von Berka v. d. H. bis Creuzburg auf Landstraße*

RT 20: Von Mihla nach Kammerforst 25 km

Mihla - Wanderparkplatz Mihlaer Tal (km 2,4) - Rudolf's Aue (3,5) - *Kammerforster Weg* - Kreisgrenze (4,7) - Ritter-Kreuz (5,1) - Antoniusherberge (6,4) - Kletterwald/Reckenbühl (7,5) - Großer Schneisenweg/*Reckenbühler Straße* - Kammerforst (11,2) - Zollgarten (13,4) - Eiserne Hand (17) - Betteleiche (18,1) - *Hohe Straße* - Prinzenstein - Mülverstedter Kreuz (18,6) - Zollbank (19,7) - Steinerner Tisch (20,2) - Urwald-Life-Camp auf dem Harsberg (20,6) - Lauterbach (22,8) - Mihla (25)

Bemerkung: *von Mihla bis Kammerforst auf Kammerforster Weg (Markierung grüner Querbalken), von Kammerforst bis Eiserne Hand auf Radweg Rote Route, von Lauterbach bis Mihla auf Lautertal-Radweg*
- auf Landstraße vom Harsberg bis Lauterbach

RT 21: Zweimal Gelbe Route 15 km

Bischofroda - Rastplatz Nobi's Ruh (km 0,5) - Ziegenberg (1,5) - Im Trippel (2,2) - Luderhütte (3,4) - Hellmundstein (5,5) - Schnepfenhardt - Otterbühl (5,9) - Langes Tal - Gänserasen/Maurer-Gedenkstein (7,7) - Karl-Martin-Hübschmann-Gedenkstein (8,4) - Mallinde (10,5) - Berka v. d. H. (12,2) - Bischofroda (14,9)

Bemerkung: *komplett Radweg Gelbe Route*

RT 22: Von Treffurt nach Creuzburg über die „Blaue Route" 40 km

Treffurt - *neben der B 250* - Schnellmannshausen (km 5,2) - Kaiserlinde (6) - Mohntal (8,4) - Abzweig Scherbda (8,8) - Infotafel Hempel-Denkmal (9,5) - Creuzburg, Markt (15) - Buchenau (19,7) - Mihla (24) - Freibad (24,5) - Ebenshausen (26,1) - Frankenroda (29,7) - Hutweide - Mühlrain - Probstei Zella (32) - Thomas-Müntzer-Kanzel - Falken (34,9) - Treffurt (40,3)

Bemerkung: *von Treffurt bis Creuzburg Radweg Blaue Route, von Creuzburg bis Treffurt Werratal-Radweg*
- auf Landstraßen vom Abzweig Scherbda bis Creuzburg

RT 23: Rund um Probstei Zella **14 km**

Probstei Zella - Sommerleite - Eselskopf/Eselskopfquelle (km 2,4) - Nazza (4,5) - Rastplatz Haineck-Radweg (6,6) - Ebenshausen (7,9) - Frankenroda (11,6) - Hutweide - Mühlrain - Probstei Zella (13,8)

Bemerkung: *von Probstei Zella bis Nazza Hainichlandweg, von Nazza bis Ebenshausen Haineck-Radweg, von Ebenshausen bis Probstei Zella Werratal-Radweg*

- gute Kondition beim Anstieg von Probstei Zella zur Eselskopfquelle erforderlich!

RT 24: Rund um Creuzburg **20 km**

Creuzburg - Ütteroda (km 3,2) - Steinbruch Bischofroda (4,8) - Bischofroda (7,4) - Lauterbach (9,3) - Mihla (10,8) - Buchenau (15,1) - NSG „Klosterholz und Nordmannsteine" - Creuzburg (20)

Bemerkung: *von Creuzburg bis Bischofroda Radweg Gelbe Route, von Bischofroda bis Mihla Lautertal-Radweg, von Mihla bis Creuzburg Werratal-Radweg*

- auf Landstraßen von Ütteroda bis Bischofroda

RT 25: Von Eisenach nach Hütscheroda **63 km**

Eisenach, Hbf - Siebenborn-Teich (km 4,1) - Abzw. Stedtfeld (6,6) - **Hörschel (10,3)** - Spichra (13,3) - Krauthausen (15,8) - Madelungen (17,1) - Querung L 1016 - Neukirchen (18,6) - Berteroda (19,8) - Berka v. d. H. (23,4) - Lohberg (25,5) - Katzenhart - Dicke Eiche (27,2) - Aussichtsplattform „Hainich-Blick" (27,6) - Dicke Eiche (28) - Wüstung Heßwinkel (30,8) - Wangenheimer Grenzstein (31,3) - Schauanlage „Wildkatzenlichtung" - Hütscheroda (32,3) - Querung B 84 (33,9) - Wolfsbehringen (35,9) - Haina (40,6) - Ebenheim (43,1) - Burla (46,1) - **Sättelstädt (48,7)** - Kälberfeld (50,1) - Schützenplatz - Kahlenberg (51,8) - GND Wuthaer Verwerfung (55) - Wutha-Eichrodt (57) - Rothenhof (59,3) - **EA, Hbf (62,8)**

Bemerkung: *von Neukirchen bis Berka v. d. H. Radweg Gelbe Route, von Berka bis Hütscheroda Hainichlandweg, von Sättelstädt bis EA Radweg Thüringer Städtekette*

- auf Landstraßen von Neukirchen bis Berka, von Hütscheroda bis B 84 sowie von Haina bis Sättelstädt

RT 26: Von Eisenach nach Creuzburg **37 km**

EA, Hbf - Siebenborn-Teich (km 4,1) - Abzw. Stedtfeld (6,6) - **Hörschel (10,3)** - Spichra (13,3) - Stiftsgut Wilhelmsglücksbrunn (15,6) - Creuzburg (18,2) - Ütteroda (22,1) - Querung L 1016 - Neukirchen (25,8) - *Wirtschaftsweg* - A 4-Tunnel (29,5) - An der Leithe - Stregda (30,7) - EA, Tiefenbacher Allee - **EA, Hbf (37,3)**

Bemerkung: *von EA bis Hörschel Herkules-Wartburg-Weg, von Spichra bis Creuzburg Werratal-Radweg, von Creuzburg bis Neukirchen Radweg Gelbe Route*

RT 27: Rund um Behringen (Kleine Runde) **13 km**

Behringen - Wolfsbehringen (km 3) - Querung B 84 (5) - Hütscheroda (6,7) - Schauanlage „Wildkatzenlichtung" (7,1) - Wangenheimer Grenzstein (8) - Wüstung Heßwinkel (8,5) -

Rastplatz „Chefbank“ (9,6) - Argusstein (10,5) - Schutzhütte „Vogelschießen“ (11,5) - Behringen (12,9)
Bemerkung: *von Hütscheroda bis Behringen Hainichlandweg und Skulpturenweg*
- vom Rastplatz „Chefbank“ Rad bergan neben einer Treppe schieben
- auf Landstraße von Behringen bis Wolfsberingen sowie von der B 84 bis Hütscheroda

RT 28: <u>Rund um Behringen (Große Runde)</u> 36 km
Behringen - Schutzhütte „Vogelschießen“ (1,4) - *Talweg* - Rabenhög-Steinbruch (4,4) - Schützenhaus (7,8) - Craula (8,9) - Craulaer Kreuz (11) - Otterbühl (13,7) - Langes Tal - Gänserasen/Maurer-Gedenkstein (15,5) - Karl-Martin-Hübschmann-Gedenkstein (16,2) - Mallinde (18,3) - Berka v. d. H. (20) - Lohberg (22,1) - Katzenhart - Dicke Eiche (23,8) - Aussichtsplattform „Hainich-Blick“ (24,2) - Dicke Eiche (24,6) - Wüstung Heßwinkel (27,4) - Wangenheimer Grenzstein (27,9) - Schauanlage „Wildkatzenlichtung“ - Hütscheroda (28,9) - Querung B 84 (30,5) - Wolfsbehringen (32,5) - Behringen (35,5)
Bemerkung: *von Behringen bis Schutzhütte „Vogelschießen“ sowie von Berka bis Hütscheroda Hainichlandweg, von Craula bis Berka Radweg Gelbe Route*
- auf Landstraße von Hütscheroda bis zur B 84 sowie von Wolfsbehringen nach Behringen

RT 29: <u>Rund um das Kammerforst</u> 16 km
Kammerforst - *Hainich-Haus* (km 2,4) - Sängerdenkmal (4,8) - Langula (5,6) - Oberdorla (6,9) - Niederdorla (9,5) - Oppershausen (12,7) - Kammerforst (16)
Bemerkung: *vom Sängerdenkmal bis Oberdorla Unstrut-Werra-Radweg und Radweg Rote Route*

RT 30: <u>Zum Wildkatzenkinderwald</u> 28 km
Großengottern, HP - *Straße Richtung Mülverstedt* - Wegkreuzung Windberg (km 3,9) - Kuhbrücke (4,9) - *Wirtschaftsweg* - Mülverstedt (7,3) - Historischer Wegestein (8,2) - *Triftchaussee* - Parkplatz Fuchsfarm (10,1) - Wanderparkplatz Rüspelsweg (11,1) - Wildkatzenkinderwald/Umweltbildungszentrum (12,7) - Wanderparkplatz Zollgarten (13,7) - Kammerforst (15,9) - Bechstedter Berg (17,7) - Flarchheim (20) - *Kammerforster Weg* - Gedenkstein US-Flieger (24,5) - **Großengottern, HP (28)**
Bemerkung: *vom Zollgarten bis Kammerforst Radweg Rote Route*

RT 31: <u>Zur Eisernen Hand</u> 27 km
Mülverstedt - Weberstedt (km 1,4) - Thiemsburg/Baumkronenpfad (6,9) - Craula (10,5) - Craulaer Kreuz (12,7) - Otterbühl (15,3) - Eiserne Hand (17) - (Abstecher Betteleiche/Ihlefeld) - *Mülverstedter Chaussee* - Parkplatz Fuchsfarm (22,1) - Mülverstedt (25)
Bemerkung: *von der Thiemsburg bis zum Otterbühl Radweg Gelbe Route, vom Otterbühl bis zur Eisernen Hand Radweg Rote Route*

RT 32: Rund um Schönstedt **11 km**

Schönstedt, HP - *Waldstedter Weg* - Waldstedt (km 3) - *Straße Waldstedt-Zimmern (4,2)* - Zimmern (5,2) - Alterstedt (7,2) - **Schönstedt, HP (10,6)**

Bemerkung: *von Alterstedt bis Schönstedt auf Hainichlandweg (Zuweg) - auf Landstraßen von Waldstedt bis Alterstedt*

RT 33: Rund um den Baumkronenpfad **25 km**

Thiemsburg/Baumkronenpfad - Eichenberg (km 1,8) - Abzw. Alterstedt (3) - Mittelberg - Weberstedt (6,3) - Hist. Wegestein (8,3) - *Triftchaussee* - Parkplatz Fuchsfarm (10,2) - Parkplatz Rüspelsweg (11,4) - UBIS/Wikakiwa (13) - Abzw. Zollgarten - Otterbühl (16,9) - Craulaer Kreuz (19,5) - Craula (21,7) - Thiemsburg (25,3)

Bemerkung: *von der Thiemsburg bis zum Eichenberg sowie vom Otterbühl bis zur Thiemsburg Radweg Gelbe Route, vom Abzw. Zollgarten bis Otterbühl Radweg Rote Route*

RT 34: Von Bad Langensalza durch das Unstruttal **48 km**

LSZ, Bf. - Thamsbrück (km 5,2) - Großwelsbach (8,5) - Kleinwelsbach (11,1) - Kirchheilingen (14,4) - Wegekreuz Sundhausen (16,1) - Tottleben (18) - Wassertretbecken (18,5) - Abzw. Urleben (20) - Schutzhütte Abzw. Bruchstedt (21,4) - Plattenstraße rechts (23) - Bad Tennstedt, Haus des Gastes (25,8) - Bad Tennstedt, Markt (26,3) - ehem. Bf. (28,1) - Abzw. Ballhausen (29) - Bahndamm (31,3) - Unstrutbrücke (32,2) - Herbsleben (33,1) - Wanderhütte „Unstrut-aue" - Großvargula (37,6) - NSG „Unstruttal" - Nägelstedt (43) - Riedsgraben - **LSZ, Bf. (48,2)**

Bemerkung: *von LSZ bis Herbsleben auf Kneipp & Kleinbahnradweg K^2, von Herbsleben bis LSZ auf Unstrut-Radweg*

RT 35: Zur Wasserscheide Elbe - Weser **32 km**

LSZ, Bf. - *Thiemsburger Weg* - Zimmern (km 6,7) - *Wirtschaftsweg* - Harth-Haus (11,1) - Tüngeda (14) - Wasserscheide Elbe-Weser (18,2) - Wiegleben (18,7) - Grumbach (21) - Henningsleben (21,8) - Illeben (25,4) - Gewerbegebiet Ost - Riedsgraben - **LSZ, Bf. (32)**

Bemerkung: *von LSZ bis Abzw. Zimmern Radweg Gelbe Route, vom Riedsgraben bis LSZ Unstrut-Radweg*

- auf Landstraßen von Grumbach nach Henningsleben sowie von Illeben bis Gewerbegebiet Ost

RT 36: Stadtumlandtour Bad Langensalza **32 km**

LSZ - *Thiemsburger Weg* - Abzw. Waldstedt (km 4,5) - Waldstedt (5,4) - *Straße Waldstedt-Zimmern (6,6)* - Zimmern (7,6) - Große Harth (12,4) - Grumbach (14,7) - Wiegleben (17) - Ascharaer Kreuz/Querung B 247 (18,7) - Aschara (21) - **Eckardtsleben (22,9)** - Illeben (24,8) - Gewerbegebiet Ost - Riedsgraben - **LSZ (31,5)**

Bemerkung: *von LSZ bis Abzw. Waldstedt Radweg Gelbe Route, vom Riedsgraben bis LSZ Unstrut-Radweg*

RT 37: Rund um die Große Harth **36 km**

LSZ, Bf. - *Thiemsburger Weg* - Thiemsburg/Baumkronenpfad (km 10,9) - Craula (14,5) - Reichenbach (18,8) - Tüngeda (22,1) - Harth-

Haus (25) - *Wirtschaftsweg* - Zimmern (29,4) - *Thiemsburger Weg* - **LSZ, Bf. (36)**

Bemerkung: *von LSZ bis Craula sowie vom Abzw. Zimmern bis LSZ Radweg Gelbe Route*

- auf Landstraßen von Craula nach Tüngeda

RT 38: Von Bad Langensalza zum Wildkatzendorf Hütscheroda 50 km

LSZ, Bf. - *Thiemsburger Weg* - Thiemsburg/Baumkronenpfad (km 10,9) - Craula (14,5) - Schützenhaus (15,6) - Rabenhög-Steinbruch (19) - *Talweg* - Baumeisterkreuz (20,3) - Skulptur am Rosenbergweg (20,7) - Rosenbergwiese (21,6) - Wüstung Heßwinkel (22,6) - Wangenheimer Grenzstein (23) - Schauanlage „Wildkatzenlichtung" - Hütscheroda (23,8) - Querung B 84 (25,6) - Wolfsbehringen (27,6) - Behringen (29,8) - *Wirtschaftsweg* - Tüngeda (35,2) - Harth-Haus (38,1) - Grumbach (40,8) - Henningsleben (41,6 - Illeben (45,2) - Querung Umgehungsstraße - Gewerbegebiet Ost - Riedsgraben - LSZ (49,8)

Bemerkung: *von LSZ bis Craula Radweg Gelbe Route, von Wüstung Heßwinkel bis Hütscheroda auf Hainichlandweg*

- auf Landstraße von Hütscheroda bis zur B 84, von Wolfsberingen bis Behringen, von Illeben bis Gewerbegebiet Ost

RT 39: Nach Bad Tennstedt 45 km

LSZ, Bf. - Böhmenteiche/Kloster Homburg (3,8) - Thamsbrück (4,8) - Hoher Steig (9,7) - Sundhausen (11,9) - Wegekreuz Sundhausen (14) - Tottleben (15,9) - Wassertretbecken (16,4) - Abzw. Urleben (17,9) - Schutzhütte Abzw. Bruchstedt (19,3) - Plattenstraße rechts (20,9) - Bad Tennstedt, Haus des Gastes (23,7) - Bad Tennstedt, Markt (24,2) - ehem. Bf. (26) - Abzw. Ballhausen (26,9) - Bahndamm (29,2) - Unstrutbrücke (30,1) - Herbsleben (31) - Wanderhütte „Unstrutaue" (32) - Großvargula (33,8) - NSG „Unstruttal" - Nägelstedt (39,2) - Riedsgraben - **LSZ, Bf. (45)**

Bemerkung: *vom Wegekreuz Sundhausen bis Herbsleben auf Kneipp & Kleinbahnradweg K^2, von Herbsleben bis LSZ auf Unstrut-Radweg*

- auf Landstraßen von LSZ bis Thamsbrück

RT 40: Rund um Nägelstedt 31 km

Nägelstedt - *Merxleber Weg* - Merxleben (km 3) - *Thamsbrücker Weg* - Thamsbrück (6,2) - Kleinwelsbach (11,8) - Schutzhütte (14,2) - Querung B 84 - Kirchheilingen (15,1) - Wegekreuz Sundhausen (16,9) - Sundhausen (19) - Klettstedt, B 176 (21,2) - Windpark-*Panoramaweg* (25,3) - *Chaussee Sundhausen-Nägelstedt (29,6)* - Nägelstedt (31)

Bemerkung: *von Thamsbrück bis Wegekreuz Sundhausen Kneipp & Kleinbahnradweg K^2*

- auf Landstraßen von der Chaussee Sundhausen-Nägelstedt bis Nägelstedt

RT 41: Durch das herrliche Unstruttal **12 km**

Nägelstedt - NSG „Unstruttal“ - Großvargula (km 5,4) - *Urleber Straße - Windpark-Panoramaweg* (6,3) - *Chaussee Sundhausen-Nägelstedt (10,6)* - Nägelstedt (12)

Bemerkung: *von Nägelstedt bis Großvargula Unstrut-Radweg*

- auf Landstraßen von der Chaussee Sundhausen-Nägelstedt bis Nägelstedt

RT 42: Zur Funkenburg **35 km**

Bad Tennstedt - Haussömmern (km 4,6) - Mittelsömmern (6,2) - Hornsömmern (7) - Rohnstedt (9,4) - Westgreußen, Funkenburg (14,8) - Clingen, Kleine Wartburg (17,4) - **Greußen, Bf. (18,6)** - Bahnbrücke (19,3) - Bahnübergang (21,1) - **Gangloffsömmern** (23,4) - Lützensömmern (26,5) - Sandwerk (28,3) - Bad Tennstedt (35)

Bemerkung: *von Lützensömmern bis Bad Tennstedt Radweg Bad Tennstedt - Rastenberg (Alte Poststraße)*

- holpriger Abschnitt von Rohnstedt bis Westgreußen

- auf Landstraßen von Bad Tennstedt bis Rohnstedt

RT 43: Auf den Spuren des Dichters Novalis **50 km**

Bad Tennstedt - Kutzleber Chaussee - Rastplatz Alte Postsäule (km 6,1) - **Gangloffsömmern (10,2)** - Schilfa, Weinberg (10,8) - Querung B 4 (11,9) - Weißensee, Runneburg (19,3) - Chinesischer Garten - Turmholländerwindmühle (20,5) - *Nausißer Chaussee* (23,7) - Nausiß (24,9) - Herrnschwende (26,4) - Grüningen, Schlosspark (30,4) - **Greußen (32,8) -** Clingen (34,3) - Kutzleben (41,5) - *Wirtschaftsweg* - Haussömmern (45,3) - Bad Tennstedt (49,9)

Bemerkung: *Abschnitt von der B4 bis Weißensee nur bei trockenem Wetter zu empfehlen*

- von Bad Tennstedt bis Weißensee grüne 1 (Radweg Alte Poststraße), von Weißensee bis zur Turmholländerwindmühle grüne 3, von der Turmholländerwindmühle bis zur Nausißer Chaussee Helbe-Wanderweg, von Greußen bis Clingen KI2/K19

- auf Landstraßen von Haussömmern bis zur Kutzleber Chaussee, von Gangloffsömmern bis zur B 4, von Weißensee bis Greußen

- Holpriger Abschnitt zwischen Kutzleben und Clingen

RT 44: Auf den Spuren der alten Rittersleut **18 km**

Bad Tennstedt - Ballhausen, Schloss (km 3,4) - Lützensömmern, Rittergut (9,7) - Kutzleben (11,7) - Tennstedter Berg (12,7) - Bad Tennstedt (18)

Bemerkung: *auf Landstraßen von Lützensömmern bis Bad Tennstedt*

RT 45: Von Bad Tennstedt zur Fahner Höhe **32 km**

Bad Tennstedt, Markt - ehem. Bf. (km 1,8) - Abzw. Ballhausen (2,7) - Bahndamm (5) - Unstrutbrücke (5,9) - Abzw. Herbsleben (6,3) - **Dachwig (10,8)** - Wirtschaftsweg - Speicher Dachwig, Südostspitze (13,5) - Großfahner (15,3) - **Döllstädt (19,8)** - Vargulaer Hügel (22) - Großvargula (25,3) - Kleinvargula (27,9) - Bornberg - Bad Tennstedt (32)

Bemerkung: *von Bad Tennstedt bis Abzw. Herbsleben Kneipp & Kleinbahnradweg K²*
- auf Landstraßen von Großvargula nach Kleinvargula

RT 46: Rund um Herbsleben (Kleine Runde) 15 km
Herbsleben - Wanderhütte „Unstrutaue" (km 2,7) - Abzw. Großvargula/Döllstedt (3,9) - Vargulaer Hügel (5,7) - Erwerbsobstanlage (6,4) - Abzw. Döllstädt (6,7) - Döllstädt, am Schingellaich - **Bf. Döllstädt (7,6) - Dachwig (10,5)** - Herbsleben (15)
Bemerkung: *von Herbsleben bis Abzw. Großvargula/Döllstädt Unstrut-Radweg*
- Abschnitt Abzw. Großvargula/Döllstädt bis Erwerbsobstanlage nur bei trockenem Wetter zu empfehlen!

RT 47: Von Herbsleben zur Fahner Höhe 36 km
Herbsleben - **Dachwig (km 4,7)** - *Wirtschaftsweg* - Speicher Dachwig, Südostspitze (7,4) - Großfahner (9,2) - Erwerbsobstanlage Döllstädt (11,5) - Herzog-Carl-Eduard-Linde (15,2) - Burgtonna, Gewerbegebiet (16,8) - Burgtonna, Abzw. Aschara (17,5) - **Gräfentonna, Bf. (19,9)** - Lohmühle (22,6) - Nägelstedt, Sportplatz (24,1) - NSG Unstruttal - Großvargula (31,1) - Wanderhütte „Unstrutaue" (33) - Herbsleben (35,7)
Bemerkung: *von Nägelstedt bis Herbsleben auf Unstrut-Radweg, von Gräfentonna bis Nägelstedt FHH-Wanderweg (rotes Quadrat)*
- von der Chaussee Gräfentonna-Großvargula bis zur Lohmühle nur bei trockenem Wetter zu empfehlen

RT 48: Von Herbsleben nach Bad Tennstedt 25 km
Herbsleben - Wanderhütte „Unstrutaue" (km 2,7) - Großvargula (4,5) - *Urlebener Straße* - Querung B 176 (8,9) - Kleinurleben (9,6) - Großurleben (10,4) - Abzw. Bruchstedt/Tottleben (11,2) - Schutzhütte Abzw. Bruchstedt (12,6) - Plattenstraße rechts (14,2) - Bad Tennstedt, Haus des Gastes (17) - Bad Tennstedt, Markt (17,5) - ehem. Bf. (19,3) - Abzw. Ballhausen (20,2) - Bahndamm (22,5) - Unstrutbrücke (23,4) - Herbsleben (25)
Bemerkung: *von Herbsleben bis Großvargula auf Unstrut-Radweg, von Abzw. Bruchstedt/Tottleben bis Bad Tennstedt Kneipp & Kleinbahnradweg K²*

RT 49: Rund um das Große Horn 29 km
Kirchheilingen - *Bruchstedter Weg* - AP Kaiserblick/Kaiserlinde (km 1,4) - AP Brunkel/Windpark Kirchheilingen (2,5) - Rastplatz Steinerner Wegweiser (3,9) - Blankenburg (4,6) - *Verbindungsweg Freienbessingen* - NSG „Großes Horn" (5,9) - ehem. Waldsiedlung (6,6) - Freienbessingen (8,9) - Wolferschwenda (11,4) - Rohnstedt (13,9) - Hornsömmern (16,3) - Mittelsömmern (17,1) - *Blankenburger Weg* - Bruchstedt (20,4) - Urleben (23,7) - Tottleben (25,3) - Wanderkreuzung Sundhausen (27) - Kirchheilingen (29)
Bemerkung: *von Urleben bis Kirchheilingen Kneipp & Kleinbahnradweg K²*
- von Waldsiedlung bis Mittelsömmern auf Landstraßen

Streckenrouten:

RT 50: Unstrut-Werra-Radweg Mühlhausen - Schlotheim **16 km**

MHL, Bf. - Görmar, Pension Erika (km 1,5) - Abzw. Bollstedt (4,5) - Grabsche Berge - Rastplatz Heimatverein Grabe (5,6) - Grabe (7) - Abzw. Furthmühle (7,5) - Rastplatz Grenzbank (9,1 - Körner, ehm. Bf. (10,3) - Bergmühle (11,2) - Österkörner (12,1) - Schlotheim, Ortseingang (15,4) - Schlotheim, Markt (16)
Bemerkung: *komplett Unstrut-Werra-Radweg*
- Weiterführung über Ebeleben - Sondershausen - Bad Frankenhausen bis Artern in Planung

RT 51: Von Mühlhausen nach Eisenach **62 km**

MHL, Bf. - Schwanenteich (3,6) - Popperöder Quelle (4,7) - Gut Weidensee (6,9) - Oberdorla, Anger (9,5) - Langula, Anger (11,6) - Sängerdenkmal (12,8) - Rastplatz Kirschlehde (14,3) - Rastplatz Lehdeborn (Abstecher über Treppen) (15) - Alter Bahnhof/Grenzhaus (20,3) - Heyerode (22,4) - Untermühle (24,4) - Waldbad Ritzhausen (25,4) - Hallungen (26,8) - Nazza (29,7) - Rastplatz Haineck-Radweg (31,8) - *Ebenshäuser Chaussee* - Ebenshausen (33,1) - Freibad (34,7) - Mihla (35,2) - Buchenau (39,5) - NSG „Klosterholz und Nordmannsteine" - Creuzburg (44,1) - Stiftsgut Wilhelmsglücksbrunn (46,7) - Spichra (49,5) - **Hörschel (52)** - Abzweig Stedtfeld (55,1) - Siebenborn-Teich (57,6) - **Eisenach-Hbf. (61,7)**
Bemerkung: *von MHL bis Grenzhaus Unstrut-Werra-Radweg, von Heyerode bis Ebenshausen Haineck-Radweg, von Ebenshausen bis Hörschel Werratal-Radweg, von Hörschel bis EA Herkules-Wartburg-Radweg*
- auf Landstraße von Heyerode bis Hallungen

RT 52: Unstrut-Radweg, Abschnitt Mühlhausen - Bf. Ringleben-Gebesee **46 km**

Mühlhausen - Görmar (km 1,5) - Bollstedt (5,2) - Altengottern (12,1) - Altengotternsches Ried - Thamsbrück (17,6) - Abstecher **Bad Langensalza (22,4)** - Nägelstedt (27,6) - NSG „Unstruttal" - Großvargula (33) - Wanderhütte „Unstrutaue" - Herbsleben (37,5) - Gebesee (44,1) - Ringleben (45,5) - **Bf. Ringleben-Gebesee (46)** -
Bemerkung: *komplett auf Unstrut-Radweg*

RT 53: In die Partnerstadt Eschwege **56 km**

MHL, Bf. - Schwanenteich (3,6) - Popperöder Quelle (4,7) - Gut Weidensee (6,9) - Oberdorla (9,5) - Langula (11,6) - Sängerdenkmal (12,8) - Rastplatz Kirschlehde (14,3) - Rastplatz Lehdeborn (Abstecher über Treppen) (15) - Alter Bahnhof/Grenzhaus Heyerode (20,3) - Diedorf, ehem. Bf. (24,5) - Wendehausen, ehem. Bf. (28,4) - ehem. HP Normannstein (30,8) - Grabstein Ottilie Schwarz (31,4) - Feldmühle (34,2) - Heldra, August-Hermann-Francke-Platz (36,3) - Altenburschla, Karl-Montag-Platz (40,1) - Wanfried (44) - Schlagd -

Wassertretbecken (45) - Frieda (48,3) - Eschwege, Jugendherberge (53,8) - ESW, Zentrum (54,4) - **Bf. Eschwege (56)**
Bemerkung: *von MHL bis Heldra Unstrut-Werra-Radweg (bis Langula Überschneidung mit Radweg Rote Route), von Heldra bis Wanfried Werratal-Radweg, von Wanfried bis ESW Radweg R 5*

RT 54: Vom Weltnaturerbe Hainich zum Weltkulturerbe Wartburg **49 km**

LSZ, Bf. - *Thiemsburger Weg* - Wegkreuzung Alterstedt-Zimmern (5,8) - Thiemsburg/Baumkronenpfad (10,9) - Craula (14,5) - Craulaer Kreuz (16,7) - Otterbühl (19,4) - Langes Tal - Gänserasen/Maurer-Gedenkstein (21,2) - Karl-Martin-Hübschmann-Gedenkstein (21,9) - Mallinde (24) - Berka v. d. H. (25,7) - Berteroda (27,3 - Neukirchen (28,9 - Querung L 1016 - Madelungen (30,4) - Krauthausen (31,7) - Spichra (34,2 - **Hörschel (37,2)** - Abzw. Stedtfeld (40,9) - Siebenborn-Teich (43,4) - Eisenach, Frankfurter Straße - Zeisiggrund - Eselsstation - Wartburg (46,8) - **Eisenach Hbf** (49)
Bemerkung: *von LSZ bis Neukirchen Radweg Gelbe Route, von Spichra bis Eisenach Herkules-Wartburg-Radweg*

RT 55: Über Unstrut und Gera in die Landeshauptstadt Erfurt **44 km**

LSZ, Bf. - Riedsgraben - Nägelstedt (5,2) - NSG „Unstruttal" - Großvargula (10,6) - Wanderhütte „Unstrutaue" - Herbsleben (16,1) - Gebesee, Querung B 4 (22,7) - **Ringleben (24,3)** - **Walschleben (29)** - **Elxleben (32,1)** - **EF-Kühnhausen,** Weißfrauenbach **(35)** - **EF-Gispersleben (37,7)** - **EF-Hbf. (44)**
Bemerkung: *von LSZ bis Ringleben Unstrut-Radweg, von Ringleben bis Erfurt auf Gera-Radweg*

Mehrtagestouren (ab 70 km)

RT 56: Thüringer Städtekette, Abschnitt Eisenach – Erfurt **86 km**

Eisenach-Hbf - Rothenhof (km 3,5) **-** Wutha-Eichrodt (5,8) - GND Wuthaer Verwerfung (7,8) - Wutha-Kahlenberg, Reiterhof (11) - Schützenplatz - Kälberfeld (12,7) - **Sättelstädt (14,1) - Mechterstädt, HP** (17,6) - Laucha (20,8) - **Fröttstädt (23,1)** - Hörselgau (25,3) - Leina (30,3) - Boxberg (32,9) - Sundhausen (36,2) - **Gotha (39) -** Tierpark Gotha (41,3) - Kleiner Seeberg - Töpfleben (44,1) - Günthersleben (47,3) - Wechmar (49,9) - Mühlberg (54,8) - Freudenthal (58,6) - **Wandersleben (59,5)** - Apfelstädt (62,6) - **Neudietendorf** (65,6) - Ingersleben (68,3) - Marienthal (71,1) - Möbisburg (73,6) - **EF-Bischleben** (75,9) - EF-Hochheim (78,2) - Erfurt, Krämerbrücke (84,2) - **EF-Hbf (86)**
Bemerkung: *komplett Radweg Thüringer Städtekette*

RT 57: Durch Hainich, Werra und Unstrut **107 km**

LSZ, Bf. - *Thiemsburger Weg* - Wegkreuzung Alterstedt-Zimmern (5,8) - Thiemsburg/Baumkronenpfad (10,9) - Craula (14,5) - Craulaer Kreuz (16,7) - Otterbühl (19,4) - Langes Tal - Gänserasen/Maurer-Gedenkstein (21,2) - Karl-Martin-Hübschmann-Gedenkstein (21,9) - Mallinde (24) - Berka v. d. H. (25,7) - Bischofroda (27,4) - Lauterbach, Sportplatz (29,2) - Mihla (30,7) - Freibad (31,2) - Ebenshausen (32,9) - Frankenroda (36,5) - Hutweide - Mühlrain - Probstei Zella (38,6) - Falkener Klippen/Bauernkanzel - Falken (41,5) - Treffurt (47,9) - Feldmühle (52,3) - Grabstein Ottilie Schwarz (55,1) - ehem. HP Normannstein (55,7) - Wendehausen, ehem. Bf. (58,1) - ehem. Bf. Diedorf (62) - Alter Bf. Heyerode (66,4) - Rastplatz Lehdeborn (Abstecher über Treppen) (71,5) - Rastplatz Kirschlehde (72,2) - Sängerdenkmal (73,7) - Langula, Anger (76,1) - Oberdorla, Anger (78,2 - Weidensee (80,9) - Popperöder Quelle (81,8) - Schwanenteich (82,9) - **MHL, Bf. (86,5)** - Görmar (88) - Bollstedt (90,7) - Altengottern (98,1) - NSG Altengotternsches Ried - Thamsbrück (102,9) - **LSZ, Bf. (107,4)**

Bemerkung: *von LSZ bis Berka v. d. H. Radweg Gelbe Route, von Berka bis Mihla Lautertal-Radweg, von Mihla bis Treffurt Werratal-Radweg, von der Feldmühle bis MHL auf Unstrut-Werra-Radweg, von MHL bis LSZ auf Unstrut-Radweg*

RT 58: Von Bad Langensalza nach Gotha und zurück **75 km**

LSZ, Bf. - *Thiemsburger Weg* - Zimmern (km 6,6) - *Wirtschaftsweg* - Harth-Haus/Gutbier-Denkmal (11) - Tüngeda (13,9) - Talsperre (18) - Wangenheim (19,8) - ehem. Bf. Wangenheim (21) - ehem. Bf. Goldbach (23,2) - Warza (25,5) - Grenzberg (26,6) - Remstädt (27,6) - Remstädter Teich (28,3) - Überquerung Flutgraben - Kläranlage Gotha (29,8) - **Gotha,** Zentrum **(32,2)** - Siebleben, Mönchshof (36,7) - Wegekreuz am Kräutergarten (38) - Tüttleben (39,8) - Lindwurmsberg/Rastplatz Jagdgenossenschaft Friemar (42,1) - Friemar (44,1) - Immertal-Stausee (44,7) - Abzw. Tröchtelborn (46,2) - Rastplatz „Rainer's Ruh“ (46,7) - Molschleben, Rastplatz (48,2) - Neußenhügel - Abzw. Eschenbergen (49,1) - ND Offhäuser Quelle (50,9) - Abzw. Bienstädt (51,5) - Bienstädter Warte (52,9) - *Kammweg Fahner Höhe (54)* - Sieben Gräber (58,6) - Weiße Hütte (61,7) - Burgtonna (64,9) - **Gräfentonna (67,2)** - Nägelstedt (69,9) - Riedsgraben - **LSZ, Bf. (75,4)**

Bemerkung: *von LSZ bis Abzw. Zimmern Radweg Gelbe Route, von Bf. Wangenheim bis Warza auf Nessetal-Radweg, von Gräfentonna bis Nägelstedt FHH-Wanderweg, von Nägelstedt bis LSZ Unstrut-Radweg*

- auf Landstraßen von der Chaussee Bienstädt bis Kammweg Fahner Höhe

RT 59: **<u>Von Gotha nach Eisenach</u>** **96 km**

GTH-Hbf - Sundhausen (km 2,8) - Boxberg (6,1) - Leina (8,7) - Hörselgau (13,7) - **Fröttstädt (15,9)** - Laucha (18,2) - **Mechterstädt, HP** (21,4) - **Sättelstädt (24,9)** - Kälberfeld (26,3) - Schützenplatz - **Wutha-Kahlenberg**, Reiterhof (28) - Geologisches Naturdenkmal Wuthaer Verwerfung (31,2) - **Wutha**-Eichrodt (33,2) - Rothenhof (35,5) - **EA-Hbf (39)** - Tiefenbach Allee - Stregda (45,6) - An der Leithe - A 4-Tunnel (46,8) - Querung Chaussee Mihla-EA - Neukirchen (50,5) - Berteroda (51,7) - Berka v. d. H. (55,3) - Lohberg (57,4) - Katzenhart - Dicke Eiche (59,1) - Aussichtsplattform „Hainich-Blick" (59,5) - Dicke Eiche (59,9) - Wüstung Heßwinkel (61,7) - Wangenheimer Grenzstein (62,2) - Hütscheroda (63) - Querung B 84 (64,7) - Wolfsbehringen (66,7) - Behringen (69,7) - Abzw. Haina (72,3) - Friedrichswerth (75,4) - Brüheim (79,9) - ehem. Bf. Wangenheim (82,6) - ehem. Bf. Goldbach (84,8) - Goldbach (86) - Remstädt (89) - Remstädter Teiche (90,1) - **GTH-Hbf (96)**

Bemerkung: *von GTH bis EA Radweg Thüringer Städtekette, von Berka bis Hütscheroda Hainichlandweg, von Behringen bis Goldbach Nessetal-Radweg*

- auf Landstraßen von Neukirchen bis Berka v. d. H., von Wolfsbehringen nach Behringen, von Tüngeda bis Abzw. Stausee und von Hochheim nach Goldbach

RT 60: **<u>Werratal-Radweg, Abschnitt Bad Salzungen - Eschwege</u>** **120 km**

Bad Salzungen - Geol. Aufschluss Leimbach - Unterrohn (km 4,2) - Tiefenort (6,5) - Kraynberg - Kieselbach (10,4) - Merkers (12,3) - Dorndorf/Rhön (14,4) - Kirstingshof (16,8) - Oberzella (18,5) - Werrabrücke Philippsthal-Vacha (20,2) - Philippsthal, Schloss (21,9) - Harnrode (25,9) - Lengers (29,4) - Heringen/Werra (32,7) - Widdershausen (35,7) - Dankmarshausen (38,5) - NSG Rhäden - Rastplatz „Zum Sichelstein" (39,3) - Berka/Werra (43,5) - Untersuhl (44,2) - **Gerstungen (45,6)** - Sallmannshausen (52,7) - Lauchröden (57,3) (Ruine Brandenburg) - **Herleshausen (58,8)** - Wartha (62,9) - Neuenhof (63,6) - **Hörschel** (65,2) - Spichra (68,2) - Stiftsgut Wilhelmsglücksbrunn (70,5) - Creuzburg (73,1) - Buchenau (77,7) - Mihla (82) - Freibad (82,5) - Ebenshausen (84,1) - Frankenroda (87,6) - Mühlrain - Hutweide - Probstei Zella (89,9) - Falken (92,8) - Treffurt (98,2) - Heldra (101,4) - Bf. Großburschla (103) - Altenburschla (104,9) - Wanfried (108,7) - Aue (113,1) - Eschwege, Zentrum (118) - **Eschwege, Bf. (120)**

Bemerkung: *komplett auf Werratal-Radweg*

Pannenhilfen (ohne Gewähr)

Pannenhilfe in Mühlhausen

- Fahrrad-Ebert, Karl-Marx-Str. 22, 99974 Mühlhausen, Tel. 03601-441665, Fax 03601-441645, www.fahrrad-ebert.de, info@fahrrad-ebert.de
- Zweiradhaus Beyerhaus, Kilianistraße 16, 99974 Mühlhausen, Tel. 03601-812210, Fax 03601-812212, info@zweiradhaus-beyerhaus.de, www.zweiradhaus-beyerhaus.de
- Marc's Radladen, Johannisstr. 9, 99974 Mühlhausen, Tel. 03601-420345, Fax 03601-406598, www.marcs-radladen.com, info@marcs-radladen.com
- Herold's Radladen, Martin Herold, Weinbergstr. 68, 99974 Mühlhausen, 03601-880055, Fax 03601-880054, www.herolds-radladen.de

Pannenhilfe in Bad Langensalza

- Zweirad Henning, Langestraße 75, 99947 Bad Langensalza, Tel. 03603-846267, www.henning.zeg.de
- Fahrradhändler Ludwig Roland, Erfurter Str. 13, 99947 Bad Langensalza, Tel. 03603-842644, www.fahrrad.de/haendler/roland-ludwig-bad-langensalza

Pannenhilfe in Eisenach

- BIKE SERVICE, Sören Hilpert, Marktgasse 1–2, 99817 Eisenach, Tel. 03691-888308, Fax 03691-/888307, info@bs-bikeservice.de, www.shop-bikeservice.de
- Zweirad Henning, Schmelzerstraße 4, 99817 Eisenach, Tel. 03691-784738, Fax: 03691-733791, info@zweirad-henning.de, www.fahrrad-eisenach.de
- Fahrrad Service Helm, Jens Ladicke, Katharinenstr. 139, 99817 Eisenach, Tel./Fax 03691-77374, bestellung@bikes2you.de, www.fahrradservicehelm.de
- Cycle Service Werner Ries, Werner Ries, Sophienstr. 52, 99817 Eisenach, Tel. 03691-732831 oder Bahnhofstr. 33, Tel. 03691-8886296, Mobil 0177-9157218, info@cycle-service-eisenach.com, www.cycle-service-eisenach.com

Pannenhilfe in Gotha

- Fahrrad-Eberhardt, Kindleber Str. 30, 99867 Gotha, Tel. 03621-406344, info@fahrrad-eberhardt.de, www.fahrrad-eberhardt.de

- Fahrrad Fähling, Petra Schalbe, Mönchelsstr. 33, 99867 Gotha, Tel. 03621-738664, fahrradfaehling@t-online.de, www.fahrrad-faehling.de
- LEO Fahrräder, Harjestr. 2, 99867 Gotha, Tel. 03621-756137
- RAD-ART Bürgeraue 18, 99867 Gotha, Tel. 03621-702136, gotha@rad-art.de, www.rad-art.de

Pannenhilfe in Erfurt

- Radscheune, Bahnhofstr. 22, 99084 Erfurt, Tel. 0361-6441506, radstation@t-online.de, www.fahrradstation-erfurt.de
- RAD-ART Klostergang 2, 99084 Erfurt, Tel. 0361-66635720, erfurt@rad-art.de, www.rad-art.de
- Fahrrad Lange, Evelyn Lange, Paul-Schäfer-Str. 99, 99086 Erfurt, Tel 0361-555 949 0, info@fahrrad-lange.de, www.fahrrad-lange.net
- Rad-Spezial, Daniel Springer, Friedrich-Ebert-Str. 61, 99096 Erfurt, Tel. 0361-3459996, Radspezial@web.de, www.radspezial-erfurt.de
- Fahrradservice Stefan Kittelmann, In den Weiden 23a, 99189 Kühnhausen, Handy 0160-7950809, stefan@fahrradservice-erfurt.de, www.fahrradservice-erfurt.de
- Bike 11, Magdeburger Allee 119, 99086 Erfurt, Tel. 0361-65888959, info@bike11.de, www.bike11.de
- Lucky Bike, Paul Schäfer Str. 99, 99086 Erfurt, Tel. 0361-5559490, info@lucky-bike.de, www.lucky-bike.de
- Fahrrad-Gigant, Uwe Röder, Maxim Gorki Straße 16, 99189 Elxleben, Tel. 036201-7353, info@fahrrad-gigant.de, www.fahrrad-gigant.de

Sonstige

- Thüringer Radwanderzentrum e. V, Str. der Freundschaft 10, 99947 Thamsbrück, Tel. 03603-893301
- Jörg Herbsleb, Steinweg 8, 99955 Bad Tennstedt, Tel. 036041-57641
- Tourist-Information & Rad-Service-Stelle Freizeitcamp Berka/Werra, Mühlweg 9a, 99837 Berka/Werra, Tel. 036922-809971, werratours@live.de, www.freizeitcamp-werra.eu
- Krumos' Aktivreisen & Events-Station Creuzburg, Am Alten Sportplatz, 99831 Creuzburg, Tel. 036926-72679, info@krumos.de
- Krumos' Aktivreisen & Events-Station Eschwege, Torwiese 4–5, 37269 Eschwege, Tel. 05651-3356390, info@krumos.de
- Zweiradhaus Ebert, Forstgasse 2a, 37269 Eschwege, Tel. 05651-50590

Darüberhinaus werden für die Radtouren folgende Karten empfohlen:

01. Fahrradkarte Eisenach-Westthüringen 1:75 000, Grünes Herz, Ilmenau und Ostseebad Wustrow 1. Auflage 2012 (ISBN 978-3-86973-082-2)
Diese offizielle Karte des ADFC-Landesverbandes Thüringen deckt folgende Radrouten ab: RT 10–11, 13–14, 16, 18–33, 51 und 59.

02. Fahrradkarte Erfurt-Mittelthüringen 1:75 000, Grünes Herz, Verlag für Tourismus Ilmenau und Ostseebad Wustrow, 3. Auflage 2011, ADFC-Landesverband Thüringen (Hg) (ISBN 978-3-86636-080-8)
Diese offizielle Karte des ADFC-Landesverbandes Thüringen deckt folgende Radrouten ab: RT 34, 39–41, 43–49, 55.

03. Pocket-Fahrradkarte Hainich, 1:50 000, 1. Aufl. 2012, Grünes Herz, Verlag für Tourismus Ilmenau und Ostseebad Wustrow, ISBN 978-3-86636-088-4
Diese offizielle Karte des ADFC-Landesverbandes Thüringen und des Hainichland-Tourismusverbandes der Thüringer Nationalparkregion e. V. deckt folgende Radrouten ab: RT 09–11, 13–14, 16, 18–24, 27–33, 37 und 57.

Lehrpfade

NL „Volkenrodaer Wald“ 2,5 km (s. auch RW 01)
NL „Promenadenweg“ MHL, Weißes Haus - Wendelhütte - Schmidtstein - Peterhof 2,5 km (s. auch RW 03)
Weißes Haus - Waldfrieden 2,5 km (s. auch RW 03)
Wüstungen-Wanderweg Oberdorla 9,5 km (s. auch RW 04)
NL Faulungen 6,2 km (s. auch SW 09)
Großer Skulpturenweg Behringen 8 km (s. auch SW 01)
Kleiner Skulpturenweg Behringen (s. auch SW 01)
Kulturwanderweg Hütscheroda 10 km (s. auch RW 15, SW 01)
NL Creuzburg (roter Fuchs)
Naturpfad Thiemsburg
Geologischer Lehrpfad Töpferstieg, Treffurt
NL „Werraaue“ (s. auch RW 11)
NL „Wendehäuser Wald“ 4,1 km
NL „An der Alten Gemeinde“. Neuenhof
NL „Dieteröder Klippen“, Fürstenhagen 7 km
Eiben-Lehrpfad am Lengenberg, Fürstenhagen 8 km

Barrierefreie Wanderwege

Alle genannten Wege sind für Rollstuhlfahrer geeignet. Als Wanderkarte eignet sich hierfür besonders die Wanderkarte Südliches Eichsfeld, Hainich, Werratal, 5. Auflage 2012, 1:50 000 vom Landesamt für Vermessung und Geoinformation Erfurt (bei den 40 Routenbeschreibungen als Wanderkarte Nr. 1 ausgewiesen). Einige barrierefreie Wanderwege wurden in den vorliegenden Wanderführer integriert.

Folgende Empfehlungen gibt es:

Δ MHL, Schwanenteich - Weißes Haus 3 km)

Δ MHL, Weißes Haus - Waldfrieden 2,5 km (*grüner Schrägstrich* - Naturlehrpfad)

Δ Parkplatz Spittelbrunnen - Rehbuche 2 km

Δ Parkplatz Kalter Hof/B 249 - Rote Haus-Hütte 3,1 km (*grünes Quadrat*)

Δ Oberdorla - Opfermoor 2,5 km *(gelber Punkt)*

Δ Eigenrieden - Struth 1,3 km

Δ Diedorf - Wendehausen 3 km (*grünes Dreieck*/Unstrut-Werra-Radweg)

Δ Wendehausen - Richtung Heldra 5,2 km (Unstrut-Werra-Radweg

Δ Fuchsfarm - Erlebnispfad Brunstal 4,5 km (*blaues Ahornblatt)*

Δ Creuzburg - Saline Wilhelmsglücksbrunn 3,5 km (*blaues Dreieck)* (s. auch SW 15)

Δ Ebenshausen - Mihla 2,8 km (*gelbes Dreieck*)

Δ Falken - Probstei Zella - Frankenroda 4,6 km (rotes *Quadrat, blaues Dreieck*, Werratal-Radweg (s. auch RW 13)

Δ Treffurt - Falken 3,4 km (*rotes Quadrat, blaues Dreieck,* s. (auch SW 08)

Δ Klostermühle - Luthermühle - Neunbörner 2,9 km (*rotes Quadrat* (s. auch SW 11)

Δ Küllstedt - Wachstedt 2,9 km (*gelber Punkt*)

Δ Fürstenhagen - Dieteröder Klippen 2,1 km (*rotes Quadrat*, s. SW 12)

Δ Beberstedt - Hüpstedt 3,1 km

Der Nationalpark Hainich – ein Urwald inmitten in Deutschland

Im Dezember 1997 wurden Teile des Hainichs vom Thüringer Landtag zum Nationalpark erklärt. Die Fläche des Areals beträgt 7600 Hektar. Er ist einer der jüngsten Nationalparks der Bundesrepublik Deutschland und für viele noch ein Geheimtipp.

Von 1935 bis 1991 wurden große Teile dieser herrlichen Landschaft um den Harsberg, den Kindel und um Weberstedt durch zwei Truppenübungsplätze arg in Mitleidenschaft gezogen. Seitdem blieben die Flächen weitestgehend sich selbst überlassen und es entwickelte sich eine beeindruckende Flora und Fauna. Heute wird ein Teil des ehemaligen Schießplatzes Kindel als Zivilflughafen und Gewerbegebiet genutzt. Außerdem führt ein Teil des 2012 vollendeten Wildkatzenpfades über den ehemaligen Truppenübungsplatz. Auch das Gebiet um den Truppenübungsplatz Weberstedt konnte inzwischen einer friedlichen Nutzung zugeführt werden. Auf dem Harsberg wurde inzwischen die naturnahe Jugendherberge „Urwald-Life-Camp“ errichtet.

Mit einem der größten zusammenhängenden Laubwaldgebiete Europas ist der Hainich ein wichtiger Bestandteil des Weltnaturerbes. Deshalb wurde der Nationalpark Hainich im Jahre 2011 zum UNESCO-Weltnaturerbe „Buchenurwälder der Karpaten und Alte Buchenwälder Deutschlands“ erklärt. Folgerichtig bildet nun der Hainich mit dem nicht weit entfernten UNESCO-Weltkulturerbe Wartburg den Verbund der Welterberegion Wartburg Hainich.

Hain- und Rotbuchen, Eichen, Ahornbäume, Sommer- und Winterlinden, Bergulmen und Eschen bestimmen das Bild auf einer rund 130 Quadratkilometer großen Waldfläche. Aber auch diverse Orchideenarten, Leberblümchen, Primeln und Märzenbecher erfreuen das Auge des aufmerksamen Wanderers und Naturfreundes. Besonders in den Monaten April bis Juni ist der Bärlauchduft allgegenwärtig. Eine zünftige Bärlauchsuppe gehört deshalb auch zum Angebot der regionalen Küche.

Das Konzept des Nationalparks besteht darin, dass sich die Natur frei von nutzenden und lenkenden Eingriffen nach eigenen Gesetzen entwickeln soll. Neben großflächigen Verbuschungsflächen und Magerrasen ist der Nationalpark durch sehr arten- und strukturreiche Altholzbestände mit hohem Totholzanteil geprägt. Der Hainich leistet einen wichtigen Anteil, um den Rotbuchenbestand Europas zu sichern. So werden am und im „Urwald mitten in Deutschland“ noch viele Generationen Freude haben.

Neben dem Sitz der Nationalparkverwaltung in Bad Langensalza kann sich der Besucher auch im Nationalpark-Zentrum an der Thiemsburg informieren. Weitere Nationalpark-Informationen befinden sich im Obergut Kammerforst, in der Wildkatzenscheune

Hütscheroda, neben der Jugendherberge „Urwald-Life-Camp" auf dem Harsberg sowie im „Schlosshotel am Hainch" in Behringen. Der Nationalpark Hainich ist eingebettet in den Naturpark Eichsfeld-Hainich-Werratal (s. SW 08–12).

Zurzeit werden siebzehn Wanderwege und Erlebnispfade durch die Nationalparkverwaltung betreut (Stand 01.11.13). Damit ist die Entwicklung aber noch längst nicht abgeschlossen. Durch den Autor wurden fast alle Wege in dessen Wandervorschläge integriert. Da eine Wanderung in diesem Büchlein mindestens 6 km lang sein soll und einige Wanderwege der Nationalparkverwaltung wesentlich kürzer sind, wurden deren Vorschläge mit eingearbeitet. Nicht integriert werden konnte lediglich der Nachtigallenweg am Kindel, da er sich zu weit abseits vom noch wachsenden Wanderwegenetz des Hainichs befindet.

Die Aufzählung der Wanderwege und Erlebnispfade der Nationalparkverwaltung:

- **Wildkatzenpfad Hütscheroda 7 km - 2 h**
  (Markierung Wildkatze) **s. RW 15, SW 02**
- **Naturpfad Thiemsburg** 3,8 km - 1,5 h
  (Markierung Eichenblatt)
- **MärchenNaturpfad Feensteig -** 3 km - 1 h
  (Markierung Taube) s. **RW 21, SW 01)**
- **Erlebnispfad Silberborn** 2,5 km - 1 h
  (Markierung Lindenblatt) s. **RW 14**
- **Silberbornpfad „Alrunas Waldgeheimnis"** 2,8 km - 1 h
  (Markierung Lindenblatt) **s. RW 14**
- **Erlebnispfad Brunstal** 3 km - 1 h
  (Markierung braunes Ahornblatt) s. **RW 22-23, SW 01)**
- **Wanderweg Eichenberg** 3,6 km - 1,5 h
  (Markierung Eichel) s. **RW 19**
- **Wanderweg Saugraben** 9,5 km - 4 h
  (Markierung hellblaues Wildschwein) s. **RW 21-22**
- **Rundwanderweg Sulzrieden** 6,6 km - 2 h
  (Markierung hellgrüne Eule) s. **RW 14**
- **Wanderweg Steinberg** 10,5 km - 3 h
  (Markierung Ammonit) s. **RW 19**
- **Betteleichenweg** 11,7 km - 4 h
  (Markierung gelbe Betteleiche) s. **RW 24**
- **Wanderweg Sperbersgrund** 5,6 km - 2,5 h
  (Markierung dunkelblauer Sperber) s. **RW 17**
- **Wanderweg Craulaer Kreuz** 7,5 km - 2,5 h
  (Markierung lila Steinkreuz) s. **RW 17**
- **Wanderweg Hünenteich** 6,5 km - 1 h
  (Markierung rosa Frosch) s. **RW 23**
- **Bummelkuppenweg** 7,4 km - 2,5 h
  (Markierung graues Buchenblatt) s. **RW 10**

- **Germanischer Kultpfad** 2,5 km - 1 h (Markierung Irminsulsäule) s. **RW 22**
- **Nachtigallenweg am Kindel** 2,5 km - 1 h (Markierung Nachtigall) nicht einbezogen
- **Urwaldpfad auf dem Harsberg** 1,5 km - 1 h s. **RW 10**

Integriert wurden auch der Walderlebnis-Spielplatz Wildkatzenkinderwald (Markierung Wildkatzenspur) und das Grüne Klassenzimmer.

Praktische Hinweise

Alle in diesem Wanderführer enthaltenen Angaben wurden vom Autor nach besten Wissen und Gewissen erstellt und mit größtmöglicher Sorgfalt geprüft.
Allerdings werden, was erfreulich ist, stets neue Anstrengungen unternommen, die vorhandenen Wanderwege noch besser zu markieren und neue Wanderwege zu erschließen. Der Autor hat sich bei den Routenbeschreibungen auf seine eigenen Recherchen gestützt und vorliegende Karten zur Orientierung verwendet.
Im Sinne des Produkthaftungsrechts sind inhaltliche Fehler deshalb nicht vollständig auszuschließen. Deshalb erfolgen die Angaben ohne jegliche Verpflichtung und Garantie des Autors oder des Verlegers. Beide übernehmen keinerlei Verantwortung und Haftung für eventuelle inhaltliche Unstimmigkeiten. Wir bitten dafür um Verständnis und sind dankbar für Korrekturhinweise.
Ebenso dankbar ist der Autor für alternative Wandervorschläge, die in eine etwaige Neuauflage aufgenommen werden könnten.

Gehzeiten

Bei der Festsetzung der Gehzeiten ist der Autor nicht von sich ausgegangen. Schließlich können die Wanderzeiten entsprechend der Kondition oder Tagesform eines Wanderers verschieden sein. Auch das Wetter spielt sicherlich eine Rolle. Die Zeiten sind ohne Besichtigungen angegeben. Berücksichtigt werden sollten auch eventuelle Zeiten für eine Einkehr bzw. Fotopausen.

Wissenswertes

Unter dieser Rubrik wurde am Anfang jeder Tourenbeschreibung auf eine besondere Sehenswürdigkeit eingegangen. Da manche Touren mehrere Höhepunkte aufweisen, wurde auf diese im weiteren Verlauf unter der Rubrik „Routenbeschreibung“ verwiesen. Da manche Orte und Sehenswürdigkeiten mehrmals „auftauchen“, wurden diese im Stichwortverzeichnis mit fetter Schrift versehen. Dadurch findet man leichter, auf welcher Seite eine nähere Beschreibung vorgenommen wird. Außerdem wird die Beschreibung der Sehenswürdigkeiten einer Wanderung mit kleinerer Schrift versehen, damit sie sich deutlicher von den Routenbeschreibungen abheben.

Einige Abkürzungen

- RW (Rundwanderungen) - bei diesen kommt man wieder dort an, wo man gestartet ist
- SW (Streckenwanderungen) - bei diesen wandert man von Ort „A“ zu Ort „B“. Unter der Rubrik „Auskünfte zum Nahverkehr erteilen“ erfährt man die Möglichkeiten zur Rückkehr mit öffentlichen Verkehrsmitteln. Übernachtungsmöglichkeiten für Mehrtagestouren können unter der Rubrik „Auskünfte erteilen“ erfragt werden.
– RT - Radtour
– NL - Naturlehrpfad
– NP - Naturpark
– NLP - Nationalpark
– NSG - Naturschutzgebiet
– LSG - Landschaftsschutzgebiet
– GLB - Geschützter Landschaftsbestandteil
– FND - Flächennaturdenkmal
– AP - Aussichtspunkt
– Bf. - Bahnhof
– HP - Haltepunkt
– KGA - Kleingartenanlage
– s. - siehe
– h - Stunden
– km - Kilometer
– m - Meter
– NN - Höhenangabe über dem Meeresspiegel
– Einw. - Einwohner
– Jh. - Jahrhundert
– Jt. - Jahrtausend
– UB - Urkundenbuch
– ev. - evangelisch
– kath. - katholisch
– hl. - heilige/r
– Hg. - Herausgeber
– B 84 - Bundesstraße 84
– MHL - Mühlhausen
– LSZ - Bad Langensalza
– UH - Unstrut-Hainich-Kreis
– WAK - Wartburgkreis
– GTH - Gotha
– EF - Erfurt
– EA/ESA - Eisenach

Wanderkarten

Unter der Rubrik „Wanderkarten“ werden alle empfohlenen Karten nummeriert dargestellt, um Platz zu sparen. Bei jeder Wanderung ist anhand der Nummern ersichtlich, welche Karten empfohlen werden. Anhand diese Auflistung kann der Nutzer auch prüfen, welche Karten er bereits hat, um keine doppelt kaufen zu müssen.

Nr 1: Südliches Eichsfeld, Hainich, Werratal, 5. Auflage 2012, 1:50 000, Landesamt für Vermessung und Geoinformation Erfurt, (ISBN 978-3-86140-225-1)
auch geeignet für Radtour 05–06, 10–11, 13–24, 29–33, 37, 53 und 57.
Nr. 2: Die Karte Nr. 6 Freizeit im Naturpark Eichsfeld-Hainich-Werratal, 1:50 000, 4. überarbeitete Auflage 2013, (ISBN 978-3-932071-11-9)
auch geeignet für RT 02, 04–24, 26–33, 37, 50–51, 53, 57
Nr. 3: Große Rad-und Wanderkarte Nationalpark Hainich und Umgebung, 1:35 000, Verlag Dr. Andreas Barthel, Borsdorf bei Leipzig, 3. Auflage 2012, (ISBN 978-3-89591-119-4)
auch geeignet für RT 09–11, 13–16, 18–33, 37, 51, 54 und 57.
Nr. 4: Westlicher Thüringer Wald mit Nationalpark Hainich, 1:50 000, Verlag Grünes Herz Ilmenau und Ostseebad Wustrow 2007, (ISBN 978-3-935621-08-3)
auch geeignet für RT 13–14, 16, 18–30, 33, und 51.
Nr. 5: Rad-und Wanderkarte Unstrut-Hainich-Kreis, 1:50 000, Kartographische Kommunale Verlagsgesellschaft mbH Nordhausen, 2. Ausgabe 2010, (ISBN 978-3-86973-024-0)
auch geeignet für RT 01–06, 08–24, 27–42, 44–50 und 57.

Nr. 6: Rad- und Wanderkarte Wartburgkreis, 1:50 000, Kartographische Kommunale Verlagsgesellschaft mbH Nordhausen 2013, (ISBN 978-3-86973-073-8)
auch geeignet für RT 16, 18–28, 31 und 34.
Nr. 7: Die Karte Nr. 2 Freizeit im UNESCO-Weltnaturerbe Nationalpark Hainich, 1:30 000, ARTIFEX-Computerkartographie Bad Langensalza, 7. überarbeitete Auflage 2013, (ISBN 978-3-932071-05-8)
auch geeignet für RT 18–21, 27–28, 30–33, und 37.
Nr. 8: Rad- und Wanderkarte Hainichlandweg, 1:35 000, Kartographische Kommunale Verlagsgesellschaft mbH Nordhausen 2012, (ISBN 978-3-86973-063-9)
auch geeignet für RT 10–11, 13–14, 16–23, 27–33, 37–38

Auskünfte erteilen:

- Nationalparkverwaltung Hainich, Bei der Marktkirche 9, 99947 Bad Langensalza, Tel. 03603/390728, Fax 03603-390720, np_hainich@forst.thueringen.de
- Tourismusverband der Welterberegion Wartburg Hainich e.V., Am Schloß 2, 99947 Weberstedt, Tel. 036022-980836, Mobil: 0173-35 33304, Fax: 036022-980837, info@welterbe-wartburg-hainich.de
- Werratal Touristik e.V., Am Flößrasen 1, 36433 Bad Salzungen, Tel. 03695-6934-29, Fax: 03695-8619680, info@werratal.de
- Naturpark Eichsfeld-Hainich-Werratal, Dorfstraße 40, 37318 Fürstenhagen, Tel. 036083-466-3, Fax: 036083-46641, poststelle.ehw@nnl.thueringen.de, www.naturpark-ehw.de

- Touristinformation Bad Langensalza, Bei der Marktkirche 11, 99947 Bad Langensalza, Tel.: 03603-825845, Fax: 03603/834421, touristinfo@badlangensalza.de

- Tourist Information Mühlhausen, Ratsstraße 20, 99974 Mühlhausen, Tel. 03601-40477-0, Fax 03601-4047711, info@muehlhausen.de, www.muehlhausen.de

- Eisenach-Wartburgregion Touristik GmbH, Markt 24, 99817 Eisenach, Tel. 03691-79230, Fax 03691-792320, info@eisenach.info

- HVE Eichsfeld Touristik e.V., Gülden Creutz, Roßmarkt 3, 37339 Leinefelde-Worbis, OT Worbis, Tel.: 036074-621650, Fax: 036074- 6216519, info@eichsfeld.de, www.eichsfeld.de

- Thüringer Tourismus GmbH, Willy-Brandt-Platz 1, 99084 Erfurt Tel. 0361-37420, Fax: 0361-3742299, service@thueringen-tourismus.de, www.thueringen-tourismus.de

- Hainichservice Markus Horn, Straße der Einheit 3, 99986 Kammerforst, Tel. 036028-30201 oder 0171-7826241, Fax: 032224307496, info@hainichservice.de, www.hainichservice.de

Auskünfte zum Nahverkehr erteilen:

- DB Regio AG, Region Südost, Verkehrsbetrieb Thüringen, Am Wasserturm 3, 99085 Erfurt, Tel. 0180-599663 (Kundendialog), vb.thueringen@deutschebahn.com, www.dbregio.de

- Erfurter Bahn GmbH (EIB), Am Rasenrain, 99086 Erfurt, Service-Telefon 0361-74207250, Fax 0361-7420727, info@erfurter-bahn.de

- REGIONALBUS-Gesellschaft Unstrut-Hainich und Kyffhäuserkreis mbH, Bonatstraße 50, 99974 Mühlhausen, Tel. 03601-801697, Fax: 03601-801699

- Verkehrsgesellschaft Wartburgkreis mbH, An der Allee 2, 99848 Wutha-Farnroda, Tel. 036921/9130, Fax: 036921-91340, info@vgwak.de, www.vgwak.de

- Reise Schieck ÖPNV, Betriebshof Behringen, Im Straßfeld 3, 99820 Hörselberg-Hainich, Tel. 036254-81000, Fax 036254-81002

RW 01: Rund um den Volkenrodaer Wald

(13 km)

Waldparkplatz Volkenroda–NL „Volkenrodaer Wald"–Schaftal–Langes Tal/Ranzenberg (2,6)–Rastplatz oberhalb Großmehlra (3,6)–Obermehler (4,7)–Jodokusweg (6,4)–Rastplatz Pöthener Straße (10,4)–Jodokusskulptur (10,9)–Königseiche (11,2)–Kloster Volkenroda (11,7)–Waldparkplatz (13) (12 km ohne Besichtigung des Klosters)

- Δ **Höhenunterschiede:** 180 m, mittleres Profil, nur bei trockenem Wetter begehbar, nicht für Radtour zu empfehlen
- Δ **Gehzeit**: 3,5 h (ohne Besichtigung Kloster Volkenroda)
- Δ **Markierungen:** grünes Quadrat auf weißem Grund, blauer Punkt mit Fuß (Jodokusweg)
- Δ **Parkmöglichkeiten**: Waldparkplatz, Parkplatz vor dem Klostergelände, Gasthaus „Deutsche Eiche", Parkplatz Ortseingang Volkenroda
- Δ **Wanderkarten:** Nr. 1–3, 5 (s. u. Wanderkarten)
- Δ **Sehenswertes:** Kloster Volkenroda, Naturlehrpfad

Wissenswertes: Volkenroda, Ortsteil von Körner, am Rande des LSG „Volkenrodaer Wald" gelegen, blickt auf eine lange und bedeutsame Geschichte zurück. Schon in vorchristlicher Zeit war die Gegend besiedelt. Davon zeugen noch heute grubenartige Vertiefungen im Wald und die 1000-jährige Königseiche, die von einem einst heiligen Hain kündet. Bis 1074 stand hier die Burg Vokenroth, die einst zum Schutz gegen die Einfälle der Hunnen errichtet wurde. König Heinrich IV, ließ sie nach dem Frieden von Gerstungen schleifen. 1130 überließ Kaiser Lothar III. der Gräfin Helinburgis von Gleichen, im Tausch gegen das Gut Mehrstedt und die Villa Billeben das Dorf und die zerstörte Burg, vorbehaltlich der Vogtei. Mit Zustimmung des Erzbischofs Adalbert I. von Mainz durfte die Gräfin die Burg in ein Kloster umbauen und mit Zisterziensermönchen besetzen. Zum Kloster gehörte eine Teichanlage, die zur Fischzucht genutzt wurde. Schnell gelangte das Kloster zu Ansehen und Reichtum. Von Volkenroda aus wurden vier weitere Klöster gegründet, so auch das Kloster Loccum im Jahre 1163 sowie das Kloster Waldsassen 1133.

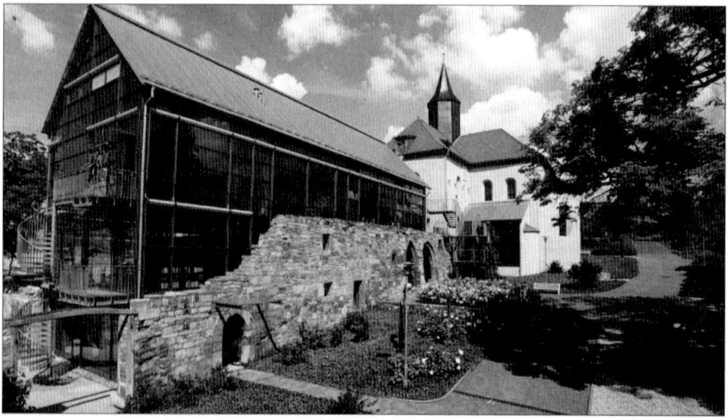

Auch in der „kahlen" Jahreszeit lohnt sich ein Besuch des Klosters Volkenroda.

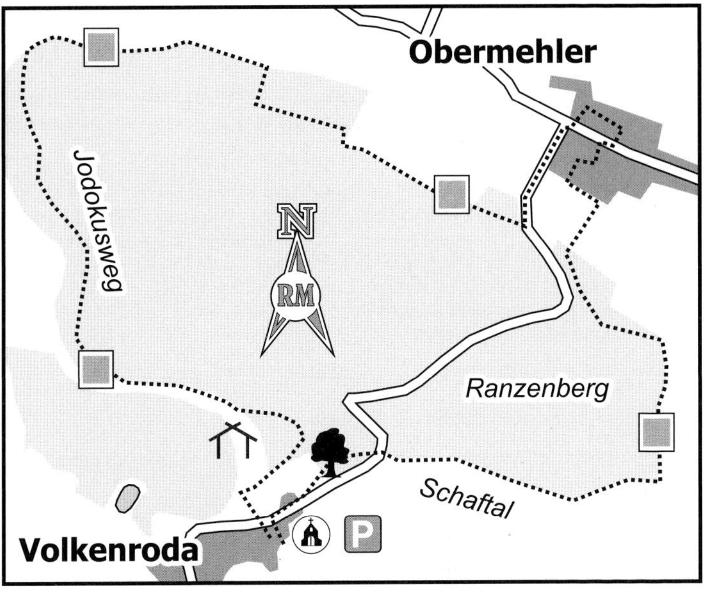

Allerdings verfiel das Kloster allmählich. Während des Bauernkrieges wurde es zerstört. Herzog Georg von Sachsen, der katholisch geblieben war, stellte das Kloster wieder her, belastete es aber schwer mit Beiträgen zum Türkenkrieg. Nach dem Tode des Herzogs Georg erfolgte 1540 die Aufhebung des Klosters durch Beauftragte des Herzogs Heinrich. Seitdem verfiel es immer mehr.
Seit 1990 werden große Anstrengungen beim Wiederaufbau unternommen. Die klösterliche Grundregel „ora et labora“ vom gemeinsamen Beten und Arbeiten prägt den täglichen Lebensrhythmus. Dabei wird auch wieder mit regelmäßigen Konzerten an das reichhaltige kulturelle Schaffen vergangener Zeiten angeknüpft. Volkenroda war zweifaches Thüringer Modellvorhaben der EXPO 2000. Ein Kleinod ist der Christuspavillon.
Natur pur kann man auf den 25 km Wanderwegen im Volkenrodaer Wald erleben. Besonders beeindruckend ist der Riesen-Ameisenhügel und die noch aus der mittelalterlichen Klosterzeit stammenden Teiche. Blumenliebhaber sind insbesondere von den Märzenbechern angetan.
Volkenroda ist Ausgangs - bzw. Endpunkt mehrerer Pilgerwege. Dazu zählen der ca. 300 km lange Pilgerweg Loccum-Volkenroda, der Pilgerweg Via Porta nach Waldsassen sowie der Jodokusweg (s. unter Rubrik Pilgerwege).
Am ersten Wochenende von März bis Dezember ist das Kloster Volkenroda Gastgeber eines Regionalen Bauenmarktes.
s. auch www.kloster-volkenroda.de

Routenbeschreibung: Vom *Waldparkplatz* ***Volkenroda*** folgen wir dem *NL* parallel zur Straße. Wenig später überqueren wir die nach Obermehler führende *Chaussee*. Wir folgen nun dem *Waldrandweg* durch das ***Schaftal.*** Nach 2,6 km erreichen wir die *Weggabelung Stellweg/Langes Tal*. Wir wandern dem ***Ranzenberg*** hinauf.
Nachdem wir eine *wasserwirtschaftliche Anlage* passiert haben, gabeln sich die Wege. Wir halten uns rechts und gelangen zum Waldausgang, an dem sich ein *Rastplatz mit steinernem Tisch* befindet.

Von hier reicht der Blick über Großmehlra hinweg bis nach Schlotheim, zum NSG „Sonder“ sowie zum Bauernholz. In der Ferne ist sogar die Hainleite mit dem aus ihr herausragenden Possenturm zu sehen.

Wir bleiben am Waldrand. Der Weg führt bergab und wenig später erreichen wir den Ortsrand von ***Obermehler***, wohin ein Abstecher möglich ist.

Obermehler mit seinen Ortsteilen Großmehlra und Schacht Pöthen liegt idyllisch am Fuße des Volkenrodaer Waldes. Erstmals erwähnt wurde der Ort 997 in einer Urkunde Ottos III. 1300 kam es zum Amt Volkenroda, eine Schenkung des Landgrafen Albrecht. Mehrmals wechselten die Besitzer. 1479 erhielt es Dietrich von Preußen und 1645 übernahm es Ernst der Fromme, Herzog von Gotha. Großmehlra gehörte zu Schwarzburg-Sondershausen.
s. auch www.vg-schlotheim.de

Der Wanderweg führt weiterhin am Waldrand entlang.

Dabei rückt der Schacht Pöthen ins Blickfeld.

An Obstplantagen vorüber führt der Weg wieder leicht bergan.

Bald sehen wir das Obermehlersche Holz und die Mühlhäuser Hardt vor uns.

Der Weg mündet links abbiegend in den *Jodokusweg*.

Vor uns ist das Dörfchen Windeberg zu sehen.

Wir folgen nun dem *Jodokusweg* (Markierung *blauer Punkt mit Fuß*). Nach Passieren einer *Schonung* erreichen wir eine Weggabelung, die uns rechts bergab führt. Der Weg führt ständig am Waldrand entlang. Unter uns rauscht wohltuend der *Schmalbach*. An einer *Brücke* an der *Pöthener Straße* lädt eine *Sitzgruppe* zur Rast ein. Ein Wanderwegweiser zeigt zur *1000-jährigen Eiche*. Nun biegen wir nach ca. 20 m rechts ein. Der Weg führt über Obstplantagen zunächst bergan und dann bergab. Auf dem Weg zur eindrucksvollen Königseiche gelangen wir zur ***Jodokusskulptur,*** die anlässlich der EXPO 2000 errichtet wurde.

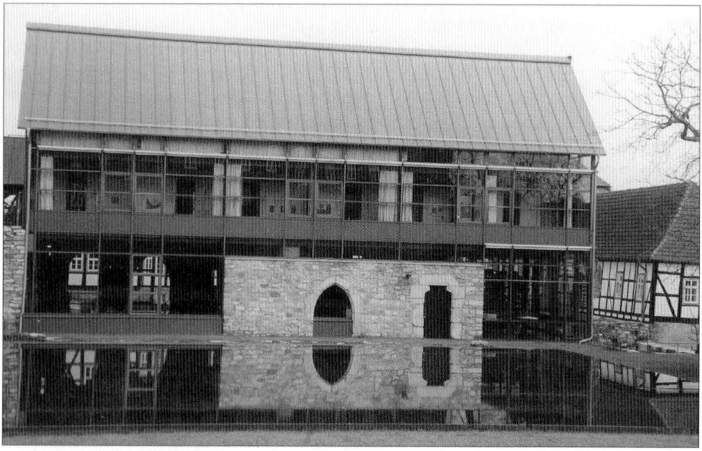

Das Kloster Volkenroda.

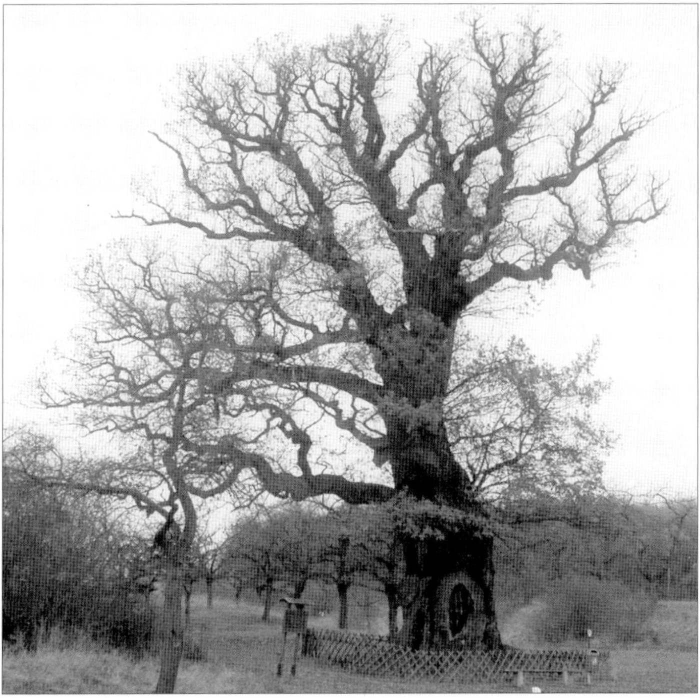

Die 1000-jährige Königseiche bei Volkenroda.

Um die Anlagen des ***Klosters Volkenroda*** zu besichtigen, wird hinter der ***Königseiche*** rechts abgebogen.

Die Königseiche hat mindestens 1000 Jahre auf dem „Buckel“. Mit ihrem Durchmesser von 3 m und einem Umfang von 9,30 m ist sie eine der mächtigsten in Deutschland. Obwohl der Stamm dieses Baumes schon seit etwa 200 Jahren hohl ist und die Krone bereits ein Viertel ihres Astwerkes verloren hat, vermittelt dieser Gigant noch einen vitalen Eindruck. Jährlich wird am Himmelfahrtstag ein großer ökumenischer Gottesdienst auf dem Festplatz neben der Eiche abgehalten.

Der Wanderweg führt entlang der Straße wieder zum ***Waldparkplatz.***

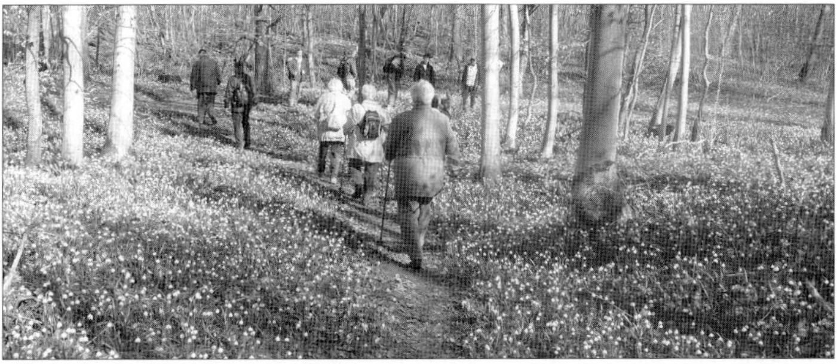

RW 02: Zum Mühlhäuser Stadtwald (17 km)

Mühlhausen, Kulturzentrum Schwanenteich–Popperöder Quelle (km 1)–Prinzenhaus (2,5)–Weißes Haus (3,4)–Ziegenfraßbank (4,8)–Schullandheim Waldschlösschen (6,1)–Weidensee (7,9)–Jacobs-Brunnen–Böhntalsweg (9,3)–Mühlhausen, Löwendenkmal (12)–Rathaus (14,1)–MHL, Schwanenteich (17,2)

- Δ **Höhenunterschiede:** 150 m, mittleres Profil, nicht für Radtour geeignet!
  Gehzeit: 4–5 h
- Δ **Markierungen:** roter Punkt (Zuweg Hainichlandweg), blaues Andreaskreuz (Hauptwanderweg), rotes Quadrat (Fahner Höhe-Hainich-Weg), grünes Andreaskreuz bis Abzw. Böhntalsweg, stellenweise ohne
- Δ **Parkmöglichkeiten:** Kulturzentrum Schwanenteich, Schullandheim
- Δ **Wanderkarten:** Nr. 1–5, 8 (s. u. Wanderkarten)
- Δ **Sehenswertes:** Mühlhausen (Altstadt), Schwanenteich, Popperöder Quelle, Mühlhäuser Stadtwald, Schullandheim Waldschlösschen

Wissenswertes: Die Kreisstadt Mühlhausen liegt an den Ufern der Unstrut, malerisch eingebettet zwischen dem Eichsfeld, dem Dün und dem Hainich. 35 000 Einwohner sind in dieser geschichtsträchtigen Stadt zu Hause. Erwähnt wurde sie erstmals 967 in einer Urkunde Ottos II. Im Jahr 1256 zerstörten die Mühlhäuser die Pfalzburg. Bis zum Jahre 1802 genoss Mühlhausen den Status einer Freien Reichsstadt.

Während des Bauernkrieges 1524/25 befand sich in der Stadt das Hauptquartier des Reformators und Bauernführers Thomas Müntzer, der auch in Mühlhausen hingerichtet wurde. Dieser Zeit verdankte Mühlhausen auch den Namen „Thomas-Müntzer-Stadt“, der allerdings wieder abgelegt wurde. Auf die Ereignisse des Bauernkrieges verweist auch die Gedenkstätte „Deutscher Bauernkrieg“ in der Kornmarktkirche. In Mühlhausen wirkte auch Johann Sebastian Bach. Geboren wurde hier der Ingenieur Röbling, der Konstrukteur der Drahtseil-Hängebrücke Brooklyn in New York. Ein weiterer Sohn der Stadt ist Friedrich August Stüler, ein bedeutender preußischer Baumeister. Er schuf u. a. das neue Museum in Berlin.

Auf Grund seiner 2700 m langen, gut erhaltenen Stadtmauer wird Mühlhausen auch gern als „Rothenburg Thüringens“ bezeichnet. Der Wehrgang ist begehbar, der Wehrturm kann bestiegen werden. Neben zahlreichen profanen historischen Gebäuden sind 14 Kirchen und Kapellen bis heute erhalten geblieben. Nach Größe und architektonischem Wert sind besonders die dreitürmige Marienkirche sowie die Blasiikirche erwähnenswert. Beliebt über den Unstrut-Hainich-Kreis hinaus sind die vielseitigen Orgelkonzerte.

Von den gut erhaltenen alten Bürgerhäusern ist besonders das 1310 urkundlich erwähnte Rathaus sehenswert. Im 1595/96 angebauten Südflügel des Gebäudes befindet sich das zu besichtigende Reichsstädtische Archiv mit Archivalien vom 12. Jahrhundert bis 1802.

Das Mühlhäuser Stadtmuseum vermittelt Einblicke in die Geschichte der Stadt und ihrer Umgebung von der Ur- und Frühgeschichte bis zur Gegenwart. Ein Besuch lohnt sich auch in der Stadtbibliothek, einer der ältesten öffentlichen Bibliotheken in Thüringen.

Seit 1877 wird jährlich im August die größte Stadtkirmes Thüringens gefeiert, wobei der traditionelle Kirrnesumzug Tausende Besucher aus nah und fern anlockt.
s. auch www.muehlhausen.de

Routenbeschreibung: Wir starten am ***Kulturzentrum Schwanenteich,*** an dem viele *Wanderwegweiser* die Richtung angeben. Wir folgen dem *roten Punkt,* dem *blauen Andreaskreuz* bzw. dem roten Quadrat. Nun geht es geradeaus zur ***Popperöder Quelle,*** an der wir uns ebenfalls geradeaus halten.

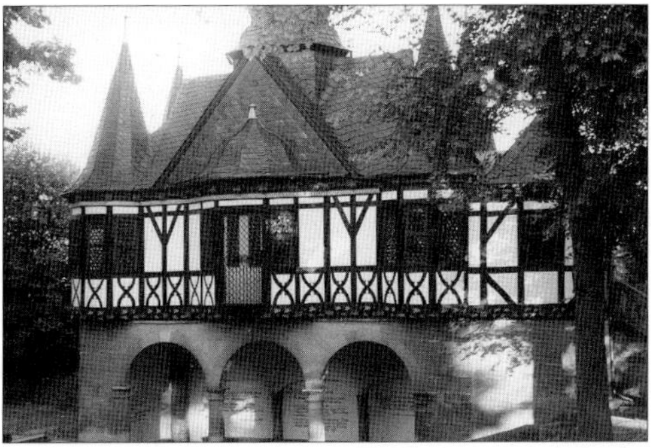

Das Brunnenhaus der Popperöder Quelle bei Mühlhausen.

„Am Stadtwald“, beim ***Prinzenhaus*** wenden wir uns nach links und wandern am Waldessaum entlang. Damit befinden wir uns nun zugleich auf dem *Waagebalkenweg* (Markierung *weißes, auf dem Kopf stehendes T* - s. auch SW 04). Nach ca. 900 m erreichen wir das ***Weiße Haus,*** Ausgangspunkt vieler Wanderungen im *Mühlhäuser Stadtwald.*
Nun folgen wir dem *Bornweg,* immer auf Tuchfühlung zum Waldrand. Nachdem wir vom Weißen Haus 500 m zurückgelegt haben, kreuzen sich die Wege (Wanderwegweiser). Wir schwenken links in einen schmalen Pfad ein (Markierung nun auch *gelber Strich).*

Hier trennt sich der Hauptwanderweg vom geradeaus führenden FHH-Weg mit dem roten Quadrat. Rechterhand geht es zur *Korpusbuche* (1,2 km entfernt).

Die nächste Weggabelung wird bereits nach 20 m erreicht. Wir wandern rechts (bergab). Nach 300 m gabeln sich die Wege erneut, wobei wir links in Richtung *Straße* gehen. Nun schlängelt sich der Weg direkt am Waldrand entlang, bis wir zur ***Ziegenfraßbank*** gelangen, wo es sich gut rasten lässt (s. auch SW 06).
Über den geradeaus führenden *Schafweg* wird der *Wanderparkplatz* vom ***Schullandheim am Waldschlösschen*** erreicht (s. auch SW 06).
Um das Gelände zu erreichen, muss die Straße überquert werden.
Nach Besichtigung dieses interessanten Objektes wandern wir auf der linken Seite an dessen *Umzäunung* entlang (Markierung *grünes Andreaskreuz).* Am Ende des Geländes geht es zwischen einem Feld und Sträuchern weiter.
Nach ca. 800 m gabeln sich die Wege. Wir halten uns links und unterqueren die *Telegrafenleitungen.* Unmittelbar vor der *Straße* kreuzen sich die Wege. Wir schwenken rechts ein und bleiben auf einem

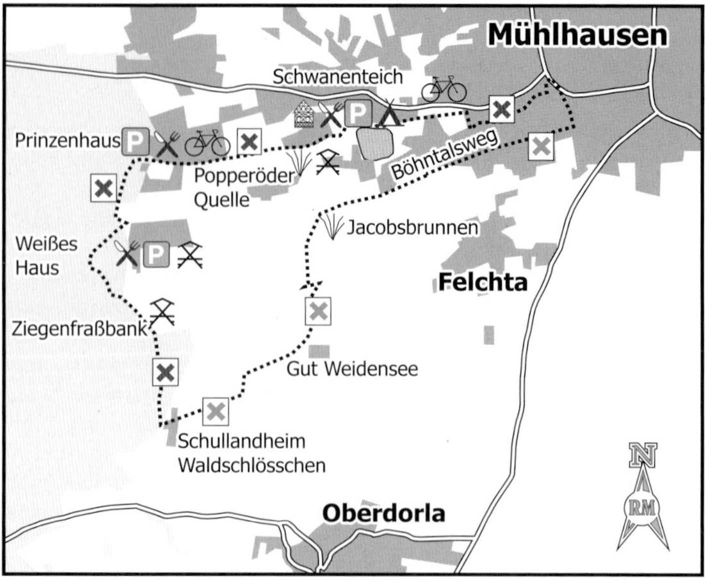

Feldweg parallel zur Straße. Dabei begleitet uns der *Felchtaer Bach*. Bald haben wir das ***Gut Weidensee*** erreicht.
Über die Straße gelangen wir zum ***Jacobs-Brunnen.*** Anschließend folgen wir dem *Thomasteichweg*. Nach ca. 1 km kreuzen sich an einer *wasserwirtschaftlichen Anlage* die Wege. Wir biegen rechts in den ***Böhntalsweg*** ein *(ohne Markierung).*

Die Aussicht reicht über den Mühlhäuser Stadteil Felchta zum Hainich.

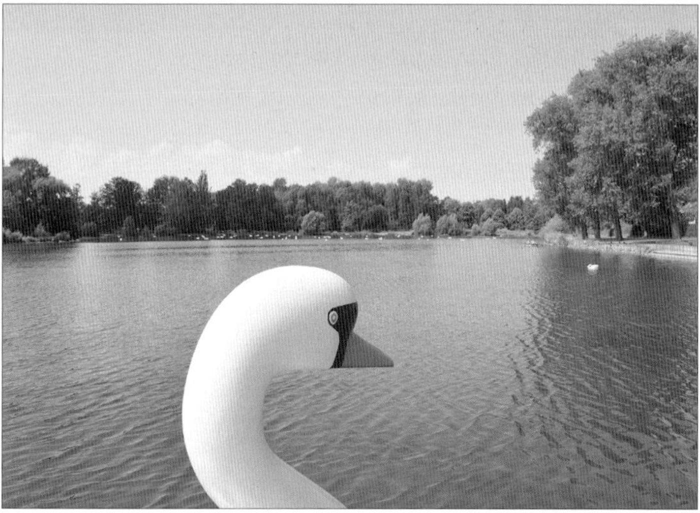

Der Schwanenteich, eines der beliebtesten Naherholungszentren der Mühlhäuser. Foto: Harald Rockstuhl.

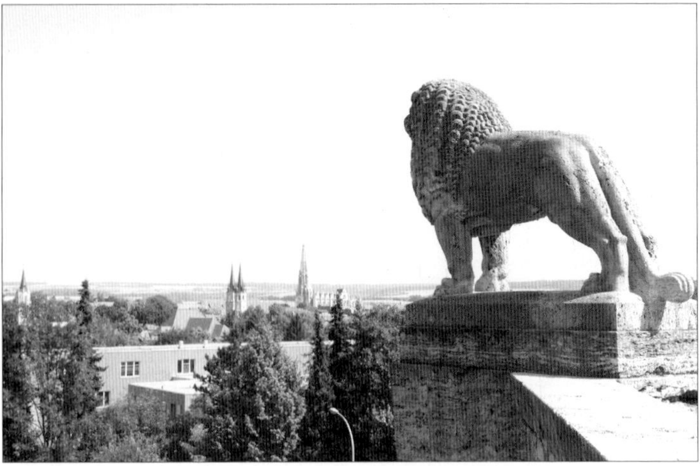

„Ein Löwe wacht über die Stadt Mühlhausen.“
Foto: Harald Rockstuhl.

Nach 700 m wird in ***Mühlhausen*** die *Heyeröder Landstraße* und nach einem weiteren Kilometer die *Felchtaer Landstraße* gequert. Dann folgen wir dem *Goetheweg*. Nach 600 m wird links in den *Poetenstieg* eingebogen, über dem wir zum ***Löwendenkmal*** gelangen.

Hier lässt es sich gut rasten und wir können einen Ausblick über die Stadt bis zu den Höhenzügen des Dün genießen.

Nach dem Goetheweg folgen wir nun konsequenterweise dem *Schillerweg*. Dabei wird auch das *Schillerdenkmal* passiert. Über die *Eisenacher Straße* gelangen wir zum *Lindenbühl*, dem Tor zur sehenswerten Altstadt. Am *Untermarkt* befindet sich die *Divi-Blasii-Kirche*. Über die *Linsenstraße* und die *Neue Straße* erreichen wir das *Rathaus*, an das sich die *Touristinformation* der Stadt Mühlhausen anschließt. Am *Steinweg* wird die langgezogene *Fußgängerzone* erreicht. Wir biegen links ein und wandern an der *Marienkirche* vorüber durch die *Herrenstraße* und durch das *Innere Frauentor* zum *Blobach*.
Dort biegen wir links ein und erreichen über den *Bastmarkt* die *Wanfrieder Straße*, der wir rechtsabbiegend folgen (Markierung wieder *blaues Andreaskreuz*). Diese wird durch die *Kasseler Straße* abgelöst, über die wir zur *Schwanenteichallee* gelangen. Bald haben wir unseren Ausgangspunkt an der ***Kulturstätte Schwanenteich*** erreicht.

Hierzu gehören ein Campingplatz, die Kulturstätte mit Veranstaltungssaal, Cafe und Gartenrestaurant sowie ein Gondelteich.
s. auch www.kulturstaette-schwanenteich.de und www.campingplatz-am-schwanenteich.de

RW 03: Zu den Mammutbäumen (8 km)

Wanderparkplatz Prinzenhaus–Diedorfer Stieg–Gerhard-Melle-Bank (km 0,2)–Eichhörnchenbank–Mammutbaum/ Förster-Pippert-Bank (2,1)–Häherbuche (2,3)–Ackermanntisch (2,7)–Jägerstieg–Mammutbäume/Oberförster-Brehm-Hütte (4,3) –Gerberbank (4,7)–Haferecke (5,2)–Siegfried-Stern-Bank (5,8)–Promenadenweg–Schmidt-Denkmal (6,3)–Wendel-Hütte (6,4)–Torfgrubenweg–Günzel's Ruh (7,8)–Wanderparkplatz Prinzenhaus (8,3)

- Δ **Höhenunterschiede:** 210 m, der Abstieg von der Häherbuche zum Ackermanntisch erfordert Trittsicherheit! nicht für Radtour geeignet
- Δ **Gehzeit:** 3 h
- Δ **Markierungen:** weißes V auf schwarzem Grund (Diedorfer Stieg), roter Punkt (Hainichlandweg), grünes Dreieck (Jägerstieg), roter Querbalken (MEM-Weg), grünes Quadrat, grüner Schrägstrich (NL Promenadenweg)
- Δ **Parkmöglichkeiten:** vor dem Waldfrieden, Waldparkplatz am Töpferstieg
- Δ **Wanderkarten:** Nr. 1–5, 8 (s. u. Wanderkarten)
- Δ **Sehenswertes:** schattige Rastplätze, Mammutbäume

Wissenswertes: Die Mammutbäume erreichen in ihrer Heimat Nordamerika eine Höhe von 120 m.
Den Pflanzgarten mit den Mammutbäumen und anderen ausländischen Gewächsen legte Oberförster Brehme im Jahre 1884 an. Er war schon zu Lebzeiten Ehrenmitglied des Waldvereins Mühlhausen 1882 e.V. Die benachbarte Schutzhütte trägt seinen Namen.

Routenbeschreibung: Am *Wanderparkplatz* beim ***Prinzenhaus*** haben sich alle überregionalen Wanderwege, die Rang und Namen haben „versammelt". Diesen folgen wir zunächst für ca. 150 m, um dann in den *Diedorfer Stieg* „einzusteigen" (*Markierung weißes V auf schwarzem Grund)*. Bereits nach 50 m wird die Gerhard-Melle-Bank erreicht.
Nach einem guten Kilometer queren wir den *Promenadenweg* und den *Zuweg* zum *Hainichlandweg (roter Punkt)* sowie nach weiteren 200 m den *Weitelückenweg*.
Dann folgen auf wenigen Metern die ***Eichhörnchenbank***, die ***Förster-Pippert-Bank*** sowie der ***Mammutbaum***.

Mit der Bank wurde der Revierförster Pippert geehrt, der den Mammutbaum am 10. Dezember 1992 pflanzte.

Nach 200 m passieren wir die ***Häherbuche***.

Dabei handelt es sich um die im Jahre 2011 gepflanzte Nachfolgerin.

Wir überqueren den Jägerstieg und nehmen den steilen Abstieg zum ***Ackermanntisch*** vor.

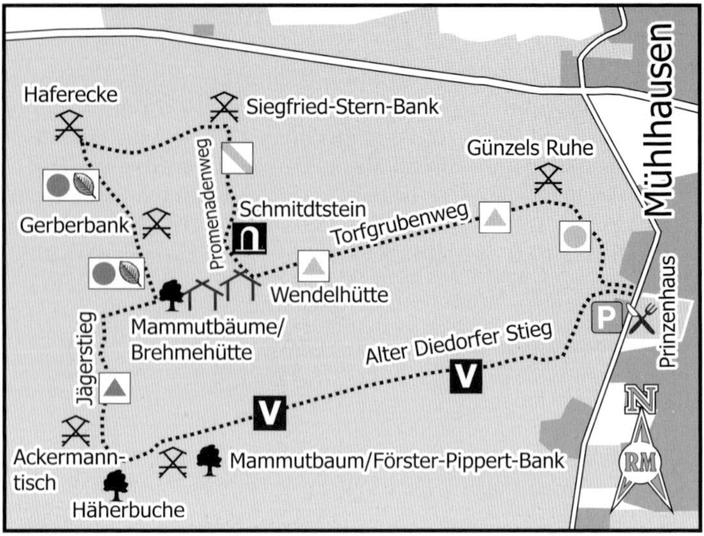

Eine Inschrift verweist auf die Verdienste des einstigen Ehrenvorsitzenden des Mühlhäuser Waldvereins Ernst Ackermann.

Anschließend verlassen wir den Diedorfer Stieg und folgen dem *Jägerstieg* bergan *(Markierung grünes Dreieck)*.
Nach 1,3 km kreuzen sich die Wege. Wir wandern geradeaus auf einem schmalen Pfad bergan. Bei der nach 120 m folgenden Weggabelung halten wir uns rechts und folgen dem *Hainichlandweg* (Markierung *roter Punkt*) sowie dem *MEM-Weg* (Markierung *roter Querbalken)* zum ***Naturdenkmal Mammutbäume***.
Nach ca. 400 m erreichen wir die ***Gerberbank,*** wo sich die Wege kreuzen. Wir bleiben geradeaus und verlassen den Hainichlandweg und den MEM-Weg an der ***Haferecke,*** einer alten Ausspanne.
Entsprechend des Wanderwegweiser schwenken wir rechts ein (Markierung *grünes Dreieck)*. Nach ca. 600 m erreichen wir an der ***Siegfried-Stern-Bank*** den *Promenadenweg*.

Diese Bank wurde am 14.06.2013 dem verdienten Wanderfreund Siegfried Stern gewidmet. Der Vorstand und die Mitglieder der Thüringer Wanderfalken e. V. haben damit für sein langjähriges Engagement als Vorstandsmitglied und Wanderführer gedankt.

Über diesen beliebten Lehrpfad gelangen wir nach 500 m zum ***Schmidt-Denkmal***.

Das Denkmal wurde im Jahre 1880 angelegt, um die Verdienste des Stadtrates um den Mühlhäuser Wald zu würdigen.

Wenig später kreuzen sich an der ***Wendel-Hütte*** (s. auch SW 06) die Wege (Wanderwegweiser) Wir halten uns links, um dem *Torfgrubenweg* zu folgen (Markierung *gelbes Dreieck)*. Die nächste Wegkreuzung folgt nach 300 m. Dabei wird die *Gerätebaustraße* gequert.

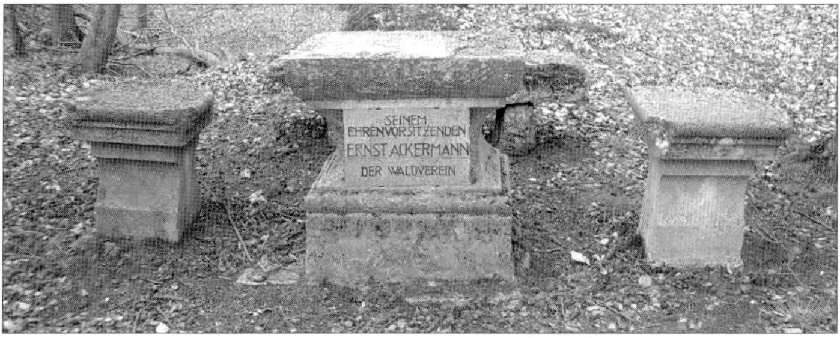

Ackermanntisch.

Nachdem wir weitere 650 m auf dem Torfgrubenweg zurückgelegt haben, queren wir den *Schlittenweg* und erreichen nach ca. 300 m den Rastplatz ***Günzel's Ruh***.

Karl Theodor Günzel (1829–1893) war Gründungsmitglied des Waldvereins Mühlhausen. Von 1881 bis zu seinem Tode wirkte er als Lehrer, Küster und Organist in der Kirche St. Marien in Mühlhausen. An diesem Platz finden auch Gottesdienste und Konzerte statt.

Nun folgen wir bis zum Ausgangspunkt der Markierung mit dem *gelben Punkt*. Für ca. 800 m schlängelt sich der Weg zum *Wanderparkplatz* am ***Prinzenhaus***.

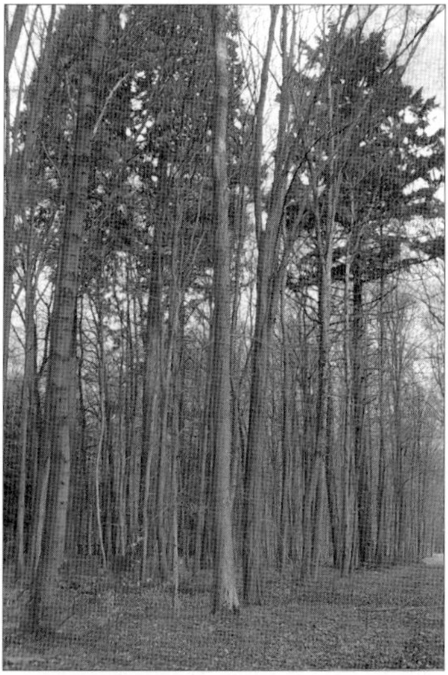

Mammutbäume.

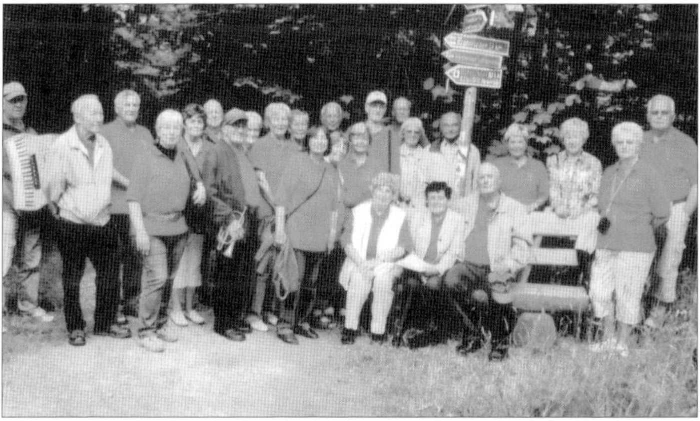

Übergabe der „Siegfried Stern-Bank" am 14.6.2013 von den Mitgliedern der Mühlhäuser Wanderfalken e.V.. Foto: Erika Kiesel.

RW 04: Zum Opfermoor Vogtei (12 km)

Oberdorla–Erdfallquellenweg–Melchiorbrunnen (km 1,5)–Kainspring–Wüstungen–Wanderweg–Dorfstelle Germerode (2,7)–Marktweg–Langulaer Tal (3,2)–Langula (5,6)–Angergraben–Niederdorla (9,4)–Opfermoor Vogtei/Mittelpunkt–ehem. Bf. Oberdorla (10,6)–Oberdorla (12)

- Δ **Höhenunterschiede:** 100 m, leichtes Profil, bei trockenem Wetter mit dem Rad befahrbar
- Δ **Gehzeit:** ca. 3 h
- Δ **Markierungen:** roter Punkt (Zuweg Hainichlandweg), grünes Andreaskreuz, gelbes W (Wüstungen-Wanderweg), grünes Dreieck, stellenweise ohne
- Δ **Parkmöglichkeiten:** Oberdorla (Anger), Gelände Mittelpunkt/Opfermoor
- Δ **Wanderkarten:** Nr. 1–5, 8 (s. u. Wanderkarten)
- Δ **Sehenswertes:** Oberdorla, Erdfälle, Langula, Niederdorla, Mittelpunkt, Opfermoor

Wissenswertes: Die Vogtei ist ein kleines, eigenständiges Gebiet, das bereits 870 erwähnt wurde. Zu ihm gehören die drei Orte Oberdorla, Niederdorla und Langula. Lange Zeit gehörte die Vogtei dem Erzbistum Mainz. 1333 musste sich die expansionslüsterne Dynastie der Treffurter Raubritter der Übermacht der Mainzer, Sachsen und Hessen geschlagen geben. Dadurch gab es für die Vogtei in der Ganerbschaft Treffurt drei Herren, die alle Nutzen aus den Besitzungen ziehen wollten. Im Streit um die komplizierten Herrschaftsverhältnisse, konnten die Vogteier lange Zeit althergebrachte Rechte bewahren. Dazu zählten die freie Jagd, Gemeineigentum des Hainichwaldes und Steuerfreiheiten.
s. auch www.vg-vogtei.de

Routenbeschreibung: Am *Dorfanger* in ***Oberdorla*** weisen verschiedene Wanderwegweiser den Weg. Wir folgen der Markierung mit dem *roten Punkt (Hainichlandweg)* sowie dem *grünen Andreaskreuz* in Richtung Kainsprung *(Erdfallquellenweg)*. An der *Kirche* vorüber geht es durch die *Brauhausstraße*. Hinter der *Buswartehalle* biegen wir rechts in den *Sperlingsweg* ein. Nach 400 m gabeln sich die Wege. Wir halten uns links und nach weiteren 400 m folgt die nächste Weggabelung, wobei wir geradeaus in Blickrichtung der Pappeln wandern.
Nach 200 m gabeln sich erneut die Wege. Wir halten uns halbrechts und durchwandern eine *Kleingartenanlage*, bis sich nach weiteren 200 m die Wege kreuzen. Entsprechend des Wanderwegweisers halten wir uns links. Nach 300 m gelangen wir zum ***Melchiorbrunnen***, bei dem es sich gut rasten lässt.
Mit dem ***Kainspring*** erreichen wir nach 300 m einen weiteren Erdfall.

Die beiden Erdfälle Melchiorbrunnen und Kainsprung gehören zur Gemarkung Oberdorla. Ihr Bestand hoher Bäume mit Weißbuchen, Stieleichen, Winterlinden, Eschen, Grauerlen und Silberweiden macht sie zu markanten Punkten in der Landschaft. Beide Quellen versorgen Ober- und Niederdorla mit Trinkwasser.
s. auch www.naturpark-ehw.de/geologische-route

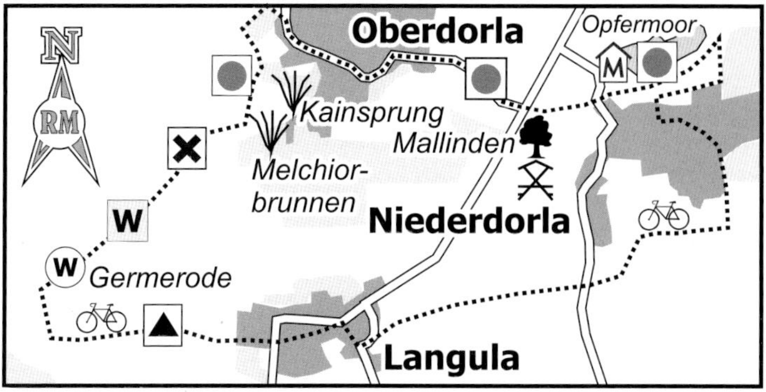

Nun wandern wir an einer *wasserwirtschaftlichen Anlage* vorüber (Markierung *gelbes W – Wüstungen-Wanderweg*). Etwa 100 m unterhalb eines weiteren *Hochbehälters* schwenken wir rechts in einen Feldweg ein. Bereits nach 100 m gabeln sich die Wege. Wir biegen links in einen bergan führenden Feldweg ein.

Nach 600 m erreichen wir die ***Dorfstelle Germerode***, worauf ein Gedenkstein hinweist.

Wir wandern weiter bergan, bis wir nach etwa 400 m eine Wegkreuzung erreichen. Nun schwenken wir links in den ***Marktweg*** ein (Markierung *grünes Dreieck*). Dieser Feldweg führt an einen *Graben* entlang zur nächsten Weggabelung, die rechts ins ***Langulaer Tal*** und links über einen Schotterweg nach ***Langula*** führt.

Langula wurde erstmals im Jahre 1246 laut Mühlhäuser Urkundenbuch erwähnt. Als Vogteidorf gehörte es lange zur Mainzer Herrschaft. Nach Zerschlagung der Treffurter Raubritterschaft kam es zur Ganerbschaft Treffurt. Der Name weist auf die frühere Lage des Ortes hin und bedeutet „Lang und Loh“. So hat sicherlich auch der zwischen Langula und Oberdorla gelegene Lohberg bei der Namensgebung eine Rolle gespielt. Das idyllische Langulaer Tal bildet ein Tor zum Hainich und ist beliebt bei Wanderern und Radfahrern.
s. auch www.vg-vogtei.de

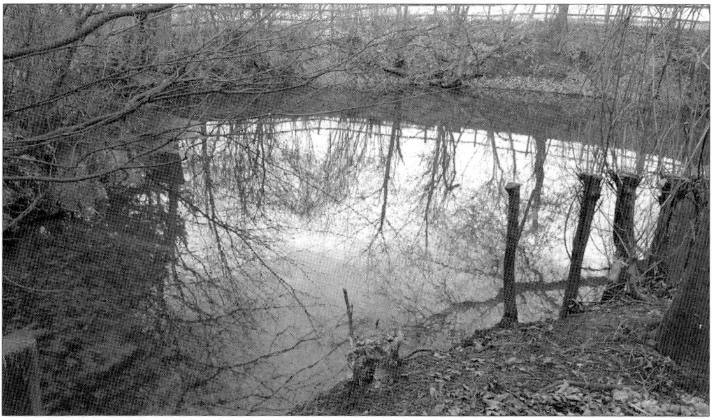

Der Melchiorbrunnen, eine Erdfallquelle in der Vogtei.

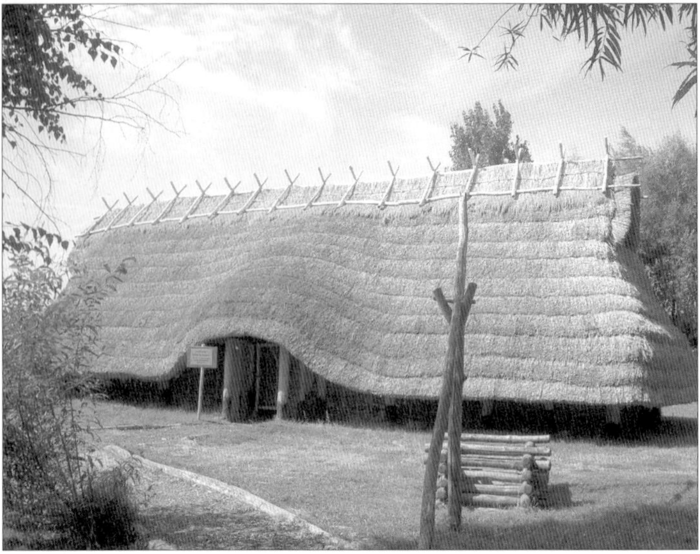

Das Langhaus auf dem Gelände des Opfermoors Vogtei.

Langula erreichen wir in der *Holzstraße*. Nach Überquerung der *Straße Mühlhausen - Eisenach* geht es durch die *Enggasse* und den *Heiligenhof*, wo sich schöne Fachwerkhäuser befinden. Am *Friedhof* vorüber wandern wir in Blickrichtung Kirche. *Am Plan* schwenken wir links in die nach Kammerforst führende *Pfarrstraße* ein. Am *Ortsausgangsschild* in Richtung Oppershausen biegen wir links ein und wandern am *Angergraben* entlang.
Nach 1,4 km überqueren wir die *Chaussee Niederdorla - Oppershausen* und folgen einem *Radweg*, der von Pappeln gesäumt wird. Kurz vor Niederdorla kreuzen sich die Wege (Wanderwegweiser). Wir gehen links abbiegend auf ***Niederdorla*** zu, das wir am *Wassertor* erreichen.

Niederdorla wurde erstmals 1223 im Urkundenbuch der Erfurter Stifter erwähnt. Große Teile des Ortes, u. a. auch die Kirche „St. Johannes der Täufer" und das Pfarrhaus, fielen 1619 einem Großbrand zum Opfer. 1772 wurde der Wiederaufbau der Kirche vollendet. Gut erhalten ist die alte Dorfbefestigung. Dazu zählt das Fickentor, eines der letzten erhaltenen Steintore Thüringens. Sehenswert ist auch der Anger mit zwei noch erhaltenen Angertischen. Steinkreuze zieren die Angermauer.
Mitte des 20. Jahrhunderts stieß man beim Torfabbau auf frühgeschichtliche Spuren, die sich als Opfergaben an eine germanische Kultstätte erwiesen. Dieses Seeheiligtum legt Zeugnis über die heidnische Glaubenswelt seit dem 6. Jahrhundert v. u. Z. über 1000 Jahre hinweg bis zum Einsetzen der Christianisierung ab. Ebenfalls am Seeufer zu besichtigen sind Nachbauten einer Siedlung der „Alten Germanen". Im Ausstellungszentrum werden Funde aus dem Opfermoor dokumentiert. Zum Komplex gehört ebenfalls die 1991 gepflanzte Linde, die den geographischen Mittelpunkt des wiedervereinigten Deutschlands symbolisieren soll.
s. auch www.opfermoor.de oder www.vg-vogtei.de

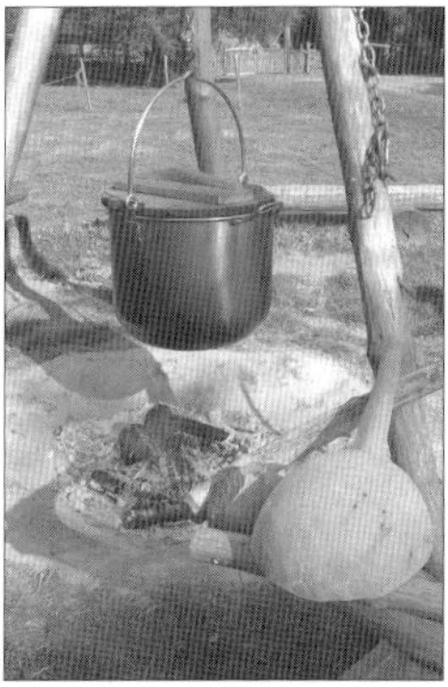

Kessel im Opfermoor Vogtei.

Am *Anger* vorüber gelangen wir durch das *Fickentor* zur *Hauptstraße*. Von dort folgen wir dem Wegweiser in Richtung Opfermoor. Nach Besichtigung der ***Ausstellung Opfermoor Vogtei*** wandern wir zunächst für 100 m an einem Zaun entlang, bevor wir rechts abbiegen und in Blickrichtung des Opfermoors gehen. Nun erreichen wir den Parkplatz am ***Mittelpunkt Deutschlands***. Nach Besichtigung der Anlage gehen wir neben dem Eingangsbereich über ein Feld in Richtung der *Straße Niederdorla-Oberdorla*. In diese biegen wir rechts ein. Nachdem wir die *Eisenacher Straße* überquert haben, erreichen wir das *Ortseingangsschild* von ***Oberdorla***. Am ehemaligen *Bahnhof* der Vogteier Bimmelbahn vorüber geht es durch die langgezogene *Bahnhofstraße*, die *Tränkestraße* und die *Brauhausstraße* wieder zum Ausgangspunkt am *Dorfanger* von ***Oberdorla***.

Oberdorla wurde erstmals 987 urkundlich erwähnt (Dobenecker-Register). Später kam es unter den Einfluss des Erzbistums Mainz. Die Kirche „St. Peter und Paul" verfiel 1267. 1666 brannte sie nieder, wurde aber bereits 1684 neu aufgebaut. Oberdorla war ein Zentrum der Wiedertäuferbewegung. Am Dorfanger, einer der größten und schönsten in Thüringen, ist der Gerichtstisch mit Steinbank noch erhalten.
Die Oberdorlaer Heimatstuben am Anger beherbergen eine Ausstellung zum Vogteier Brauchtum. Außerdem sind Exponate über das dörfliche Alltagsleben sowie zur Dorf- und Kirchengeschichten des Ortes zu sehen.

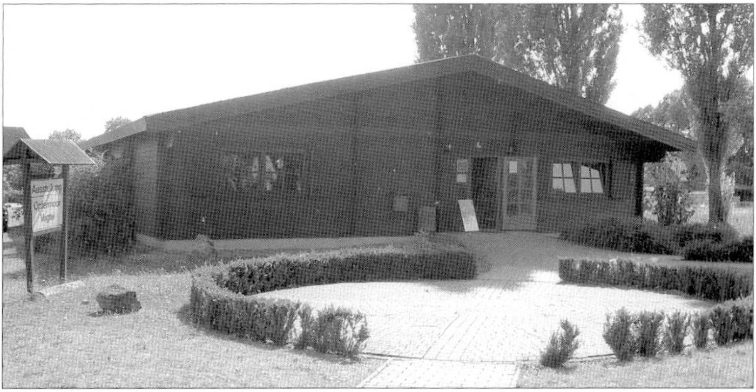

Die Ausstellung Opfermoor lockt viele Besucher aus nah und fern.

Ein Besuch lohnt sich auch in der Probstmühle am Siebenmühlenbach. Nach einer umfassenden Sanierung wurde sie im Jahre 2006 wiedereröffnet. Durch den Förderverein Probstmühle Oberdorla/Vogtei wird nicht nur die Tradition des Müllerhandwerks, sondern auch die bis ins Jahr 1472 zurückgehende Tradition des Bierbrauens erhalten.
s. auch www.vg-vogtei.de

RW 05: Auf den Spuren der Vogteier Bimmelbahn (11 km)

Heyerode, Grenzhaus/Alter Bf.–Rennstieg–Großer Senkig (km 2,5)–Diedorfer Stieg (3)–Tellweg–Schutzhütte Tieferode (4,2)–Lange Bahn (4,7)–Wüstung Rumerode (5,3)–Diedorf, ehem. Bf. (7,3)–GLB Bahneinschnitt–Heyerode, Grenzhaus/ Alter Bf. (11)

- **Höhenunterschiede:** 180 m, mittleres Profil, bei trockenem Wetter mit dem Rad passierbar
- **Gehzeit:** 3 h
- **Markierungen:** weißes, unterstrichenes R (Rennstieg), weißes V auf schwarzem Grund (Diedorfer Stieg), roter Punkt (Hainichlandweg)
- **Parkmöglichkeiten:** Wanderparkplatz gegenüber dem Alten Bahnhof, Ortslage Heyerode
- **Wanderkarten:** Nr. 1–5, 8 (s. u. Wanderkarten)
- **Sehenswertes:** Diedorf, GLB Bahneinschnitt, Grenzhaus, Alter Bf., Heyerode

Wissenswertes: Der Diedorfer Stieg hat eine Länge von 11 km und verbindet Diedorf mit dem Weißen Haus und dem Prinzenhaus im Mühlhäuser Stadtwald. Er ist zugleich die kürzeste Verbindung zwischen Diedorf und Mühlhausen. Auf ihm wurden einst Waren zwischen beiden Orten transportiert. Davon wusste auch unser Heimatforscher Hermann Gutbier zu berichten. So traf er: *„noch ganze Reihen (von Menschen – d. A.), die im Gänsezug singend und scherzend zum Marktbesuch eilten.“*

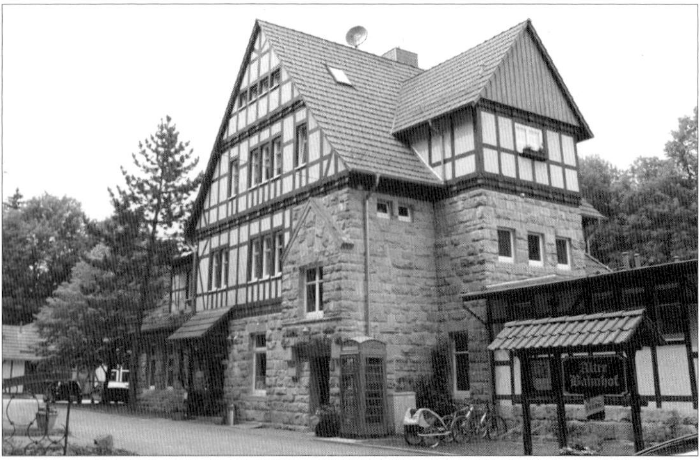

Wanderer sind immer willkommen. Gasthof und Herberge „Landgasthof Alter Bahnhof“ in Heyerode sind im Sommer täglich von 11–20 Uhr geöffnet (von November–März ist Montags Ruhetag). Das Objekt wird von den „Mühlhäuser Werkstätten für Behinderte e.V.“ geführt. Foto Sammlung Mühlhäuser Werkstätten e.V.

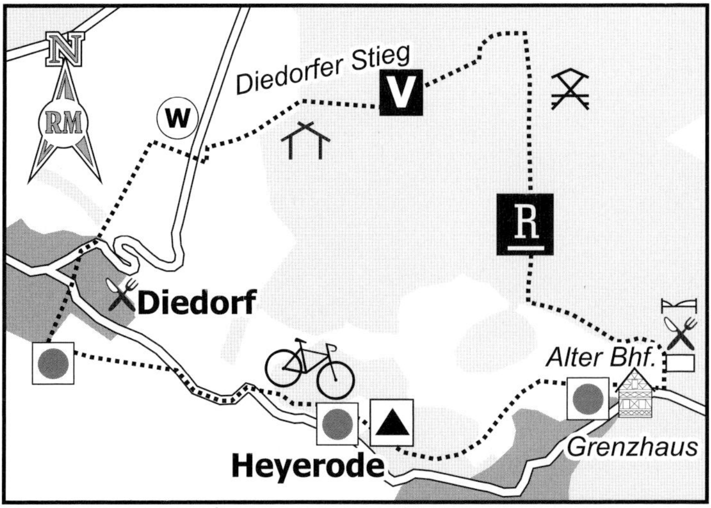

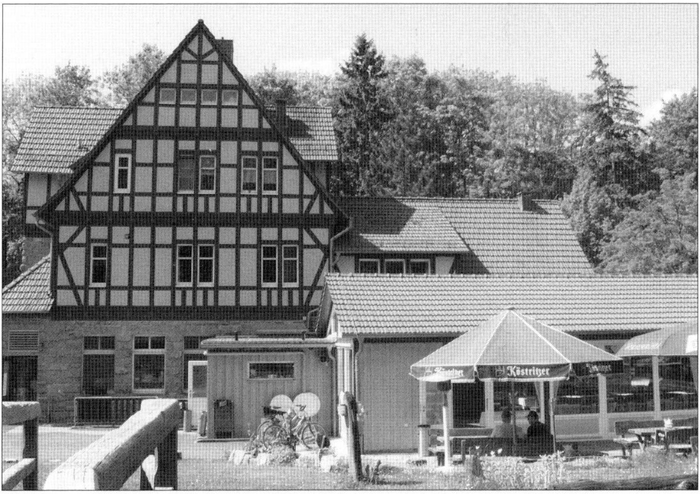

Landgasthof Alter Bahnhof.
Foto Sammlung Mühlhäuser Werkstätten e.V.

Routenbeschreibung: Wir starten am ***Alten Bahnhof*** oberhalb von Heyerode (siehe auch SW 05). Nach Überquerung der *Oberdorlaer Chaussee* wandern wir auf dem gut ausgeschilderten *Rennstieg (*Markierung *weißes, unterstrichenes R*).
Nach ca. 2,5 km lädt am ***Großen Senkig*** eine *überdachte Sitzgruppe* zur Rast ein. Bei der nach etwa 500 m folgenden Wegkreuzung schwenken wir links in den ***Diedorfer Stieg*** ein (Markierung *weißes V auf schwarzem Grund*).

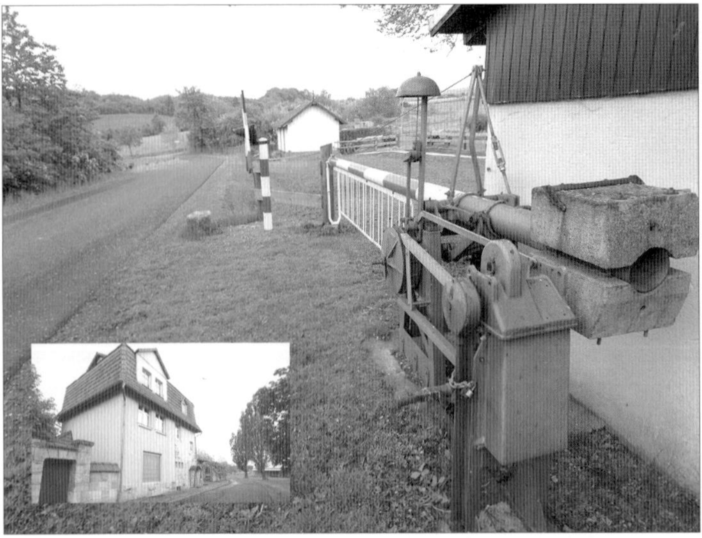

Ehemaliger Bf. Diedorf.

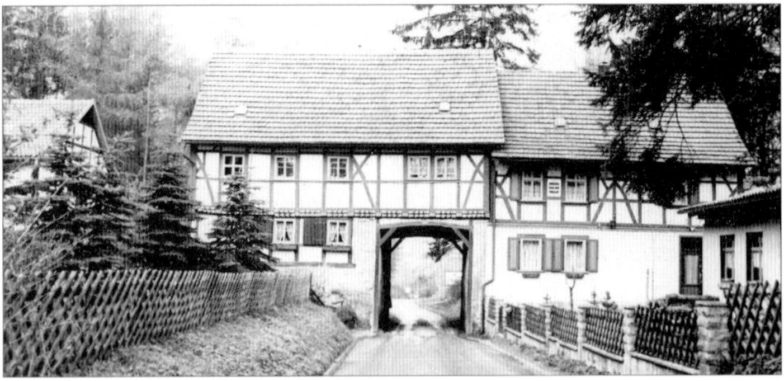

Das Grenzhaus vor Heyerode.

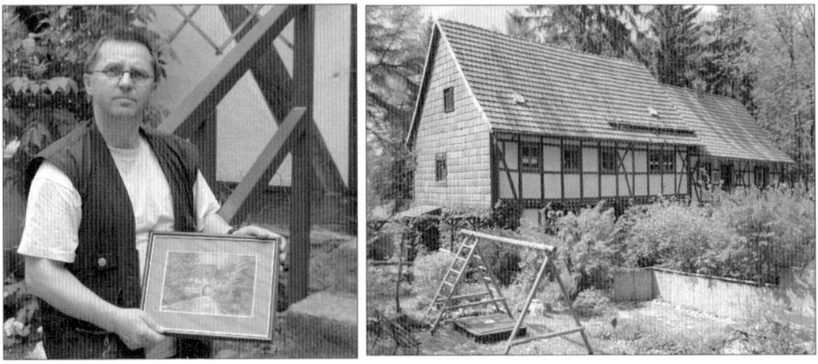

Als Atelier von Karl-Heinz Vogeley hat das Grenzhaus seit 1985 eine würdige Bestimmung erhalten. Fotos: Harald Rockstuhl.

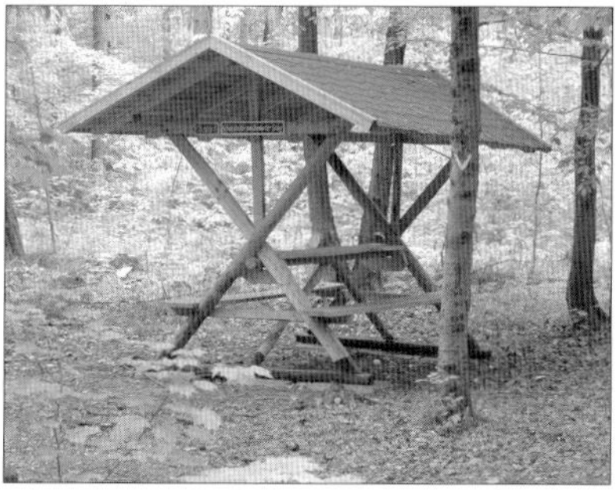

Schutzhütte am Diedorfer Stieg.

Nach 300 m biegen wir links in den *Tellweg* ein, um diesen bereits nach 100 m rechts abbiegend zu verlassen. Zunächst geht es durch einen Nadelwald, welcher bald durch Laubwald abgelöst wird. An der nächsten Wegkreuzung, die wir nach ca. 800 m erreichen, besteht die Möglichkeit, links zur ***Schutzhütte „Tieferode“*** abzubiegen. Nach weiteren 500 m erreichen wir am Waldrand die ***Lange Bahn***, wo drei *Grenzsteine* zu sehen sind.

Am mittleren Grenzstein sieht man auf der nördlichen Seite die Mühlhaue. Daraus ist abzuleiten, dass der Mühlhäuser Stadtwald an dieser Stelle endet oder beginnt. Hier treffen zugleich der Diedorfer Stieg und die Lange Bahn aufeinander. Die Lange Bahn verbindet über einen Waldweg Oberdorla und Mühlhausen. Auf diesem 10 km langen Waldweg stehen nicht weniger als 205 Grenzsteine.

Wir wandern nun am Waldrand entlang, wobei noch weitere Grenzsteine den Weg zieren. Nach 200 m erreichen wir einen weiteren *Rastplatz*. Von dort gehen wir auf die *Diedorfer Chaussee* zu. Kurz vor der Straße biegen wir links ein, um diese wenig später zu überqueren. Nun geht es geradeaus auf einer Schotterstraße weiter. Bei der nächsten Weggabelung, dem Standort der ***Wüstung Rumerode***, schwenken wir links ein.

Rechts sehen wir einige Windkrafträder und geradeaus ein Wetterkreuz.

Diedorf erreichen wir in der *Salztrift* (s. auch SW 05). Wenig später passieren wir einen *Rastplatz mit Bildstock*. Von dort folgen wir den Wanderwegweisern in Richtung Dorfmitte. Durch die *Kirchhainstraße* wandern wir in Richtung der Kirche. Wir folgen der *Herrenstraße* und der *Bahnhofstraße*. Über den *Bahnhofsweg* gelangen wir zum ehemaligen *Bahnhof Diedorf*.
Nachdem wir die *Straße Heyerode - Diedorf* überquert haben, folgen wir dem *Alten Bahndamm*. Markiert ist mit *grünem Dreieck (Bahndamm-Weg)* und wir befinden uns nun zugleich auf dem *Unstrut-Werra-Radweg*.
Nach etwa 30 Minuten Wanderdauer erreichen wir den Ortsrand oberhalb von ***Heyerode*** (s. auch SW 05).
Von verschiedenen Stellen ist ein Abstieg in den Ort möglich. Wir bleiben geradeaus und erreichen unmittelbar vor dem *Alten Bahnhof* Heyerode über den *Rennstieg* wieder unseren Ausgangspunkt am ***Alten Bahnhof Heyerode.***

RW 06: Zur Burgruine Haineck (7 km)

Nazza–Buchholzweg–Barbara-Hager-Stein (km 1,3)–Moser's Ruh (1,5)–Alte Meilerstätte–Burgruine Haineck (2,3) - Rennstieg - Meta's Ruh (4,1)–Schliemengrund–Nazza (7)

- Δ **Höhenunterschiede**: 240 m, beschwerlicher Aufstieg von Nazza über die Burgruine Haineck zum Kamm des Rennstiegs, nicht für Fahrradtour geeignet!
- Δ **Gehzeit**: 2,5 h
- Δ **Markierungen:** blaues Andreaskreuz (Hauptwanderweg), gelber Punkt, weißes, unterstrichenes R (Rennstieg), roter Punkt mit Buchenblatt (Hainichlandweg)
- Δ **Parkmöglichkeiten**: Ortslage
- Δ **Wanderkarten:** Nr. 1–8 (s. u. Wanderkarten)
- Δ **Sehenswertes:** Nazza, Burgruine Haineck, Aussichtspunkt oberhalb Nazzas, Rastplätze Moser's Ruh und Meta's Ruh, Barbara-Hager-Gedenkstein im Lotzengrund

Routenbeschreibung: Wir verlassen ***Nazza*** über den *Buchholzweg*. Hinter der ehem. *Pension Buchholz* mündet der Weg links abbiegend in den *Hauptwanderweg Wernigerode - Eisenach* (Markierung *blaues Andreaskreuz*). Kurz vor dem Wald lädt eine *Bank* zur Rast ein, wobei man spätestens an dieser Stelle merkt, wie idyllisch Nazza liegt.

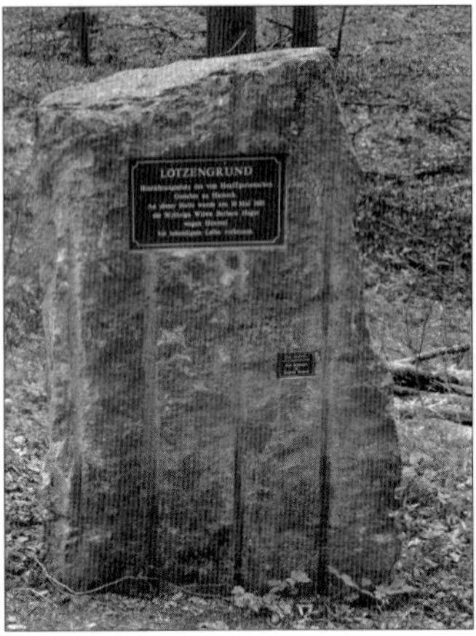

Barbara Hager Stein.

Am *Waldrand* wird ein Abstecher zum 200 m entfernten ***Barbara-Hager-Stein*** im *Lotzengrund* angeboten (Markierung *gelber Punkt*).

An dieser Stelle befand sich einst der Hinrichtungsplatz der Burg Haineck. 1681 wurde die Witwe Barbara Hager aus Neukirchen in einem Prozess schuldig gesprochen und öffentlich auf einem Scheiterhaufen verbrannt.

Anschließend kehren wir wieder auf den *Hauptwanderweg* zurück, um den Wald zu betreten. Gleich am Anfang des Waldes befindet sich auf der linken Seite mit ***Moser's Ruh*** ein weiterer Rastplatz.

Der frühere Nazzaer Lehrer gleichen Namens unternahm gern ausgedehnte Wanderungen um seinen Heimatort Nazza. Sein Lieblingsplatz befand sich auf einem Aufstieg von Nazza zur Burgruine Haineck. Ihm zu Ehren wurde an dieser Stelle die Bank mit dem Namen Moser's Ruh aufgestellt.

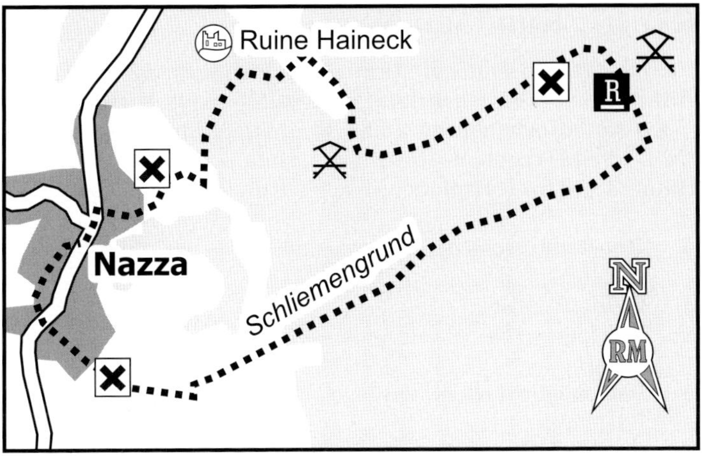

Nach ca. 100 m passieren wir die ***Alte Meilerstätte***. Wenig später befinden wir uns unterhalb der ***Burgruine Haineck*** **(s. auch SW 04).**

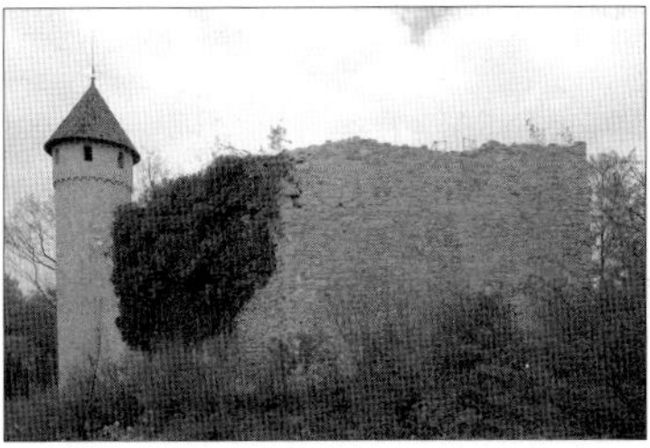

Burgruine Haineck.

Der *Hauptwanderweg* führt links neben der Ruine zunächst leicht bergan und dann wieder bergab. Bei den nächsten Weggabelungen halten wir uns geradeaus. 250 m hinter dem Wanderwegweiser führt eine Wegkreuzung links bergan zum Kamm des ***Rennstiegs***. Somit verlassen wir nun den Hauptwanderweg und orientieren uns an der Markierung mit dem *weißen, unterstrichenen R (Hainich-Rennstieg)*. Bereits nach knapp 300 m erreichen wir den Rastplatz ***Meta's Ruh***, bei dem wir den beliebten Höhenweg wieder verlassen.

Meta's Ruh ist eine Flurbezeichnung. Der Name erinnert an die Tochter Meta des Grafen Karl von Hopffgarten (1832–1899). Auch als Hofdame des Herzog von Meiningen (verheiratet Frau von Colomb) vergaß sie Ihre Heimat nicht. In den Sommermonaten besuchte sie gern Nazza und unternahm von hier aus Wanderungen in den Hainich.
An der Stelle, wo sich die Bank befindet, rastete sie gern.

Wir biegen rechts ab (*ohne Markierung*) und nehmen den steilen Abstieg durch den *Schliemengrund* und die *Wernershäuser Straße* nach ***Nazza*** vor.

RW 07: Rund um Nazza (12 km)

Nazza–Wernershausen (km 2,5)–Bahners Grab (2,8)–Hühnerloch (4)–Rastplatz „Rudolf's Au"–Ritter-Kreuz (5,8)–Antoniusherberge (6,8)–Rennstieg–Steinerner Tisch (7,6)–Dreiherrenstein–Rastplatz „Meta's Ruh" (9,1)–Ruine Haineck (10,8)–Rastplatz „Moser's Ruh" (11,4)–Nazza (12)

- Δ **Höhenunterschiede:** 320 m, mittelschwer, nicht für Radtour geeignet!
- Δ **Gehzeit:** 3,5 h
- Δ **Markierungen:** blaues Andreaskreuz, grüner Strich, R, gelber Punkt
- Δ **Parkmöglichkeiten:** Ortslage Nazza, ehem. Pension Buchholz
- Δ **Wanderkarten:** Nr. 1–8 (s. u. Wanderkarten)
- Δ **Sehenswertes:** Nazza, Ruine Haineck, ehemalige Antoniusherberge

Wissenswertes: Wernershausen, ein Ortsteil von Nazza, liegt ruhig und abgelegen auf der Wernershäuser Höhe. Geschichtliche Bindungen gibt es auch zum Nachbarort Mihla. Das zeigt eine Mihlaer Urkunde aus dem Jahre 1243 über das Vorwerk Wernershausen. Später gehörte Wernershausen zum Roten Schloss in Mihla, von wo es in den Besitz der Herren von Wangenheim überging. Diese verkauften es an das Mihlaer Adelsgeschlecht der Harstalls. Durch die Bodenreform wurde die Familie Bahner enteignet.
Nach der Wende übernahm die Erbengemeinschaft der Familie Bahner die inzwischen stark verfallenen Objekte. Mit viel persönlichem Einsatz wurde die Sanierung der Gebäude in den letzten Jahre durchgeführt.
Inzwischen locken die Ferienwohnungen „Gutshof Bahner" viele Gäste aus nah und fern an.
s. auch www.gutshofbahner.de

Routenbeschreibung: Wir starten in ***Nazza*** im *Schlosshof* und biegen in die *Hauptstraße in Richtung Eisenach* ein. Nach 300 m folgen wir links abbiegend bergan dem *Buchholzweg*. Bei der Kurve geht es bergab und wir wandern nun auf dem *Hauptwanderweg Wernigerode - Eisenach*, der mit *blauem Andreaskreuz* markiert ist. Die Wege gabeln sich nach 200 m. Wir halten links abbiegend auf eine *Agrargenossenschaft* zu. Ca. 50 m vor dieser biegen wir rechts ab und gehen in Richtung Wald. Dann folgen wir bergan einem Waldweg, bis wir vor dem ***Gut Wernershausen*** ankommen.
Beim *Teich* gabeln sich die Wege. Wir halten uns links bergan. Etwas versteckt, auf der rechten Seite, entdecken wir nach ca. 300 m an der nächsten Weggabelung den Gedenkstein ***Bahners Grab.***

Es handelt sich nicht etwa um das Grab eines Eisenbahners, sondern es ist dem verdienstvollen Kaufmann und Landwirt Wilhelm Bahner gewidmet. Der einstige Beitzer des Gutes Wernershausen wurde 1893 in Düsseldorf geboren. Er verstarb am 20.6.1947 in Wernershausen.
s. auch www.gutshofbahner.de

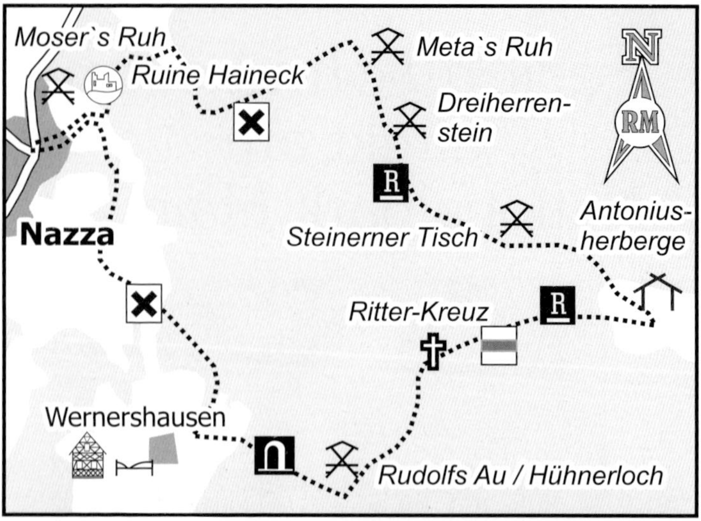

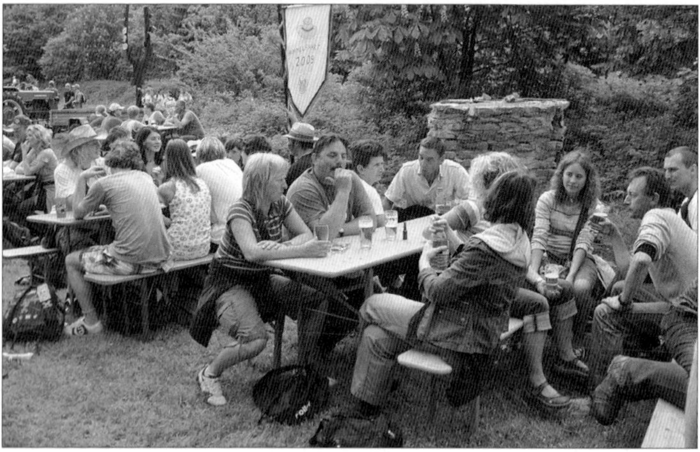

Himmelfahrt an der ehemaligen Antoniusherberge.
Foto: Harald Rockstuhl.

Mit dem ***Hühnerloch*** und ***Rudolf's Au*** (s. auch RW 08) erreichen wir zwei weitere Rastplätze. Nun setzt auch die Markierung mit dem *grünen Strich* ein. Dieser Weg führt über die ehemalige Antoniusherberge nach Kammerforst. Etwa 1 km vor der Antoniusherberge steht etwas versteckt auf der linken Seite das ***Ritter-Kreuz*** (s. auch RW 25).
An der ehemaligen ***Antoniusherberge*** (siehe auch SW 13) legen wir eine Rast ein. Verschiedene Wanderwege werden hier angezeigt. Wir folgen nun dem *Rennstieg* in Richtung Eigenrieden und passieren den ***Steinernen Tisch*** und den ***Dreiherrenstein.***
Mit ***Meta's Ruh*** (s. auch RW 06) erreichen wir einen weiteren Rastplatz.

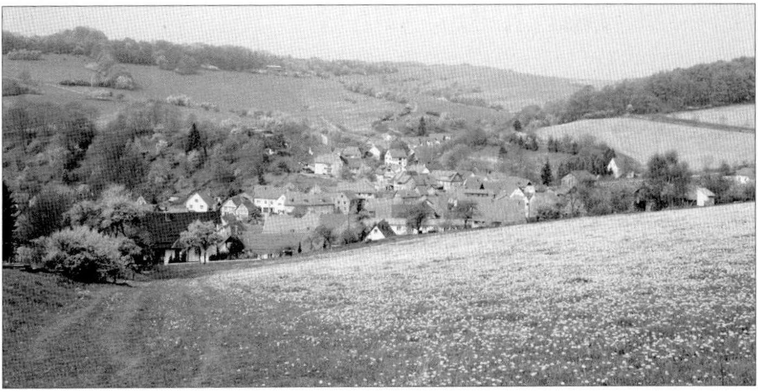

Blick auf Nazza.

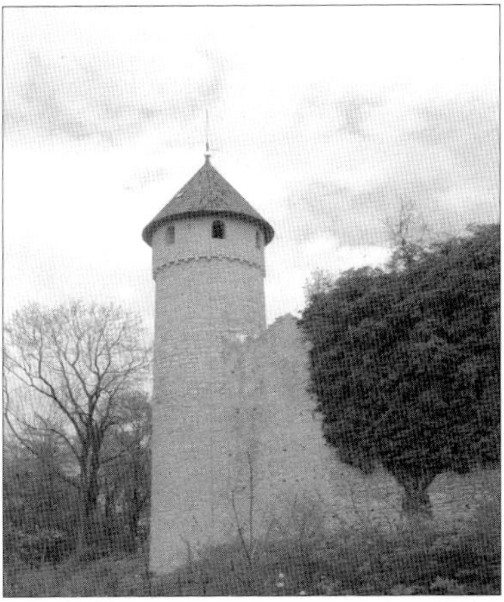

Burgruine Haineck.

Bei der nächsten Weggabelung verlassen wir den *Rennstieg* und orientieren uns wieder nach der Markierung mit dem *blauen Andreaskreuz* und einem *gelben Punkt*. Bald können wir den Wanderwegweisern in Richtung Ruine Haineck folgen.

Nachdem wir die ***Burgruine Haineck*** umrundet haben, geht es geradeaus bergab zum ***Rastplatz „Moser's Ruh“*** (s. auch RW 06). Anschließend nehmen wir den Abstieg auf das bereits sichtbare ***Nazza*** über einen Wiesenweg vor.

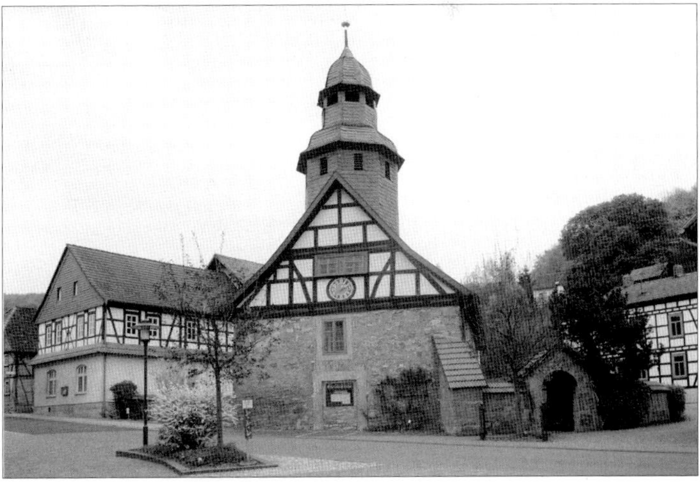

Nazza mit seiner Christuskirche.

RW 08: Durch das Mihlaer Tal (8 km)

Mihlaer Tal–Rudolf's Au/Hühnerloch (km 1,1)–Kammerforster Weg–Kreisgrenze (2,3)–Serpentinen (2,7)–Hartmannskreuz (3,7)–Wolfsgarten–Pfarrkopf (4,8)–Bahner's Grab (5,4)–Schweinegraben–Wilhelms-Blick (6,5)–Mihlaer Tal (8)

- Δ **Höhenunterschiede:** 240 m, mittleres Profil, ein steiler Anstieg vom Hühnerloch zum Hartmannskreuz, nicht für Radtour zu empfehlen
- Δ **Gehzeit:** 2 h
- Δ **Markierungen:** grüner Querbalken (Kammerforster Weg), stellenweise ohne
- Δ **Parkmöglichkeiten:** Parkplatz im Mihlaer Tal
- Δ **Wanderkarten:** Nr. 1–4, 6–8 (s. u. Wanderkarten)
- Δ **Sehenswertes:** einige Rastplätze mit guten Aussichten

Wissenswertes*:* Ein idealer Ausgangspunkt für Wanderungen und Radtouren in den Hainich ist der Wanderparkplatz im Mihlaer Tal. Obwohl es sich dabei um eines der schönsten und bedeutendsten Hainichtäler handelt, gilt dieses Gebiet immer noch als Geheimtipp. An diesem idyllischen Fleckchen befand sich im frühen Mittelalter die Siedlung „Harstall", wo wahrscheinlich die Vorfahren der Familie von Harstall herstammten (s. auch RW 09). Diese siedelte sich später in Mihla an, wo sie auch das Graue und das Rote Schloss errichteten.
s. auch www.mihla.de oder www.vg-mihla.de

Routenbeschreibung: Vom *Wanderparkplatz* im ***Mihlaer Tal*** folgen wir dem Wanderwegweiser über den *Talweg* in Richtung Hühnerloch. Die Forststraße wird von einigen *Bäumen des Jahres* gesäumt.
Nach ca. 1,1 km erreichen wir das Gelände von ***Rudolf's Au***, ein Bauerngehöft.

Rudolf's Au ist eine Flurbezeichnung zu Ehren des Landwirtes und Naturfreundes Rudolf Böttger aus Mihla. In den 60er Jahren des 20. Jh. machte er sich gemeinsam mit Wilhelm Gräner (s. Wilhelms-Blick) um das Wanderwegenetz im Mihlaer Tal verdient, das für damalige Verhältnisse einen beachtlichen Stand aufwies.

Auf der gegenüberliegenden Seite befindet sich der *Rastplatz Hühnerloch*, wo auch verschiedene Wanderwegweiser die Richtung angeben.
Wir bleiben zunächst auf dem *Kammerforster Weg (grüner Querbalken)*, der links abbiegend in den Wald hinein führt. Nach ca. 1,3 km allmählichen Anstiegs erreichen wir den *Rastplatz* an der ***Kreisgrenze.***

Ein Willkommensschild des Wartburgkreises zeigt, dass wir uns hier an der Nahtstelle zum Unstrut-Hainich-Kreis befinden.

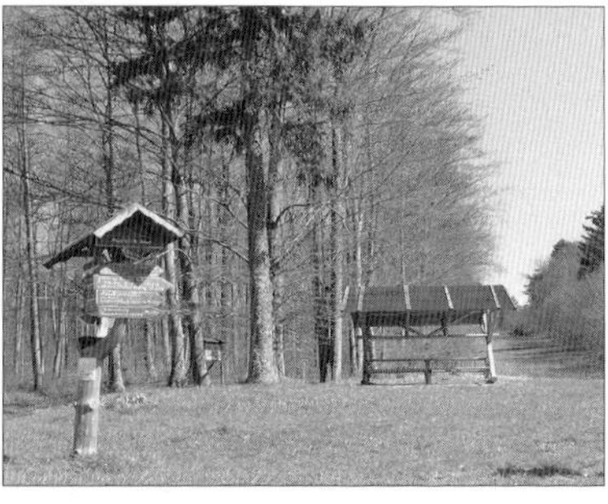

Hühnerloch/Rudolf's Au.

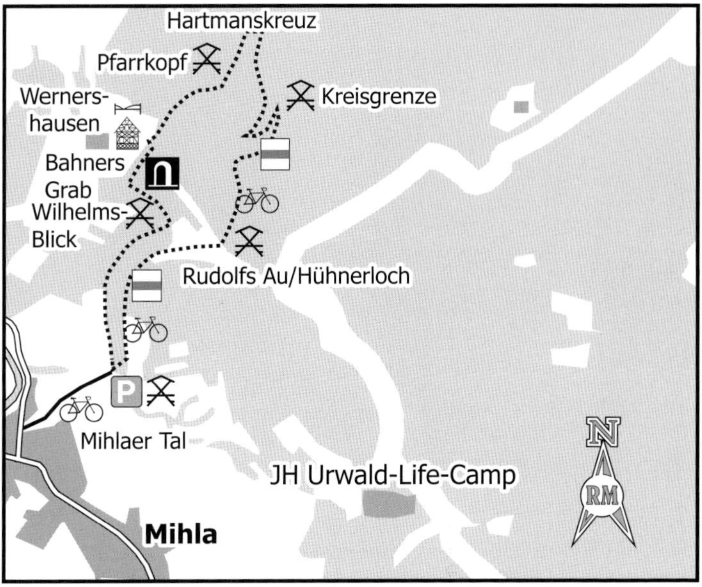

Entsprechend des Wanderwegweisers geht es jetzt linkerhand steil bergan Richtung Hartmannskreuz. Dabei verlassen wir den Kammerforster Weg. Sonst „landen“ wir im Unstrut-Hainich-Kreis, was zwar nicht schlimm, aber bei dieser Tour nicht vorgesehen ist.

Während unseres weiteren Aufstiegs bieten sich einige Ausblicke. Besonders auffallend sind dabei die Windkrafträder in der Gemarkung Neukirchen.

Auf dem *Serpentinenweg* oben angekommen, zeigt ein Wanderwegweiser, dass es bis zum Hartmannskreuz noch 1,1 km sind. Dazu halten wir uns rechts.
Am ***Hartmannskreuz*** folgen wir der linksabbiegenden Forststraße. Die Entfernung bis zum Pfarrkopf ist mit 900 m angegeben. Nach ca. 700 m erreichen wir die Wegkreuzung am ***Wolfsgarten***. Auf der Forststraße geht es nun zunächst bergab und dann wieder bergan, bevor wir nach weiteren 300 m den ***Pfarrkopf*** erreicht haben. Auch hier lässt es sich gut rasten.
Nun geht es geradeaus bergab, bis wir nach ca. 500 m einen weiteren *Rastplatz* erreichen. Auf der gegenüberliegenden Seite befindet sich ***Bahner's Grab*** (s. auch RW 07).
Nun folgen wir dem wildromantischen *Bahner's Weg*.

Man wähnt sich immer mehr im Urwald.

Dabei wird der nach ca. 300 m der ***Schweinegraben*** gequert. Bei der nach 200 m folgenden Weggabelung halten wir uns links.

Rechts geht es nach Wernershausen, wo es sich gut übernachten lässt (s. auch RW 07).

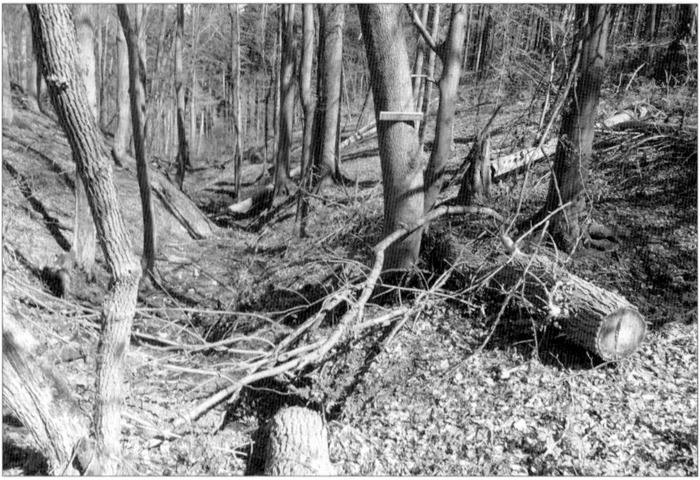

Schweinegraben.

Nach ca. 500 m haben wir mit dem ***Wilhelms-Blick*** einen weiteren *Rastplatz* erreicht.

Von hier reicht der Blick zu Rudolf's Au.
Am Baum ist daher folgendes Schild zu lesen: „*Wanderer, verhalte Deinen Schritt. Du stehst hier auf Wilhelms-Blick, drunten im Tale schau, liegt im Frieden Rudolf's Au.*".
Dieser Platz wurde zu Ehren von Wilhelm Gräner errichtet, der sich wie Rudolf Böttger um das Wanderwegenetz im Mihlaer Tal verdient genacht hat.

Nun geht es steil bergab. An der nächsten Wegkreuzung (Wanderwegweiser) bleiben wir geradeaus. Zwischen Waldrand und Wiese verläuft der Weg wieder zum *Talweg*. In diesen schwenken wir rechts ein und gelangen wieder zu unserem Ausgangspunkt am *Wanderparkplatz* im ***Mihlaer Tal***.

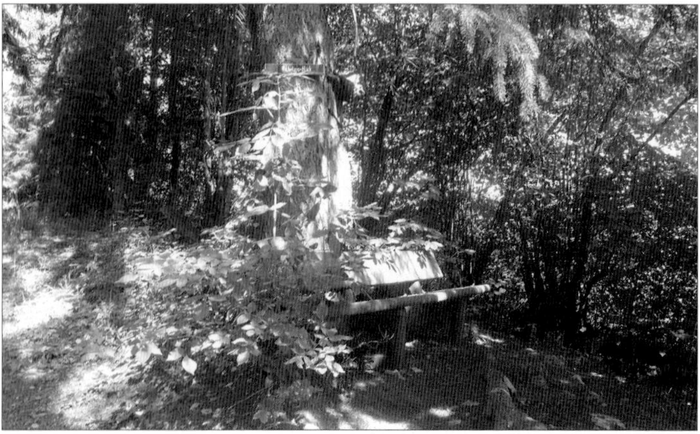

Wilhelmsblick.

RW 09: Durch die wildromantische Wolfsschlucht (8 km)

Wanderparkplatz Mihlaer Tal– Wolfsschlucht (km 0,7) Goldacker (1,6)– Flughang (2,8)– JH Urwald-Life-Camp Harsberg (3,2)– Hohe Straße– Schwantal (3,7)– Schwanweg (4,8)– Maikäferbaum (5,8)– Altes Feld– Rastplatz am Horschelborn (6,3)– Wanderparkplatz Mihlaer Tal (7,9)

- Δ **Höhenunterschiede:** 200 m, nicht für Radtour geeignet!
- Δ **Gehzeit:** 2,5 h
- Δ **Markierungen:** Buchenblatt (Bummelkuppenweg, roter Punkt (Hainichlandweg), stellenweise ohne
- Δ **Parkmöglichkeiten** Wanderparkplätze im Mihlaer Tal oder auf dem Harsberg
- Δ **Wanderkarten**: Nr. 1–4, 6–8 (s. u. Wanderkarten)
- Δ **Sehenswertes:** Harsberg mit Urwald-Life-Camp und Nationalpark-Information, Schwantal, Aussichtspunkte

Wissenswertes: Bei der 800 m langen Wolfsschlucht handelt es sich um einen wildromantischen, schluchtähnlichen Graben. In seiner Mitte befindet sich ein uralter Natursteintunnel. Dieser wurde im Jahre 2008 durch die Gemeinde Mihla ausgebaut. Eine Hinweistafel nennt die Elsbeere als Baum des Jahres 2011. Außerdem wird ein Wasserdurchlass passiert.
Die Wolfsschlucht ist die kürzeste Verbindung vom Mihlaer Tal zum Harsberg.
s. auch www.mihla.de oder www.vg-mihla.de

Routenbeschreibung: Wir starten vom *Wanderparkplatz* im ***Mihlaer Tal*** mit seinen vielen Wandermöglichkeiten. Der Beschilderung Richtung Wolfsschlucht folgend, nutzen wir die bergab führende Schotterstraße *(ohne Markierung)*.
Nach 700 m kreuzen sich die Wege. Entsprechend der Wanderwegweiser halten wir uns links in Richtung Wolfsschlucht. Bereits nach 50 m erreichen wir eine weitere Weggabelung mit vier Wegen. Wir bleiben in Blickrichtung einer Scheune geradeaus und folgen dem schmalen Pfad bergan durch die wildromantische ***Wolfsschlucht***. Nach 400 m durchqueren wir einen *Tunnel*.
Am ***Goldacker*** erreichen wir den Ausgang der Wolfsschlucht.

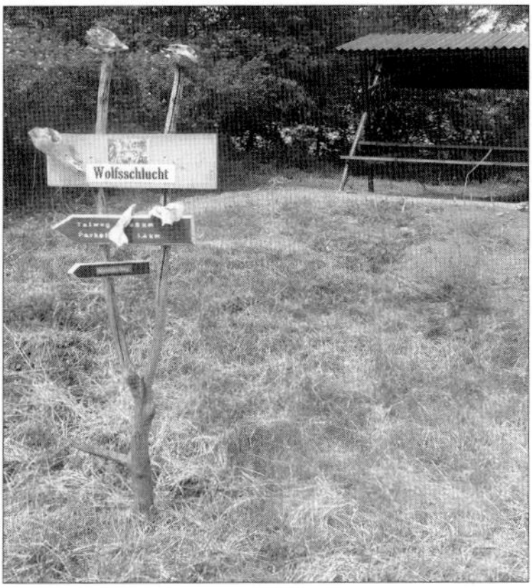

Wolfsschlucht.

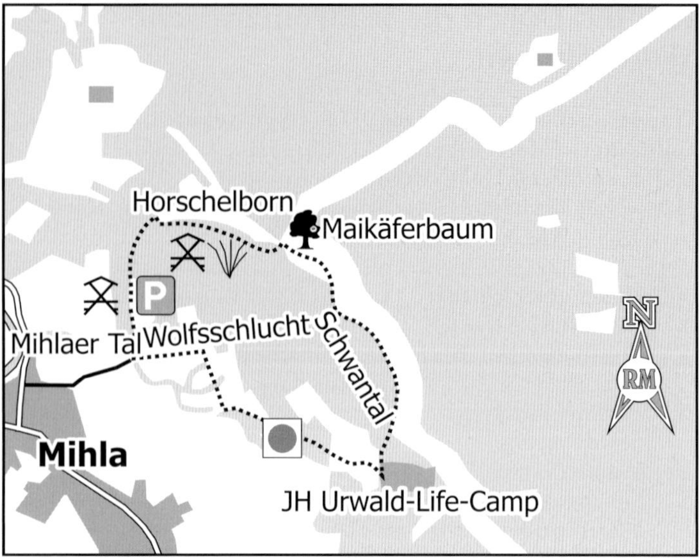

An dieser Stelle lädt eine überdachte Sitzgruppe zur Rast und zum Schauen ein. Der Blick reicht über Lauterbach zum Großen Inselsberg.

Bis zur Jugendherberge auf dem Harsberg folgen wir nun dem *Hainichlandweg* (Markierung *roter Punkt*). Vor der *Harsberg-Ranch,* die wir nach ca. 200 m erreichen, kreuzen sich die Wege. Wir folgen rechts einem bergan folgenden Forstweg.
Auf dem ***Harsberg-Flughang*** oben angekommen, können wir bereits auf die ***Jugendherberge „Urwald-Life-Camp"*** sehen und gehen.
Anschließend folgen wir der ***Hohen Straße.*** Nach 500 m verlassen wir diese und tauchen linksabbiegend in das urwaldartige ***Schwantal*** ein *(ohne Markierung).* Nach ca. 1,1 km haben wir dieses über einen naturbelassenen Pfad durchwandert.

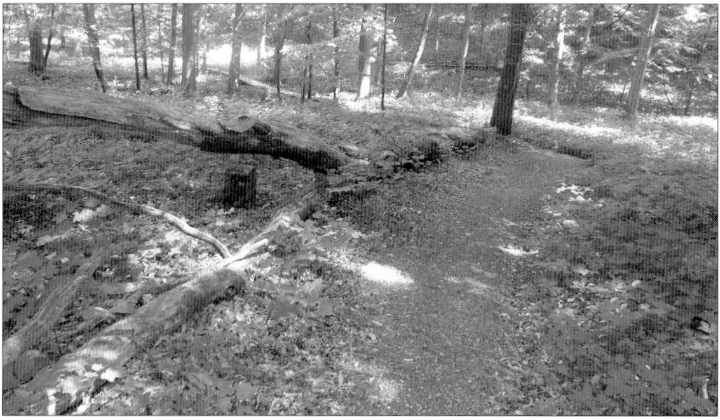

Schwantal.

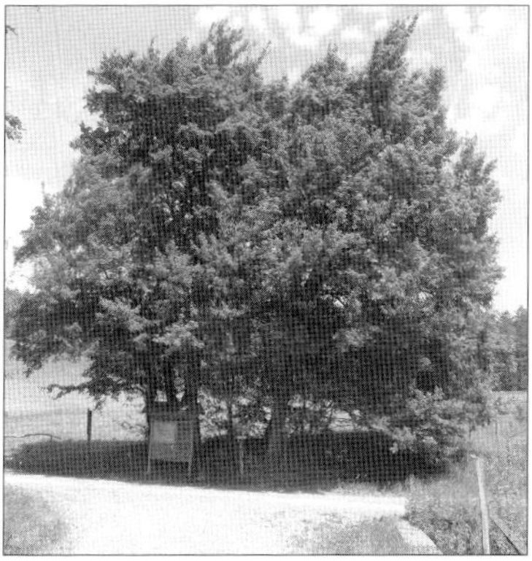

Maikäferbaum.

Am Waldrand folgen wir linksabbiegend einer bergab führenden Forststraße ***(Schwanweg)***. An der nach 150 m folgenden Weggabelung halten wir uns geradeaus (Wanderwegweiser).
Am ***Maikäferbaum*** kreuzen sich die Wege.

Der Name dieser markanten Baumgruppe ist aus dem Volksmund überliefert.

Wir folgen dem Wegweiser in Richtung Horschelborn. Dabei wandern wir durch das ***Alte Feld***, worauf eine *Infotafel* verweist.

Das „alte Feld" war eines der Flurstücken des untergegangenen Dorfes Harstall. Zwischen 1911 und 1921 befand sich an dieser Stelle ein Sägewerk.

An einer *Schranke* halten wir uns rechts.

Ein Baumlehrpfad mit interessanten Informationen zu verschiedenen Bäumen säumt unseren weiteren Weg. Den Anfang macht die Station Walnuss.

Nach ca. 300 m erreichen wir den ***Horschelborn***.

Hier befindet sich neben einem Rastplatz und der gleichnamigen Quelle ein Tümpel. Außerdem informiert eine Tafel über das wüst gewordene Dorf Harstall. Es war Stammsitz des gleichnamigen Rittergechlechtes. Das 1143 erwähnte Dorf wurde bereits im Jahre 1436 wüst. Die Bewohner zogen in das nahegelegene Mihla.
s. auch www.mihla.de oder www.vg-mihla.de

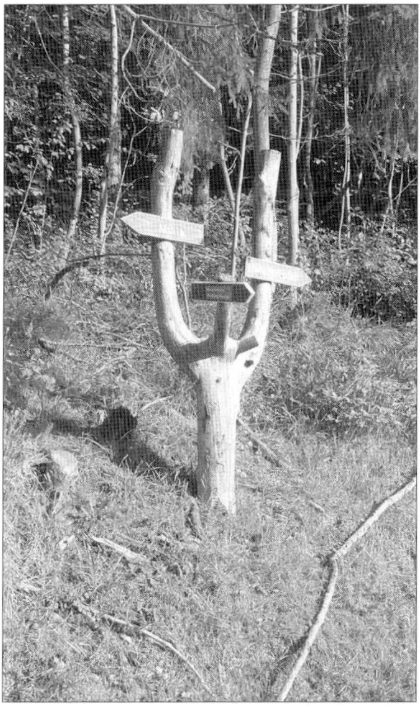

Nach einem guten Kilometer erreichen wir eine weitere Weggabelung mit Wanderwegweisern. Nun geht es auf einem schmalen Pfad zum Ausgangspunkt im ***Mihlaer Tal***, den wir nach weiteren 500 m erreichen.

Horschelborn.

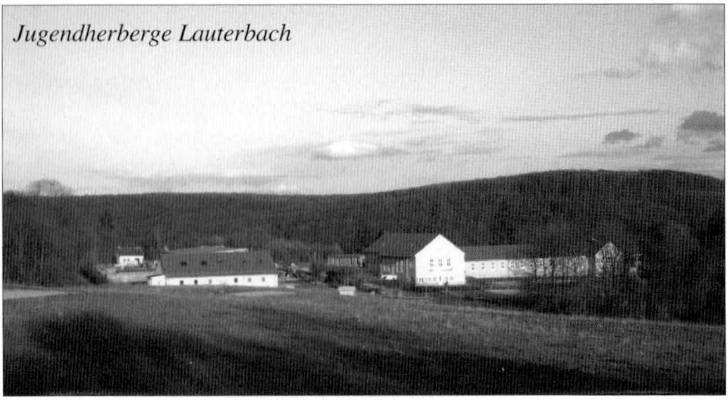
Jugendherberge Lauterbach

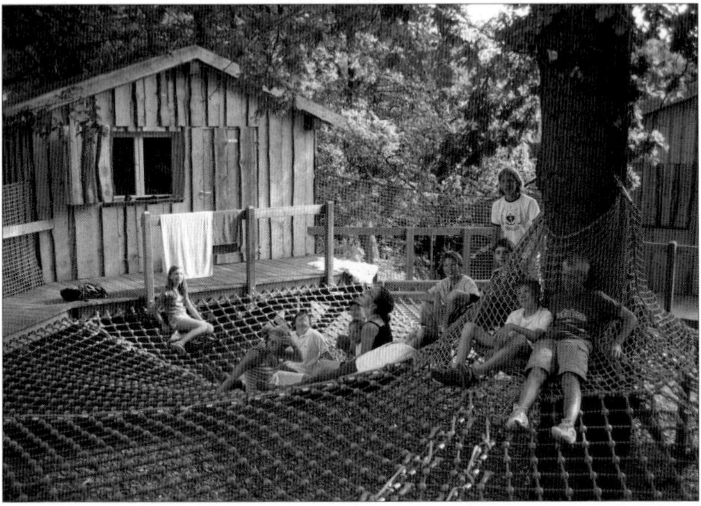
Wohnen in den Bäumen – 5 Baumhäuser hat die Jugendherberge Lauterbach.

RW 10: Auf dem Bummelkuppenweg (7 km)

Harsberg, Jugendherberge Urwald-Life-Camp – Hohe Straße– Steinerner Tisch (km 0,4)– Zollbank (0,9)– Mülverstedter Kreuz (2)– Kalkgrund (3,9)– Harsberg, Jugendherberge Urwald-Life-Camp (6,9)

- Δ **Höhenunterschiede:** 200 m, Abkürzung möglich, nicht für Radtour geeignet, Ein Abstecher über den Uraldpfad würde die Tour um ca. 1,5 km verlängern.
- Δ **Gehzeit:** 2 h
- Δ **Markierungen:** Buchenblatt (Bummelkuppenweg, außer dem: roter Punkt (Hainichlandweg)
- Δ **Parkmöglichkeiten** Wanderparkplatz auf dem Harsberg
- Δ **Wanderkarten**: Nr. 1–4, 6–8 (s. u. Wanderkarten)
- Δ **Sehenswertes:** Harsberg mit Urwald-Life-Camp und Infozentrum Nationalpark, Buchenwaldflächen, Aussichtspunkte

Routenbeschreibung: Wir starten an der ***Jugendherberge*** und folgen dem *Bummelkuppenweg*. Ein Schild zeigt wenig später, dass wir uns jetzt in der *Kernzone* des *Nationalparks Hainich* befinden. Außerdem sind wir nun auf der ***Hohen Straße***.

Dabei handelt es sich um einen alten Handelsweg. Im 17. Jh. wurde hier u. a. Getreide, Salz und Waid nach Mihla und von dort auf Flößen über Werra und Weser nach Norddeutschland transportiert. Sicherlich wurde dabei auch manchmal geschmuggelt.

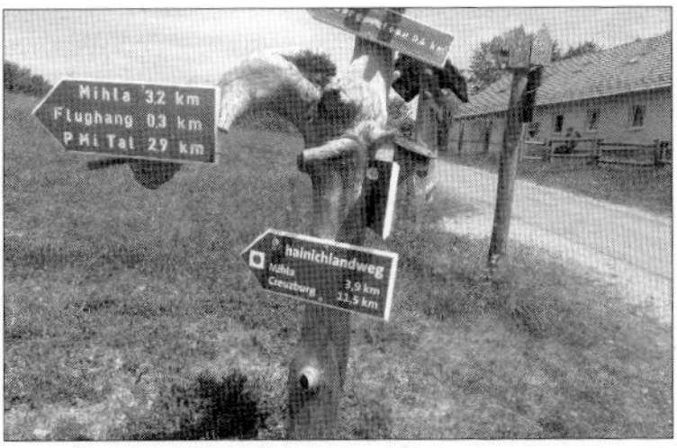

Harsberg.

Nach ca. 400 m erreichen wir den ***Steinernen Tisch,*** wo es sich gut rasten lässt.

Der Steinerne Tisch markierte einst die Grenze des Besitzes der Herren von Hopfgarten. Im Mittelalter diente er als Ausspanne und Rastplatz für Fuhrleute. Von dieser Stelle ist ein Abstecher über den 2012 angelegten Urwaldpfad möglich. Er ist etwa 1,5 km lang. Auf zehn Stationen können sich die Besucher über die Besonderheiten des Schutzgebietes informieren. Der Weg führt wieder zum Steinernen Tisch zurück.

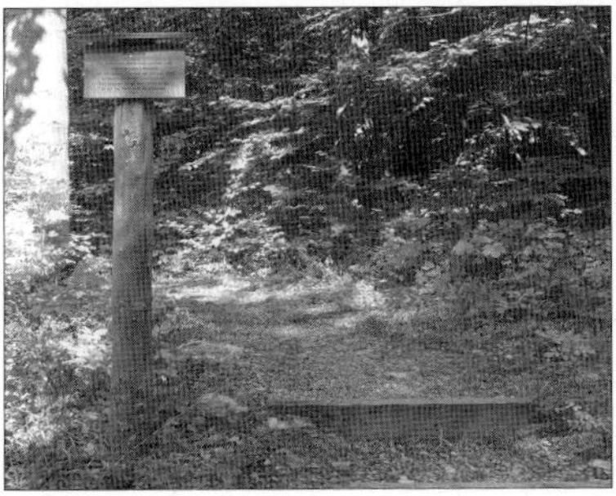
Zollbank.

Von dort sind es ca. 500 m bis zur ***Zollbank***. Nachdem wir weitere 1,1 km zurückgelegt haben, sind wir am ***Mülverstedter Kreuz***.

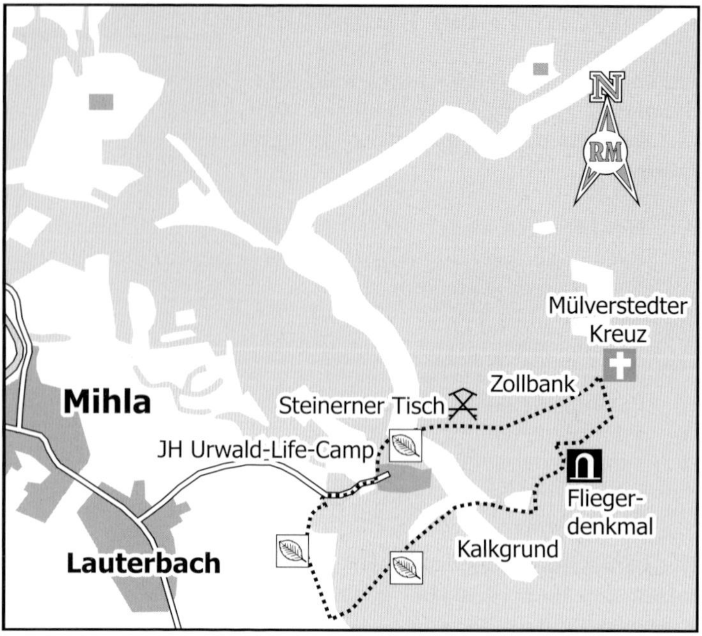

Es stammt aus dem 15. Jh. Seine genaue Herkunft ist nicht bekannt. Angesichts der Entstehungszeit kann es sich durchaus um ein Sühnemal handeln. Da es zur Gemarkung des 8 km entfernten Mülverstedt gehört, hat es diesem Umstand wahrscheinlich seinen Namen zu verdanken. 1972 aus militärischen Gründen abtransportiert, wurde es am 31. März 1996 nach gründlicher Restaurierung unter den Augen von 350 Heimat- und Wanderfreunden wieder an seinem angestammten Platz aufgestellt.

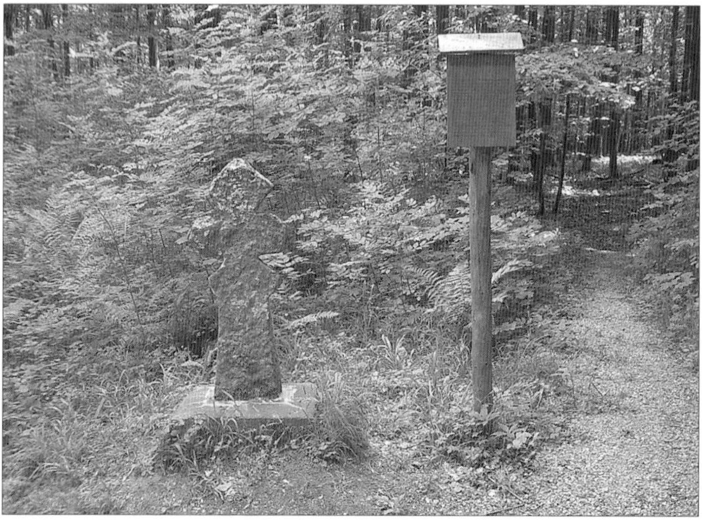

Mülverstedter Kreuz.

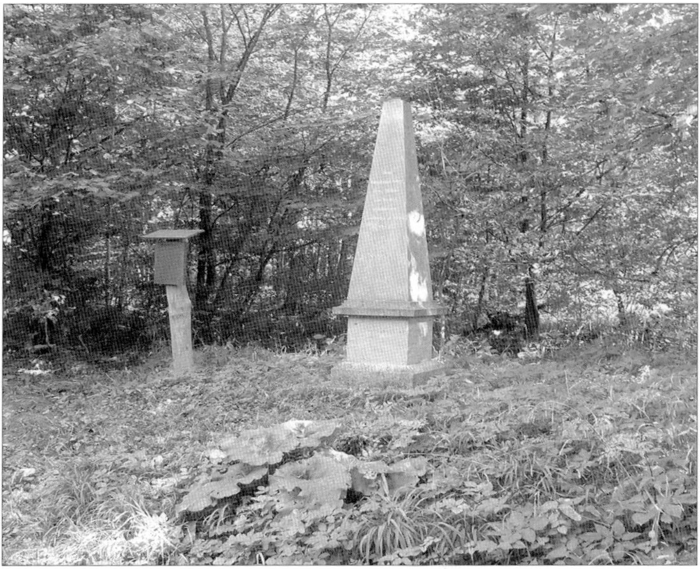

Prinzenstein.

Der Bummelkuppenweg trennt sich hier nun rechtsabbiegend von der Hohen Straße.

Bliebe man auf der Hohen Straße, wäre man nach ca. 300 m am Prinzenstein und nach 500 m an der Betteleiche (s. auch SW 07).

Der Weg führt nun auf einem schmalen Pfad durch schattigen Buchenwald zur Hangkante. Der Abstieg über einige Treppenstufen erfordert **Trittsicherheit**.
Nach dem Abstieg in den ***Kalkgrund*** halten wir uns rechts.

An dieser Stelle befindet sich eine Gedenktafel. Sie erinnert an alliierte Flieger, die 1944 abgeschossen wurden.

Nachdem wir den Nationalpark mit seinem herrlichen Buchenwald verlassen haben, erreichen wir eine Weggabelung, wo rechterhand eine *Abkürzung* für den Bummelkuppenweg *zum Harsberg* angeboten wird. Wir bleiben auf einem Plattenweg.
Nach ca. 1,5 km führt der Bummelkuppenweg rechts bergan.

Ein Wanderwegweiser zeigt an, dass es bis zum Ziel auf dem Harsberg noch 1,2 km sind.

Wenig später durchwandern wir ein kleines Waldstückchen. Ein Pfad führt parallel zu den *Telegrafenleitungen* bergan zur Harsbergstraße. Auf dem Weg nach oben passieren wir eine *steinerne Sitzgruppe*.

Dabei reicht der Blick über Lauterbach und Bischofroda zum Steinbruch von Bischofroda.

Über die *Harsbergstraße* gelangen wir wieder zu unserem Ziel auf dem ***Harsberg***.

RW 11: Auf dem Premiumweg P6 zum Heldrastein (12 km)

Großburschla – AP Weratalblick (km 1,3) – Försterhäuschen (2) – Lindenberg – Dreiherrenstein (3,8) – Heldrastein, Turm (4,2) – Schutzhütte am Barbarossaweg (5,3) – Werrabrücke (7,9) – NSG Frankenloch (8,2) – Heldra (9,2) – Großburschla (12,1)

- Δ **Höhenunterschiede:** 340 m, Gute Kondition für den Aufstieg zum Heldrastein erforderlich! Steilabstieg vom Heldrastein erfordert Trittsicherheit! Nicht für Radtour geeignet!
- Δ **Gehzeit:** 3,5 h
- Δ **Markierungen:** gelbe P 6 (Premiumweg 6)
- Δ **Wanderkarten:** Nr. 1–6 (s. u. Wanderkarten)
- Δ **Parkmöglichkeiten:** Werrastraße Großburschla, Heldra am Ortsausgang
- Δ **Sehenswertes:** Großburschla, tolle Aussichtspunkte und Rastplätze, Heldrastein, Frankenloch

Wissenswertes: Der Heldrastein ist mit 503 m NN eine der höchsten Erhebungen des Ringgau-Plateaus und liegt an der Landesgrenze Thüringens zu Hessen. Wegen seines majestätischen Anblicks wird er auch als „König des Werratals" bezeichnet. Seit Ende des 2. Weltkrieges war der Berg fast 40 Jahre lang unerreichbar. Unmittelbar nach der Grenzöffnung 1989 schlossen sich Heimatfreunde aus Thüringen und Hessen in der „Interessengemeinschaft Heldrastein" zusammen, um den Berg wieder zu einem Anziehungspunkt für Wanderer und Naturfreunde aus nah und fern zu machen. Begehbar ist auch der „Turm der deutschen Einheit", von dem man einen herrlichen Rundblick hat.
s. auch www.heldrastein.de

Routenbeschreibung: Wir starten in ***Großburschla*** am *Parkplatz in der Werrastraße*. Der Weg führt zunächst am *Werraufer* entlang. Damit befinden wir uns zugleich auf dem *MEM-Weg* (Markierung *roter Querbalken*). Nach ca. 1 km erreichen wir eine Weggabelung, an der wir uns vom MEM-Weg trennen. Wir wandern geradeaus und steil bergan.
Bereits nach 150 m gabeln sich erneut die Wege. Nun geht es rechts über *Treppen,* die zur Nähe des ***AP „Werratalblick"*** führen.

Hier reicht der Blick nach Großburschla. Außerdem lässt es sich an dieser Stelle gut rasten.

Der Weg führt nun über einen *Graben*. Bei der nach ca. 200 m folgenden Weggabelung mündet der Weg wieder in den *MEM-Weg***.** Wir bleiben geradeaus und erreichen wenig später den ***Rastplatz Försterhäuschen.***

Diese Freizeitanlage wurde vom Heimatverein Großburschla 1990 e.V. geschaffen. Sie bietet Wanderern vor ihrem anstrengenden Aufstieg zum Heldrastein eine Möglichkeit zur Rast. Ein mit frischem Heldrasteinquellwasser versorgter Teich bietet einen idyllischen Anblick und lädt zum längeren Verweilen ein. Ein

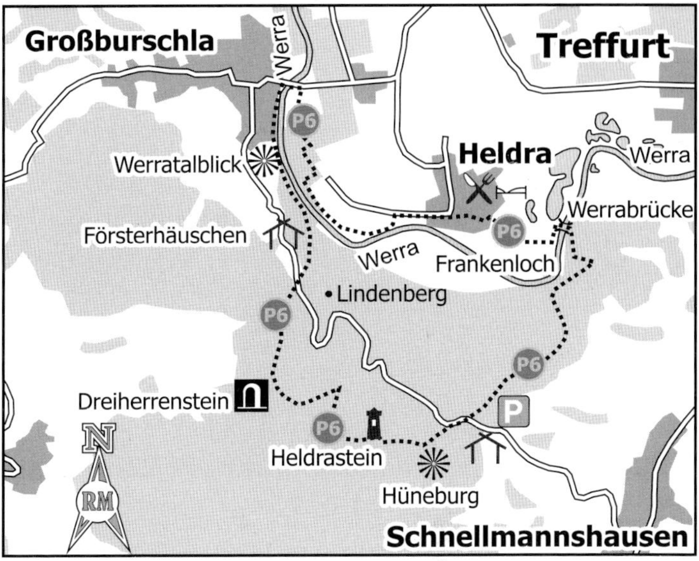

Spielplatz sorgt dafür, dass sich auch die kleinen Heimatfreunde wohlfühlen. An dieser Stelle wird auch durch den Heimatverein das alljährliche Heimatfest ausgetragen. Neben Kaffee und Kuchen sowie Deftigem vom Grill wird auch für musikalische Umrahmung gesorgt.
s. auch www.grossburschla.de

Hinter dem Försterhäuschen geht es auf einem steilen Pfad bergan. An der nach ca. 500 m folgenden Weggabelung halten wir uns geradeaus. Nun führt der Weg über *zwei Treppen* steil bergan über den *Lindenberg*. Etwa 100 m hinter der zweiten *Treppe* kreuzen sich die Wege und wir bleiben geradeaus. Nach ca. 400 m führt der Weg rechtsabbiegend auf einem schmalen Pfad steil bergan.

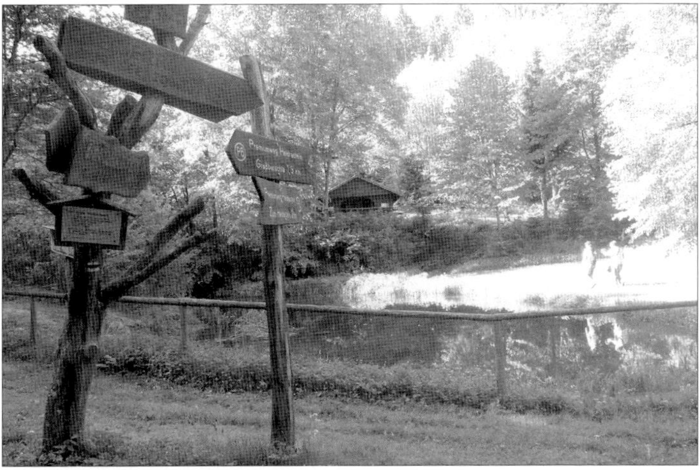

Försterhäuschen.

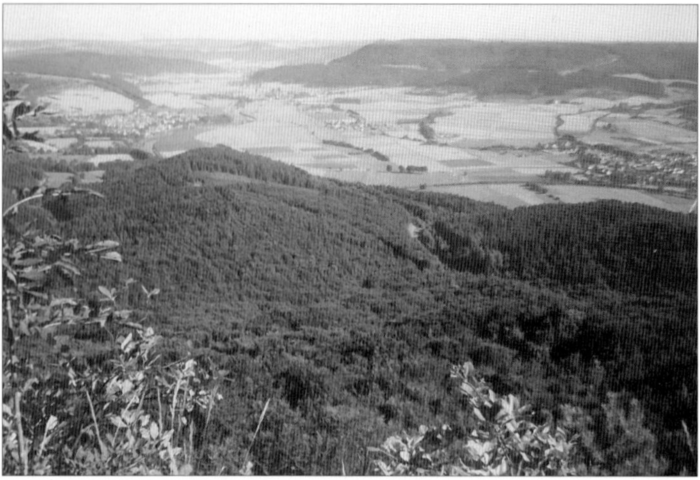

Vom Heldrastein kann man einen Blick ins Werratal „riskieren".

Endlich auf dem Plateau, passieren wir linksabbiegend den ***Dreiherrenstein***. Dabei wird ein Abstecher zum 600 m entfernten gleichnamigen Aussichtspunkt angeboten. Nachdem wir zwei weitere *Aussichtspunkte* passiert haben, sind wir am ***Heldrastein***.
Hinter dem *Turm der Deutschen Einheit* halten wir uns geradeaus. Ein Wanderwegweiser gibt die Entfernung nach Heldra mit 4,8 km an. Neben dem *MEM-Weg* wird unser Weg nun auch durch den *Barbarossaweg (X8)* und den *Werraburgensteig (X5)* „eskortiert". Nach 500 m kreuzen sich die Wege.

An dieser Stelle ist ein Abstecher zum 150 m entfernten AP Hüneburg lohnenswert.
Bei der Hüneburg handelt es sich um eine befestigte Höhensiedlung der vorrömischen Eisenzeit. Aufgrund der Lage auf dem zerklüfteten Felsen des Nordhanges im Verein mit den steilen Hängen der Ostseite war dieser Standort geradezu prädestiniert für die Errichtung einer Burg. Reste der Wallanlage sind noch heute gut im Gelände zu erkennen. Der Name der Wallburg sowie Sagen mit dem Motiv ausgestreuter Erbsen und eines springenden Reiters deuten auf eine etwaige kultische Bedeutung des Platzes hin.
s. auch www.heldrastein.de

Nun nehmen wir über *Treppen* den **Steilabstieg vor, der Trittsicherheit erfordert**. Anschließend erreichen wir an der Straße zwischen Schnellmannshausen und Großburschla die *Schutzhütte am Barbarossaweg*. Jetzt gibt es zwei Möglichkeiten nach Heldra hinabzugehen: Entweder linksabbiegend den kürzeren, steileren Weg (2,1 km) oder den ca. 1,5 km längeren. Beschrieben wird hier der längere und zugleich interessantere Abschnitt. In diesem Sinne bleiben wir auf einem befestigten Weg geradeaus.

Dabei können wir auf Schnellmanshausen hinabblicken.

Nach einem guten Kilometer gabeln sich an einer *Schutzhütte* die Wege. Nun schwenken wir links ein. Ein Wanderwegweiser zeigt 2,5 km bis Heldra an. Der Weg führt über das *Grüne Band* steil ins Tal hinab.

Dabei rückt die Stadt Treffurt mit der Adolfsburg und der Burg Normannstein ins Blickfeld.

Unten angekommen, lädt am *Waldrand* eine *Sitzgruppe* zur Rast ein. Wir bleiben geradeaus, während es rechts nach Treffurt geht. Bei der nach 100 m folgenden Weggabelung schwenken wir rechts ein und wandern auf die *blaue Werrabrücke* zu, die wir schließlich überqueren.

Die blaugestrichene Stahlbrücke über der Werra zwischen Treffurt und Heldra wird wegen ihrer Farbgebung im Volksmund „Blaues Wunder" genannt. Vor der Wende war sie Bestandteil der Sicherungsanlagen an der innerdeutschen Grenze.

Nun passieren wir das ***NSG „Frankenloch"***. An einer *Holztreppe* verweisen Infotafeln auf das Projekt.
Heldra erreichen wir in der *Steubenstraße*, in die wir links einbiegen. Über den *Alten Graben* gelangen wir zum Ortsmittelpunkt, den *August-Hermann-Francke-Platz*.

Dieser Stadtteil vom hessischen Wanfried (ca. 500 Einw.) wurde 874 als „Heldron" urkundlich erwähnt und ist an drei Seiten von thüringischem Gebiet umgeben.
Die ev. Kirche „St. Johannis" weist ein Fachwerkobergeschoss aus dem Jahre 1825 auf. Das Schiff stammt aus den Jahren 1844/45. Bemerkenswert ist die Franckesche Bibel, die im Jahre 1662 gedruckt wurde. Zwei Jahre später wurde diese Lutherbibel von Johannes Francke seinem „geliebten Heldra" gestiftet. Er war der Vater des bekannten Theologen August Hermann Francke. Nachdem dieses Kleinod lange verschollen war, wurde es 1946 vom Wanfrieder Heimatdichter Wilhelm Pippart gefunden. 1999 erhielt sie die Gemeinde Heldra zurück.
Um den Francke-Platz gruppieren sich mit dem Franckeschen Gut und dem Steuben-Haus weitere Sehenswürdigkeiten.
Jährlich am Aschermittwoch „steht Heldra Kopf". Da ist nämlich „Strohbärentag". Dabei wird durch in Stroh gewickelte junge Männer der Winter ausgetrieben. Das Dorfmuseum beherbergt eine heimatkundliche Sammlung und Reproduktionen alter Fotos.
s. auch www.heldra.de

Um den Ort zu verlassen, wandern wir auf der Straße in Richtung Großburschla.

Damit befinden wir uns zugleich auf dem *Werratal-Radweg*.

Ca. 100 m hinter dem Ortsausgangsschild verlassen wir die wenig befahrene Straße linksabbiegend in Richtung Werra. Nun wandern wir auf Tuchfühlung des einstigen Grenzflusses entlang auf das längst sichtbare ***Großburschla*** zu. An der *B 250*, schwenken wir links ein, überqueren die *Werrabrücke* und sind wenig später am Ausgangspunkt.

Großburschla, ein Stadtteil Treffurts, wurde 817 erstmals urkundlich erwähnt (UB Kloster Fulda). Das Ortsbild wird geprägt durch liebevoll restaurierte Fachwerkhäuser. Eine besondere Sehenswürdigkeit sind die Stiftskirche und das Stiftsgebäude, eine Klosteranlage aus dem 10. Jh. Durch den o. g. Heimatverein wurde 1996 im Stiftsgebäude ein Heimatmuseum eingerichtet. Die interessante Geschichte des Ortes wird in vier Ausstellungsräumen dokumentiert. Gezeigt werden etwa 3000 Fotos über das dörfliche Leben, Feste, Fachwerkhäuser u. v. m. In weiteren Räumen sind eine komplett eingerichtete Schuhmacherwerkstatt, Tisch- und Leibwäsche sowie Teile der Großburschlaer Tracht untergebracht. Ein Wohn- und Schlafbereich mit entsprechenden bäuerlichen Einrichtungsgegenständen versetzen den Besucher in längst vergangene Zeiten.
Aufgrund seiner Lage eignet sich Großburschla auch gut als Ausgangspunkt für Wanderungen „ins Hessische".
s. auch www.grossburschla.de

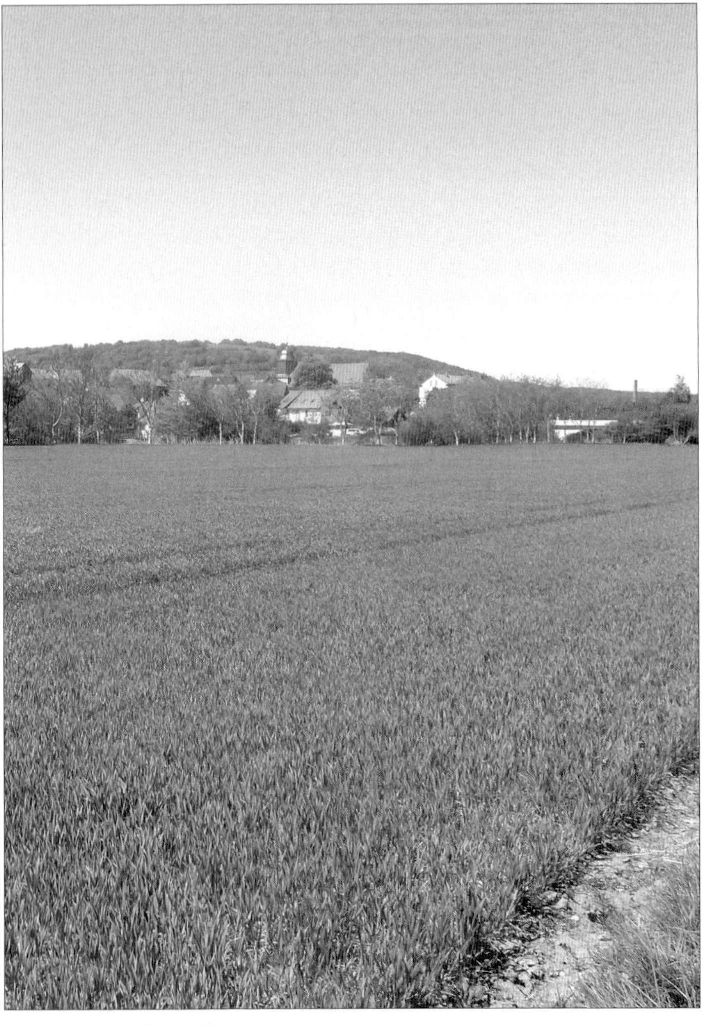

Blick auf Großburschla.

RW 12: Auf dem Adolfsburgstieg 12 km

Schierschwende, Lindenhecke– Tiergehege– Hinteres Kreuztal– Wendehausen, Bahntunnel (km 2,5)– ehem. Haltepunkt Normannstein (3,5)– Esels-Börnchen– Ottilie-Schwarz-Gedenkstein (5)– Kolonnenweg (6,6)– Töpferberg (7,2)– Adolfsburg (8,7)– Parkplatz Burg Normannstein (9,6)– Hochantenne - Schutzhütte (10,7)– Lindenhecke (12,4)

- Δ **Höhenunterschiede:** 340 m, gute Kondition für den Aufstieg zur Adolfsburg erforderlich! Hangweg an der Adolfsburg erfordert Trittsicherheit! Nicht für Radtour geeignet!
- Δ **Gehzeit:** 4 h
- Δ **Markierungen:** gelbes A für Adolfsburgstieg, außerdem stellenweise rotes Quadrat (Naturparkweg Leine-Werra)
- Δ **Wanderkarten:** Nr. 1–6 (s. u. Wanderkarten)
- Δ **Parkmöglichkeiten:** Lindenhecke, Parkplatz oberhalb der Burg Normannstein
- Δ **Sehenswertes:** Schierschwende, Lindenhecke mit Ausblicken, Wendehausen, Esels-Börnchen, Adolfsburg, Burg Normannstein, weitere Aussichtspunkte

Wissenswertes: Die Tour führt über einen Teilabschnitt des Grünen Bandes. Dieses markiert auf 1393 km alle in Deutschland vorkommenden Großlandschaften – von der Ostsee bis ins sächsisch-bayerische Vogtland. Es verkörpert ein Stück Wildnis mit abwechslungsreichen Landschaftsformationen. Ein Teilabschnitt führt bereits von Treffurt bis Wenigentaft in der Rhön, also quer durch den ganzen Wartburgkreis. Gegenwärtig werden große Anstrengungen unternommen, um auch in nördlicher Richtung eine Vernetzung über das Eichsfeld bis zum Harz zu schaffen.
s. auch www.erlebnisgruenesband.de oder www.sielmann-stiftung.de

Routenbeschreibung: Wir starten am *Wanderparkplatz* an der ***Lindenhecke*** oberhalb von ***Schierschwende*** (Markierung *gelbes A*).

Außerdem befinden wir uns auf dem Naturparkweg Leine-Werra (Markierung rotes Quadrat).

Der Weg führt bergab in Richtung ***Schierschwende***. Ein Abstecher in diesen kleinen Ort ist lohnenswert.

Schierschwende wird erstmals im Jahre 1562 urkundlich erwähnt (Statistik Mühlhausen). Das Dorf mit seinen 125 Einwohnern gehört zur Gemeinde Südeichsfeld. Auf dem Berghügel wurde 1899 die kath. Kirche erbaut. Das zum Ort gehörende und um 1400 von Rudolf und Heinrich von Keudel erbaute Gut Schönberg liegt etwa 2 km entfernt. Die Villa wird seit 1999 für soziale Zwecke genutzt. Die Konturei – Verein für Kultur und Jugendsozialarbeit e. V. betreut instabile Jugendliche im Rahmen eines Selbsthilfemodells. Diese sollen Hilfe und Unterstützung bei der Wiedereingliederung in die Gesellschaft erhalten.
s. auch www.schierschwende.de oder www.lg-suedeichsfeld.de

Nachdem wir ein *Tiergehege* und ein *Sägewerk* passiert haben, erreichen wir nach ca. 700 m eine *überdachte Sitzgruppe* (Wanderwegweiser). Wir bleiben geradeaus.

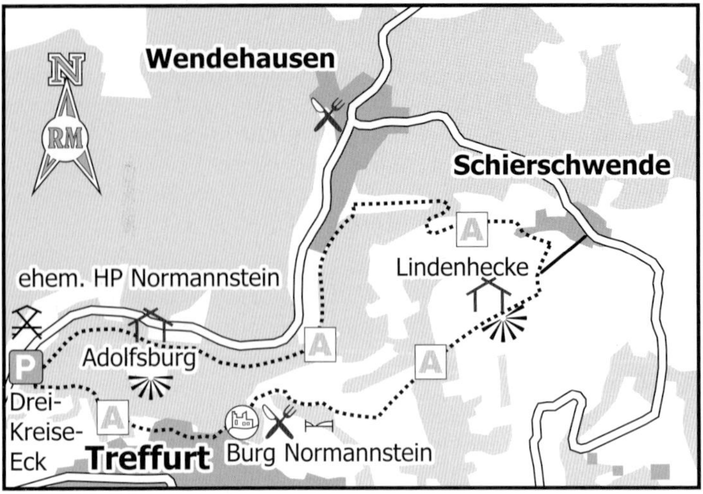

Die nächste Weggabelung folgt nach 150 m, wobei wir rechts in Richtung Wald einschwenken (bergab). Nach einem guten Kilometer erreichen wir einen *Eisenbahntunnel*.

An dieser Stelle trennen wir uns vom durch den Tunnel nach ***Wendehausen*** führenden Naturparkweg (s. auch SW 09). Wir halten uns links und befinden uns wenig später auf dem *Unstrut-Werra-Radweg*.

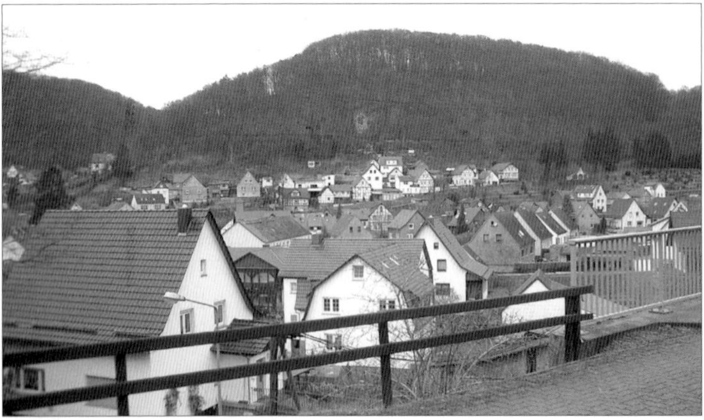

Wendehausen.

Nach 500 m passieren wir ein weiteres *Wildgatte*r und erreichen nach weiteren 500 m den ehemaligen ***Haltepunkt Normannstein***. Wir wandern rechts des *Betriebsgeländes* entlang.

Von dieser Stelle ist auch rechterhand ein Abstecher zum ***Esels-Börnchen*** lohnenswert.

Nach dem Abstecher kehren wir auf den *Adolfsburgstieg* zurück.

Auf unserem weiteren Weg sehen wir einige Relikte der einstigen Vogteier Bimmelbahn (s. auch RW 05).

Nach einem guten Kilometer passieren wir den ***Ottilie-Schwarz-Gedenkstein,*** bevor wir nach weiteren 1,5 km auf den *Kolonnenweg* stoßen. Über diesen Weg nehmen wir den Aufstieg vor, während es rechterhand zum *Wanderparkplatz Drei-Kreise-Eck* hinab geht.

Nun befinden wir uns zugleich auf dem Wanderweg Grünes Band.

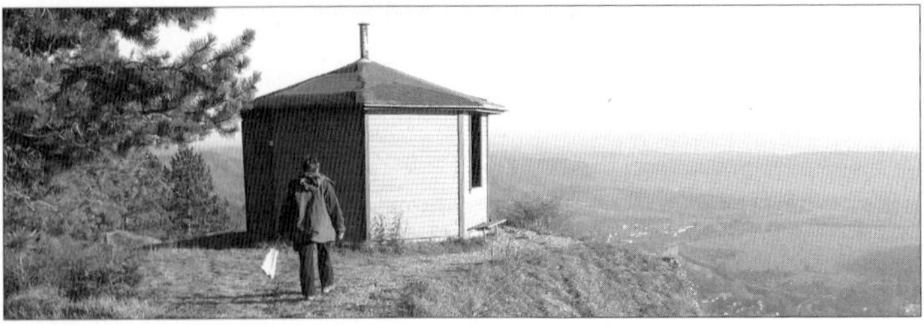

Adolfsburg.

Nach wenigen Metern geht es rechts bergan. Vom Kolonnenweg trennen wir uns nach weiteren 500 m. An dieser Weggabelung geht es links bergan, bis wir den ***Töpferberg*** erklommen haben. Am Waldrand angekommen, wandern wir neben einem Feld geradeaus.

Wenig später ist bereits die Adolfsburg zu sehen, die diesem Wanderweg seinen Namen gab.

Nun tauchen wir in den Nadelwald ein. Nach ca. 700 m gabeln sich die Wege (Wanderwegweiser). Wir halten uns links. Bereits nach 5 m schwenken wir rechts in einen schmalen Weg ein und verlassen dabei den Wanderweg Grünes Band. Bei der nach weiteren 200 m folgenden Weggabelung biegen wir links in einen schmalen Pfad ein. Nach diesem Aufstieg geht es nun an der Hangkante weiter, bis wir die ***Adolfsburg*** erreichen.

Auf diesem Berg oberhalb von Treffurt befand sich früher eine Belagerungsburg gleichen Namens.
Auf der Gegenseite grüßt der Heldrastein. Außerdem sind neben Treffurt die Orte Falken, Schnellmannshausen, Volteroda und Heldra gut zu sehen. Bei „Kaiserwetter“ kann man den „König“ der Westthüringer Berge, den Großen Inselsberg sehen.

Wir bleiben an der Hangkante und erreichen nach ca. 350 m eine Weggabelung. Der Weg führt linksabbiegend zu einer *Streuobstwiese*. Bei der nach 200 m folgenden Weggabelung geht es rechts ab in Blickrichtung zur Hochantenne.
Nach 600 m wird der *Parkplatz* oberhalb der ***Burg Normannstein*** erreicht, von wo ein Abstecher zur 250 m entfernten Burganlage lohnenswert ist (s. auch SW 09). Ansonsten geht es geradeaus weiter. Wir bleiben unterhalb der ***Hochantenne.***

Dort befindet sich neben einem Rastplatz auch ein Aussichtspunkt. Im Norden reicht von dieser Stelle der Blick über Wendehausen nach Katharinenberg.

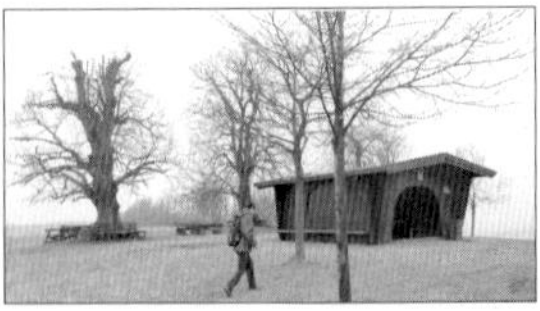

Lindenhecke.

Nach 250 m gabeln sich die Wege. Wir wandern halbrechts und erreichen nach ca. 1,5 km eine *Schutzhütte* (Wanderwegweiser). Nun geht es durch eine *Obstplantage* hindurch.
Wir bleiben geradeaus und erreichen nach 700 m unser Ziel, die ***Lindenhecke***.

RW 13: Rund um Frankenroda (10 km)

Frankenroda– Starrain– Türmchen (km 1,2)– Schöne Aussicht vom Mönchsberg (1,6)– Naturparkweg Leine-Werra (3)– Vogelbeobachtungstation (4,3)– Falken (6,6)– Werratal-Radweg– Klippen (Thomas-Müntzer-Kanzel) (9,1)– Probstei Zella (9,7)– Mühlrain – Hutweide– Frankenroda (11,7)

Δ **Höhenunterschiede:** 245 m, schwieriger Anstieg zum Türmchen, nicht mit dem Rad befahrbar, barrierefreier Weg zwischen Falken und Frankenroda (Begleitperson erforderlich)
Δ **Gehzeit:** 4 h
Δ **Markierungen:** rotes Quadrat (Naturparkweg Leine-Werra), gelbes Andreaskreuz (Rundweg Werraschleife), roter Punkt mit Buchenblatt (Hainichlandweg), stellenweise ohne
Δ **Parkmöglichkeiten:** an der Werrabrücke in Frankenroda, Probstei Zella, Sportplatz Falken
Δ **Wanderkarten:** Nr. 1–6, 8 (s. u. Wanderkarten)
Δ **Sehenswertes:** Frankenroda, Türmchen, AP „Schöne Aussicht vom Mönchsberg“ Probstei Zella, Falken

Wissenswertes: Etwa 400 Einwohner sind in dem herrlich zwischen dem Werratal und bewaldeten Hängen gelegenen Ort zu Hause. Zahlreiche Fachwerkhäuser, von denen einige schon viele Jahre „auf dem Buckel“ haben, prägen das Ortsbild. Ein Kleinod ist der historische Ziehbrunnen. Sehenswert ist auch die St. Katharina-Kirche im schlichten bäuerlichen Stil. Ein gutes Fotomotiv gibt das alte Gerichtshaus ab, errichtet 1508. Urkundliche Nachweise belegen, dass das Gebäude von 1728 bis 1826 als Amtsgericht genutzt wurde.
Ein Geheimtipp ist das Museum von Rudi Gast in der Flurscheide 98. Hier sind etwa 2000 Ausstellungsstücke wie Holzverwachsungen durch unerforschte Einflüsse, naturbelassene Holzgebilde sowie Hölzer mit Fraßbildern zu bestaunen, die der rüstige Rentner zusammengetragen hat.
s. auch www.vg-mihla.de

Routenbeschreibung: In ***Frankenroda*** überqueren wir in der *Lindenstraße* die *Werra*. Am anderen Ufer finden wir einige Wanderwegweiser, wobei sich die Wege gabeln. Wir halten uns links und folgen dem Wegweiser zum Türmchen.
Hinter dem *Carl-Grübel-Denkmal* nehmen wir den Aufstieg über einen Schotterweg vor.

Der damalige Kommerzienrat Carl Grübel setzte sich um die Wende vom 19. zum 20. Jh. für die arme Bevölkerung der abseits gelegenen Dörfer ein. Er trug u. a. dazu bei, dass durch die Handweberei Arbeit in die Dörfer kam. So verfügten die meisten Familien über einen Webstuhl. Außerdem setzte er sich für den Bau der Bahnlinie ein.

Bereits nach 30 m folgt eine weitere Weggabelung, wobei wir uns rechts halten. Bei der nach 80 m folgenden Weggabelung laufen wir linksabbiegend an einer *Streuobstwiese* vorüber. Dann geht es zwischen dem Waldrand und einem Weidezaun entlang. Nach 200 m gabeln sich erneut die Wege. Wir biegen rechts in den *Starrainweg* ein. Bei der nach 50 m folgenden Weggabelung halten wir uns rechts,

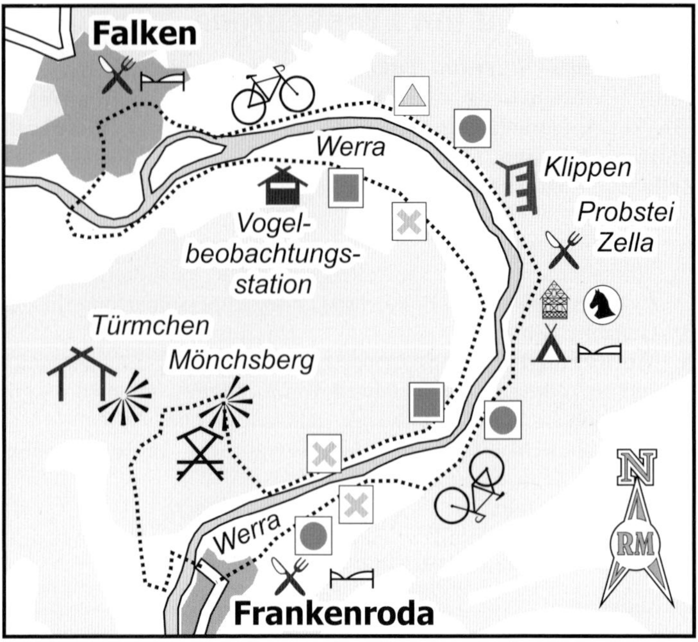

wobei die angegebene Entfernung zum Türmchen mit 2 km weit übertreiben ist.
Über den nun folgenden Schlängelweg ist man nach 600 m bereits am ***Türmchen***, wo man einen herrlichen Ausblick genießen kann.

Über die Werra und Frankenroda hinweg können wir bis zu den Windkrafträdern oberhalb Mihlas blicken.
Das Türmchen wurde in den Jahren 1886 bis 1888 auf Initiative von Heinrich Möller aus Frankenroda errichtet. Hier stand einst eine Tanzeibe, zu der Ostern, Himmelfahrt und Pfingsten Tänzerinnen und Tänzer eine flotte Sohle schwangen.

Nun wandern wir *ohne Markierung* rechts an der Hangkante entlang. Dabei säumen *Grenzsteine* den Weg. Am *Steinkopf* halten wir uns geradeaus und erreichen wenig später den ***AP „Schöne Aussicht vom Mönchsberg“***.

Auch von hier sieht man einmal mehr, wie idyllisch der Werraort Frankenroda liegt.

Wir setzen die Wanderung an der Hangkante fort. Der Weg führt steil bergab. Nach 1 km erreichen wir eine Weggabelung, wobei

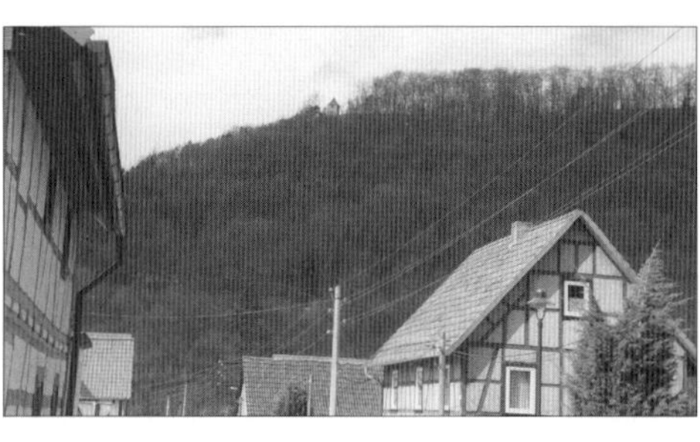

Wer Kondition hat und hoch wandert, kann heruntergucken: Vom Türmchen auf Frankenroda.

wir uns rechts halten. Unten angekommen, wandern wir nun links der *Werra* bis Falken auf dem *Naturparkweg Leine-Werra (rotes Quadrat)*. Flankiert wird der Weg auch durch den *Rundweg Werraschleife* (Markierung *gelbes Andreaskreuz*).

Bis zur Werrabrücke in Falken können wir nun der Beschreibung von SW 08 folgen.

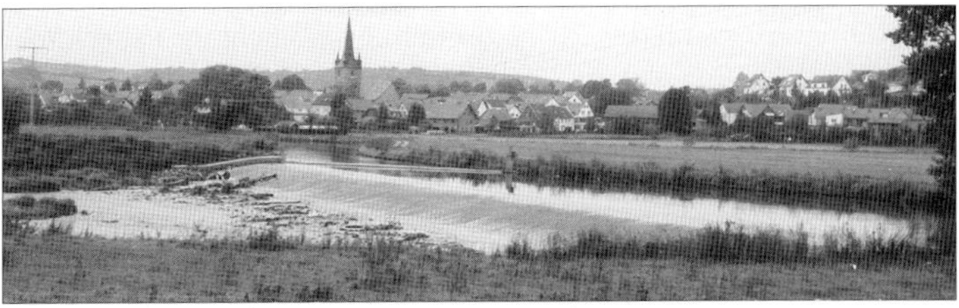

Blick auf Falken an der Werra.

In ***Falken*** überqueren wir die *Werrabrücke*. In der *Dr. Theodor-Neubauer-Straße* verlassen wir den Naturparkweg und folgen nun bis Frankenroda dem *Werratal-Radweg*. In diesem Sinne wandern wir durch die *Mühlstraße* und am gepflegten *Dorfanger* vorüber zum *Sportplatz*. Dort verlassen wir den Ort über die *Frankenrodaer Straße*. Kurz vor Probstei Zella ragt aus den Felsen die legendäre ***Thomas-Müntzer-Kanzel*** hervor.

An dieser Stelle soll der Prediger und Bauernführer zu Bauern gesprochen haben.

In ***Probstei Zella*** (s. auch SW 03) folgen wir neben dem Werratal-Radweg auch dem *Hainichlandweg (Markierung roter Punkt)*.
Über den ***Mühlrain*** und die ***Hutweide*** gelangen wir wieder nach ***Frankenroda***. Von der *Carl-Grübel-Straße* schwenken wir rechts in die *Lindenstraße* ein, um die *Werrabrücke* zu überqueren.

Laut Ortschronik von Frankenroda stand bis 1756 am Mühlrain eine Wassermühle; ein offener Zu- und Ablauf der Werra trieb ihr Wasserrad an. Aufgrund der damals schlechten Weganbindung zwischen der Probstei Zella als Hauptgetreidelieferant und Frankenroda, verloren deren Einwohner das Interesse an dieser Mühle. So wurde sie schließlich abgerissen.
s. auch www.vg-mihla.de

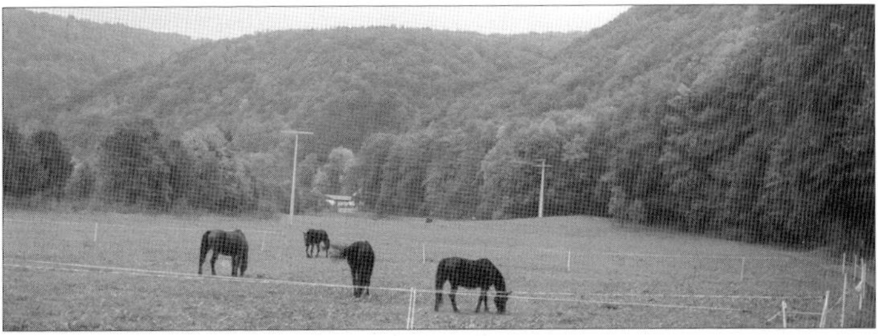

Auch Vierbeiner fühlen sich auf dem Gelände der Probstei Zella wohl.

RW 14: Rund um die Mallinde bei Berka

(6 km)

Mallinde– Wanderweg Sulzrieden– Wüstung Sulzrieden (1,1)– Langes Tal (1,9)– ehemalige Truppenübungsplätze (4,3)– Wüstung Sulzrieden (5)– Silberbornpfad „Alrunas Waldgeheimnisse“– Mallinde (6,3)

- Δ **Höhenunterschiede:** 205 m, mittelschwer, nicht für Fahrradtour geeignet!
- Δ **Gehzeit:** 2 h
- Δ **Markierungen:** hellgrüne Eule (Rundwanderweg Sulzrieden), Lindenblatt (Silberbornpfad)
- Δ **Parkmöglichkeiten:** Wanderparkplatz an der Mallinde
- Δ **Wanderkarten:** Nr. 1–8 (s. u. Wanderkarten)

Sehenswertes: Wüstung Sulzrieden mit Silberbornlinde, Mallinde, Stationen des Silberbornpfades

Wissenswertes: Alruna ist die weibliche Namensgeberin dieses naturnahen Pfades. Als „Waldflüsterin“ und Seherin weiht sie den Besucher in die Geheimnisse des Waldes ein. Auf neun Erlebnisstationen vermittelt die heimliche Begleiterin Vergleiche zwischen den Bäumen und Pflanzen. Verweilen sollte man an der sagenumwobenen Silberbornlinde.
s. auch www.nationalpark-hainich.de

Routenbeschreibung: Wir starten am *Wanderparkplatz* ***Mallinde*** bei ***Berka vor dem Hainich***.
Neben der Mallinde beginnt der *Wanderweg Sulzrieden* und auch der *Silberbornpfad „Alrunas Waldgeheimnisse“ – Blauer Weg).*

Dieser Weg ist im Gegensatz zum Roten Weg barrierefrei.

Nach 900 m erreichen wir die ***Silberbornquelle*** und die ***Silberbornlinde***, wo sich auch der Standort der ***Wüstung Sulzrieden*** befindet.

Die Siedlung wurde erstmals im Jahre 1197 urkundlich erwähnt. Vermutlich war das Dorf landgräflicher Besitz. Das Erfurter Peterskloster, das Güter in Sulzrieden besaß, hatte dafür dem Landgrafen Abgaben zu leisten. Sulzrieden ist eine der wenigen Wüstungen im Hainich, wo archäologische Grabungsergebnisse vorliegen. Bei Bauarbeiten an einem geplanten Schießplatz für die deutsche Wehrmacht wurde ein Gräberfeld angeschnitten. Offensichtlich wurde der Friedhof eines mittelalterlichen Dorfes „angestochen“, dessen größter Teil aber durch die Bauarbeiten bereits vernichtet war. So wurden 12 fast vollständige Skelette sowie Reste von weiteren Toten geborgen. Die Ansiedlung scheint aufgrund der nur begrenzt vorhandenen Ackerfläche bereits in der Zeit der Agrarkrise im 14. Jh. wüst geworden zu sein.

Der Erlebnispfad geht nun rechts weg und wir wandern links bergab und folgen dabei nur noch dem *Rundwanderweg Sulzrieden*. Am Waldrand gabeln sich die Wege. Wir bleiben linkerhand am Waldrand, bis wir einen befestigten Weg im ***Langen Tal*** erreichen.

Wer durch das Lange Tal wandert oder radelt, kann den Namen nachvollziehen. Schließlich weist es eine Länge von ca. 7 km auf und ist damit eines der längsten Hainichtäler.

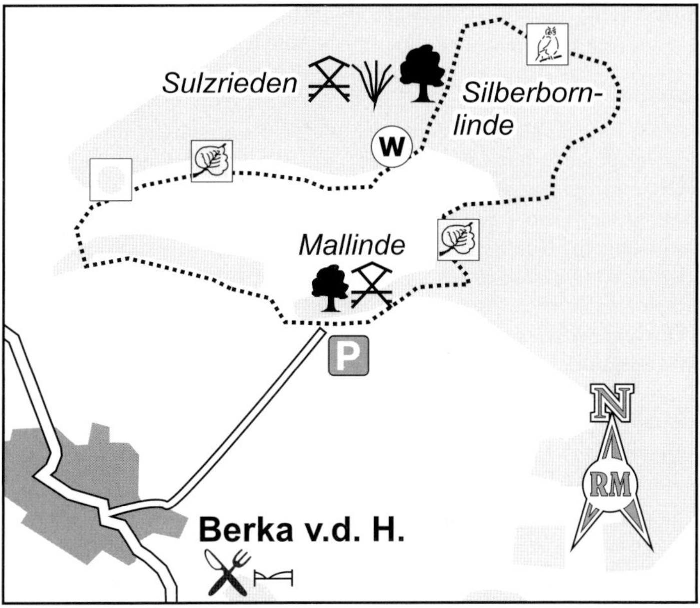

Weiter geht es über eine Wiese am Waldrand entlang, wobei wir auf den legendären *Burgberg* blicken können.

Auf dem Rücken des Burgberges sind deutliche Wall- und Grabenspuren zu erkennen. Ungeklärt ist, ob seine Entstehung im Zusammenhang mit der Wüstung Sulzrieden auf dem Gegenhang steht. Wahrscheinlich ist der Burgberg frühgeschichtlichen Ursprungs, könnte aber in unsicheren Zeiten als Fluchtburg gedient haben.

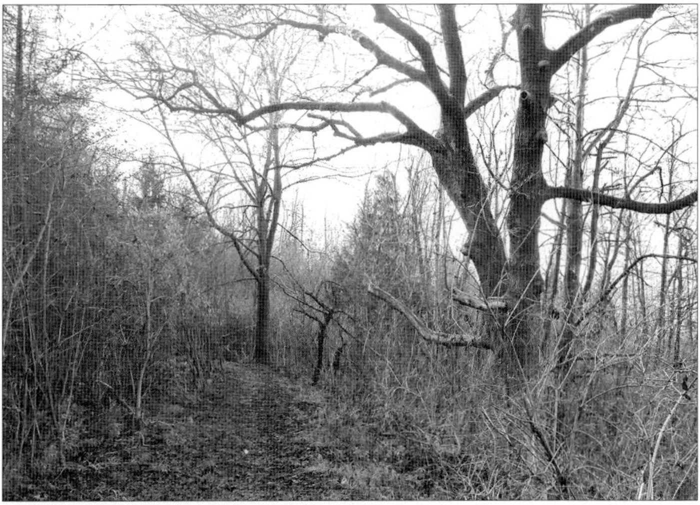

Wanderweg Sulzrieden.

Grenzsteine säumen den Weg. Wir kommen zu einem *Rastplatz*. Unser Weg führt nun über eine Forststraße bergan. Nach etwa 400 m trennen wir uns an einer Weggabelung von der Forststraße und wandern rechts bergan. Auch bei der nächsten Weggabelung halten wir uns rechts. Es geht ständig bergan, bis wir zum ehemaligen militärischen Übungsgelände ***Kindel*** kommen. Dort gabeln sich erneut die Wege, wobei wir uns rechts halten.

Nach etwa 100 m erreichen wir eine *überdachte Sitzgruppe,* an der es links abgeht. Nun geht es bergab zwischen den beiden ehemaligen *Truppenübungsplätzen „Kindel"* und *„Weberstedt"*. Am Waldrand unten angekommen, schwenken wir links ein und gelangen wieder zur ***Wüstung Sulzrieden***.

Wieder an der ehemaligen Dorfstelle angekommen, haben wir die Wahl, ob wir auf gleichem Wege zur Mallinde zurückgehen oder nun wieder in den *Erlebnispfad Silberborn* „einsteigen".

Wir nutzen den gut ausgeschilderten *Erlebnispfad (Roter Weg)* und passieren bis zur ***Mallinde*** noch zwei *Rastplätze*.

Auf diesem Erlebnispfad kann der Wanderer sein Naturwissen auf den Prüfstand stellen. Außerdem erfährt er viele interessante Details über Flora, Fauna und die Ökosysteme im Nationalpark Hainich. Zwölf Stationen laden dazu ein, Interessantes über das Leben der Lurche und der Wildkatzen zu erfahren. Außerdem kann man an einer Baumpeilstation sein Wissen über die heimischen Laubbaumarten testen.

s. auch www.nationalpark-hainich.de

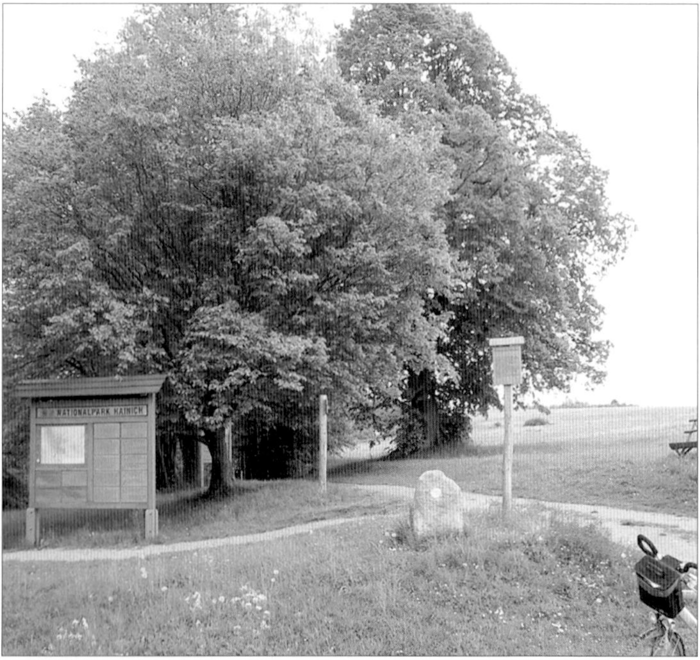

Mallinde.

RW 15: Auf dem Wildkatzenpfad Hütscheroda (7 km)

Hütscheroda– Abzweig Mittelberg– Aussichtsplattform „Hainich-Blick“ (km 3,5)– Dicke Eiche (3,9)– Heßwinkel (5,9)– Wangenheimer Grenzstein (6,4)– Schauanlage „Wildkatzenlichtung“– Hütscheroda (7,3)

- Δ **Höhenunterschiede:** 165 m, leichtes Profil, nicht für Radtour geeignet
- Δ **Gehzeit:** 2 h
- Δ **Markierungen:** Wildkatze
- Δ **Wanderkarten:** Nr. 1–8 (s. u. Wanderkarten)
- Δ **Parkmöglichkeiten:** Wanderparkplatz vor Hütscheroda
- Δ **Sehenswertes:** Wildkatzendorf Hütscheroda, Aussichtsplattform „Hainich-Blick“, Skulpturen

Wissenswertes: Hütscheroda wurde erstmals im Jahre 1239 im Urkundenbuch des Klosters Frauensee erwähnt. 64 Einwohner sind in diesem Ortsteil der Gemeinde Hörselberg-Hainich zu Hause. Das Herrenhaus wurde 1991 saniert und umgestaltet zum Tagungshotel mit Restaurant. Im Garten des Objektes sind Skulpturen zu sehen. Hier finden jährlich Bildhauer-Symposien statt, deren Ergebnisse dann in Hütscheroda oder am Skulpturenwanderweg installiert werden. Hütscheroda ist auch Ausgangspunkt verschiedener Rundwanderwege. Der Wichtigste ist der 7 km langen Wildkatzenpfad. Außerdem bereichern der Große und der Kleine Skulpturenweg, der Kulturwanderweg sowie der Verkaufslehrpfad das Wanderwegenetz. Aus diesem Grund wird der Ort auch „Künstler- und Wildkatzendorf“ genannt.
Neben der Kunst erhielt das Dörfchen nun mit der Wildkatze ein zweites Standbein. So wurde im März 2012 das Wildkatzendorf eröffnet. Neben dem bereits bestehenden und gut angenommenen Wildkatzenpfad gehören zu diesem Ensemble die Schauanlage „Wildkatzenlichtung“ sowie die Wildkatzenscheune. Hier kann man sich mit dem „Rettungsnetz für die Wildkatze“, einem der größten Naturschutzprojekte Europas, vertraut machen. Außerdem erfährt man alles über das Leben und die Bedrohung dieser scheuen Tiere.
Im Wildkatzendorf Hütscheroda befindet sich zudem das BUND Wildkatzenbüro.
s. auch www.wildkatzendorf.de oder www.hoerselberg-hainich.de

Routenbeschreibung: Wir starten an der *Wildkatzenscheune* in ***Hütscheroda*** und folgen der Beschilderung des *Wildkatzenpfades*.

Zweckmäßig ist es, gleich zu Beginn der Wanderung, sich in der Wildkatzenscheune zu informieren und einen Coin für die spätere Besichtigung der Schauanlage „Wildkatzenlichtung“ zu erwerben.

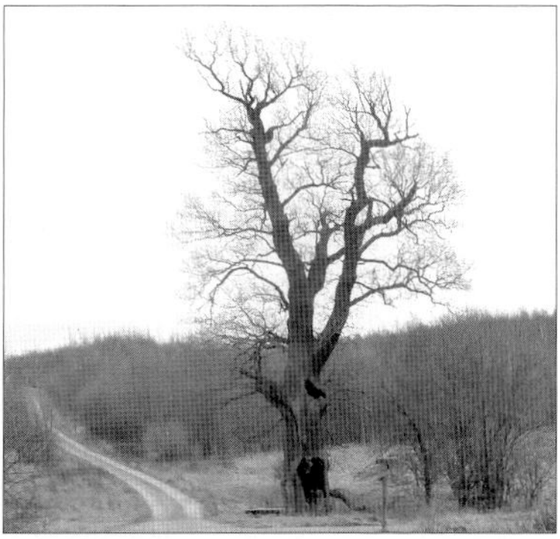

Dicke Eiche.

Beim Verlassen des Ortes passieren wir das *Herrenhaus*. Der gut ausgeschilderte Weg führt über ein Feld allmählich bergan.

Dabei tun sich rückwärtsgewandt Blicke zum Thüringer Wald, aus dem der Große Inselsberg herausragt, auf.

Oberhalb des *Mittelberges* gabeln sich die Wege. Wenig später haben wir die ***Aussichtsplattform „Hainich-Blick“*** erreicht, wo es sich nicht nur gut rasten lässt.

Im Jahre 2011 eröffnete die 20,60 m hohe Aussichtsplattform „Hainich-Blick“ am ehemaligen Generalshügel. Sie liegt am Südrand des Nationalparks Hainich auf dem Heidelberg (448 m NN). Aus nächster Nähe bietet sich eine Aussicht auf die Wiederbewaldung einstigen Militärgeländes. Natürlich kann man auch einen beeindruckenden Rundum-Blick über den Hainich, den Thüringer Wald mit Großem Inselsberg, zur Rhön und zur Wartburg genießen. Bei gutem Wetter ist

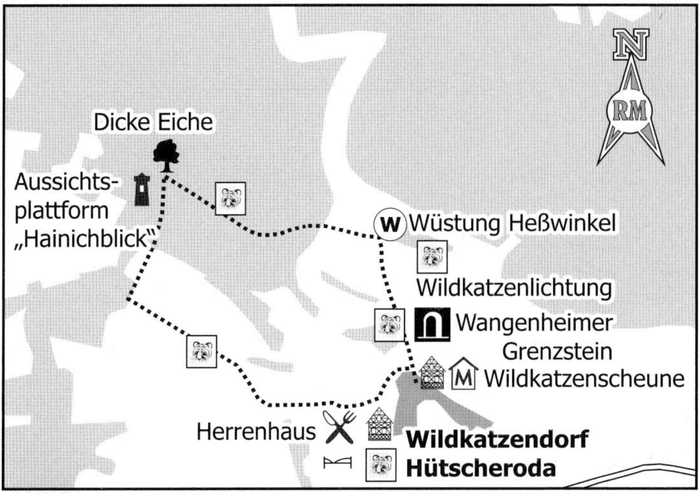

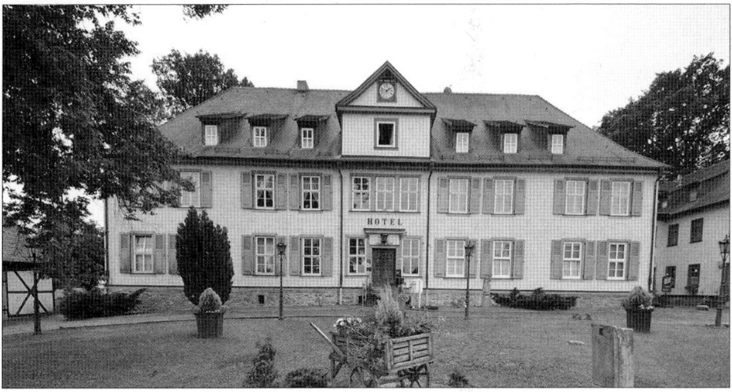

Hotel „Zum Herrenhaus" in Hütscheroda.

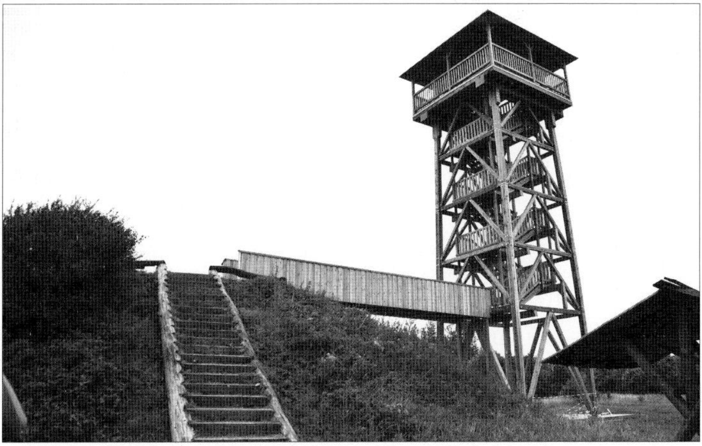

Aussichtsplattform „Hainich-Blick". Fotos: Harald Rockstuhl.

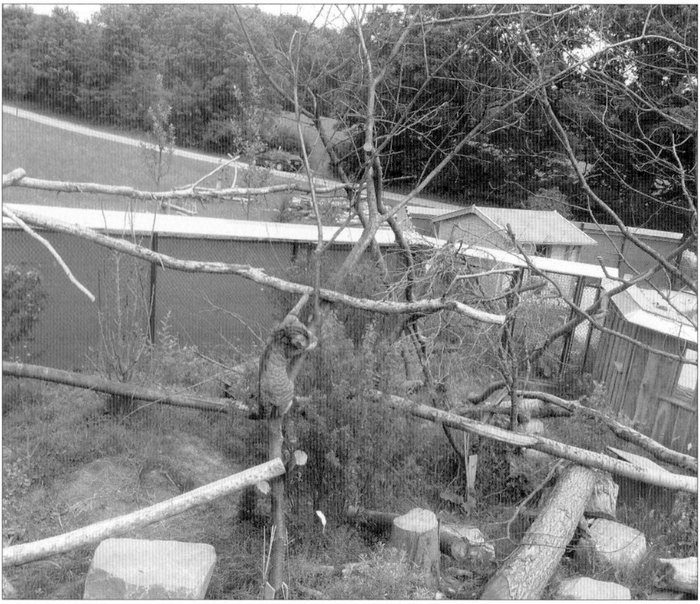

Wildkatzenlichtung.

sogar der erste grüne Korridor für die Wildkatze, der zwischen dem NLP Hainich und dem Thüringer Wald im Jahr 2007 angelegt wurde, erkennbar.
Da sich hier zuerst die Wehrmacht und danach die sowjetischen Streitkräfte ansiedelten, bekam dieser Standort im Volksmund den Namen „Generalsblick“. Nachdem die Rote Armee auf diesem erhöht liegenden Punkt einen Hügel errichtete, bot sich den Generälen und ihrem Gefolge ein idealer Ausblick.
Als Holzkonstruktion erbaut, verfügt er über eine offene Treppenanlage. Die Aussichtsplattform ist überdacht. In den einzelnen Stufen der Treppe werden die vielen Sponsoren genannt, die den Bau der Aussichtsplattform ermöglicht haben.
s. auch www.nationalpark-hainich.de

Nach 400 m erreichen wir die ***Dicke Eiche*** und befinden uns nun bis zum Ziel auch auf dem *Hainichlandweg* (Markierung *roter Punkt*).

Nun sind wir zugleich auf dem Radweg Berka v. d. H. - Hütscheroda.

Der Weg führt nun durch ein Waldstück bergab, bis wir die ***Wüstung Heßwinkel*** erreichen.

Beim Heßwinkel handelt es sich um die zeitlich letzte Wüstung im Hainichgebiet. Die Nähe zum ehemaligen Truppenübungsplatz Kindel und dessen Ausbau Anfang der 80er Jahre des 20. Jahrhunderts wurde diesem einstmals beschaulichen Plätzchen zum Verhängnis. Als stille Zeugnisse blieben Böschungen und Obstbäume.

Nun folgen wir linkerhand dem Wanderwegweiser in Richtung Hütscheroda. Wir passieren den ***Wangenheimer Grenzstein.***
An verschiedenen Skulpturen vorüber führt der Weg hinab zur *Wildkatzenschauanlage.*
Nach deren Besichtigung sind es etwa nur noch 400 m bis ***Hütscheroda.***

RW 16: Zum Großen Hörselberg

(10 km)

Sättelstädt–Kälberfeld (km 1,7)–Schützenplatz–Kahlenberg (3,7)–Abstecher Schönau (4)–Kahlenberg (4,3)–Zapfengrund–Jesusbrünnlein (6,1)–Apotheke (6,4)–Venushöhle (7)–Tannhäuserhöhle–Hörselberghaus (7,8)–Sättelstädt (9,9)

- Δ **Höhenunterschiede:** 330 m An- und Abstiege, Aufstieg zum Großen Hörselberg erfordert Kondition, nicht für Radtour geeignet!
- Δ **Gehzeit:** 3 h
- Δ **Markierungen**: Radwegpiktogramm Thüringer Städtekette, roter Querbalken
- Δ **Parkmöglichkeiten:** Bf. Sättelstädt, Kälberfeld, Kahlenberg, Bf. Schönau
- Δ **Wanderkarten**: Nr. 4, 6 (s. u. Wanderkarten)
- Δ **Sehenswertes:** Altes Pfarrhaus Sättelstädt mit Gasthaus, Gast- und Reiterhof Zapfengrund, Hörselbergmuseum, und Backhaus am Pfarrhof in Schönau, Jesusbrünnlein, Venushöhle, Tannhäuserhöhle, Berggasthaus (1890 erbaut)

Wissenswertes: Die Hörselberge sind ein Höhenzug zwischen dem Nationalpark Hainich im Norden und dem Thüringer Wald im Süden. Sie befinden sich östlich der Stadt Eisenach und südlich der Gemeinde Wutha-Farnroda. Sie fallen nach Norden zum Nessetal und nach Süden zum Tal der Hörsel ab.
Die höchsten Erhebungen sind der Große Hörselberg (484 m NN), die Herrenberge (452 m NN) sowie der Kleine Hörselberg (436 m NN). Mit einer Ausdehnung von nur 6 km zählen sie sicherlich zu den kleinsten Mittelgebirgen Deutschlands.
Sie bestehen aus Muschelkalk und Buntsandstein.
s. auch www.hoerselberg-hainich.de und www.wutha-farnroda.de

Routenbeschreibung: Wir starten am ***Bf. Sättelstädt***. Von dort wandern wir dorfeinwärts zum *Alten Pfarrhaus*. Rechterhand führt der *Radweg Thüringer Städtekette* parallel zur Hörsel ins benachbarte ***Kälberfeld***.

Kälberfeld liegt verkehrstechnisch günstig an der B 7.
Der Ort wurde erstmals im Jahre 1318 urkundlich erwähnt (UB der Stadt Erfurt). Das traditionsreiche Bauerndorf liegt eingebettet in einer Hügellandschaft im Hörseltal. Ein Wahrzeichen des Ortes ist die weithin sichtbare und 1993 umfassend sanierte Lutherkirche. Die beiden 1748 und 1802 gegossenen Glocken hingen bereits auf dem Turm der Vorgängerkirche.
s. auch www.hoerselberg-hainich.de

Wir verlassen Kälberfeld wieder über die *Oberestraße* und verbleiben damit bis ins benachbarte Kahlenberg auf dem beliebten Radweg. Dabei wird auch der *Schützenplatz* passiert.
Von ***Kahlenberg*** lohnt es sich die *Hörselbrücke* zu überqueren, um den nahegelegenen sanierten Ortskern ***Schönau*** einen Besuch abzustatten.

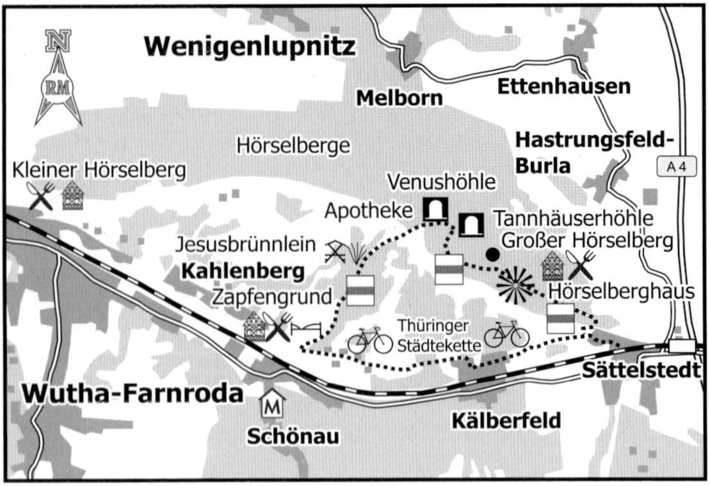

Schönau an der Hörsel, seit 1994 ein Ortsteil der Gemeinde Wutha-Farnroda, wurde erstmals im Jahre 1247 urkundlich erwähnt. Auch aufgrund des Haltepunktes der Bahnstrecke Eisenach-Gotha eignet es sich gut als Ausgangspunkt für Wanderungen in die Hörselbergregion.
Ein Besuch lohnt sich im Hörselbergmuseum, das 2010 in den Pfarrhofnebengebäuden eröffnet wurde. Hier kann man sich über die Geschichte, die Mythen- und Sagenwelt, das regionale Backhandwerk sowie die Geologie und die einzigartige Flora und Fauna der Hörselberge informieren. Neben dem Pfarrhaus runden die Kirche und die Alte Schule dieses interessante Dorfensemble ab. Zahlreiche Gäste aus nah und fern kommen zum alljährlich am dritten Sonntag im September stattfindenden Backhausfest.
Auf der gegenüberliegenden Hörselseite, in Kahlenberg befindet sich ein Bio-Bauernhof mit Reitstall und Hofladen, nebenan der Gasthof Zapfengrund mit Heuhotel.
s. auch www.wutha-farnroda.de

Nach der Rückkehr nach ***Kahlenberg*** führt ein Wanderweg durch den ***Zapfengrund*** bergan (Markierung *roter Querbalken*). Zunächst nutzen wir eine *Treppe* und dann einen schmalen Pfad an einem *Gartenzaun* entlang. Vom Waldrand geht es dann wahlweise auf einer Forststraße oder einem schmalen Pfad im Waldessaum zur *ehemaligen A 4*.
Nachdem wir die einstige „Rennpiste“ überquert haben, kommen wir zum Waldrand unterhalb des ***Jesusbrünnleins,*** wo Bänke zum Verweilen einladen.

Hier findet alljährlich am Sonntag eine Woche nach Pfingsten (Trinitatis) der Waldgottesdienst zum Kräutersonntag statt.
Auf einer Steinplatte am Jesusbrünnlein wurde etwa seit 1850 die Sage vom Schäfer und seiner durstigen Herde verewigt.

Nach 200 m gabeln sich an einer *Infotafel* über den *Naturlehrpfad* die Wege. Wir bleiben geradeaus. Nachdem wir ca. 100 m bergan gewandert sind, erreichen wir mit der ***Kräuterwiese-Apotheke*** einen *Geschützten Biotop*.

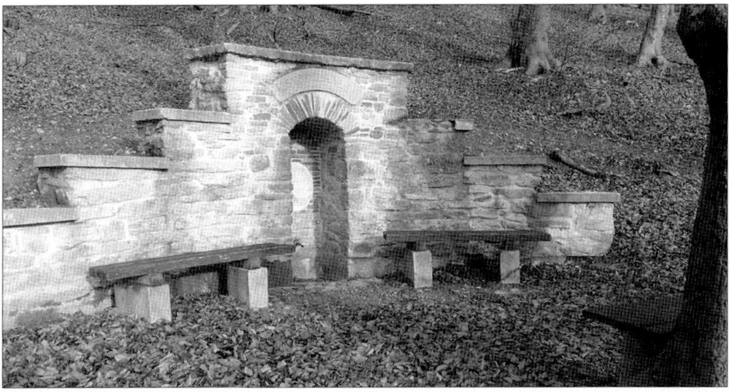

Jesusbrünnlein.

Nach weiteren 250 m Anstiegs ergibt sich die Wahl, über welchen Weg der Kamm des Großen Hörselberges erreicht werden kann. Wir entscheiden uns für die rechts abzweigende, etwas längere, aber dafür mit herrlichen Panoramablick belohnte Variante.

Grenzsteine zieren den Weg.

Der Weg führt bergan. Fast auf dem Kamm des ***Großen Hörselberg*** angekommen, entdecken wir den Abzweig zur ***Venushöhle*** und nach etwa 200 m direkt am Fels die ***Tannhäuserhöhle.***

Beide Höhlen dienen als Wohnstätten für Fledermäuse.

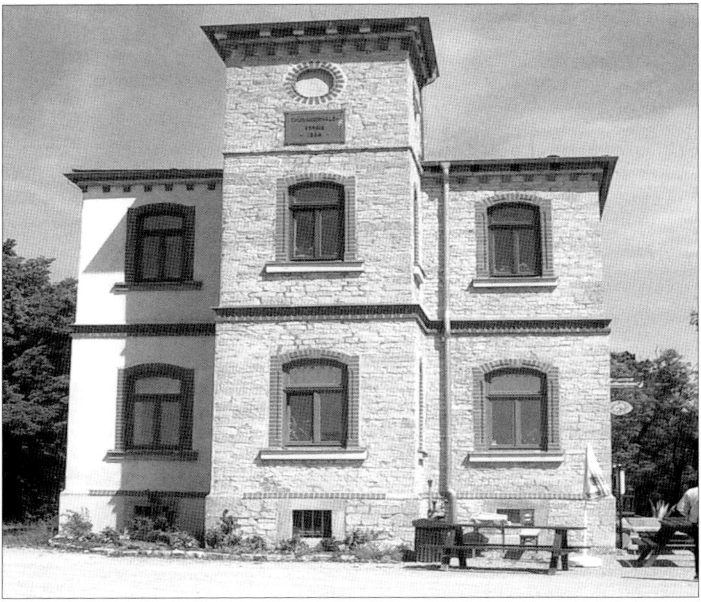

Hörselberghaus.

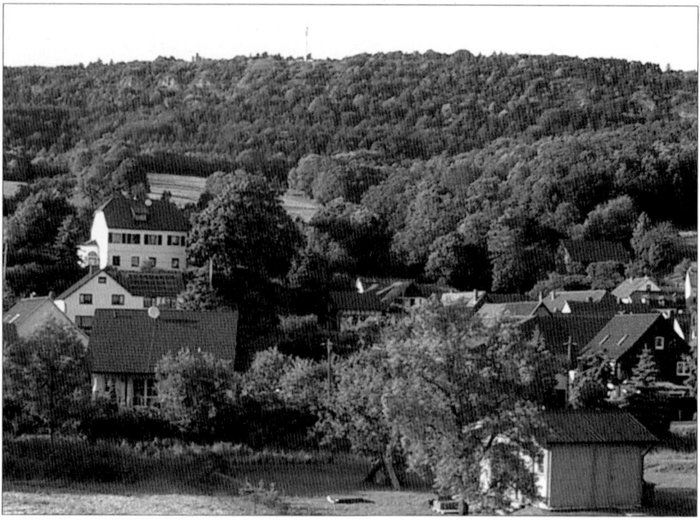

Blick über Schönau zum Gr. Hörselberg.

Auf unserem weiteren Weg zum historischen ***Hörselberghaus*** ergeben sich herrliche Aussichten über das Wartburg-Tannhäuserland.

So sehen wir über Eisenach die Wartburg in der Ferne leuchten und über Wälder und Berge zu den Höhen des Thüringer Waldes, wobei der Große Inselsberg herausragt. Östlich grüßen die Dächer vom Schloss Tenneberg in Waltershausen.

Hinter dem 28 m hohen *Sendeturm* gabeln sich die Wege.

Um den Abstieg vom Großen Hörselberg vorzunehmen, gibt es wieder einmal zwei Möglichkeiten: Wer den kürzeren und steilen Zickzackweg nutzen möchte, bleibt auf dem zunächst nach Kälberfeld führenden Kammweg.

Wir entscheiden uns erneut für die moderatere Variante. In diesem Sinne treten wir in den Wald ein und folgen dem Wanderwegweiser in Richtung Sättelstädt.
Nachdem wir den Wald verlassen haben, wird die *ehemalige A 4* erneut überquert. Über einen Wirtschaftsweg gelangen wir zu unserm Ausgangspunkt nach ***Sättelstädt***.

Sättelstädt wird im Jahre 1005 erstmals in einer Schenkungsurkunde an das Kloster Hersfeld erwähnt. Es ist somit der älteste Ort im Hörseltal.
Hier mündet die Emse in die Hörsel. Sättelstädt liegt verkehrstechnisch günstig an der B 7 und hat einen Haltepunkt an der Bahnlinie Eisenach-Gotha.
Prägend für das Ortsbild von Sättelstädt ist inzwischen die sehenswerte Kirche „St. Johannis“. In den letzten Jahren wurden umfangreiche Sanierungsarbeiten vorgenommen. Nach der Sanierung des Innenraumes 2005 wurde vier Jahre später der Turm wieder hergestellt.
Einer der schönsten Dreiseitenhöf Thüringens beherbergt das ehemalige Pfarrhaus. Nach dessen Umgestaltung zu einer Gaststätte, bietet es neben Erlebnisgastronomie weitere interessante Veranstaltungen.
s. auch www.hoerselberg-hainich.de

RW 17: Rund um das Craulaer Kreuz

(10 km)

Craulaer Kreuz– Otterbühl (km 2,5)– Langes Tal– Gänserasen/Gedenkstein Rudi Maurer (4,4)– Sperbersgrund (5,8)– Craulaer Lehde (7,6)– AP Wartburgblick/Kindel (8)– Craulaer Lehde (8,4)– Turnerbank (9,3)– Craulaer Kreuz (10,4)

- Δ **Höhenunterschiede:** 200 m An- und Abstiege, nicht für Radtour geeignet!
- Δ **Gehzeit:** 3 h
- Δ **Markierungen:** weißes, unterstrichenes R (Rennstieg), Steinkreuz (Wanderweg Craulaer Kreuz), dunkelblauer Sperber (Wanderweg Sperbersgrund), roter Punkt mit Buchenblatt (Hainichlandweg)
- Δ **Parkmöglichkeiten:** Craulaer Kreuz
- Δ **Wanderkarten:** Nr. 1–8 (s. u. Wanderkarten)
- Δ **Sehenswertes:** Craulaer Kreuz, AP Wartburgblick, Turnerbank

Routenbeschreibung: Am ***Craulaer Kreuz*** *(s. auch SW 01)* folgen wir dem *Hainich-Rennstieg* und dem *Wanderweg Craulaer Kreuz*.

Der Weg wird charakterisiert durch reinen Buchenwald in seinen unterschiedlichsten Entwicklungsstadien. Eindrucksvolle Totholzstämme finden wir entlang des Weges.

Nach ca. 2,5 km gabeln sich im ***Otterbühl*** die Wege (s. auch SW 13). Entsprechend der Wanderwegweiser schwenken wir links ein und trennen uns vom Hainich-Rennstieg. Der bergab führende *Radweg Gelbe Route* weist ein **Gefälle von 10 %** auf und führt durch das ***Lange Tal.*** Bei der nach 500 m folgenden Weggabelung geht es rechts bergab, bis wir nach weiteren ca. 1,4 km den ***Gänserasen*** erreichen.

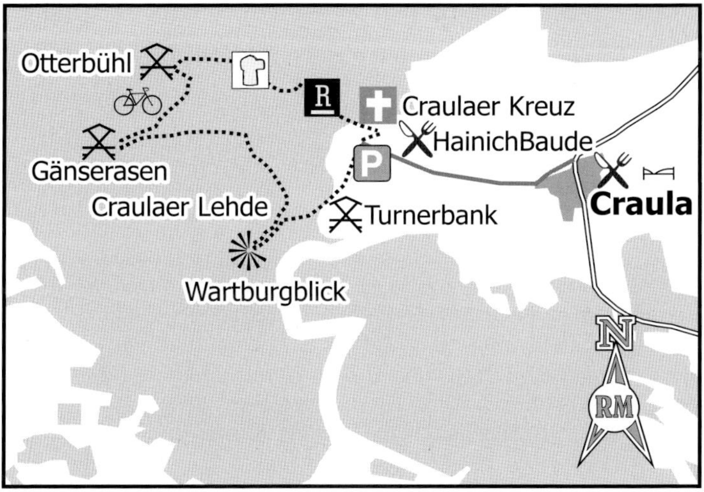

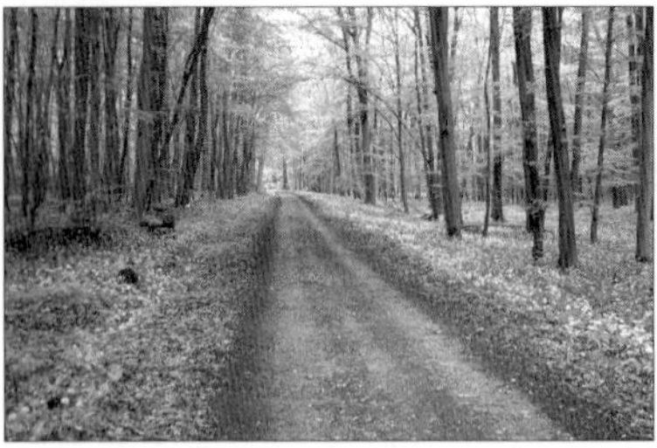

Langes Tal.

Hier lässt es sich nicht nur gut rasten. An dieser Stelle befindet sich auch der Gedenkstein von Rudi Maurer.

Nun verlassen wir den Radweg Gelbe Route und folgen linksabbiegend einem Waldweg. Nach 1,4 km lädt im ***Sperbersgrund*** ein weiterer *Rastplatz* zum Entspannen ein.

Nun folgen wir über die *Himmelsleiter treppauf* dem *Sperbersgrundrundweg*. Der naturbelassene Waldweg führt unterhalb des Großen Zimmerbergs zur ***Craulaer Lehde*** hinauf.
Von dieser Stelle wird ein Abstecher zum ***Aussichtspunkt Wartburgblick*** angeboten.

Dieser Aussichtspunkt hat nichts mit dem Wartburgblick auf dem Rennstieg zu tun (s. auch SW 01). Er befindet sich am Rande des ehemaligen Truppenübungsplatzes Kindel.

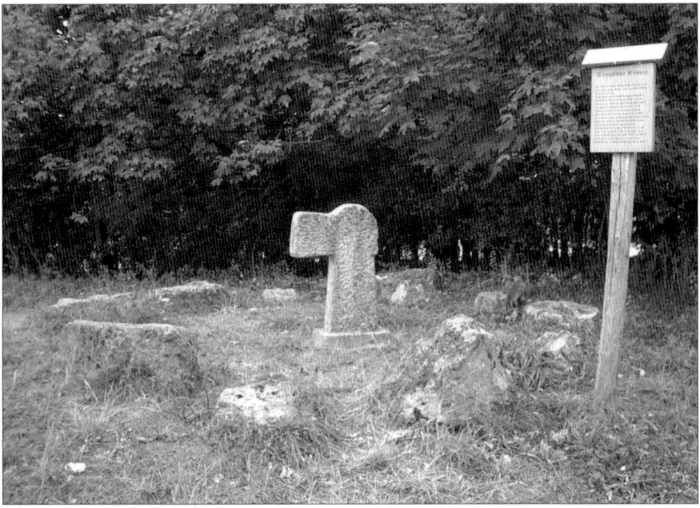

Das Crauler Kreuz.

Von dort kehren wir zur Wegkreuzung an der ***Craulaer Lehde*** zurück. Auf dem *Sperbersgrundweg* bleibend, erreichen wir nach 800 m die ***Turnerbank*** (s. auch SW 01), womit wir uns wieder auf dem *Hainich-Rennstieg* und auf dem *Hainichlandweg* (Markierung *roter Punkt)* befinden. Über diese beiden Wege gelangen wir wieder zu unserem Ausgangspunkt am ***Craulaer Kreuz***.

RW 18: Rund um Craula (14 km)

Craula–Schützenplatz (km 1,1)–Schieferberg–Rastplatz Wacholderhög (2,1)–Rabenhög-Steinbruch (4,7)–Talweg–Baumeisterkreuz (6)–Försterstein (7,3)–Kindel–Alter Berg (8,3)–Turnerbank (10)–Craulaer Kreuz (10,8)–Mittelberg–Nährteich (13,3)–Craula (14,1)

- Δ **Höhenunterschiede:** 230 m An- und Abstiege, gute Kondition erforderlich, nicht für Radtour geeignet!
- Δ **Gehzeit:** 4 h
- Δ **Markierungen:** roter Punkt (Hainichlandweg), weißes, unterstrichenes R (Rennstieg), Pilgerweg Via Porta, stellenweise ohne
- Δ **Parkmöglichkeiten:** Craula, Craulaer Kreuz
- Δ **Wanderkarten:** Nr. 1–8 (s. u. Wanderkarten)
- Δ **Sehenswertes:** Craula, Wacholderhög, Rabenhög-Steinbruch, Baumeisterkreuz, Försterstein, Alter Berg, Turnerbank, Craulaer Kreuz

Wissenswertes: Das idyllisch auf der Hainich-Hochebene gelegene Craula wurde im Jahre 1280 erstmals urkundlich erwähnt (Dobenecker-Register). Etwa 350 Einwohner sind hier zu Hause. Im Ortskern erinnert ein Waidmühlendenkmal an den früheren Anbau von Waid. Craula verfügt über einige historische Fachwerkhäuser. Zur Gemarkung Craulas gehört mit dem Wacholderhög zugleich eines der größten Wacholdergebiete Thüringens. Mitten zwischen dem Wacholder ragen noch einige Betonstümpfe aus dem Boden, die von der einstigen Craulaer Sprungschanze künden. Die erste, auch „Hainich-Schanze" genannte Sportanlage, wurde 1933 eingeweiht. Das Eröffnungsspringen lockte viele Interessenten aus nah und fern an. Auf Grund der ungünstigen Schneeverhältnisse, konnte die Schanze kaum genutzt werden, sodass sie im Laufe der Jahre immer mehr verwitterte. 1955 wurde an gleicher Stelle eine neue Sprungschanze gebaut, welche ebenfalls „Hainich-Schanze" hieß. Allerdings konnte die Anlage nur zwei Jahre genutzt werden, weil sie danach ebenfalls verwitterte. An das Gelände schließt sich in Richtung Reichenbach der Rabenhög-Steinbruch an. Ein Wahrzeichen Craulas ist das Craulaer Kreuz (s. auch SW 01).
s. auch www.hoerselberg-hainich.de

Routenbeschreibung: Wir starten in ***Craula*** vom *Wanderparkplatz* gegenüber dem *Friedhof (ohne Markierung).* Durch die *Backhausgasse* wandern wir dorfeinwärts zum *Waidstein.* Der Ort wird über die *Schloßgasse* verlassen.
Nach ca. 600 m kreuzen sich die Wege (Wanderwegweiser). Wir halten uns geradeaus.

Links zeigt sich der Große Inselsberg.

Nachdem wir den ***Schützenplatz*** passiert haben, erreichen wir nach weiteren 350 m eine Wegkreuzung. Wir schwenken links ein, um den ***Schieferberg*** zu erklimmen. Oben angekommen, schließt sich wenig später die ***Wacholderhög*** an. Wir orientieren uns westwärts und passieren eine *überdachte Sitzgruppe.*

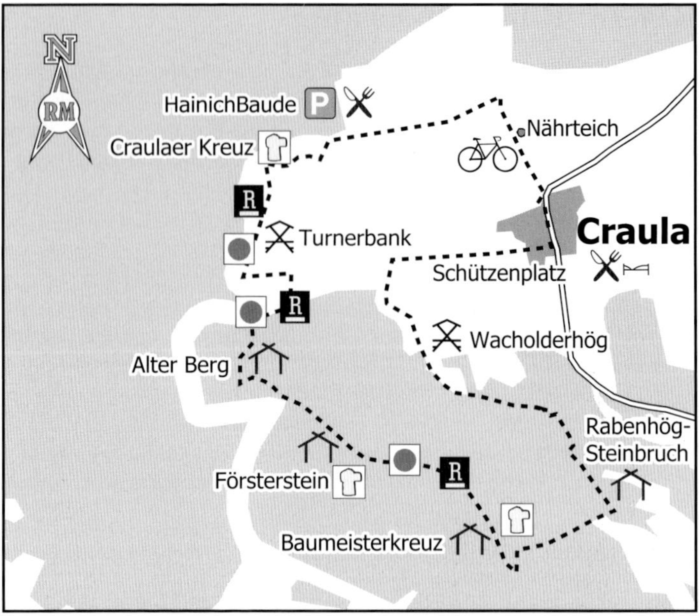

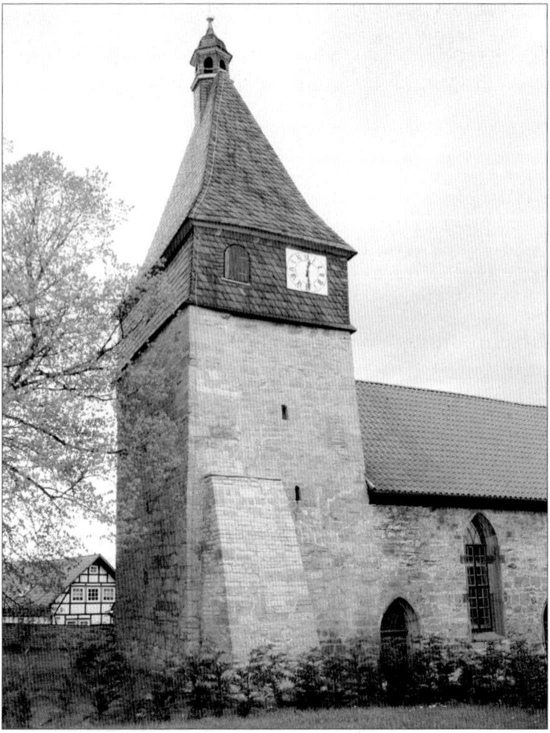

Die Kirche von Craula.

Bei der nach ca. 1 km folgenden Weggabelung mit *Lehrtafeln* halten wir uns rechts, um den *Rabenhög* zu durchwandern. Nach 400 m gabeln sich an einem *Rastplatz mit steinernem Tisch* die Wege. Wir halten uns links und nutzen eine durch Nadelwald führende Forststraße.

Nach 1,2 km wird der ***Rabenhög-Steinbruch*** erreicht. Bei der nach 100 m folgenden Weggabelung schwenken wir rechts in eine weitere, bergan führende Forststraße ein, den *Talweg*. Nachdem wir 700 m zurückgelegt haben, mündet der Weg rechtsabbiegend in den *Hainichlandweg* und in den *Hainich-Rennstieg*.

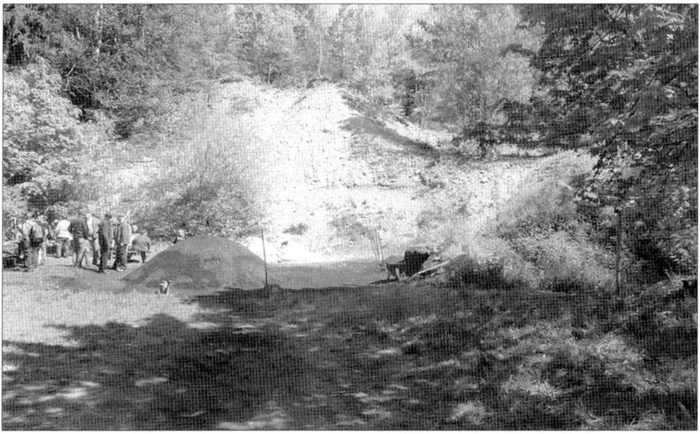

Rabenhög-Steinbruch.

Das ***Baumeisterkreuz*** wird nach weiteren 250 m erreicht (s. auch SW 01). Eine Forststraße führt nun an der *Bunten Linde (Spechtslinde)* vorüber zur *Schutzhütte* am ***Försterstein***, auch *Rennstiegstein* genannt (s. auch SW 01).

Die Forststraße endet an einer Wendeschleife für Holztransporte. Nun erreichen wir das Terrain des ehemaligen Truppenübungsplatzes ***Kindel***, worauf ***Warnschilder*** verweisen.

Wenig später erklimmen wir den ***Alten Berg,*** mit 494 m NN die höchste Erhebung des Hainich (s. auch SW 01).

Vom höchsten Berg geht es nun erst einmal bergab. Wenig später durchwandern wir ein Stück Jungwald, bevor es zwischen Waldrand und Feld wieder bergan

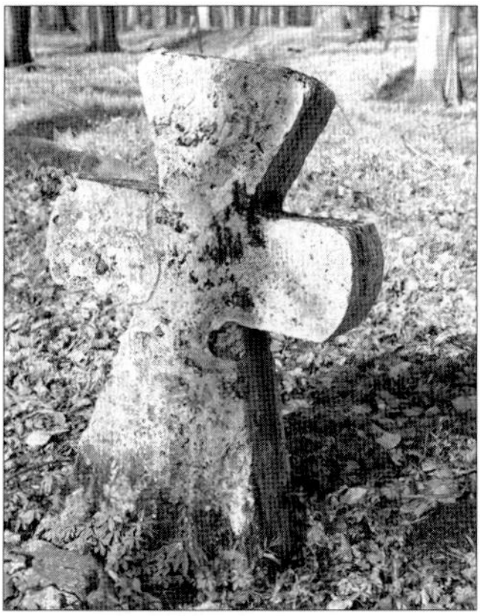

Baumeisterkreuz.

geht. Nachdem wir das Feld kurz umwandert haben, treffen wir auf die ***Turnerbank*** (s. auch SW 01)
Am Waldrand nehmen wir den Aufstieg zum ***Craulaer Kreuz*** (s. auch SW 01) vor, trennen uns vom Hainich-Rennstieg und folgen nun auch der *Via Porta*, dem Pilgerweg Volkenroda - Waldsassen.
Der Weg führt nun am Waldrand entlang. Dann geht es über freies Feld weiter *(Mittelberg)*. An einer *überdachten Sitzgruppe* verlassen wir den Hauptweg vom Hainichlandweg und schwenken rechts in den *Zuweg vom Hainichlandweg* und in den *Radweg Gelbe Route* Richtung Craula ein. Dabei wird der idyllisch gelegene ***Nährteich*** passiert und nach weiteren 600 m der Ausgangspunkt in ***Craula*** erreicht.

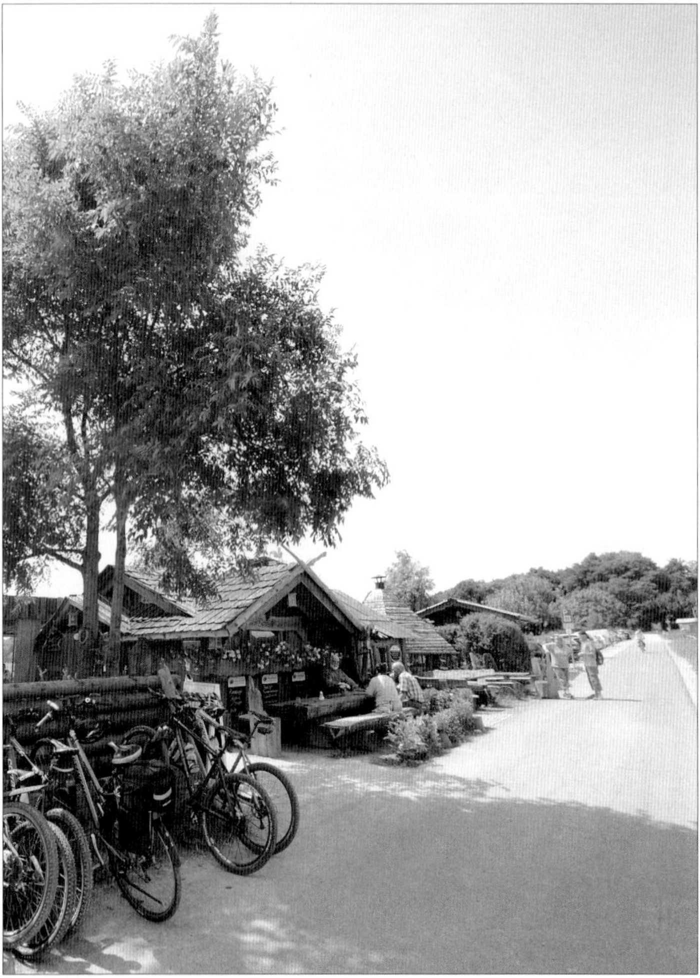

HainichBaude am Craulaer Kreuz. Foto: Harald Rockstuhl.

RW 19: Auf dem Steinbergweg rund um die Thiemsburg (10 km)

Thiemsburg/Baumkronenpfad–Steingraben (km 1,2)–Große Harth/Damwildgehege (3,5)–Binsenteich (5,1)–Netzbornholz (6,1)–Thiemsburg/Baumkronenpfad (10)

- Δ **Höhenunterschiede:** 135 m, leichtes Profil, nicht für Fahrradtour geeignet!
- Δ **Gehzeit:** 3 h
- Δ **Markierungen:** Ammonit (ein ausgestorbenes Tier, das oft als Versteinerung im Gebiet gefunden wurde für Steinbergweg), außerdem: roter Punkt mit Buchenblatt (Zuweg Hainichlandweg, Waagebalkenweg)
- Δ **Parkmöglichkeiten:** Wanderparkplatz vor der Thiemsburg
- Δ **Wanderkarten:** Nr. 1–8 (s. u. Wanderkarten)
- Δ **Sehenswertes:** Thiemsburg, Baumkronenpfad, gute Fernsichten bis zum Inselsberg, Binsenteich, Damwildgehege, Blumenpracht im Frühjahr (Maiglöckchen, Seidelbast, Veilchen)

Routenbeschreibung: Vom ***Parkplatz Thiemsburg*** führt der Weg neben der *Chaussee* in Richtung Zimmern. Dabei können wir uns zunächst auch nach dem *Hainichlandweg, dem Waagebalkenweg,* dem *Eichenbergweg* und dem *Radweg Gelbe Route* orientieren. Nach 100 m schwenken wir rechts in einen Schotterweg ein, der in den Wald führt. Bei der nächsten Wegkreuzung nach 300 m halten wir uns links (Wanderwegweiser). Hier setzt die *Markierung* mit dem *Ammonit (Steinbergweg)* ein.

Nach 700 m gabeln sich die Wege. Wir trennen uns nun vom Wanderweg Eichenberg. Bei der nächsten Weggabelung nach 200 m geht es rechts bergab in einen Plattenweg. Auch bei der nach weiteren 200 m folgenden Weggabelung halten wir uns rechts und überqueren dabei über eine *Holzbrücke* den ***Steingraben.*** Bereits nach 150 m folgt die nächste Weggabelung. Wir bleiben geradeaus.

Nach 800 m schwenken wir bei einer Weggabelung mit Wanderwegweisern rechts ein und folgen dem Wegweiser in *Richtung Harth* (bergan), wobei wir uns vom Radweg Gelbe Route trennen. Nun geht es über offenes Gelände mit guter Fernsicht. Wir überqueren einen *Graben.*

Am Waldrand der ***Großen Harth*** wurde ein *Damhirschgehege* angelegt. Entsprechend der Markierung gehen wir geradeaus am Waldrand entlang, obwohl an dieser Stelle ein Wanderwegweiser nach Zimmern und zum Harth-Haus zeigt. Nach 600 m kommen wir an eine Wegkreuzung mit Wanderwegweiser, wo sich unser Weg eigentlich vom Waagebalkenweg trennt. Dennoch ist ein Abstecher zum Binsenteich lohnenswert. Dazu wandern wir geradeaus und

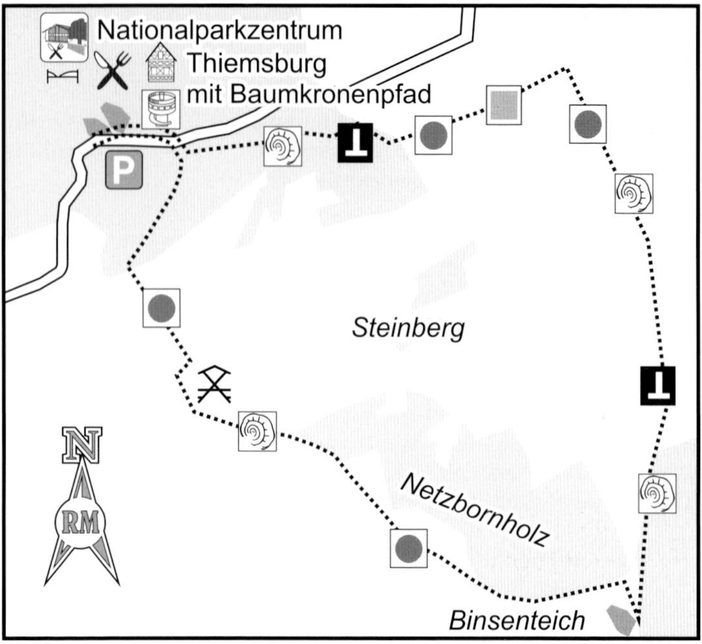

kommen nach 200 m zum ***NSG „Binsenteich“***, von wo wir einen herrlichen Blick zum Inselsberg haben. Von dort wandern wir wieder zurück, um die Wanderung auf dem *Steinbergweg* fortzusetzen. Der Weg führt nun durch das ***Netzbornholz***, das wir nach 600 m durchwandert haben.

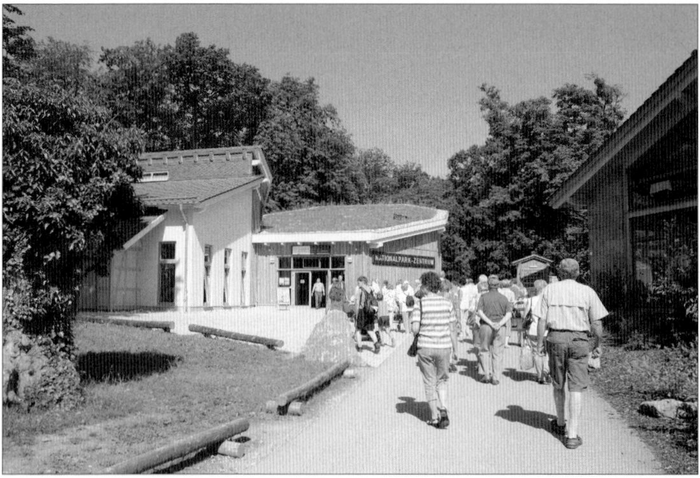

Thiemsburg (Forsthaus rechts) und das Nationalparkzentrum. Dazwischen geht es zum Baumkronenpfad. Foto: Harald Rockstuhl.

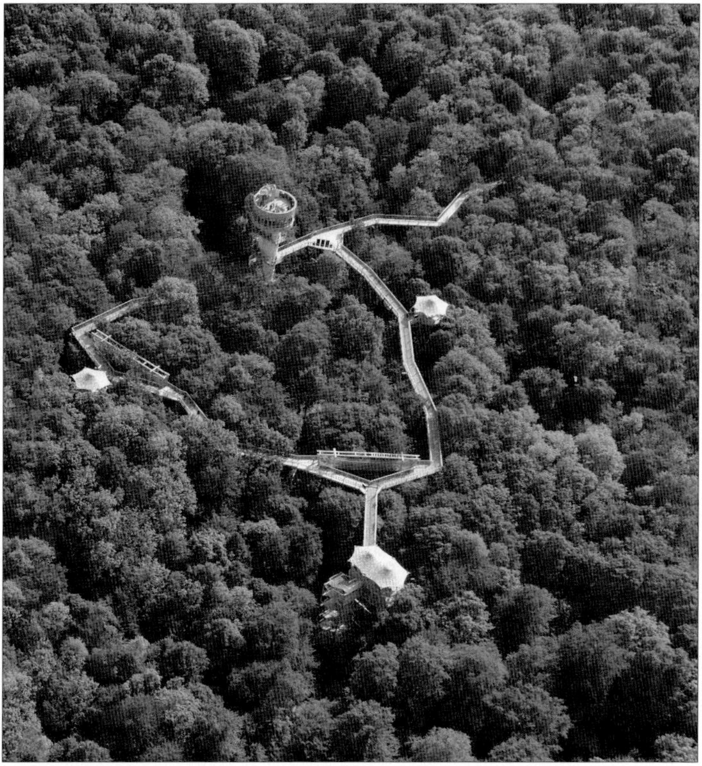

Baumkronenpfad aus der Luft. Foto: Harald Rockstuhl.

Hier ist im Frühjahr ein prachtvolles Blütenmeer zu bestaunen. Mit etwas Glück sieht und hört man den Mittelspecht.

Dann geht es am Waldrand entlang und an Sträuchern vorüber.

Dabei tun sich Blicke zum Inselsberg und anderen Bergen des Thüringer Waldes auf. Nach vorn können wir auf Reichenbach und Behringen sehen.

Bei der nächsten Weggabelung schwenken wir rechts ein. Nach einem weiteren Kilometer wandern wir durch ein kurzes Waldstück hindurch und erreichen wenig später einen *Rastplatz*. Bei der nächsten Wegkreuzung geht es geradeaus an Sträuchern entlang auf *Hochspannungsleitungen* zu, die wir unterqueren. Dann wandern wir erneut am Waldrand entlang und nach 200 m wieder links in den Wald hinein. Bei der nächsten Weggabelung nach 400 m halten wir uns links und wenig später treffen wir wieder auf den *Eichenbergweg*. Nun sind es nur noch 350 m zum Ausgangspunkt am *Wanderparkplatz* an der ***Thiemsburg.*** Der Besuch des nahegelegenen ***Baumkronenpfades*** rundet diese Wanderung ab (s. auch SW 01).

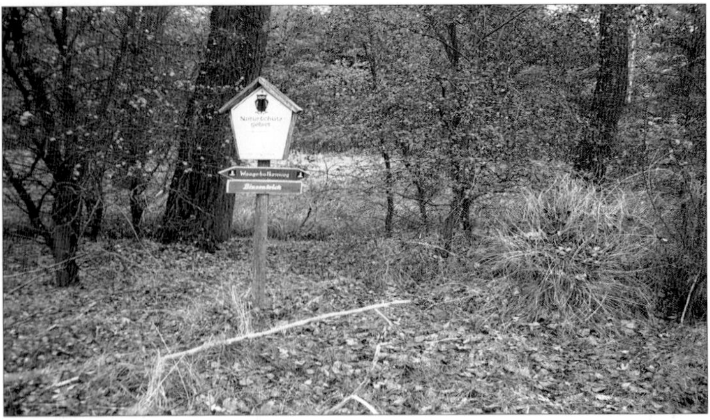

Binsenteich.

RW 194 km langen ***Naturpfad*** abgehen. Hinter dem *Nationalpark-zentrum* trifft er auf einen idyllisch gelegenen *Teich* und wenig später auf eine 800 Jahre alte Eiche. Mit ihren 5,45 m Stammumfang ist sie wohl der dickste Baum im Nationalpark.
Auf dem weiteren Weg rücken mit *Braut & Bräutigam* zwei ca. 150 Jahre alte Traubeneichen ins Blickfeld. Auffällig auch die alten bemalten *Grenzsteine* der Stadt Langensalza und der *Steingraben*.

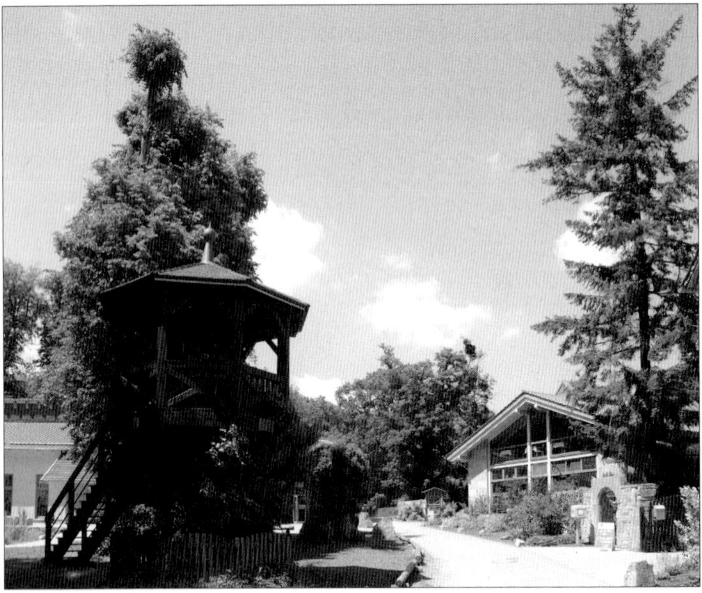

Das Baumhaus (links) und das Forsthaus Thiemsburg (rechts). Der Weg dazwischen führt zum Baumkronenpfad (noch ca. 300 Meter). Foto: Harald Rockstuhl.

RW 20: Von Bad Langensalza zum Baumkronenpfad

(29 km)/Hinweg 16 km/Rückkehr per Bus

Bad Langensalza–Ufhoven (km 1)–Erbsbrunnen– Wehrbrückchen–Unterer und Oberer Golk (3,2)–Schutzhütte „Salzablick“ (8)–Harth-Haus (8,5)–Damhirschgehege– Binsenteich (11,7)–Netzbornholz–Thiemsburg mit Baumkronenpfad (15,8)–Erholungsbuche (16,7)–Alterstedt (19,5)–Schönstedt, HP (24,7)–Bad Langensalza (29)

- Δ **Höhenunterschiede:** 315 m, gute Kondition erforderlich, nicht für Radtour zu empfehlen! Wer nur eine Strecke laufen möchte, dem ist der attraktivere, aber längere Hinweg zu empfehlen
- Δ **Gehzeit:** 8 h
- Δ **Markierungen:** Zuweg Hainichlandweg (roter Punkt), außerdem: rotes Quadrat (FHH-Weg), Waagebalkenweg
- Δ **Parkmöglichkeiten:** Bad Langensalza: Jahnstraße
- Δ **Wanderkarten:** Nr. 1–3, 5, 7–8 (s. u. Wanderkarten)
- Δ **Sehenswertes:** LSZ, Harth-Haus, Binsenteich, Thiemsburg mit Baumkronenpad und Nationalparkzentrum, Barfußrundwanderweg Alterstedt

Wissenswertes: Die ehemalige Kreisstadt Bad Langensalza liegt an der Salza, die in einer Talaue in die Unstrut mündet. Das Güterverzeichnis des Klosters Hersfeld erwähnt das Dorf „Salzaha“ als Schenkung zwischen 775 und 786. Weithin sichtbar sind die Türme der Stadt. Das sind der Turm des ehemaligen Augustinerklosters, der Rathausturm und der Turm der Marktkirche „St. Bonifatii“. Der im 13. Jahrhundert begonnene und 1594 vollendete sakrale Bau wird von einem der höchsten Türme Thüringens gekrönt. Hinter der Marktkirche befinden sich die Nationalparkverwaltung und die Touristinformation.
Das Stadtwappen zeigt symbolisch drei Stadtmauertürme als Zeichen für eine wehrhafte Stadt. Insgesamt 16 Wehrtürme und das „Klagetor“ der alten Stadtmauer umschließen einen aus dem 14. bis 18. Jahrhundert stammenden Stadtkern. Um 12 Uhr und um 18 Uhr schauen Besucher und Einwohner zum Hauptportal des Rathauses empor, wenn das Glockenspiel mit seinen umlaufenden Figuren erklingt. Ein Besuch lohnt sich auch im Stadtmuseum im Augustinerkloster Bad Langensalza.
In der Stadt wurde um 1170 Hermann von Salza geboren, der es zum Hochmeister des deutschen Ritterordens brachte. Der bekannte Arzt Christoph Wilhelm Hufeland erblickte hier 1762 das Licht der Welt. Von 1748 bis 1750 wirkte der angesehene Schriftsteller Friedrich Gottlieb Klopstock als Hauslehrer in Langensalza.
Noch heute sind Spuren der 1866 entbrannten Schlacht zwischen Preußen und Hannoveranern zu erkennen. Von dieser blutigen Auseinandersetzung künden 21 Denkmale in und um Bad Langensalza, die in einem Stadtrundgang erwandert werden können. Die Entdeckung einer schwefelhaltigen Quelle führte 1811 dazu, dass sich Langensalza zu einem beliebten Aufenthaltsort zur Heilung von Haut- und Bewegungskrankheiten entwickelte und seit 1956 den Zusatz „Bad“ im Namen trägt. Darauf verweist ein Gedenkstein im Kurpark, in dem sich auch das im Rokoko-Stil errichtete Friederikenschlösschen befindet.
Bereits seit 1812 feiern die Langensalzaer ihr Brunnenfest. Seit 2005 trägt Bad Langensalza den Namen: Schwefel-Sole-Heilbad. Ein Besuch lohnt sich ebenfalls

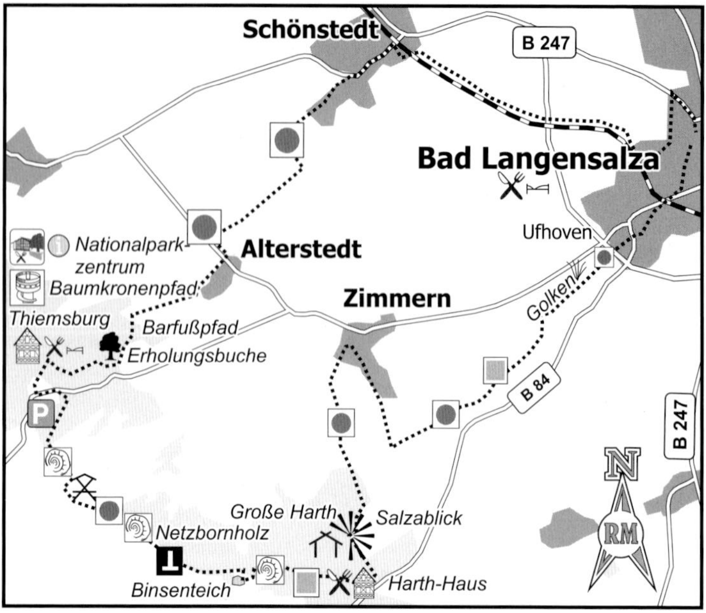

im Rosengarten und im Japanischen Garten. Seit Juni 2002 darf sich Bad Langensalza zusätzlich mit dem Prädikat „Rosenstadt" schmücken.
Im Jahre 2009 war die Stadt Gastgeber der Aktion „Mensch, Natur und Städtebau 2009 – Bad Langensalza erlebenswert". Dies hat den Bekanntheitsgrad der Stadt als Vorbild für eine nachhaltige Sanierung weiter erhöht. Die Stadt Bad Langensalza wurde sogar Sieger im Wettbewerb um die blühendste Stadt Europas in der entsprechenden Wertungskategorie.
s. auch www.badlangensalza.de

Routenbeschreibung: Wir starten in ***Bad Langensalza*** in der *Jahnstraße*. An der *alten Stadtmauer* entlang kommen wir zum *Schanzturm,* von wo wir in die *Schillerstraße* einbiegen, die zur *Seufzerallee* führt. Wir folgen der *Poststraße* in Richtung ***Ufhoven***, das wir mit Unterquerung einer *Eisenbahnbrücke* erreicht haben.

Beim *Thomas-Müntzer-Platz* biegen wir links ein, um an der *Salza* entlang zu wandern. Hier setzt die Markierung mit dem *roten Quadrat (Fahner Höhe - Hainich - Weg)* ein. Beim *Erbsbrunnen* geht es rechts über die *Salzabrücke* und dann links durch die *Dammtorstraße*.
Nach ca. 700 m überqueren wir rechts abbiegend das *Wehrbrückchen* und wandern rechts der Salza entlang, bis wir die *beiden* ***Golken*** erreichen.

Die Golken befinden sich im Naturschutzgebiet „Zimmerbach-Hellerbachtal". Zum Erhalt dieser Naturschönheiten, dürfen die befestigten Wege nicht verlassen werden. Die erste urkundliche Erwähnung der Erdfälle erfolgte 1537. 1821 wurde der Obere Golk vom Bodenschlamm gereinigt und mit einem Erdwall umgeben. Der Quelltrichter hat einen kreisförmigen Umfang und die größte Tiefe liegt bei ca. 3 m. Der 8 m tiefe Untere Golk ist ungleichförmig und nicht zugänglich. Das Gebiet der Golken ist bedeutsam für die Trinkwasserversorgung und Naherholung der Stadt Bad Langensalza sowie den Arten- und Biotopschutz.
s. auch www.naturpark-ehw.de oder www.badlangensalza.de

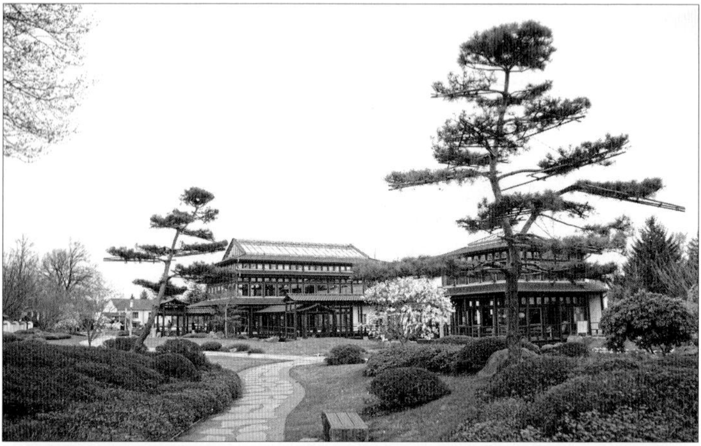

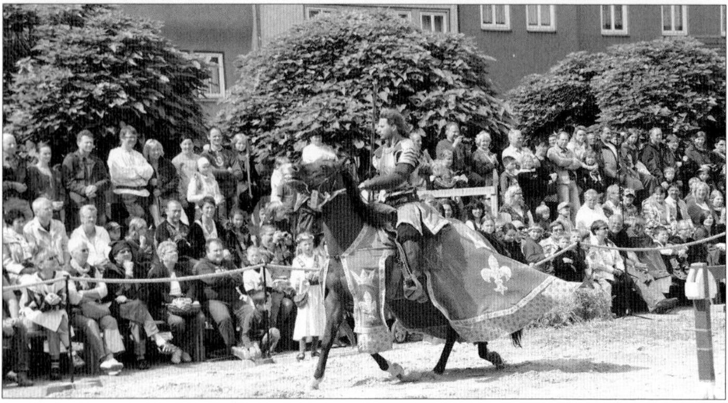

Bad Langensalza - Stadt der Gärten. Alljährlich im August findet eines der schönsten Mittelalterstadtfeste Deutschlands statt.
Fotos: Harald Rockstuhl.

Nach 200 m überqueren wir den *Zimmerbach*. Der Weg führt nun allmählich bergan in Richtung Harth. Bei der nach ca. 2 km folgenden Weggabelung überqueren wir die Brücke des *Hellerbachs* und wandern durch eine Obstplantage.
Nach ca. 1 km erreichen wir eine Wegkreuzung. Wir schwenken links in einen *Wirtschaftsweg* ein.

Rechtsabbiegend zeigt ein Wanderwegweiser nach Zimmern (1,6 km).

Nachdem wir ca. 500 m zurückgelegt haben, gabeln sich die Wege. Wir halten uns rechts und wandern Richtung Wald (Große Harth). Anschließend geht es linkssabiegend am Waldrand entlang.
Mit der ***Schutzhütte „Salzablick*** " erreichen wir einen Rastplatz mit Ausblick.

An dieser Stelle hat kann man einen herrlichen Ausblick über die Stadt Bad Langensalza und das Unstruttal hinweg bis zu den Höhenzügen des Dün im Eichsfeld genießen. In meinem Buch „Die schönsten Wanderungen im Eichsfeld“ wird der Untere Dünweg ausführlich in zwei Etappen beschrieben.

Der Weg führt nun durch den Wald zum ***Harth-Haus***, das nach ca. 500 m erreicht wird.

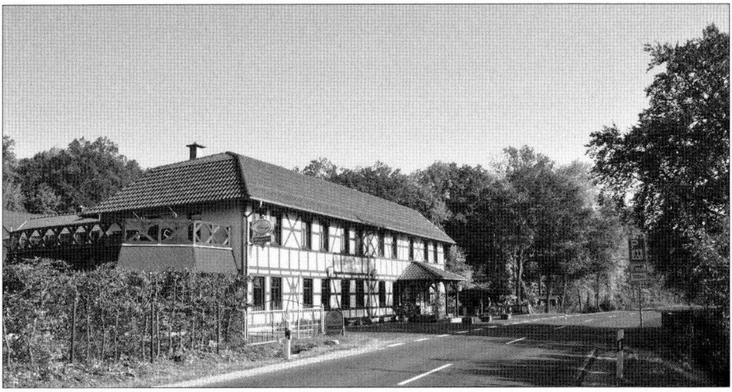

Nicht nur bei Wanderern ein beliebtes Ausflugsziel, das Harth-Haus.
Foto: Harald Rockstuhl

Im Jahre 1824 wurde auf der höchsten Stelle der Harth ein Zollhaus errichtet. Da der Aufstieg für Mensch und Pferd sehr mühsam war, wurde bald eine Versorgungsstation für die Zwei- und Vierbeiner erforderlich. Nach mehrmaligem Besitzerwechsel kam das Haus schließlich 1886 an den Gastwirt Ferdinand Siegfried, der ein schmuckes Ausflugslokal entstehen ließ. Gern genutzt wurde auch der 1935 abgerissene Aussichtsturm. Am 24. Mai 1924, genau 28 Jahre nach der Gründung des Rennsteigvereins, gründete der Craulaer Lehrer Willy Thiel die „Harthgemeinde".
Obwohl sicherlich schon mancher Gast des Ausfluglokals „unter Strom" stand, erhielt die Harth erst 1956 elektrischen Strom. Seit 1962 ist die Stadt Bad Langensalza Eigentümerin des Objektes.
Am 24. Mai 1995 wurde hier die Ortsgruppe „Harth" des Rennsteigvereins 1896 e. V. gegründet. Sie setzt Traditionen der einstigen „Harthgemeinde" fort. Aufgrund seiner günstigen Lage an der B 84 wird das Harth-Haus inzwischen nicht nur von Wanderern und Radfahrern, sondern auch von Autofahrern geschätzt.
Nicht weit vom Harth-Haus befindet sich auch das Gutbier-Denkmal.
s. auch www.harthhaus.de oder www.badlangensalza.de

Anschließend führt der Weg durch die Große Harth in Richtung Binsenteich, der etwa 2 km entfernt ist. Dabei passieren wir das ***Damhirschgehege***.

Die zutraulichen Tiere stehen auf dem Weg Spalier.

Ca. 200 m vor dem ***NSG „Binsenteich"*** erreichen wir eine Weggabelung mit Wanderwegweiser.

Von dieser Stelle können wir zu den Bergen des Thüringer Waldes sehen, aus denen der Gr. Inselsberg herausragt. In meinem „Wanderführer um Bad Liebenstein und den Inselsberg" werden einige Wanderungen und Radtouren in diesem herrlichen Gebiet beschrieben.

Nun folgen wir auch dem Steinbergweg (s. auch RW 19), der durch das ***Netzbornholz*** führt.

Hier ist im Frühjahr ein prachtvolles Blütenmeer zu bestaunen. Mit etwas Glück sieht und hört man dann, wie sich der Mittelspecht hier tummelt.
Der nächste, ca. 3 km lange Abschnitt ist geprägt von beweidetem Grünland und verbuschenden Weideflächen. Immer wieder tun sich Blicke ins Thüringer Becken auf.
s. auch www.nationalpark-hainich.de

Der Weg mündet linksabbiegend in den *Radweg Gelbe Route*. Nach ca. 1 km überqueren wir den *Steingraben*. Der Anstieg führt nun bis auf 100 m an die Straße Craula - Zimmern/Alterstedt heran. Wir halten uns links und nehmen parallel zu dieser Straße den Aufstieg zum Parkplatz an der ***Thiemsburg*** vor.

Die Rückfahrt nach Bad Langensalza kann per Linienbus erfolgen.

Auf dem Gelände der ***Thiemsburg*** wird der Zuweg zum Hainichlandweg auch auf dem *Wanderweg Eichenberg* geführt. Nach 500 m trennen wir uns vom Hainichlandweg (Hauptweg) und vom

Waagebalkenweg, die links abzweigen und halten uns rechts. Wenig später lädt eine Sitzgruppe an der ***Erholungsbuche*** zur Rast ein.

Vor ca. 100 Jahren war diese noch ein üppiger Baum mit einer Bank. Der Platz war ein beliebtes Ausflugsziel für die Besucher der Thiemsburg. Inzwischen ist der Baumstumpf ein Kleinbiotop für verschiedene Moose, Flechten und Pilze sowie ein Tummelplatz für Insekten.
s. auch www.nationalpark-hainich.de

Nach 600 m trennen wir uns an einer *Holzbrücke* vom geradeaus führenden *Wanderweg Eichenberg*. Wir passieren links abbiegend diese Holzbrücke und wandern auf einem schmalen Pfad, der uns nach ca. 100 m aus dem Wald herausgeleitet. Dabei sind wir immer noch in Hörweite der nach Zimmern und Alterstedt führenden Chaussee. Nach weiteren 100 m schwenken wir links in einen Plattenweg ein, der am *Waldrand* entlang führt.
Bei der nächsten Wegkreuzung biegen wir rechts ein und wandern zwischen *Obstbäumen* und einem *Feld* auf das bereits sichtbare Alterstedt zu. Die nächste Weggabelung zeigt uns, dass wir uns bereits auf dem 490 m langen *Naturweg,* einem Bestandteil des ***Barfußrundwanderweges Alterstedt*** befinden.

Alterstedt, seit 1994 Ortsteil der Gemeinde Schönstedt, wurde erstmals im Jahre 802 im Urkundenbuch des Klosters Fuldas erwähnt. Etwa 200 Einwohner leben in diesem kleinen Ort am Hainich. Nicht nur Wanderer wissen die Attraktion, den Barfußrundwanderweg zu schätzen. Er ist zwar „nur" 3,9 km lang, aber mit 15 verschiedenen Stationen sehr abwechslungsreich. Immer mehr Menschen erkennen den Wert des Barfußgehens. Die Gesundheit wird durch die Massage der Fußreflexzonen positiv beeinflusst. Außerdem wird das Immunsystem gestärkt und Erkältungskrankheiten vorgebeugt.
Betriebsamkeit ist in diesem ansonsten eher beschaulichen Dorf angesagt, wenn am letzten Septemberwochenende der jährliche Herbstmarkt viele Besucher aus nah und fern anlockt.
s. auch www.alterstedt.de oder www.vg-unstrut-hainich.de

Am Ortseingang ***Alterstedt*** halten wir uns rechts, um in den Ort und zum Ausgangspunkt des *Barfußrundwanderweges* zu kommen. Dabei verlassen wir kurz den Hainichlandweg. Um das Dorf zu verlassen, passieren wir die *Kirche* und biegen bei der *Bushaltestelle* in die Straße in Richtung Weberstedt ein.
Ca. 250 m hinter dem Ortsausgangschild verlassen wir die Chaussee wieder, um rechts in einen bergab führenden Wirtschaftsweg einzubiegen und sind dabei wieder auf dem Zuweg vom Hainichlandweg.

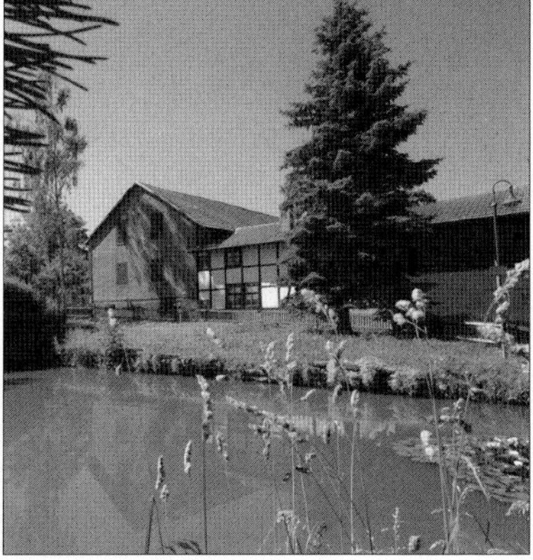
Alterstedt.

Hier kann man einen Rundumblick genießen. Im Norden reicht der Blick über die Stadt Mühlhausen zu den Höhenzügen des Dün. Im Osten liegt Schönstedt und der Blick reicht über das Unstruttal zur Fahner Höhe. Nach Südwesten schweift der Blick über das Dörfchen Waldstedt zum Thüringer Wald, wobei wieder einmal der Große Inselsberg herausragt. Im Süden sehen wir über Zimmern zur Großen Harth. Wenn man sich umwendet, sieht man in westlicher Richtung den Nationalpark Hainich, aus dem der Turm des Baumkronenpfades herausschaut.

Nach etwa 1 km gabeln sich die Wege. Dabei gibt es zwei Möglichkeiten, auf das bereits sichtbare ***Schönstedt*** hinabzugehen: Entweder man bleibt geradeaus, um später über den *Waldstedter Weg* zu gehen. Wir biegen allerdings links ab und gehen auf *Neuschönstedt* zu. Beim *Speckstelch* schwenken wir rechts ein und erreichen über die *Siedlung Neuschönstedt* das Dorf mit dem schönen Namen. Über den *Waldstedter Weg* ist ein Abstecher in den Ort möglich.

Schönstedt wurde erstmals im Jahre 802 in einer Urkunde des Klosters Fulda erwähnt.
Der Ort liegt verkehrstechnisch günstig am Rande des Thüringer Beckens, etwa 5 km von der ehemaligen Kreisstadt Bad Langensalza entfernt. Es besitzt eine Bahnstation auf der Stecke Gotha - Leinefelde und liegt an der parallel verlaufenden B 247. Das Ortsbild wird geprägt durch die beiden Türme der Kirchen „St. Martini“ (Unterkirche) und „St. Beatae Mariae Virgins“ (Oberkirche). In der Ortsmitte runden der Klinkerbau der Gemeindeschenke sowie einige Fachwerkhäuser das Bild ab. Seit 1994 bildet Schönstedt mit Alterstedt eine Einheitsgemeinde.
s. auch www.vg-unstrut-hainich.de

In der Nähe der B 247 befindet sich der ***Haltepunkt Schönstedt***, von dem eine Abkürzung nach Bad Langensalza mit dem Zug möglich ist. Dies würde die Wanderung um 4 km und eine Stunde verkürzen. Um nach Bad Langensalza zurückzuwandern, nutzen wir einen Feldweg links des *Bahndammes* der Bahnstrecke Gotha - Leinefelde entlang. Kurz vor ***Bad Langensalza*** biegen wir in den *Thiemsburger Weg* ein. Über die *Mühlhäuser Landstraße* und das *Kultur- und Kongresszentrum* gelangen wir wieder zu unserem Ausgangspunkt, dem *Jahnplatz*.

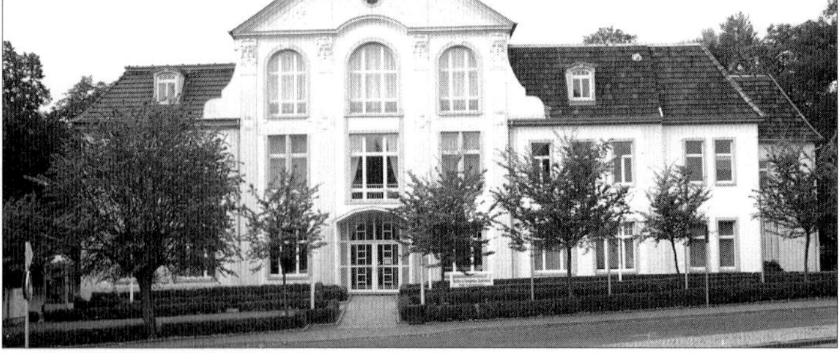

Kultur- und Kongresszentrum Bad Langensalza.

RW 21: Von Mülverstedt nach Weberstedt

(9 km)

Mülverstedt – Hist. Wegestein – Triftchaussee – Fuchsfarm (km 2,4) – Wanderweg Saugraben – Waagebalkenweg – Gänsekropf (4,4) – MärchenNaturPfad Feensteig (7,2) – Wanderparkplatz Weberstedt (10,2) – Weberstedt (10,7) – Mülverstedt (13) (ohne Begehung des Feensteigs 10 km)

- Δ **Höhenunterschiede:** 175 m, leichtes Profil, nicht für Fahrradtour geeignet.
- Δ **Gehzeit:** 4 h, für die Begehung des Feensteigs sollte eine Stunde eingeplant werden.
- Δ **Markierungen:** roter Punkt (Zuweg Hainichlandweg), hellblaues Wildschwein (Wanderweg Saugraben), rosa Frosch (Wanderweg Hünenteich), Waagebalken, Taube mit Schlüssel im Schnabel (Feensteig), stellenweise ohne
- Δ **Parkmöglichkeiten:** Parkplatz vor dem Einkaufszentrum
- Δ **Wanderkarten**: Nr. 1–8 (s. u. Wanderkarten)
- Δ **Sehenswertes:** Weberstedt mit Schloss, Trabimuseum, Feensteig, Mülverstedt mit Hainich-Trachtenhaus, Schutzhütte „Heimatblick“

Wissenswertes: Das am Fuße des Hainichs liegende Mülverstedt (ca. 750 Einwohner) wurde erstmals im Jahre 1110 in einer Urkunde Ludwig des Springers erwähnt. Ausgang des 14. Jahrhunderts gründeten die Wilhelmiter in Mülverstedt sogar ein Kloster. Sein Einfluss blieb jedoch beschränkt und nach der Reformation wurde es aufgehoben.
Historische Fachwerkhäuser prägen das Ortsbild. Ein Besuch lohnt sich im Hainich-Trachtenhaus sowie im Musikpavillon mit Gehölzpark. Jährlich im September lädt der Heimat- und Kulturverein Mülverstedt e. V. zum Museums- und Straßenfest am Besenmarkt ein.
Sehenswert ist auch die 1703 erbaute evangelische St. Martin-Kirche. In der Nähe des Wanderparkplatzes Fuchsfarm wurde die Schutzhütte „Heimatblick“ errichtet. Eine Einkehr lohnt sich außerdem in der Baude „Brotzeit“, die sich ebenfalls neben dem Wanderparkplatz an der Fuchsfarm befindet.
s. auch www.vg-unstrut-hainich.de oder www.muelverstedt.net

Routenbeschreibung: Wir starten in ***Mülverstedt*** auf dem *Parkplatz* vor dem *Einkaufszentrum* (Markierung *roter Punkt)*. Zunächst nutzen wir die *Straße in Richtung Flarchheim*. 20 m hinter dem Ortsausgangsschild, am ***Historischen Wegweiserstein***, verlassen wir die Chaussee und orientieren uns am Wanderwegweiser in Richtung Wanderparkplatz Fuchsfarm. Die ***Triftchaussee*** führt am *Schießstand* vorüber zum ***Wanderparkplatz Fuchsfarm***.
Nun wandern wir auf dem *Wanderweg Saugraben* (s. auch RW 23) und dem *Wanderweg Hünenteich* (s. auch RW 24) über eine *Streuobstwiese* zur ehemaligen ***Fuchsfarm***. Dort biegen wir links in eine Asphaltstraße ein und bleiben dabei auf dem *Wanderweg Hünenteich* (Markierung *Frosch*). Nach ca. 120 m gabeln sich an einer *Schutzhütte* die Wege. Wir schwenken links in eine leicht

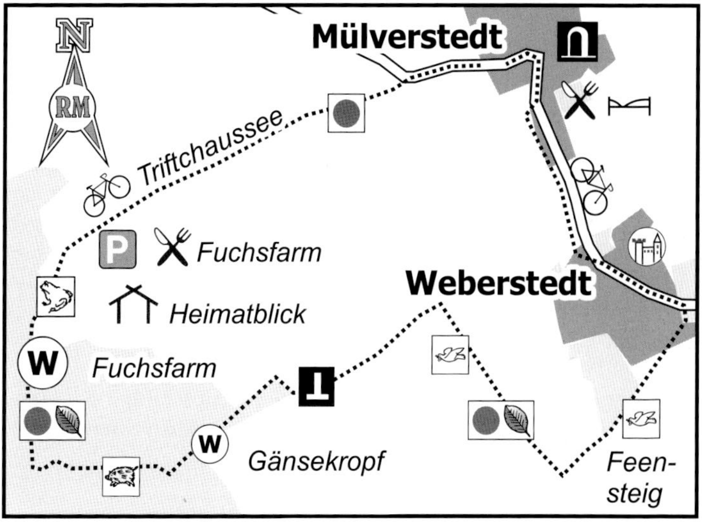

bergan führende Schotterstraße ein und befinden uns auf dem *Wanderweg Saugraben*. Am Waldrand *(Rastplatz)*, den wir nach 400 m erreichen, mündet der Weg links abbiegend in den *Waagebalkenweg*. Wir orientieren uns auch am Wanderwegweiser Richtung Gänsekropf.

Am ***Gänsekropf*** (s. auch SW 07) bleiben wir weiterhin auf dem *Waagebalkenweg*. Wir passieren einen *Feuchtbiotop*. Am Waldausgang haben wir einen Blick auf Weberstedt. Wir gehen rechts am Waldrand in Blickrichtung des Ortes.

Der *Waagebalkenweg* mündet in eine Plattenstraße des ehemaligen Truppenübungsplatzes. Wir überqueren die inzwischen als Rad- und Reitweg genutzte Plattenstraße, um wenig später rechts in einen schmaleren, fußfreundlicheren Pfad einzuschwenken. Dieser führt nun zwischen der Plattenstraße und Pappeln in südöstlicher Richtung leicht bergan.

Bei der nächsten Wegkreuzung befindet sich linkerhand neben den ehemaligen Kasernen der Wanderparkplatz Weberstedt. Wir betreten zugleich den ***MärchenNaturPfad Feensteig.***

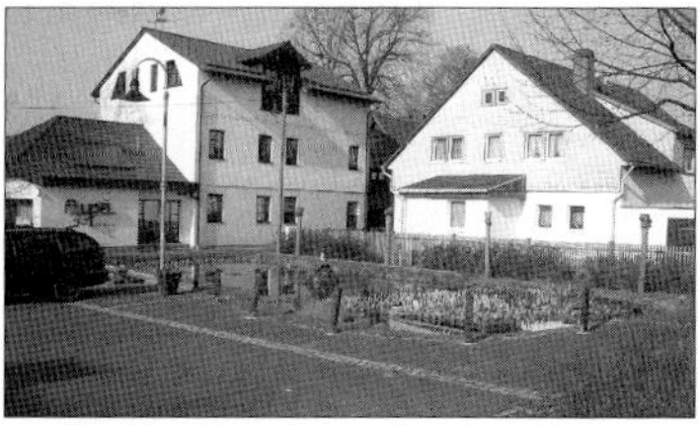

Mülverstedt.

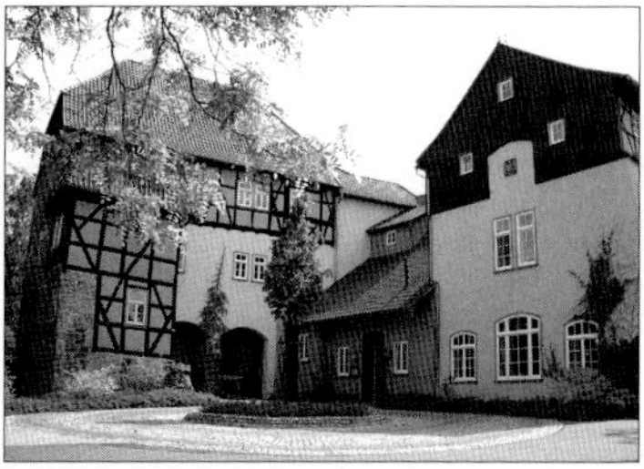

Goldackersches Schloss Weberstedt.

Wer diesen Weg nicht gehen möchte, kann links nach Weberstedt abbiegen. Die Wanderung würde sich dann um ca. 3 km verkürzen. Allerdings verpasst man dann etwas (s. auch SW 01).
Um den ***Feensteig*** „mitzunehmen", wandern wir geradeaus, bis wir zum ***„Tor zum Hainich"*** gelangen. Der Feensteig ist sehr gut ausgeschildert, sodass eine detaillierte Wegbeschreibung nicht erforderlich ist. Soviel sei gesagt: An der ***Station „Waldminchen"*** am ***„Jungbrunnen"*** trennen wir uns vom *Waagebalkenweg* und folgen nur noch der *Markierung mit der Taube*, bis wir erneut am *„Tor zum Hainich"* sind.
Da Wandern der beste Jungbrunnen ist (Meinung des Autors) geht es nun nach Umrundung des Feensteigs an der ***Wetterstation Hainich*** und dem Wanderparkplatz vorüber nach ***Weberstedt***.
Nach der Besichtigung des Goldackerschen Schlosses und des Ortes wandern wir zum Ortsausgang Richtung ***Mülverstedt.*** Am Ortsausgangsschild beginnt links neben der Straße ein *Radweg*, der in den Nachbarort führt *(ohne Markierung)*.

RW 22: Auf dem Wanderweg Saugraben

(10 km)

Wanderparkplatz Fuchsfarm – Erlenbruch (km 0,8) – Hünenteich (1,7) – Hünenburg – Germanischer Kultpfad – Umweltbildungsstation/Wildkatzenkinderwald (2,5) – Wander-parkplatz „Am Zollgarten“ (3,5) – Mülverstedter Chaussee – Brunstal (6,1) – Fuchsfarm (9,4) – Wanderparkplatz Fuchsfarm (10)

- Δ **Höhenunterschiede:** 145 m An- und Abstiege, nicht für Fahrradtour geeignet!
- Δ **Gehzeit:** 3 h
- Δ **Markierungen:** Wildschwein (Wanderweg Saugraben)
- Δ **Parkmöglichkeiten**: Wanderparkplätze Fuchsfarm und Zollgarten
- Δ **Wanderkarten:** Nr. 1–8 (s. u. Wanderkarten)
- Δ **Sehenswertes:** Hünenteich, Stationen des Germanischen Kultpfades, des Grünen Klassenzimmers sowie des Erlebnispfades Brunstal, Umweltbildungszentrum, Wildkatzenkinderwald, herrliche Aussichten

Wissenswertes: Die „Grünen Klassenzimmer“ sind ein kurzer Lern-Wanderweg. Sie vermitteln Wissen über die heimischen Lebensräume und ihre Bewohner. Diese fünf Klassenzimmer mit ihren 14 Stationen ermöglichen es Schülern und Lehrern, den Biologieunterricht in die Natur zu verlagern. Durch den gemeinsamen Spaß in der Praxis wird zugleich das Verständnis für die Theorie vertieft. Lehrtafeln geben Auskunft über die Naturphänomene vor Ort und vermitteln manchmal auch etwas mehr als pures Wissen.
Der gesamte Weg ist barrierefrei, um auch den körperlich benachteiligten Menschen die Möglichkeit zu geben, dieses Umweltbildungsangebot zu nutzen.
Seit Herbst 2010 treffen sich einmal im Monat Junior Ranger in der Umweltbildungsstaion (UBIS). Mitmachen können Kinder ab 8 Jahre, die von erfahrenen Rangern betreut werden. Das Anliegen besteht darin, Kinder und Jugendliche für die Belange des Naturschutzes zu sensibilisieren.
s. auch www.junior-ranger.de/nationalpark-hainich-gruppe-ubis

Routenbeschreibung: Wir starten am ***Wanderparkplatz Fuchsfarm*** und erreichen nach wenigen Metern eine *Infotafel* über den *Erlebnispfad Brunstal*. Ein Wanderwegweiser zeigt den Einstieg in den *Wanderweg Saugraben*.
Wir halten uns halblinks und durchstreifen an der ehemaligen *Streuobstwiese* ein *Eschenwäldchen*. Wenig später überqueren wir eine *Holzbrücke*, um in den tiefen Buchenwald einzutauchen. Am ***Erlenbruch*** zieren einige *Grenzsteine* den Weg.
Nach 800 m erreichen wir den ***Hünenteich***, wo es sich gut rasten lässt.

Beim Hünenteich handelt es sich um einen angestauten Erdfall. Er bietet Lebensraum für Bergmolch und Laubfrosch sowie für Insekten, Schnecken und Muscheln. Im Frühsommer kann man die prächtigen hellgelben Blüten der Wasser-Schwertlilie bewundern.
s. auch www.nationalpark-hainich.de

Über den ***Germanischen Kultpfad*** gelangen wir zur ***Hünenburg***, worauf eine *Infotafel* verweist.
Am Waldausgang geraten wir wahrlich auf den „*Holzweg*“ und wandern über Bohlen. Nachdem wir aus dem Wald herausgetreten sind, können wir auf die Gebäude der ***Umweltbildungsstation (UBIS)*** sehen und gehen. Dabei werden auch einige Stationen des *Lehrpfades „Grünes Klassenzimmer“* zurückgelegt.

Von der UBIS ist ein Abstecher zum ***Wildkatzenkinderwald*** lohnenswert. Über einen Pfad gelangen wir zum ***Wanderparkplatz Zollgarten.***

Der Weg führt über ehemalige Weideflächen, die im Begriff sind, sich wiederzubewalden.
Bevor wir wieder den Parkplatz Zollgarten erreichen, können wir noch herrliche Blicke über die Stadt Mühlhausen, das Unstruttal und die Talsperre Seebach hinweg, über den ganzen nördlichen Hainich, den Dün, die Hainleite mit den Windkrafträdern bei Immenrode sowie zur Fahner Höhe genießen.

Anschließend halten wir uns links und befinden uns zugleich auf dem *Betteleleichenweg* (s. auch RW 24). Der Weg führt am Waldrand entlang. Nach ca. 500 m führt ein Pfad durch ein urwaldartiges Waldstück. Leider verlassen wir schon nach 100 m diesen herrlichen Abschnitt.
Nun geht es über eine Wiese, bis wir nach ca. 500 m an einer *überdachten Sitzgruppe* rechts in einen Feldweg einschwenken.

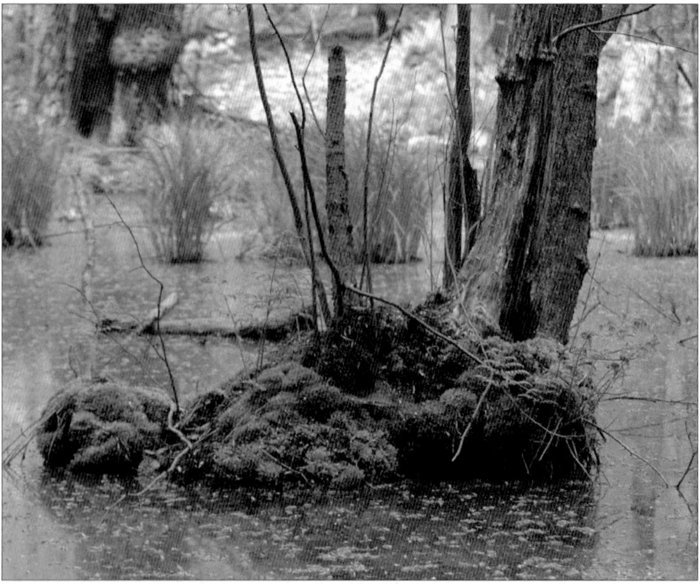

Der Hünenteich gilt als verborgener Wasserbiotop inmitten des Hainichs. Foto: Harald Rockstuhl.

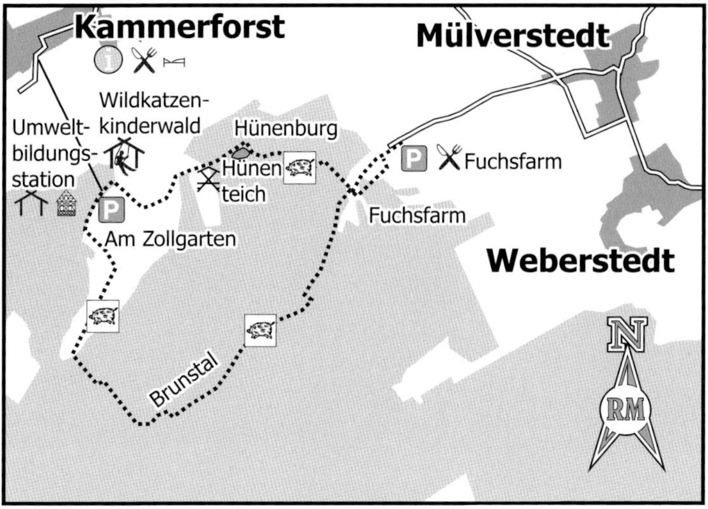

Damit befinden wir uns zugleich auf dem Radweg Rote Route.

Bei der nächsten Weggabelung mit *Rastplatz*, nach 800 m, biegen wir links ein, um einen *Jungwald* zu „durchstreifen".

Hier trennen wir uns zugleich vom Betteleichenweg und vom Radweg Rote Route.

Nach 500 m kreuzen sich an der ***Mülverstedter Chaussee*** die Wege, wobei ein Wanderwegweiser zeigt, dass wir uns nun auch auf dem *Hainichlandweg* (s. auch SW 01–07), dem *FHH-Weg* sowie dem *Wagebalkenweg* befinden.

Von dieser Stelle können Sie bis zum Rastplatz am Erlebnispfad Brunstal der Beschreibung von SW 07 folgen.

Dort trennen wir uns von den drei o.g. Wegen und folgen dem Saugrabenweg zur ***Fuchsfarm***.

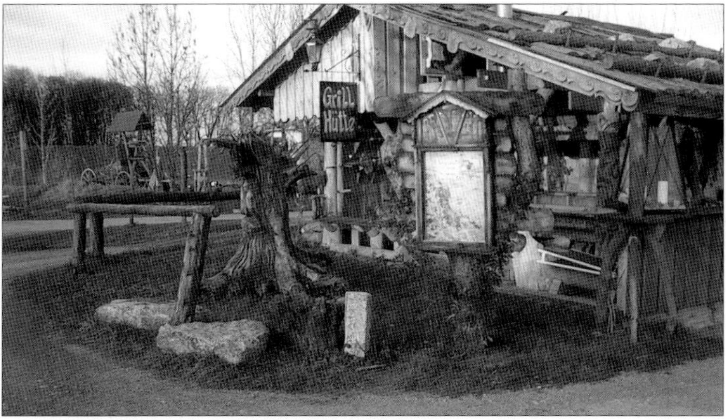

Brotzeit am Wanderparkplatz Fuchsfarm.

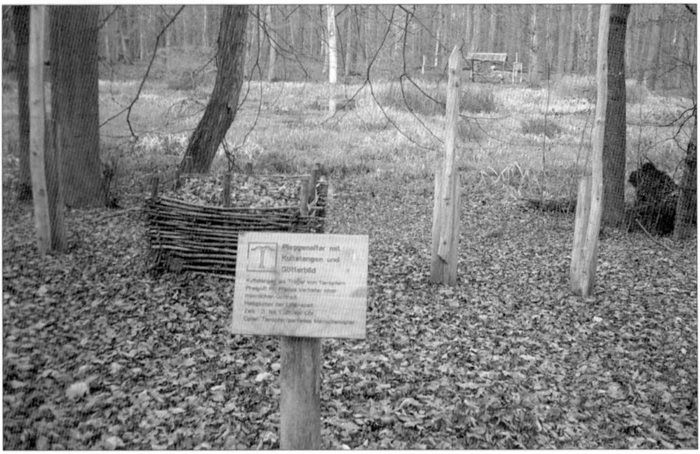

Germanischer Kultpfad.

1914 erwarb Louis Körber von der Gemeinde Mülverstedt die „Lehde“. Der Inhaber der Firma Jäger, einer „Kraut- und Gurkeneinlegerei“ in Großengottern, schuf sich hier ein Wochenendhaus aus Holz. Nach dem Tod des Eigentümers 1921 übernahm sein Schwiegersohn die „Lehde“. 1924 kaufte Eugen Krings, ein „Beiwarenfabrikant“ den Grund und Boden und errichtete zahlreiche Gebäude, wie Wohnhäuser, Scheune und Ställe. Seit 1930 wurden die Immobilien als Pelztierfarm genutzt. 1945 verließ der Besitzer das Anwesen und setzte sich in die westlichen Besatzungszonen ab. Im Rahmen der Bodenreform kamen mehrere Familien zur Fuchsfarm. Von 1953 bis 1959 wurde das Gelände als Kinderferienlager genutzt. Durch die Schaffung des Truppenübungsplatzes verödete das Objekt immer mehr und wurde schließlich abgerissen.
s. auch www.nationalpark-hainich.de

Von dort erreichen wir links abbiegend wieder die ehemalige *Streuobstwiese* und kehren zum Ausgangspunkt, dem ***Wanderparkplatz Fuchsfarm***, zurück.

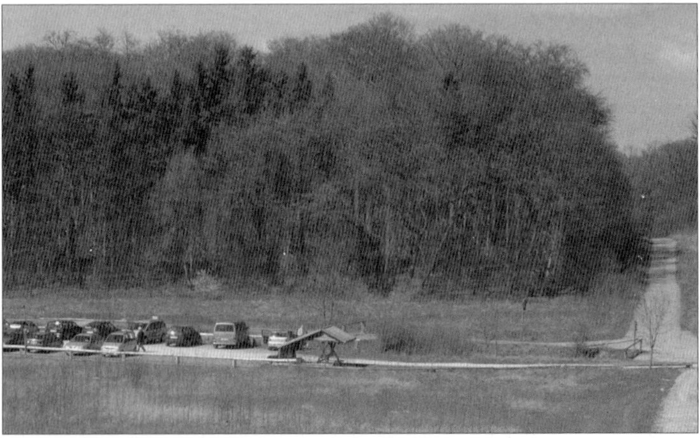

Wanderparkplatz Fuchsfarm. Foto: Harald Rockstuhl.

RW 23: Auf dem Wanderweg Hünenteich

(6 km)

Flarchheim, Wanderparkplatz Rüspelsweg – Wildkatzenkinderwald/Umweltstation (km 1,6) – Wanderweg Hünenteich – Hünenburg (3) – Hünenteich (3,2) – Erosionsgraben – Erlebnispfad Brunstal – Fuchsfarm (4,3) – Wanderparkplatz Fuchsfarm (4,8) – Flarchheim, Wanderparkplatz Rüspelsweg (6)

- Δ **Höhenunterschiede:** 80 m, leichtes Profil, nicht für Radtour geeignet!
- Δ **Gehzeit:** 2 h
- Δ **Markierungen:** Roter Punkt (Zuweg Hainichlandweg), Frosch (Wanderweg Hünenteich), Wildschwein (Wanderweg Saugraben), stellenweise ohne.
- Δ **Parkmöglichkeiten:** Wanderparkplatz auf dem Rüspelsweg, außerdem Wanderparkplätze Fuchsfarm und am Zollgarten.
- Δ **Wanderkarten**: Nr. 1–8 (s. u. Wanderkarten)
- Δ **Sehenswertes:** Hünenteich, Stationen des Germanischen Kultpfades, des Grünen Klassenzimmers sowie des Erlebnispfades Brunstal, Umweltbildungsstation, Wildkatzenkinderwald, herrliche Aussichten

Wissenswertes: Im Jahre 2003 wurde der Walderlebnis-Spielplatz Wildkatzenkinderwald eingerichtet. Dieses „Wikakiwa" genannte Erlebnisgelände besteht aus neun großdimensionalen Spielelementen, die sich harmonisch in den Wald eingliedern. Aber nicht nur Wildkatzen spielen hier eine Rolle. So gibt es auch einen Eichhörnchenkletterwald, eine Vogelnestschaukel, ein Kriechtunnelsystem mit dem originellen Namen „Mausoleum", einen dreistöckigen Raupenfamiliensandkasten, eine riesige Waldschnecke, aber auch ein Spinnennest. Außerdem spukt hier ein Waldgeist. Ein Kletterlabyrinth bietet den Kleinen ein reiches Betätigungsfeld.
Geschaffen wurden diese Gebilde von der Firma „Künstlerische Holzgestaltung Bergmann" aus Zentendorf. „Spielerische Verbindungen zwischen Natur, Kunst und Kultur zu schaffen" lautet das Credo der im östlichsten Ort Deutschlands ansässigen Firma. Der Rohstoff Holz wird dabei in seinen vielfältigen Wuchsformen meisterlich wie künstlerisch in Szene gesetzt.
s. auch www.nationalpark-hainich.de

Routenbeschreibung: Wir starten vom ***Wanderparkplatz Rüspelsweg***, etwa 1,5 km außerhalb von ***Flarchheim***. Dort folgen wir dem *Zuweg zum Hainichlandweg* leicht bergan. Rechts neben der ***Umweltbildungsstation*** befindet sich die Anlage des ***Walderlebnis-Spielplatzes Wildkatzenkinderwald (Wikakiwa)***.
Nun brauchen wir uns endlich den Plattenweg nicht mehr mit den Radfahrern zu teilen. Rechterhand verläuft parallel ein schmaler Pfad. Bereits nach weiteren 150 m schwenken wir links in den ***Wanderweg Hünenteich*** ein, während es geradeaus über den Wanderweg Saugraben zum Parkplatz Zollgarten geht. Bei der nach ca. 300 m folgenden Weggabelung geht es links leicht bergab in Richtung Wald.

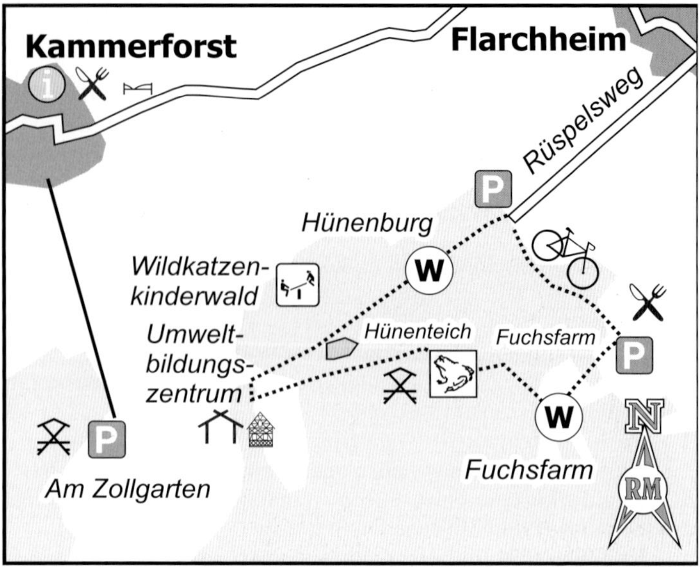

Durch diesen totholzreichen Laubwald erreichen wir den Standort der einstigen ***Hünenburg*** und nach weiteren 200 m den ***Hünenteich*** (s. auch RW 22).

Nach einem weiteren Kilometer sind wir an der ehemaligen ***Fuchsfarm.*** Von hier kann man gut in das wildromantische *Brunstal* mit seinem Erlebnispfad wandern. Hier befindet sich zugleich die dritte *Erlebnisstation Wildkatzenhöhle.*

Nun geht es links durch eine *Streuobstwiese.* Wir erreichen den ***Wanderparkplatz Fuchsfarm.*** Nun folgen wir zum Ausgangspunkt am ***Wanderparkplatz Rüspelsweg*** wieder dem *Zuweg vom Hainichlandweg* (Markierung *roter Punkt mit Buchenblatt).*

Flarchheim wurde laut Urkundenbuch des Klosters Fulda zwischen 750 und 802 erstmals urkundlich erwähnt. Der Ort war im Jahre 1080 Schauplatz des Sachsenkrieges zwischen Heinrich IV. einerseits sowie König Rudolph von Schwaben und Otto von Nordheim andererseits. Deshalb wird von den Flarchheimern der Wanderparkplatz auf dem Rüspelsweg auch Streitfleck genannt. In diesem beschaulichen Ort leben etwa 500 Einwohner.

Sehenswert sind hier die Kirche „St. Andreas“ sowie einige historische Fachwerkhäuser. Beliebt bei Konzertbegeisterten sind die Veranstaltungen im Musikpavillon. Der „Männergesangverein 1884 Flarchheim“ kann auf eine lange Geschichte zurückblicken und ist Träger der „Zelter-Plakette“.

Ein Besuch lohnt sich im Alten Backhaus, dessen Geschichte bis in das 16. Jahrhundert zurückreicht. Bis 1973 wurden dort noch Brot und Kuchen gebacken. Mit Wehmut erinnern sich viele Flarchheimer heute noch daran, dass diese Tradition über drei Jahrzehnte nicht aufrecht erhalten werden konnte. Dank des Engagement einiger Einheimischer und mit Unterstützung des Gemeinderates gelang es schließlich 33 Jahre später, dieses Kleinod wiederzubeleben. Anlässlich des Weihnachtsmarktes am 17. Dezember 2006 wurde das Gebäude feierlich übergeben. Natürlich gab es dabei leckeres Brot aus dem einheimischen

Backofen. Das Backhaus ist während einiger Volksfeste geöffnet. Auf Vorbestellung wird für Gruppen geöffnet. So können Vereine und Schulklassen Schauvorführungen buchen.
s. auch www.flarchheim.de oder www.vg-unstrut-hainich.de

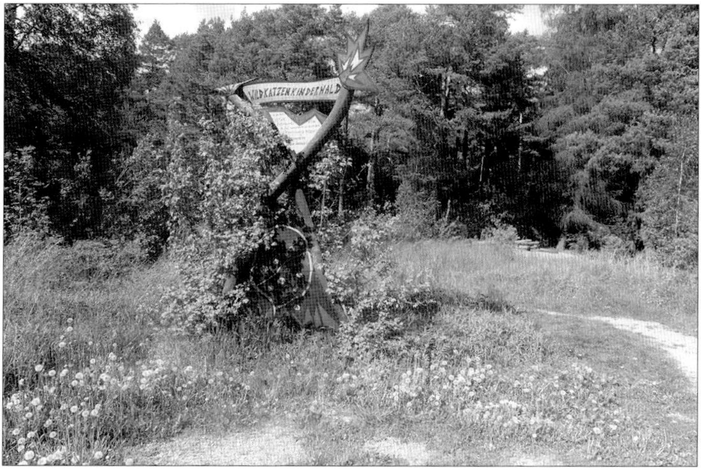

Wildkatzenkinderwald.

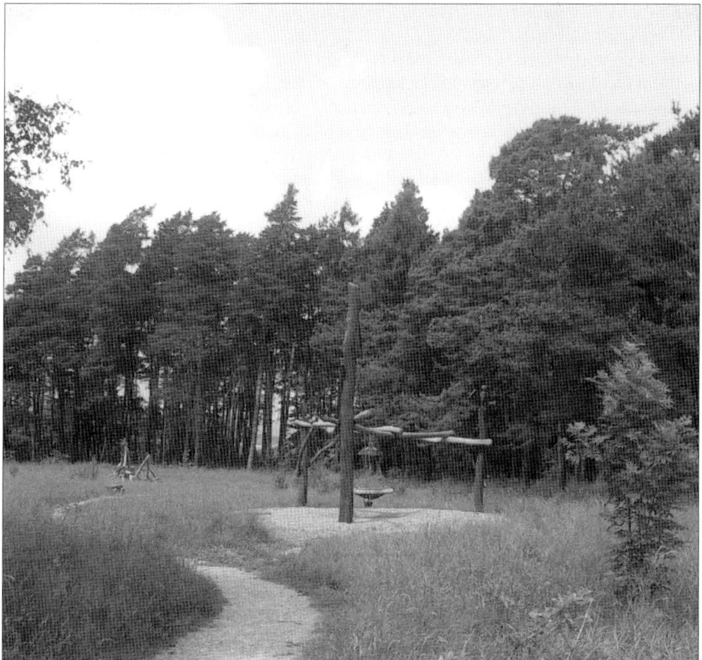

Ein Kinderspielplatz der besonderen Art mitten im Wald.
Foto: Harald Rockstuhl.

RW 24: Auf dem Betteleichenweg (12 km)

Kammerforst, Obergut - Reckenbühler Straße – Kammerforster Holz (km 1,5) – Thamsbrücker Grund – Betteleiche (5,3) – Ihlefelder Kreuz – Eiserne Hand (6,3) – Rastplatz Saugrabenweg/ Betteleichenweg (7,8) – Wanderparkplatz Zollgarten (9,9) – Kammerforst, Obergut (12,3)

- Δ **Höhenunterschiede:** 140 m, nicht für Radtour geeignet!
- Δ **Gehzeit:** 3,5 h
- Δ **Markierungen:** durchgängig Symbol Betteleiche, außerdem: roter Punkt (Hainichlandweg)
- Δ **Parkmöglichkeiten:** Kammerforst am Obergut, Wanderparkplatz am Zollgarten
- Δ **Wanderkarten**: Nr. 1–8 (s. u. Wanderkarten)
- Δ **Sehenswertes:** Kammerforst, Betteleiche, Ihlefelder Kreuz, Eiserne Hand

Wissenswertes: Die Gemeinde Kammerforst (ca. 1000 Einwohner) liegt zwischen den sanften Hügeln des Hainichs an der Nordgrenze des Nationalparks. Der Ort wird erstmals im Jahre 860 als Besitz des Klosters Fulda urkundlich erwähnt. Seinen Mittelpunkt bilden der mit alten Linden- und Kastanienbäumen bestandene Dorfanger sowie die 1687 erbaute Dorfkirche mit ihrem 30 m hohen Turm. Geöffnet ist nur zu Gottesdiensten.
Im seit 1990 sanierten Obergut befindet sich eine Informationsstelle des Nationalparks Hainch.
Der bekannteste Sohn Kammerforsts ist Adolf Rettelbusch. Auf dem Kirchhof erinnert ein Denkmal an den am 15. Dezember 1858 in Kammerforst geborenen und am 8. Januar 1934 in Magdeburg verstorbenen Professor. Durch ein Stipendium des Reichskanzlers Bismarck war es dem begabten Maler möglich, in Weimar, Berlin und in Italien zu studieren. 1887 trat er in Magdeburg ein Lehramt für dekorative Malerei an. Der naturverbundene Adolf Rettelbusch fand seine Themen auf mehreren Reisen. Seine besondere Liebe galt dem Brocken, den er gern unter die Füße nahm und außerdem mit Pinsel und Farbe festhielt. Im Hotel „Rettelbusch" in Kammerforst sind einige seiner Werke zu besichtigen.
s. auch www.vg-vogtei.de oder www.hainich-gemeinde.de

Routenbeschreibung: Wir starten in ***Kammerforst*** am *Obergut,* wo sich zugleich eine *Informationsstelle des Nationalparks Hainich* befindet. Vor der *Straße der Einheit* biegen wir links ein und folgen wenig später rechtsabbiegend der *Reckenbühler Straße*. Dabei passieren wir die *Töpferei Kley*. Nachdem wir das ***Kammerforster Holz*** erreicht haben, verlassen wir die *Reckenbühler Straße*. Wir wandern linskabbiegend am Waldrand entlang und befinden uns zugleich auf dem *Hainichlandweg,* dem *Fahner-Höhe-Hainich-Weg* sowie dem *Waagebalkenweg*.
Bereits nach 30 m zeigen Wanderwegweiser einen Weg über den Poststieg zur Betteleiche. Wir bleiben aber geradeaus am Waldrand und folgen einer Forststraße durch den ***Thamsbrücker Grund.***
Nach ca. 350 m trennen wir uns von den geradeaus führenden überregionalen Wanderwegen. Der Betteleichenweg führt links ab.

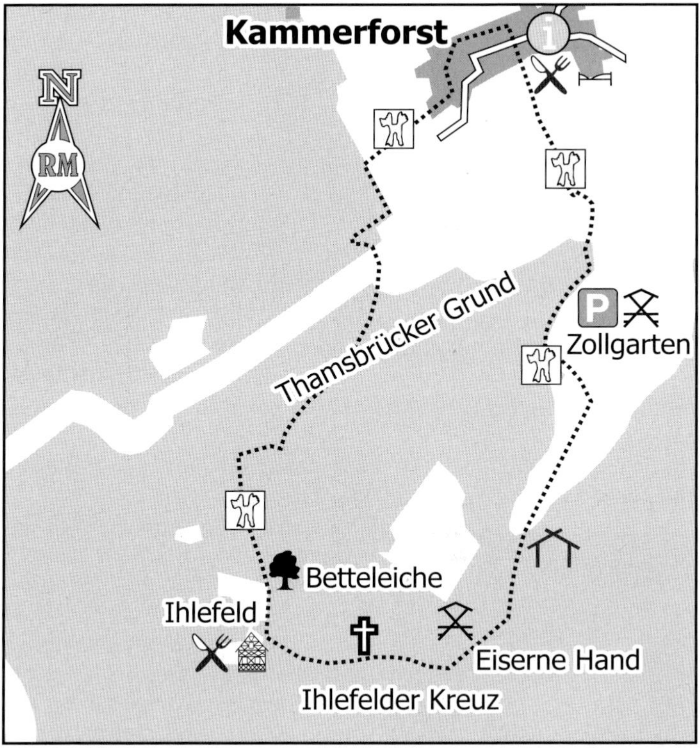

Bei der nach 400 m folgenden Weggabelung folgen wir halblinks einem Waldweg. Dieser wird nach ca. 1,2 km von einem schmalen Pfad und wenig später durch eine *Treppe* abgelöst.

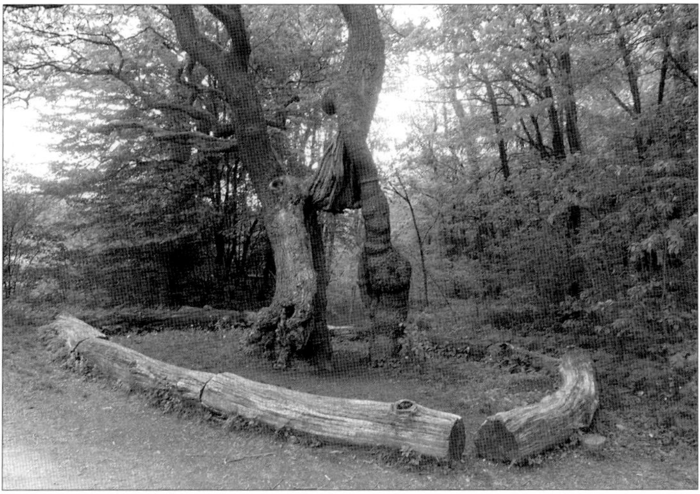

Betteleiche.

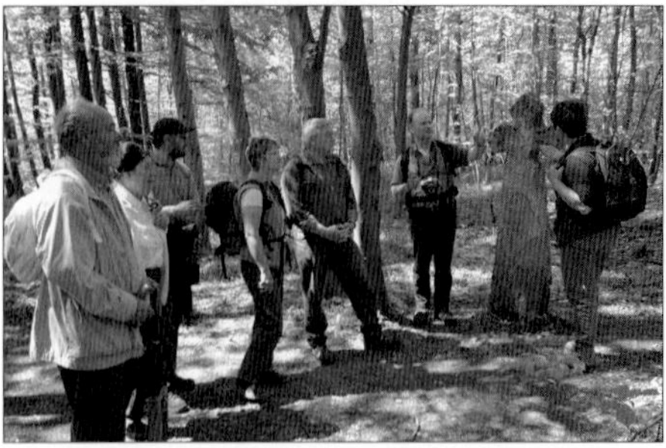

Mit Steinkreuzforscher Frank Störzner am Ihlefelder Kreuz. Foto: Harald Rockstuhl.

An der nächsten Weggabelung schwenken wir links ein und befinden uns wieder auf den drei o. g. überregionalen Wegen. Ein schmaler Pfad schlängelt sich durch den Wald zur altehrwürdigen ***Betteleiche*** (s. auch SW 07). Hier ist ein Abstecher zur 100 m entfernten ***Wüstung St. Katharinen-Ihlefeld (Forsthaus Mülverstedt)*** lohnenswert (s. auch SW 07).

Anschließend führt eine Forststraße zum etwas im Wald versteckten ***Ihlefelder Kreuz*** (s. auch SW 07).

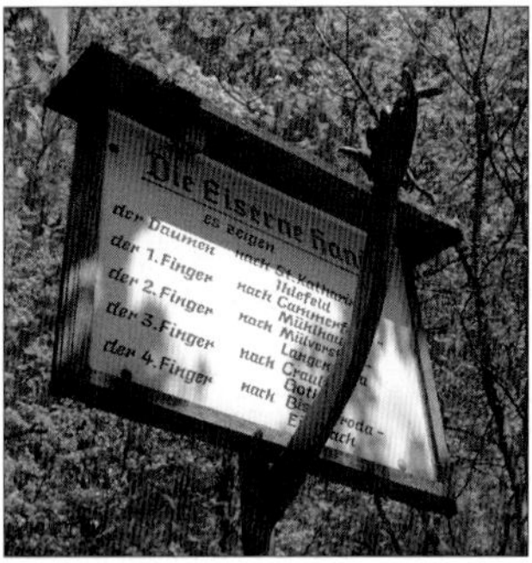

Eiserne Hand.

Bereits nach 50 m erreichen wir das Wegekreuz an der ***Eisernen Hand*** (s. auch SW 07).

Wir folgen dem *ersten Finger* in Richtung *Cammerforst-Mühlhausen*. An der nächsten Weggabelung halten wir uns geradeaus und trennen uns vom *Rennstieg sowie vom Bummelkuppenweg* und befinden uns zugleich auf dem *Radweg Rote Route*.

An einem *Rastplatz* trifft der Betteleichenweg auf den *Saugrabenweg* (s. RW 23).

Hier trennen wir uns wieder vom Hainchlandweg, dem FHH-Weg, dem Waagebalkenweg sowie von der Roten Route. Der Betteleichenweg führt links bergab.

Nach ca. 900 m gabeln sich an einer *überdachten Sitzgruppe* die Wege. Wir schwenken links ein und wandern über Wiesen.

An dieser Stelle tun sich herrliche Aussichten auf. Über Oppershausen, Niederdorla und die Goldbergtalsperre schweift der Blick bis zu den Höhenzügen des Dün. Auch die Stadt Mühlhausen mit ihren vielen Kirchen ist zu sehen.

Nach 500 m durchwandern wir (leider nur für einen Augenblick) ein urwaldartiges Waldstück. Bereits nach 100 m führt dieser schmale Pfad wieder aus dem Wald heraus. Am Waldrand entlang gelangen wir zum ***Wanderparkplatz am Zollgarten.***

Nun nehmen wir den Abstieg zu unserem Ausgangspunkt in ***Kammerforst*** vor.

RW 25: Rund um die Antoniusherberge

(13/8 km)

Kammerforst – Eichsfelder Weg – Magdkreuz (km 2,8) – Antoniusherberge (3,6) – Ritter-Kreuz (4,9) – Kreisgrenze UH-WAK (5,3) – Serpentine (5,7) – Hartmannskreuz (6,7) – Steinerner Tisch (7,7) – Antoniusherberge (8,3) – Schüze-Kreuz (9,1) – Kletterwald/ Reckenbühl (9,4) – Poststieg – Kammerforst (12,7)

- Δ **Höhenunterschiede:** 260 m, nicht für Radtour geeignet!
- Δ **Gehzeit:** 3 h/Abk. 2 h
- Δ **Markierungen:** roter Punkt (Zuweg Hainichlandweg), weißes, unterstrichenes R (Rennstieg), gelber Punkt (Poststieg), stellenweise ohne
  Parkmöglichkeiten: Kammerforst: am Obergut, Hotel Rettelbusch, Hotel „Brauner Hirsch", Eichsfelder Weg, Waldgasthaus Reckenbühl
- Δ **Wanderkarten:** Nr. 1–8 (s. u. Wanderkarten)
- Δ **Sehenswertes:** Kammerforst, Naturerbe Hainich (Obergut), ehem. Antoniusherberge, Steinkreuze

Routenbeschreibung: ***Kammerforst*** verlassen wir über den *Eichsfelder Weg* (Markierung *roter Punkt – Zuweg Hainichlandweg*). Am Waldrand gabeln sich die Wege (Wanderwegweiser). Nun folgen wir geradeaus *(ohne Markierung)* der Forststraße durch den Wald und trennen uns dabei vom Hainichland-Zuweg.
Nach ca. 1,7 km erreichen wir über einen schmalen Pfad das ***Magd-Kreuz (Magdalenenkreuz)***.

Das Magdkreuz besteht aus Kalkstein, ist 105 cm hoch, 79 cm breit und 15–17 cm stark. Wahrscheinlich wurde es zwischen 1450 und 1500 aufgestellt. Warum das Kreuz im Kugelgrund steht, dafür gibt es verschiedene Auffassungen und Niederschriften. Deshalb soll aus Platzgründen nicht weiter darauf eingegangen werden.
s. auch www.hainich-gemeinde.de

Der Forstweg führt weiter bergan. Oben angekommen, schwenken wir links in einen weiteren Forstweg ein.
Nach ca. 450 m wird am *Rennstieg* die *ehemalige* ***Antoniusherberge*** erreicht (s. auch SW 13).

Nun besteht die Möglichkeit, direkt zum Reckenbühl zu wandern oder einige markante Punkte des Hainich-Rennstiegs „mitzunehmen". Dies würde die Tour um ca. 4,7 km verlängern.

Die längere Variante führt nun *ohne Markierung* bergab über eine Forststraße in Richtung ***Ritter-Kreuz*** welches nach ca. 1,2 km erreicht wird.

Das Ritter-Kreuz befindet sich auf dem Verbindungsweg von Kammerforst nach Mihla. Das knapp meterhohe Denkmal ist im Sommer fast zugewachsen und leicht zu übersehen. Es handelt sich hierbei um einen Gedenkstein in Form eines viereckigen Kalksteinblockes. Hier wurde allerdings kein Ritter erschlagen, sondern ein

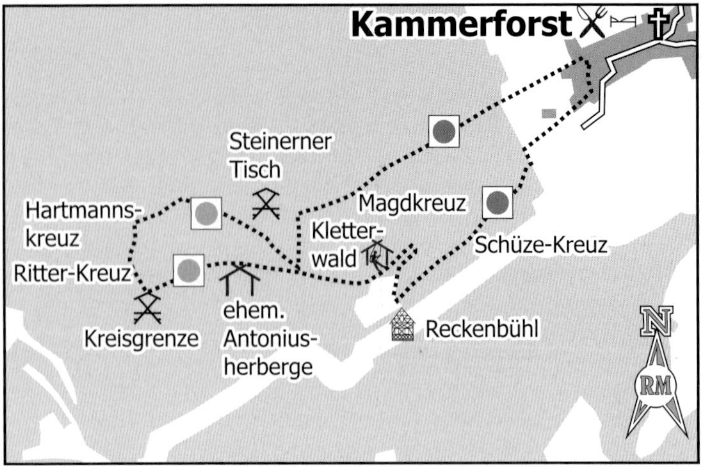

Forstarbeiter namens Ludwig Ritter. Wie der Inschrift zu entnehmen ist, geschah dies am 14. November 1862 durch einen Baum. Die Unfallstelle befand sich ursprünglich 100 m weiter nördlich an einem Steilhang. Das Denkmal wurde 1934 im Zuge des Wegebaues an die jetzige Stelle verlegt.
s. *auch www.rennsteigverein.de*

Nach weiteren 400 m gelangen wir zu einem *Rastplatz* an der ***Kreisgrenze*** zwischen den beiden den Hainich prägenden Landkreisen Unstrut-Hainich und Wartburgkreis.

Entsprechend der Wanderwegweiser folgen wir einem Waldweg zu den ***Serpentinen***, die wir nach ca. 400 m erreicht haben. Der Waldweg führt nun in Richtung ***Hartmannskreuz.*** Dort gabeln sich nach ca. 800 m die Wege. Entsprechend des Wanderwegweisers geht es rechts ab in Richtung Antoniusherberge.

Bei der nach 500 m folgenden Wegkreuzung mit Wanderwegweisern betreten wir erneut den *Hainich-Rennstieg* (s. auch SW 13). Wir hal-

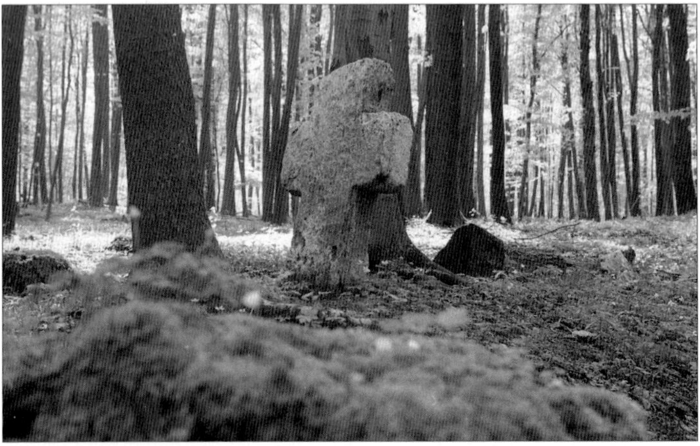

Magdkreuz. Foto: Harald Rockstuhl.

ten uns geradeaus, während linkerhand ein Abstecher zum 200 m entfernten *Dreiherrnstein* möglich ist.

Nach ca. 400 m bietet linkerhand, etwas im Wald versteckt, der ***Steinerne Tisch*** eine weitere Gelegenheit zum Rasten. Aber nach 600 m wird die *ehemalige* ***Antoniusherberge*** wieder erreicht.

Bereits nach 50 m verlassen wir den Rennstieg und folgen der Markierung mit dem grünen Querbalken in Richtung Kammerforst. Bei der nach 300 m folgenden Wegkreuzung halten wir uns geradeaus, während rechterhand eine Abkürzung zum Reckenbühl möglich ist.

Nach 400 m erreichen wir das ***Schüzekreuz.***

Laut volksmündlichen Überlieferungen wurde hier ein Zolleinnehmer oder Postbote erschlagen. Der auf der Rückseite des Schüze-Kreuzes eingerillte Name weist vermutlich auf den Stifter des Gedenkkreuzes, ein Familienangehöriger des Opfers. Möglicherweise ist das Steinkreuz 1655 aufgestellt worden, 15 Jahre nach der Tat. s. *auch www.rennsteigverein.de*

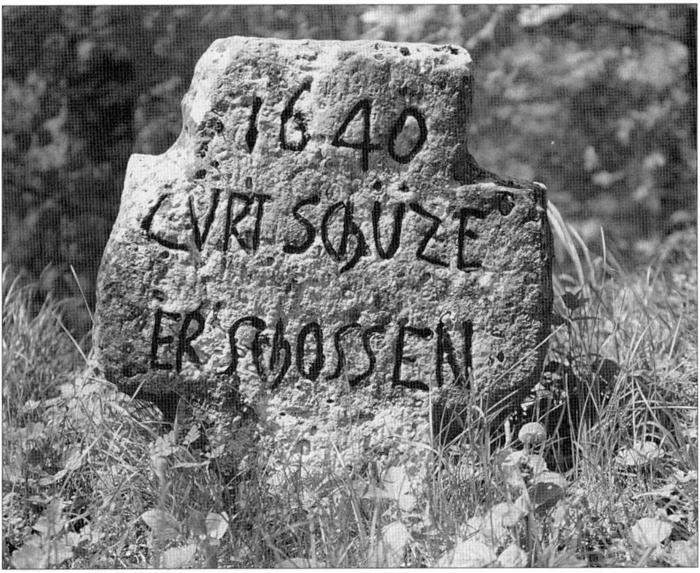

Schüzekreuz. Foto Frank Störzner

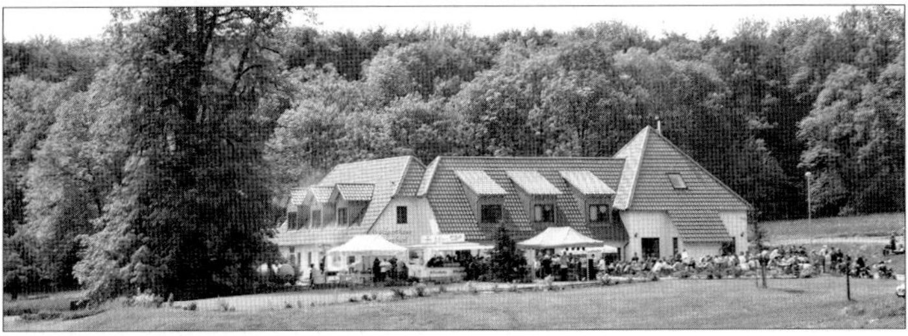

Reckenbühl zu Himmelfahrt. Foto: Harald Rockstuhl.

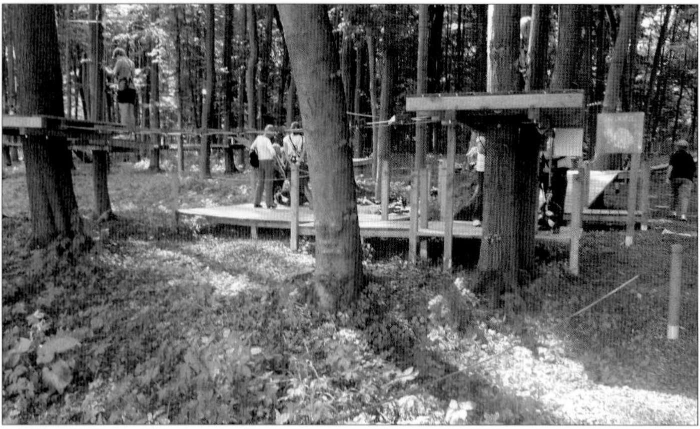

Kletterwald am Reckenbühl. Foto: Harald Rockstuhl.

Nach 200 m wird das Gelände des 2013 errichteten ***Kletterwaldes*** erreicht, den wir durchwandern, um zum ***Reckenbühl*** zu gelangen.
s. *auch www.kletterwald-hainich.de*

An einer *Wiese* folgen wir dem Wanderwegweiser wieder in Richtung Wald. Am Waldrand gabeln sich die Wege. Nun folgen wir linksabbiegend dem *Poststieg*, einem schmalen Pfad durch den Wald (Markierung *gelber Punkt*).

Nach 1,5 km verlassen wir den Wald und wandern zur *Reckenbühler Straße*. Dort schwenken wir rechts ein, um auf ***Kammerforst*** hinabzugehen.

Wir passieren die *Töpferei Kley* und wandern dorfeinwärts. Über die *Bäckergasse* gelangen wir wieder zum Parkplatz am *Eichsfelder Weg in Kammerforst*.

Streckenwanderungen

I. Hainichlandweg (SW 01–07)

Einer der jüngsten Wanderwege Thüringens ist der Hainichlandweg. Er führt über 130 km durch die herrliche, abwechslungsreiche Landschaft der Hainichregion. Der Wanderer wird nachempfinden können, weshalb der einzige Nationalpark Thüringens am 25. Juni 2011 zum UNESCO-Weltnaturerbe erklärt wurde und damit im gleichen Rang steht wie der Yellowstone-Nationalpark, die Viktoria-Wasserfälle und die Galapagos-Inseln.
Der Weg führt über den einzigartigen Baumkronenpfad und das Wildkatzendorf Hütscheroda. Dichte, schattenspendende Buchenwälder wechseln sich ab mit sanften Höhenzügen, fruchtbaren Auen und bunten Wiesen. In den naturnahen Laubwäldern mit einem großen Baumartenreichtum wird der hohe Bestand an Frühlingsblühern wie Märzenbecher, Hohler Lerchensporn, Leberblümchen, Waldveilchen, Buschwindröschen, Gelbes Windröschen, Bärlauch und Türkenbund das Herz der Naturfreunde erfreuen.
Das Gebiet des Nationalparks zeichnet sich auch durch eine reichhaltige Fauna aus. Neben der Wildkatze und den 15 Fledermausarten tummeln sich fast 200 Vogelarten in diesem Refugium. Hier kann man manchmal den Specht „hämmern" hören. Der aufmerksame Wanderer wird die vielen Amphibien, Schmetterlinge und Käfer wahrnehmen, die den Weg kreuzen.
Eine Vielzahl von Rastplätzen säumt den Weg. Aussichtspunkte ermöglichen einen weiten Blick ins Land. Gepflegte alte Bauerndörfer, aber auch Burgen und Schlösser laden zum Besuch ein.
Beim Genießen der deftigen, regionalen Küche wird man feststellen, dass Kulinarisches aus Thüringen nicht nur aus Rostbratwurst und Klößen besteht.
Empfehlenswert ist es, diesen Weg in sieben Etappen einzuteilen. Er ist einheitlich mit einem roten Punkt markiert.

Weberstedt, Campingplatz - Tor zum Hainich - Dicke Eiche - Weberstedter Kreuz (km 1,9) - *Thiemsburg*/Baumkronenpfad (3,2) - Steingraben (4,6) - Craulaer Kreuz (7,8) - Turnerbank (8,7) - Alter Berg (10,5) - Kindel - Försterstein (11,3) - Baumeisterkreuz (12,7) - Ortleppsruh/Wagener Bank (14,1) - Wartburgblick (15) - *Behringen*, Sportplatz (16,2) - Arno's Ruh (16,4) - Schutzhütte „Vogelschießen" - Argusstein (18,9) - Chefbank (19,7) - Eisenbahnerbank (19,8) - *Hütscheroda* (20,9) - Wangenheimer Grenzstein (21,7) - Wüstung Heßwinkel (22,1) - Dicke Eiche (23,9) - Abstecher Aussichtsplattform „Hainich-Blick" (24,3) - Dicke Eiche (24,7) - Katzenhart - Lohberg (26,4) - *Berka v. d. H.* (28,6) - *Bischofroda* (30,7) - Ebental - Kalkgrund - Kuhtränke (34,3) - *Jugendherberge „Urwald-Life-Camp" Harsberg*

(35) - Flughang - Eingang Wolfsschlucht (36,1) - Mihla (37,8) - NSG „Nordmannsteine“ (43,8) - Aussichtspunkte (45,1) - Creuzburg, Liboriusbrücke (45,8) - *Creuzburg*, Markt (46,5) - Aussichtspunkt und Rastplatz Wisch (47,4) - Stadtbergbuche (51) - Scherbda (51,7) - AP Triftblick (52,5) - *Frankenroda* (56,1) - Hutweide (57,5) - Mühlrain (58) - *Probstei Zella* (58,4) - Sommerleite - Eselskopfquelle (60,8) - *Nazza* (62,9) - Burg Haineck (63,8) - Struppeiche (67) - Trockenschildchen (67,6) - Mareilebank (67,9) - Dornschildchen (68,3) - Gedenkstein Jakob Hartung (69,3) - Ritzhäuser Ladestelle (69,8) - Grenzhaus/*Alter Bf. Heyerode* (72,3) - GLB „Bahneinschnitt“ - *Diedorf* (76,3) - Katharinenberg (78,8) - FND Steinbruch (83,6) - *Hildebrandshausen* (84,4) - Erlebnis-Draisine (86) - *Lengenfeld unterm Stein*, Viadukt (86,9) - Schutzhütte und AP „St. Florian“ (88,6) - Kloster Zella (92,2) - Friedaquelle - *Struth (94,7)* - Dörnaer Wald/Mühlhäuser Landgraben - *Eigenrieden (97,6)* - Schäfersbrunnen (98,6) - Haferecke (100,4) - Gerberbank (101,2) - Mammutbäume - Wendelhütte - Weißes Haus (102,9) - Ziegenfraßbank (104,4) - *Schullandheim „Waldschlösschen“* (105,4) - Rehbeinsruh (106,2) - Lindenrondell (107,1) - Langulaer Tal/Taternkreuz (110) - Lehdeborn (110,4) - Kirschlehde - Steingraben (112,5) - Vorwerk Oppershausen (113,5) - *Hainich-Haus Kammerforst (114,3)* - Reckenbühl/Kletterwald (119,2) - Betteleiche (119,6) - Ihlefelder Kreuz - Eiserne Hand (120,6) - Brunstal - Gänsekropf (126,6) - *Weberstedt (129,7)*

Alle *kursiv* gedruckten Orte bieten Übernachtungsmöglichkeiten.

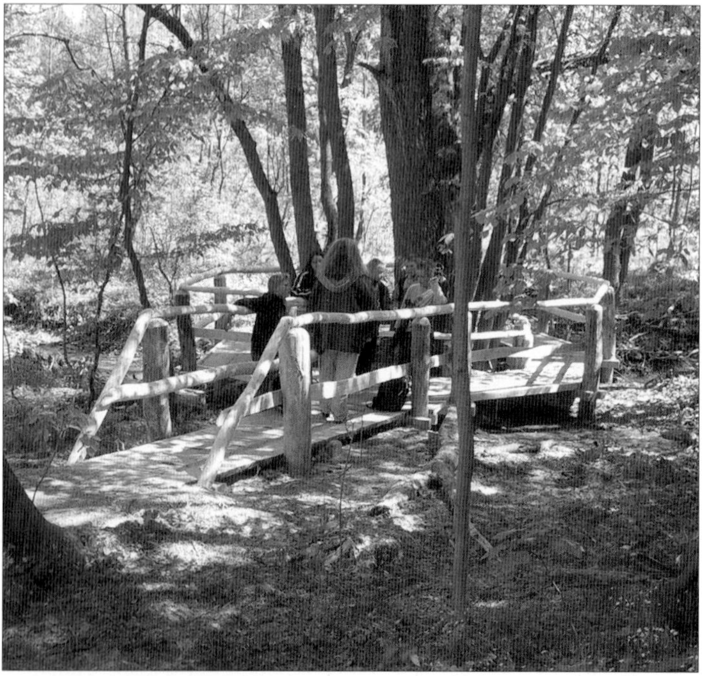

MärchenNaturPfad Feensteig.

SW 01: Hainichlandweg, Etappe 1: Von Weberstedt nach Hütscheroda (21 km)

Weberstedt, Campingplatz – MärchenNaturPfad Feensteig – Tor zum Hainich – Dicke Eiche – Weberstedter Kreuz (km 1,9) – Thiemsburg/Baumkronenpfad (3,2) – Steingraben (4,6) – Craulaer Kreuz (7,8) – Turnerbank (8,7) – Alter Berg (10,5) – Kindel – Försterstein (11,3) – Baumeisterkreuz (12,7) – Ortleppsruh/Wagener Bank (14,1) – AP Wartburgblick (15) – Behringen, Sportplatz (16,2) – Arno's Ruh (16,4) – Schutzhütte „Vogelschießen" (17,9) – Argusstein (18,9) – Chefbank (19,7) – Eisenbahnerbank (19,8) – Hütscheroda (20,9)

- Δ **Höhenunterschiede:** 400 m Anstiege, 350 m Abstiege, nicht für Radtour geeignet!
- Δ **Gehzeit:** 6 h
- Δ **Markierungen:** roter Punkt mit Buchenblatt
- Δ **Parkmöglichkeiten:** Wanderparkplätze in Weberstedt und Hütscheroda
- Δ **Wanderkarten:** Nr. 8, 1–7 (s. u. Wanderkarten)
- Δ **Sehenswertes:** Weberstedt mit Goldackerschen Schloss und Trabimuseum, MärchenNaturPfad Feensteig, Weberstedter Kreuz, Thiemsburg mit Baumkronenpfad und Nationalparkzentrum, Craulaer Kreuz, Baumeisterkreuz, einige Aussichtspunkte, Behringen, Wildkatzendorf Hütscheroda

Wissenswertes: Weberstedt wurde bereits im Hersfelder Güterverzeichnis aus dem 9. Jahrhundert erwähnt. Etwa 650 Einwohner leben in diesem dem Nationalpark Hainich nächstliegenden Dorf, das eine gute Voraussetzung für die Entwicklung eines „sanften" Tourismus bietet. Dies wurde erst mit der Aufgabe und Renaturierung des ehemaligen Truppenübungsplatzes möglich. Ein bedeutendes historisches Denkmal ist die Kirche „St. Ulriki" aus dem 15. Jahrhundert mit ihren wertvollen Tonnenmalereien und ihrer außergewöhnlichen Architektur. Das historisch wertvollste Gebäude ist aber das Goldackersche Schloss, das im Rahmen seiner Nutzung als Landhotel mit integriertem Wanderheim in engem Zusammenhang mit dem Nationalpark Hainich steht. Weberstedt mausert sich zudem immer mehr zu einem Zentrum des familienfreundlichen Tourismus im Hainich. Das zeigen solche kinderfreundlichen Einrichtungen wie die Spielscheune „Hainichzauber" oder der MärchenNaturPfad Feensteig.

Seit dem 24. Mai 2003 verfügt Weberstedt sogar über eine eigene Wetterstation. Sie wurde durch den ehemaligen „Fernsehwetterfrosch" Jörg Kachelmann übergeben. Seitdem nimmt die Wetterstation Hainich einen festen Platz in der Wettervorhersage der ARD ein.

Ein weiterer Anziehungspunkt ist in den Sommermonaten das Freibad. Die Errichtung eines Campingplatzes und das Trabiparadies sorgten dafür, dass die Attraktivität des Ortes weiter erhöht wurde.

s. auch www.gemeinde-weberstedt.de und www.vg-unstrut-hainich.de

Routenbeschreibung: Wir starten am *Wanderparkplatz* beim ***Campingplatz Weberstedt*** auf dem ***MärchenNaturPfad Feensteig*** (Markierung *weiße Taube*). Dabei passieren wir die ***Wetterstation.*** Nach 200 m steigen wir zudem in den *Waagebalkenweg* ein.

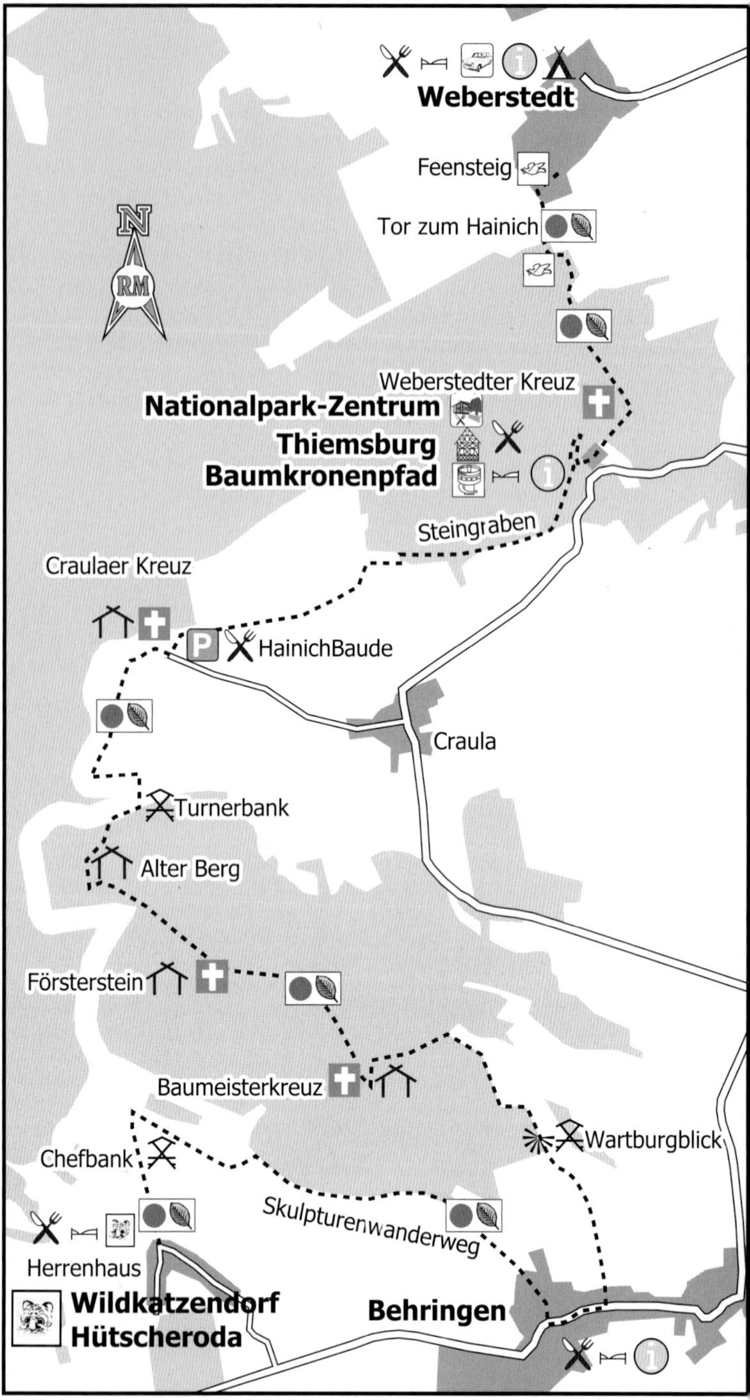
Weberstedt
Feensteig
Tor zum Hainich
Weberstedter Kreuz
Nationalpark-Zentrum
Thiemsburg
Baumkronenpfad
Steingraben
Craulaer Kreuz
HainichBaude
Craula
Turnerbank
Alter Berg
Försterstein
Baumeisterkreuz
Wartburgblick
Chefbank
Skulpturenwanderweg
Herrenhaus
Wildkatzendorf
Hütscheroda
Behringen

Nachdem wir das ***Tor zum Hainich*** „durchstoßen“ haben, nimmt uns der Wald auf. Wir passieren ein paar Stationen des Feensteiges, dessen Ende wir nach ca. 1,5 km erreicht haben.
Der Weg führt zum ***Weberstedter Kreuz***, das wir nach ca. 500 m erreichen.

Dieses weiße Steinkreuz steht seit 14. Oktober 2000 wieder zwischen Weberstedt und der Thiemsburg auf dem Waagebalkenweg. Allerdings handelt es sich um eine Nachbildung und es ist auch nicht genau nachzuvollziehen, wo das Original stand. Seine Spur verlor sich um 1930 und dessen Ursprung ist trotz des engagierten Wirkens früherer Heimatforscher wie Hans Wagener, Willy Thiel, Heinz Köber oder Wilhelm Fleischmann bislang noch nicht geklärt.

Rechterhand ist ist ein Abstecher zum Düsteröder Teich möglich.

Nun geht es geradeaus, bergan. Nach weiteren 600 m gabeln sich die Wege. Wir halten uns rechts, während es geradeaus auf dem Wanderweg Eichenberg weitergeht. Bei der nach 200 m folgenden Weggabelung halten wir uns geradeaus.
Nach 500 m erreichen wir das Gelände des Forsthauses ***Thiemsburg*** auf der Rückseite des *Nationalparkzentrums*.

Zum Ensemble der Thiemsburg gehören das Nationalparkzentrum, ein Baumhaus, ein Kinderspielplatz, ein Restaurant und eine Herberge mit Fahrradverleih.
Zu einem beliebten Ausflugsziel, auch über die Grenzen des Hainichs hinaus, hat sich die Thiemsburg gemausert. Wie es der Name sagt, hat sie ihren Ursprung in einer Burganlage. Laut einer Bestätigungsurkunde aus dem Jahre 1143 erwarb Abt Thiemo vom Kloster Homburg die „Diemarsburg“. Drohte Gefahr, zogen sich die Bewohner der umliegenden Dörfer mit ihrem Vieh auf die von Gräben umgebenen Bergeplätze zurück.
Die zunehmende Zahl der Musik- und Tanzveranstaltungen im neu gebauten Forsthaus ist ein Zeichen dafür, dass sich die Thiemsburg wieder wie früher zu einem kulturellen Zentrum entwickelt.
Ein Besuch lohnt sich in der Ausstellung „Entdecke die Geheimnisse des Hainich“ im Nationalparkzentrum Thiemsburg, die das Motto des Nationalparks

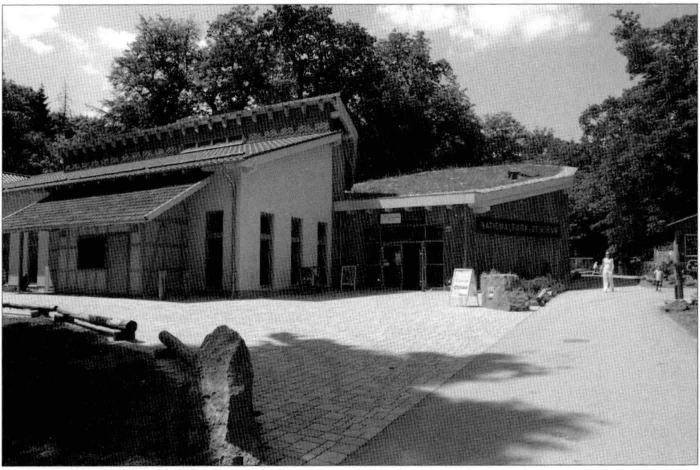

Nationalparkzentrum Thiemsburg. Foto: Harald Rockstuhl.

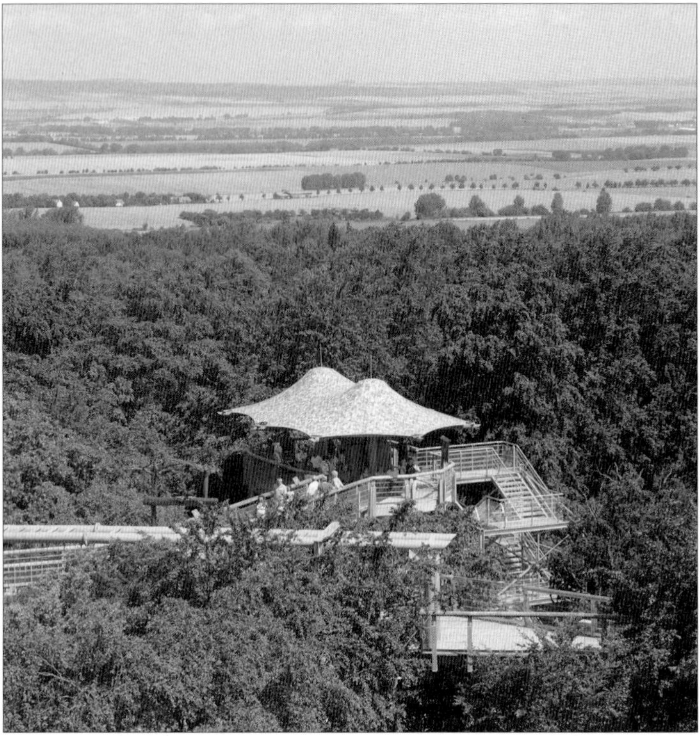

Baumkronenpfad. Foto: Harald Rockstuhl.

„Natur Natur sein lassen“ verdeutlicht. Im ersten Ausstellungsraum lassen großformatige, die ganze Wand einnehmende Bilder die besondere Schönheit der Buchenwälder des Hainich erleben und machen bekannt mit einigen seiner interessanten Bewohner. In der Mitte des Raumes wird ein Kurzfilm über die Wildkatze und deren Lebensraum gezeigt.
Natürlich steht auch die Buche im Mittelpunkt der Ausstellung.
Um Kinder mit einzubeziehen und für Belange des Naturschutzes zu sensibilisieren, wurde eine Bastel-, Spiel und Experimentierplattform geschaffen. Besonders bei den kleinen Wanderern beliebt ist der Waldspielplatz neben der Gaststätte. Außerdem können im Nationalparkzentrum Eintrittskarten für den Baumkronenpfad erworben werden. Sachkundige Ranger informieren über den Nationalpark und die Vielfalt der Wandermöglichkeiten.
s. auch www.nationalpark-hainich.de

Nun folgen wir den Wanderwegweisern in Richtung Baumkronenpfad. Beim *Baumrätsel* können wir einen Abstecher zum ***Baumkronenpfad*** vornehmen.

Das Bauwerk besteht aus zwei Hauptbestandteilen, einem Baumturm und dem Weg durch die Baumwipfel. Der über die Baumkronen ragende Baumturm erreicht mit seinem Baumhaus und seiner offenen Plattform eine Höhe von 44 m. Ein außenanliegender Treppenaufgang ermöglicht die Besteigung des Turms. Auf drei innerhalb des Turmes liegenden Stockwerken kann man sich über Umweltschutz-Themen informieren.

Der eigentliche Pfad mit seinen 530 Metern Länge beginnt auf einer Höhe von 10 Metern. In zwei weiten Bögen mit mehreren Erlebnis- und Informationsplattformen läuft man zunächst um den Turm herum und kommt in 21 m Höhe wieder an.
Die Informationen zu Bäumen, Spechten, Forschung usw. sind so formuliert, dass sie auch für Kinder und Jugendliche verständlich sind. Von den Heranwachsenden gut angenommen werden auch die wackligen Hängebrücken, auf denen sie ihre Kletter- und Balancierkünste ausprobieren können.
Ein Aufzug ermöglicht Barrierefreiheit. So ist es möglich, dass Behinderte, Kinderwagenfahrer und Rollstuhlfahrer den Baumkronenpfad besichtigen können.
s. auch www.nationalpark-hainich.de

Anschließend kehren wir auf den *Hainichlandweg* zurück und folgen der Beschilderung zum *Craulaer Kreuz*. Nach ca. 250 m gabeln sich die Wege. Wir biegen rechts in den *Radweg Gelbe Route* ein. Von diesem trennen wir uns nach 700 m wieder, indem wir links einbiegen und auf den Steingraben zuwandern.
Am *Steingraben* halten wir uns rechts.

Einige Grenzsteine säumen den Weg.

Nach etwa 400 m wird der ***Steingraben*** überquert und der Wald verlassen. Nachdem wir einen weiteren Kilometer zurückgelegt haben, schwenken wir links in einen Feldweg ein (bergan). Diesen verlassen wir nebst Radweg bereits nach 200 m wieder, indem wir rechts in einen Wiesenweg einbiegen (*ohne Markierung*).
Nach 500 m kreuzen sich die Wege. Wir bleiben geradeeaus. Die nächste Weggabelung nach 400 m führt uns halbrechts in Richtung Wald. Am Waldrand lädt eine *überdachte Sitzgruppe* zur Rast ein. Wir wandern geradeaus am Waldrand entlang.
Nach 800 m erreichen wir die *Straße*, die links zur *Hainich-Baude* und rechts zum ***Craulaer Kreuz*** führt.

Das Craulaer Kreuz, ein im 16. Jahrhundert errichtetes Steinkreuz, entdeckte 1929 Schuhmachermeister Adolf Giese aus Oesterbehringen. Es galt als verschwunden. Ein Flügel war am Fundstück abgebrochen. Dennoch wurde es im gleichen Jahr wieder aufgestellt. In den 50er Jahren des 20. Jahrhunderts verschwand es erneut und tauchte nicht wieder auf. Das Kreuz, das jetzt am gleichnamigen Wanderparkplatz steht, ist eine Nachbildung, die der Wanderverein 1994 aufgestellt hat.
s. auch www.rennsteigverein.de

Weiter geht es auf einer Forststraße zwischen Waldrand und Feld zu einem weiteren Rastplatz, zur ***Turnerbank.***

Die Turnerbank wurde 1928 vom Craulaer Turnverein aufgestellt. Sie überlebte aber die Zeiten nicht. Mitglieder der Ortsgruppe Hainich des Rennsteigvereins 1896 e. V. errichteten sie 1995 auf der Grundlage einer alten Wanderkarte neu. Bei der Turnerbank befindet sich zugleich die dickste bekannte Buche im Nationalpark Hainich. Von ihr ist nur noch ein Stumpf von 4 m Höhe übrig. Der Stammumfang beträgt immerhin 5,20 m.
An diesem lauschigen Plätzchen besteht auch die Möglichkeit zum Grillen.
s. auch www.rennsteigverein.de

Bei der nach 250 m folgenden Wegkreuzung halten wir uns links. Nach ca. 400 gabeln sich erneut die Wege. Wir schwenken rechts ein und wandern am Rand eines *Jungwaldes* entlang (Hinweisschild Nationalpark). Am Waldrand (Wanderwegweiser) führt rechterhand ein schmaler Pfad durch den Jungwald, bevor wir wenig später in den „tiefen Wald" eintauchen.

Nun sind es noch etwa 300 m zur höchsten Erhebung des Nationalparks Hainichs, dem ***Alten Berg*** (494 m NN), wo eine *Schutzhütte* zur Rast einlädt.

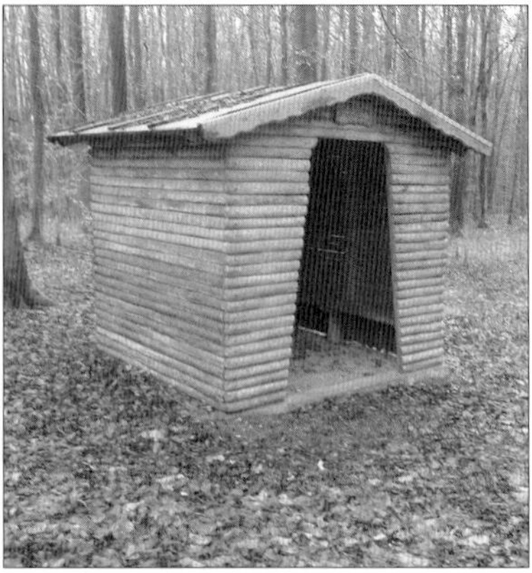

Schutzhütte Alter Berg.

Leider ist der Berg etwas im Wald „versteckt", sodass keine Fernsicht möglich ist. Auf Initiative des Premierleutnants von Wangenheim wurde 1893 ein Aussichtspunkt auf dem damaligen Wartenberg errichtet. Der Heimatforscher Hermann Gutbier schwärmte seinerzeit: *„.....Während man gen Norden auf den nahen, dichten Wald mit seinen Gründen niederschaut, ergötzt sich das Auge ostwärts an den fruchtbaren Gefilden des von den Fahner'schen Höhen, der Harth, Grenz-, Crahn- und Hörselberg umschlossenen Nessethal. Darüber hinaus erhebt sich die langgestreckte Thüringerwaldkette und noch weiter, zur Rechten, treten die blauen Kuppen der Vorderrhön hervor.....*". In den 60er Jahren des 20. Jahrhunderts musste leider mit diesem maroden Aussichtsturm ein weiteres Wahrzeichen des Hainichs abgerissen werden.
s. auch www.rennsteigverein.de

Der Weg führt nun bergab, am ehemaligen *Militärgelände „Kindel"* vorüber, worauf Warnschilder verweisen.

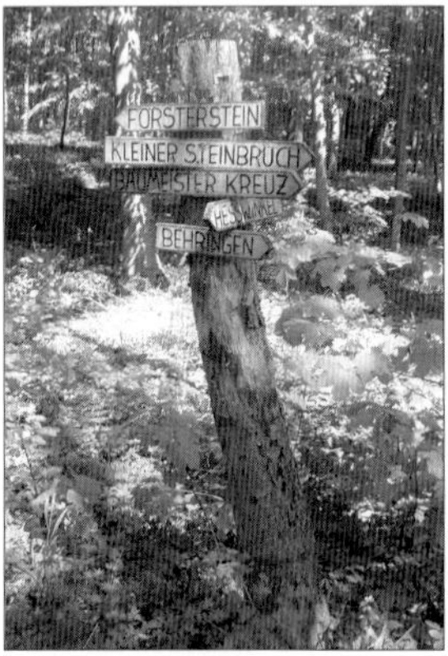

Wegweiser am Baumeisterkreuz.

Das ehemalige Militärgelände sollte auf keinen Fall betreten werden.

Wir erreichen eine *Lichtung* mit *LKW-Wendeplatz* und bleiben geradeaus (Schotterstraße). Nach weiteren 400 m lädt die Schutzhütte am ***Försterstein***, auch ***Rennstiegstein*** genannt, zur Rast ein.

Rechts führt ein Weg über die Wüstung Heßwinkel nach Hütscheroda.

Die Forststraße führt zum ***Baumeisterkreuz,*** wo es sich ebenfalls gut rasten lässt.

Laut einer Sage sollte der Baumeister des Behringer Schlosses nach vollbrachter Arbeit belohnt werden. Da er möglichst schnell zu

seiner Familie nach Treffurt wollte, bat er darum, seinen wohlverdienten Lohn später und in sicherer Begleitung abholen zu dürfen. Ein finsterer Maurergeselle sah den Baumeister ziehen. In der Hoffnung auf fette Beute überfiel er ihn im dämmerigen Wald und erschlug ihn. Zu seinem Entsetzen fand er nur ganze sechs Pfennige bei seinem Opfer. Schließlich wurde er des Verbrechens überführt und verurteilt.
s. auch www.rennsteigverein.de

Am Baumeisterkreuz geht es links bergab über die *Renne* und den *Talweg*. Dabei überqueren wir nach 200 m eine *Forststraße*. Am Waldrand angekommen, schwenken wir rechts in einen Schotterweg ein. Nach 300 m erreichen wir den Rastplatz ***Ortlepp's Ruh***, auch ***Dr. Wagener-Bank*** genannt.

Beide Bezeichnungen sind historisch begründet und zutreffend. Die 1930 aufgestellte Bank erinnert an das Schicksal des evangelischen Pfarrers Oscar Hermann Ortlepp, der von 1884 bis 1900 in Oesterbehringen tätig war. Als die Tochter des Pfarrerehepaares 1897 ein uneheliches Kind erwartete, beging sie im gleichen Jahr Selbstmord. Der Pfarrer verkraftete diese menschliche Tragödie nicht. Deshalb suchte er täglich an dieser Stelle inmitten unberührter Natur, die wir heute Ortlepp's Ruh nennen, Trost.
Nachdem die Bank in Laufe der Jahre zerstört wurde, stellten Behringer Heimatfreunde 1954 eine neue auf. Sie galt nun auch dem Gedenken an den angesehenen Behringer Arzt und Heimatforscher Dr. Hans Wagener, der von 1879 bis 1934 lebte. Als Arzt bei seinen Patienten beliebt, engagierte er sich in der Geschichtsforschung seiner geliebten Hainichdörfer. 1913 gründete er die „Heimatvereinigung Großenbehringen" und 1927 mit anderen enthusiastischen Heimatfreunden sogar die „Westthüringer Heimatvereinigung." Er hatte noch weitere Pläne, verstarb jedoch 1934, erst 55jährig, an einer schweren Lungenentzündung.
s. auch www.rennsteigverein.de

Am Ende der *Streuobstwiese* wandern wir bergab durch den Mischwald zum *Rastplatz* und *Aussichtspunkt* ***„Wartburgblick"***.

Den Augen des aufmerksamen Betrachters genügt nicht allein der Blick auf die Wartburg; sie lassen sich darüber hinaus die Aussicht auf den Großen Inselsberg nicht entgehen.

Nun geht es für ca. 70 m links am Waldrand entlang. Dann können wir zwischen Sträuchern und Feld auf das schon sichtbare ***Behringen*** zugehen.

Am Sportplatz, gegenüber dem *Skulpturenpark* mit seiner imposanten *Weymouthskiefer*, endet der *Hainich-Rennstieg*.

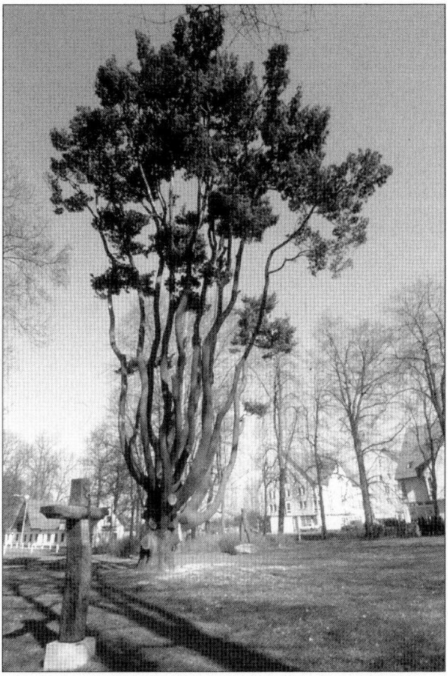

Weymouthskiefer im Schlosspark Behringen.

Behringen wurde laut Hersfelder Güterverzeichnis erstmals 776 und 815 urkundlich erwähnt. Der sich im Städtedreieck Bad Langensalza–Eisenach–Gotha befindende Ort liegt idyllisch am Fuße des Hainich. Behringen ist Sitz der Gemeinde Hörselberg-Hainich, gebildet durch den freiwilligen Zusammenschluss der Gemeinden Hörselberg und Behringen am 1. Dezember 2007. Ortsteile neben Behringen sind: Hütscheroda, Wolfsbehringen, Reichenbach, Craula, Tüngeda, Wenigenlupnitz, Sondra, Sättelstädt, Melborn, Kälberfeld, Hastrungsfeld, Großenlupnitz, Ettenhausen an der Nesse, Burla, Bolleroda und Beuernfeld.
In Behringen selbst wohnen ca. 1700 Bürger. Zahlreiche Besucher lockt der zum Schloss gehörende Park mit seinen verschiedenen Skulpturen und der ca. 250-jährigen Weymouthskiefer an. Behringen ist außerdem Ausgangs- bzw. Endpunkt des Hainich-Rennstiegs.
Ein gutes Fotomotiv gibt das Inspektorhaus ab. Dieses Fachwerkgebäude beherbergt die Gemeindebibliothek, ein Heimatmuseum sowie die Gesellschaft zur Entwicklung des Nationalparks Hainich. Im benachbarten, barrierefreien Schlosshotel befindet sich eine Informationsstelle des Nationalparks Hainich.
s. auch www.hoerselberg-hainich.de

Vor dem *Sportplatz* schwenken wir rechts ein. Nach ca. 250 m erreichen wir mit ***Arno's Ruh*** einen weiteren Rastplatz.

Mehrere Wanderschilder zeigen die Vielfalt der Möglichkeiten, die sich hier bieten.

Bei der *Skulptur* des Bulgaren Rumen Dimitrow kreuzen sich die Wege *(Rettungspunkt WAK 2587)*. Wir verlassen Behringen über einen Wirtschaftsweg.
Am Waldrand „verleitet“ die ***Schutzhütte „Vogelschießen“*** zur Rast. Nun wandern wir am Waldrand des ***NSG „Behringer Holz“*** entlang.

Skulpturen verschiedener Künstler säumen den Weg.

Nach ca. 1 km kann man einen Blick durch den ***Argusstein*** werfen.

Allerdings benötigt man an dieser Stelle keine Argusaugen, um den Großen Inselsberg zu sehen.

Nun geht es zwischen Obstbäumen und Sträuchern weiter bergan und dann über *Treppen* bergab. Anschließend lädt die ***Chefbank*** zur Rast ein.

Wer gern an seinen Chef denkt, sollte hier innehalten und ihm danken, dass er Urlaub bekommen hat, um eine solche schöne Wanderung zu unternehmen.

Wir halten uns geradeaus und erreichen bereits nach 100 m an der ***Eisenbahnerbank*** eine weitere Sitzgelegenheit.
Dann geht es zwischen Obstbäumen und einem Feld geradeaus. Nach einem sanften Anstieg sehen wir die *Hexenskulptur*. Wenig später können wir an der *Eulenskulptur* auf ***Hütscheroda*** zulaufen. Dabei lohnt sich zugleich ein Besuch der *Wildkatzenscheune*.

SW 02: Hainichlandweg, Etappe 2: Von Hütscheroda nach Mihla (17 km)

Hütscheroda – Wangenheimer Grenzstein (km 0,8) – Heßwinkel (1,3) – Dicke Eiche (3,1) – Aussichtsplattform „Hainichblick" (3,5) – Dicke Eiche (3,9) – Katzenhart – Lohberg (5,6) – Berka v. d. H. (7,7) – Bischofroda (9,8) – Ebental – Kalkgrund (12,8) – Kuhtränke (13,4) – JH „Urwald-Life-Camp" Harsberg (14,1) – Flughang – Eingang Wolfsschlucht (15,2) – Mihla (16,9)

Δ **Höhenunterschiede:** 350 m Anstiege, 480 m Abstiege, gute Kondition erforderlich! nicht für Radtour geeignet!
Δ **Gehzeit:** 4 h
Δ **Markierungen:** roter Punkt mit Buchenblatt (Hainichlandweg)
Δ **Parkmöglichkeiten:** Wanderparkplatz Hütscheroda
Δ **Wanderkarten:** Nr. 8, 1–7 (s. u. Wanderkarten)
Δ **Sehenswertes:** Wildkatzendorf Hütscheroda, Aussichtsplattform „Hainich-Blick", Dicke Eiche, Berka v. d. H., Bischofroda, JH „Urwald-Life-Camp" und NLP-Zentrum auf dem Harsberg, Wolfsschlucht, Mihla

Wissenswertes: Das idyllisch an der Werra und am Fuße des Hainichs liegende Mihla (2800 Einwohner) ist ein altes Königsgut. Zur Erstausstattung vom Kloster Hersfeld schenkte Karl der Große 775 den Königszehnt aus dem Fiskalgut Mihla. Um 855 erhielt das Kloster Fulda in Mihla Schenkungen. Bereits im 13. Jahrhundert wurde das Marktrecht zugesprochen. Heute ist Mihla Namensgeber der Verwaltungsgemeinschaft. Besonders sehenswerte Gebäude und Plätze sind neben dem Grauen und dem Roten Schloss, die St. Martinskirche, der Propel sowie einige Fachwerkhäuser. Der Propel, einst ein Gerichtsplatz mit Gerichtslinde, ist der Festplatz des Dorfes. Heute werden auf dem alten Richtplatz die Kirmes und das Schützenfest gefeiert.
Das Graue Schloss, aus einer Wasserburg des 16. Jahrhunderts erbaut, wird als Gaststätte und Hotel genutzt. Das 1581 im Renaissance-Stil errichtete Rote Schloss war einst Herrensitz der Familie von Harstall. Ein gutes Fotomotiv gibt auch das Hölzerkopfhaus ab. Besuchermagnet im Sommerhalbjahr ist das Freibad.
s. auch www.mihla.de oder www.vg-mihla.de

Routenbeschreibung: Wir starten vom *Wanderparkplatz* ***Hütscheroda*** und folgen der Beschilderung des *Wildkatzenpfades*. Beim Verlassen des Ortes passieren wir das *Wildkatzengehege*. Verschiedene Skulpturen zieren den Weg zum ***Wangenheimer Grenzstein.***

Der große Skulpturenwanderweg ist 12 km lang und führt in den Nachbarort Behringen, während der kleine Skulpturenwanderweg nur eine Länge von 3,6 km aufweist.
s. auch www.bildhauersymposium.de
Eng mit den Skulpturenwegen verknüpft ist der 1. Verkaufslehrpfad Deutschlands, der im Jahre 2010 errichtet wurde. Er ist 5,5 km lang.
s. auch www.verkaufslehrpfad.de

Nach weiteren 500 m erreichen wir die ***Wüstung Heßwinkel*** (s. auch RW 15).

Wir passieren die Kernzone des Nationalparks und nehmen den Anstieg zum Wegekreuz an der ***Dicken Eiche vor***. Von dort unternehmen wir einen Abstecher zur 400 m entfernten ***Aussichtsplattform „Hainich-Blick"*** (s. auch RW 15).

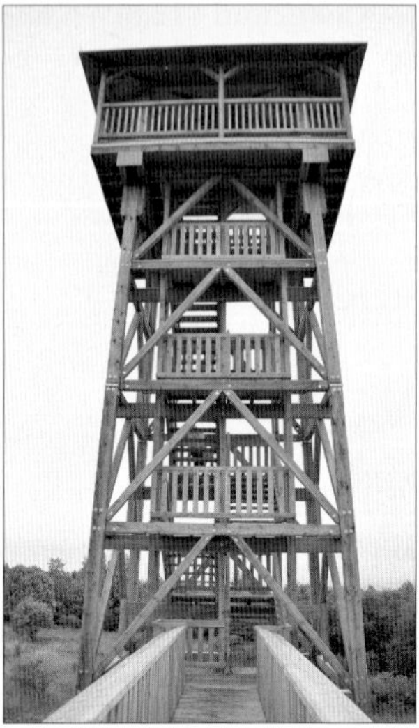

Aussichtsplattform „Hainich-Blick".

Anschließend wandern wir zur ***Dicken Eiche*** zurück.

An dieser Stelle trennen wir uns vom Wildkatzenpfad und nutzen zugleich den Radweg Hütscheroda - Berka v. d. H.

So gelangen wir nach 200 m auf den Berg namens ***Katzenhart,*** was allerdings nichts mit Wildkatze zu tun hat.

Nach 1,3 km können wir vom ***Lohberg*** auf das benachbarte Berka vor dem Hainich hinab sehen und gehen. Dazu lädt auch eine *überdachte Sitzgruppe* ein, die wir nach weiteren 350 m erreichen.

Berka wird am *Ortseingangsschild* erreicht. Beim *Friedhof* bleiben wir geradeaus, um den weiteren Abstieg in den Ort mit seinem gepflegten *Dorfanger* vorzunehmen.

Berka vor dem Hainich (ca. 800 Einwohner) wurde im Jahre 1035 erstmals urkundlich erwähnt. Rund um Berka lagen die Einzelhöfe „Seeberghof" und „Langer Grund" sowie die Wüstungen Sulzrieden, Ettenrode und Kalkofen. Als Wappensymbol des Ortes gilt die alte Mallinde mit Malstein als Kennzeichen eines alten Gerichtsplatzes unweit der Wüstung Sulzrieden. Historische Fachwerkhäuser, gut erhaltene Bauerngehöfte, das um 1800 erbaute Schloss sowie die im Rokokostil errichtete Kirche prägen das Ortsbild. Die Wurzeln des Schlossbaues reichen wahrscheinlich bis ins 12. Jahrhundert zurück. Der Dorfteich, die starken Grundmauern des Gutshauses und die Reste der künstlich angelegten Grabenanlagen erinnern an die einstige Wasserburg.

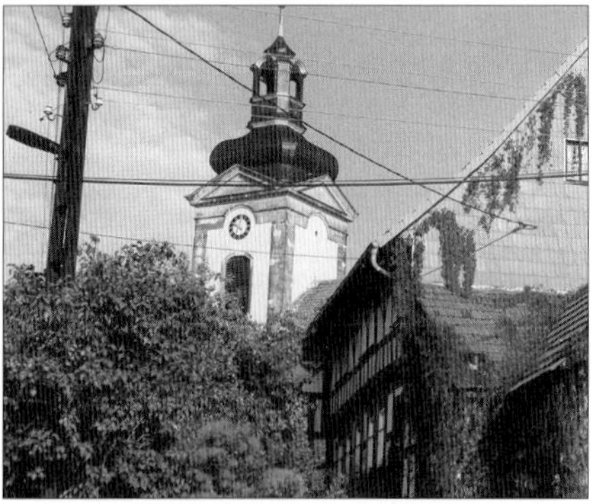

Kirche von Berka vor dem Hainich.

In der Gemarkung Berka befindet sich mit dem Lohberg (468 m NN) eine der höchsten Erhebungen im Hainich.
s. auch www.vg-mihla.de oder www.berka-vor-dem-hainich.de

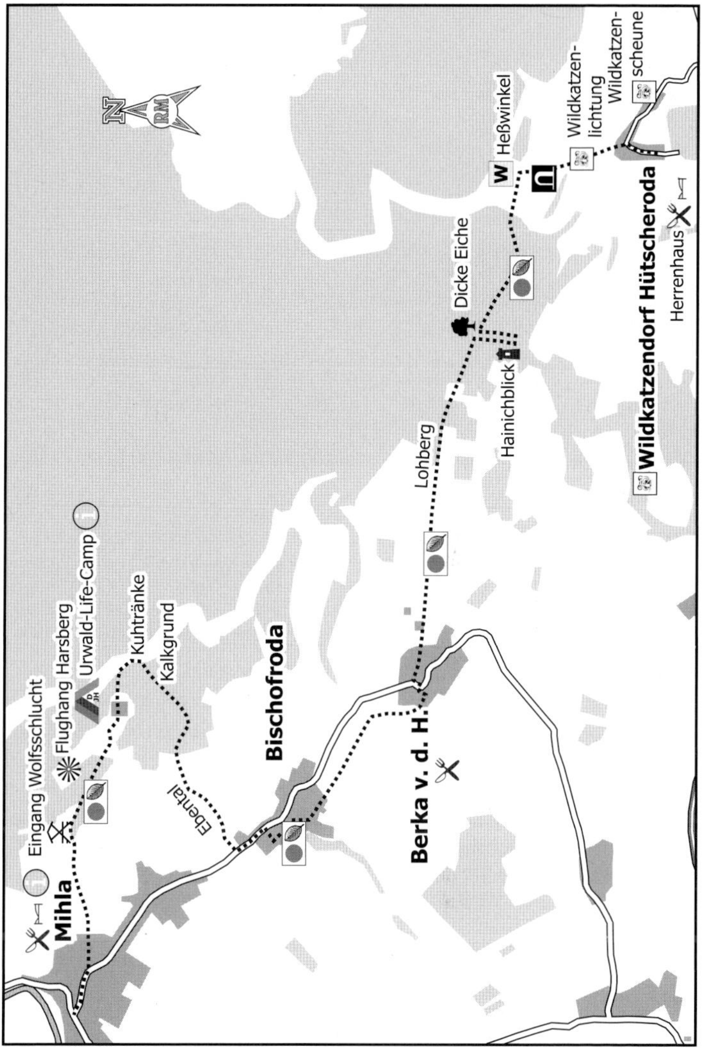

Wir verlassen den Ort über den *Störacker* und folgen dem *Lautertal-Radweg*, der bis kurz vor Bischofroda vom *Radweg Gelbe Route* begleitet wird.

Bald können wir über den Nachbarort Lauterbach bis zum „Bergdorf" Scherbda sehen (s. auch SW 03).

Bischofroda erreichen wir in der *Mühlgasse*. Über die Straße *„Am Vorderbach"* führt der Weg zum *Schloss*, dem Ortsmittelpunkt von Bischofroda.

Bischofroda wurde erstmals 1104 im Urkundenbuch der Erfurter Stifter erwähnt. Gegründet wurde der Ort durch Erzbischof Ruthart von Mainz, von dem er auch seinen Namen erhielt.

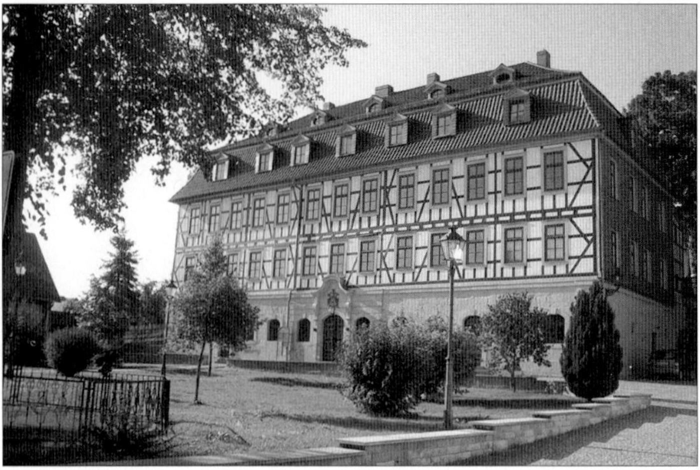

Schloss Bischofroda.

Die Gemeinde liegt im Lautertal, am Abhang des Hainichs. Geprägt wird das Ortsbild von Fachwerkhäusern, einstigen größeren Bauernhöfen, dem Schloss sowie der Dorfkirche, eine der ältesten in Thüringen. Nicht ohne Grund wurde Bischofroda 1992 Kreis- und Landessieger im Wettbewerb „Unser Dorf soll schöner werden". 1993 gelang sogar auf Bundesebene ein beachtlicher 3. Platz. *s. auch www.vg-mihla.de*

Über die *Schlossgasse* gelangen wir an den Ortsrand. Dort schwenken wir rechts in die *Schildchenstraße* ein und verlassen dabei den Lautertal-Radweg.

Wir überqueren die *Lauterbrücke*. Der Ort wird über die *Mihlaer Straße* verlassen. **Achtung! Hinter dem Ortsausgangsschild geht es neben der stark befahrenen Straße in Richtung Mihla weiter.**

Nach ca. 200 m werden wir endlich davon befreit und können rechts in eine Plattenstraße einbiegen. Nun geht es leicht bergan durch das ***Ebental,*** wobei auch das ***Rückhaltebecken Bischofroda II*** passiert wird.

Ein Schotterweg führt weiter bergan.

Dabei haben wir einen Blick auf den Flughang des Harsbergs.

Nach ca. 700 m gabeln sich die Wege. Wir bleiben geradeaus und steigen in den legendären *Bummelkuppenweg* ein (Markierung Buchenblatt – s. auch RW 10).

Nachdem uns der Wald aufgenommem hat, nutzen wir wenig später linksabbiegend die *Abkürzung des Bummelkuppenweges* zum *Harsberg*. Ein schmaler Pfad führt bergan durch den Wald. Nachdem wir die ***Kuhtränke*** passiert haben, erreichen wir nach weiteren 400 m die *Hohe Straße* (s. auch RW 10). In diese biegen wir links ein und gelangen zur ***Jugendherberge „Urwald-Life-Camp"*** auf dem ***Harsberg***.

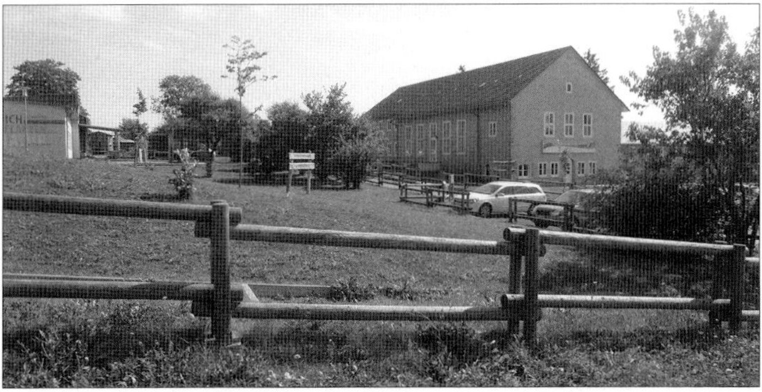

Jugendherberge „Urwald-Life-Camp" auf dem Harsberg.

Im Sommer 2006 wurde inmitten der traumhaften Landschaft die Jugendherberge „Urwald-Life-Camp" eröffnet. Wie es der Name sagt, handelt es sich dabei um keine gewöhnliche Jugendherberge.
Mit Unterstützung des Nationalparks Hainich und des Naturparks Eichsfeld-Hainich-Werratal entstand diese Einrichtung mit so genannten „Gut-Drauf-Angeboten". Dazu gehören beispielsweise eine Nature-Relaxothek, eine Relax-Hängematten-Area mit Baumkronen-Schlafnestern, eine mobile Solarerlebnisstation und ein Naturmaterialien-Swimmingpool. Träger ist das Deutsche Jugendherbergswerk (DJH).
Gegenüber der Jugendherberge befindet sich eine Informationsstelle der Nationalparkverwaltung.
s. auch www.harsberg.jugendherberge.de

Anschließend folgen wir den Wanderwegweisern in Richtung Mihla (*Ihlefelder Weg*). Am ***Flughang*** vom *Harsberg* gabeln sich die Wege (Wanderwegweiser).

Mitte der 30er Jahre des 20. Jahrhunderts etablierte sich der Harsberg zu einer Fliegerschule. An dieser Einrichtung erhielten auch spätere Piloten der faschistischen Luftwaffe ihre Ausbildung. Nach 1945 wurde die Flugtätigkeit beendet und später nahmen die Grenztruppen der DDR den Komplex in Beschlag. Heute tummeln sich auf dem Areal neben Wanderern auch Gleitschirmflieger.

Wir halten uns geradeaus. Der Weg führt durch den Wald bergab zur *Harsberg-Range*. Bereits nach 10 m ändern wir die Richtung und schwenken rechts ein.
Wir erreichen den ***Goldacker***, der zugleich ein Eingangstor für die ***Wolfsschlucht*** bietet (s. auch RW 09).

Der *Ihlefelder Weg* führt zwischen Waldrand und Feld bergab.

Mit Mihla rückt das Ziel der Tagesetappe immer mehr ins Blickfeld.

An einer *wasserwirtschaftlichen Anlage* folgen wir einer *Plattenstraße*, um auf ***Mihla*** zuzugehen. In der *Lauterbacher Straße* biegen wir rechts ein. Über die *Münsterstraße* und die *Marktstraße* gelangen wir zum *Markt*, wo die Etappe endet.

Anzeige

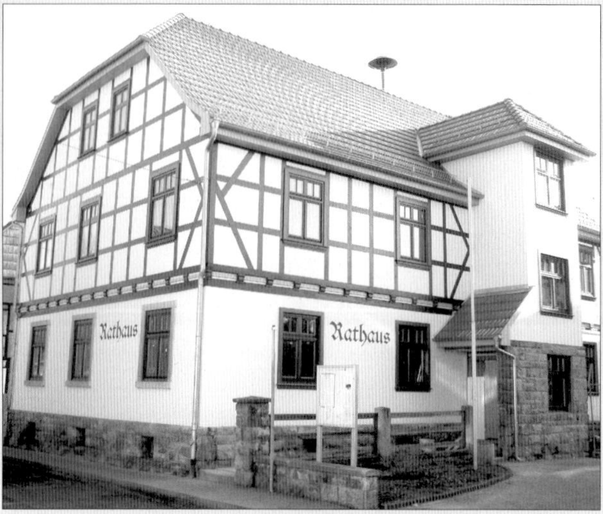

Adel – Bauern Kriege in Westthüringen

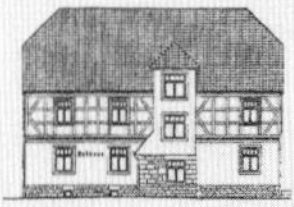

Museum im Rathaus Mihla

Also auf, besucht unser Museum im Rathaus!

Heimat- und Verkehrsverein Mihla e.V.

Museum im Rathaus
99826 Mihla, Marktstraße 18 • Tel. 036924 38018

Öffnungszeiten: Mai bis Oktober:

- Mi – Sa 10.00 Uhr bis 14.00 Uhr
- letzter Sonntag im Monat 13.00 Uhr bis 16.00 Uhr

Öffnungszeiten: November bis April:

- Mi – Fr 10.00 Uhr bis 14.00 Uhr
- letzter Sonntag im Monat 13.00 Uhr bis 16.00 Uhr

- *Vorbestellungen/Führungen bitte telefonisch anmelden*

Preise: Erwachsene 2,50€, Kinder 1,50€, Gruppen ab 10 Personen: 1,00€

SW 03: Hainichlandweg Etappe 3: Von Mihla nach Probstei Zella (21 km)

Mihla – NSG Nordmannsteine (km 6) – Aussichtspunkte (7,3) – Creuzburg, Liboriuskapelle (8) – Wisch (9,6) – Stadtbergbuche (13,2) – Scherbda (13,9) – AP Triftblick (14,7) – Frankenroda (18,3) – Hutweide (19,7) – Mühlrain (20,2) – Probstei Zella (20,6)

- Δ **Höhenunterschiede:** 485 m Anstiege, 470 m Abstiege, nicht für Radtour geeignet
- Δ **Gehzeit:** 6 h
- Δ **Markierungen:** roter Punkt mit Buchenblatt (Hainichlandweg), außerdem: blaues Andreaskreuz (Hauptwanderweg), rotes Quadrat (Naturparkwanderweg Leine-Werra)
- Δ **Parkmöglichkeiten:** Wanderparkplatz Hütscheroda
- Δ **Wanderkarten:** Nr. 8, 1–4, 6 (s. u. Wanderkarten)
- Δ **Sehenswertes:** Mihla, Nordmannsteine, Ebenauer Köpfe, Creuzburg, Wisch, Stadtbergbuche, Scherbda, Frankenroda, Probstei Zella

Wissenswertes: An der Stelle der Probstei Zella soll bereits 777 u. Z. ein Gefolgsmann des hl. Bonifatius ein Kloster gegründet haben. Probstei wurde es 1170, als Landgraf Ludwig der Eiserne von Thüringen einen Probst zur Verwaltung auf den Klosterhof entsandte. Außerdem ließ er Mönche des Creuzburger Peterklosters hierher versetzen. Da zu dieser Zeit Frankenroda noch über keine eigene Kirche verfügte, wurde dessen Einwohnern die Probstei Zella für den Gottesdienst zur Verfügung gestellt. Erst später, wahrscheinlich nach dem Bauernkrieg, also im 16. Jahrhundert erhielten die Frankenrodaer durch den Probst eine eigene, von den Mönchen betreute Kapelle. Während des Bauernkrieges wurde die Probstei völlig zerstört. 1531 ließ sie Landgraf Friedrich der Ernsthafte erneuern. Nach der Säkularisierung wechselten mehrmals die Besitzer. Zu DDR-Zeiten wurde die Probstei Zella als Ferienobjekt genutzt; anschließend drohte das Bauensemble zu verfallen, bis es von den jetzigen Betreibern zwischen 1996 und 1998 umfassend saniert wurde. Am 1. Mai 1998 konnte der „Landgasthof Probstei Zella“ mit Gästezimmern und Reiterhof eröffnet werden.
s. auch www.zella.de oder vg-mihla.de

Routenbeschreibung: Wir starten in ***Mihla*** am *Grauen Schloss* (Markierung auch *blaues Andreaskreuz*).

Dieser Hauptwanderweg Wernigerode-Eisenach wird uns bis Creuzburg begleiten. Dabei gibt es einen Talweg und einen Höhenweg, welchen wir benutzen.

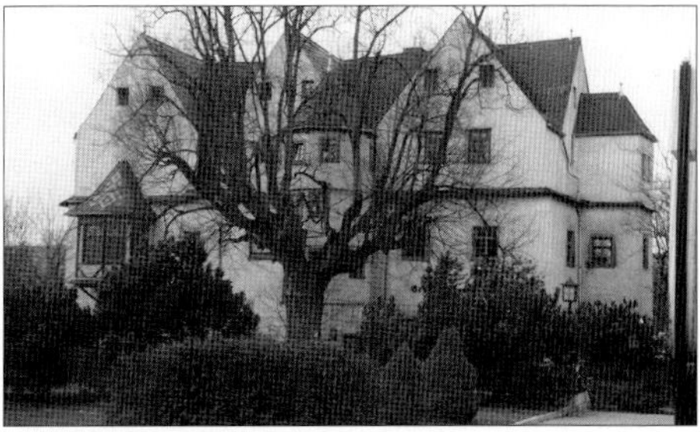

Ein Wahrzeichen Mihlas ist das Graue Schloss.

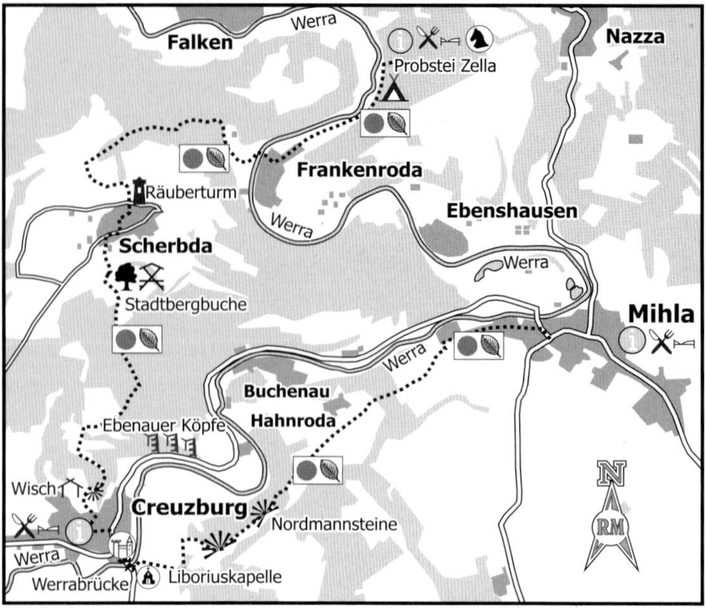
Falken
Werra
Probstei Zella
Nazza
Frankenroda
Räuberturm
Werra
Ebenshausen
Scherbda
Werra
Stadtbergbuche
Mihla
Werra
Buchenau
Hahnroda
Ebenauer Köpfe
Wisch
Creuzburg
Nordmannsteine
Werra
Werrabrücke
Liboriuskapelle
N
RM

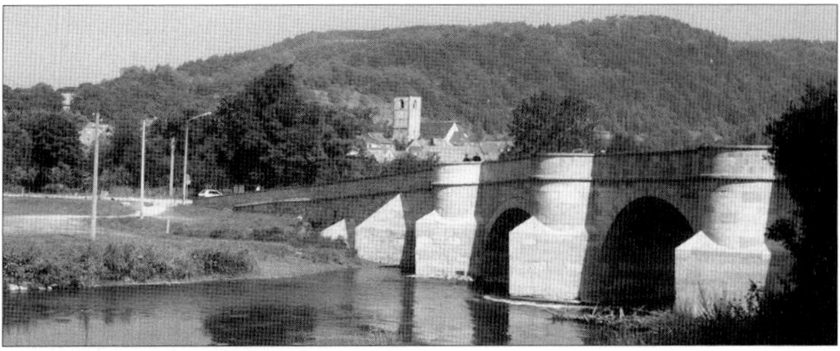

Eine der ältesten und schönsten Werrabrücken befindet sich in Creuzburg.

Wir folgen der *Eisenacher Straße*, die wir nach ca. 300 m rechtsabbiegend verlassen. Nachdem wir die *Feldstraße* überquert haben, befinden wir uns zugleich auf dem beliebten *Werratal-Radweg*. Den Ort verlassen wir über die *Bahnhofstraße* und passieren dabei ein *Gewerbegebiet*. An der nächsten Wegkreuzung halten wir uns geradeaus und bleiben dabei auf dem Werratal-Radweg.
Nach ca. 350 m gabeln sich die Wege (*Rettungspunkt WAK 2448*). Entsprechend der Wanderwegweiser halten wir uns links und verlassen somit den Radweg. Bei der nach 150 m folgenden Weggabelung schwenken wir rechts ein und nutzen die *Zufahrtsstraße* nach Hahnroda.
Nach ca. 1 km Anstieg haben wir den *Waldrand* erreicht.

Der Blick reicht im Norden über Hahnroda bis Scherbda.

Nach ca. 500 m zweigt die Straße nach ***Hahnroda*** ab, während unser Weg geradeaus weiterführt.
Nachdem wir weitere 900 m zurückgelegt haben, kreuzen sich die Wege. Wir bleiben geradeaus.

Rechterhand führt ein Wanderweg nach Buchenau (Markierung gelber Punkt).

An der nach 400 m folgenden Weggabelung (Wanderwegweiser) geht es halblinks auf einem befestigten Weg weiter. Die Wege gabeln sich nach weiteren 400 m. Dabei bleiben wir geradeaus und erreichen nach weiteren 100 m den *Spanischen Reiter.*
Wir halten wir uns rechts.

Geradeaus führt ein Wanderweg über den Mihlberg nach Uetteroda.

Nach ca. 600 m betreten wir das ***NSG „Nordmannsteine“***, wo sich die Wege gabeln (Wanderwegweiser). Wir bleiben geradeaus.

Der Blick reicht im Norden zu den Ebenauer Köpfen und im Westen nach Creuzburg. Wer zwischen Mihla und Creuzburg wandert oder auf dem Werratal-Radweg „strampelt“ hat ein interessantes Naturschauspiel vor Augen. Fotoliebhaber kommen auf ihre Kosten. Zwischen beiden Orten durchschnitt die Werra ein ehemals zusammenhängendes Muschelkalkplateau. Dabei hinterließ sie steile, teilweise stark zerklüftete Felswände. Dazu gehören die Ebenauer Köpfe nördlich der Straße, die flachen Gleithänge in der Flussaue (Untergrund von Ebenau) sowie die steilen Felswände der Nordmannsteine gegenüber von Ebenau. Nördlich der Nordmannsteine wird Kalkschotter abgebaut, wie ein Steinbruch zeigt.

Bei der nach 400 m folgenden Weggabelung führt der Weg halblinks steil bergab. Rechterhand führt ein Abstecher zu einem ***Aussichtspunkt*** mit *Blick auf Creuzburg*.
Wir erreichen ***Creuzburg*** an der *Liboriusbrücke* (s. auch SW 08). Über diese gelangen wir zum *Markt*, dem Zentrum der Kleinstadt an der Werra.

Nun können wir bis Frankenroda der Beschreibung von SW 08 folgen.

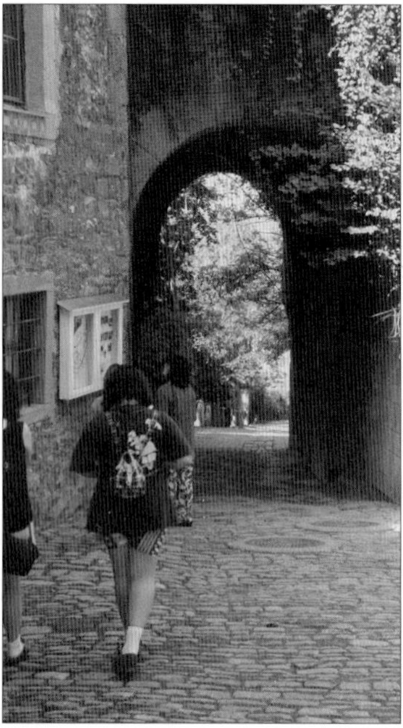

Auf der Creuzburg.

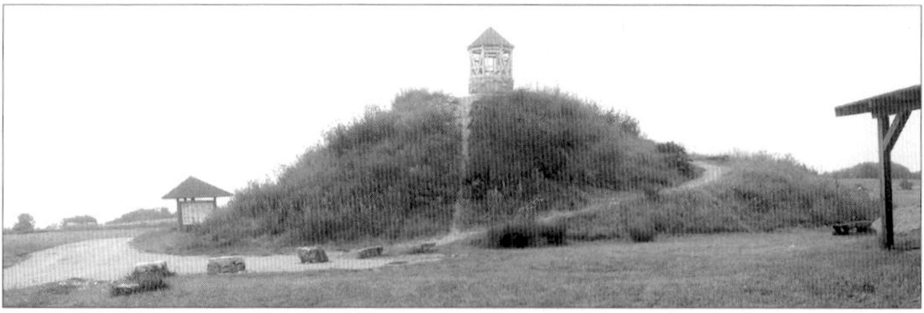

Triftblick mit Räuberturm.

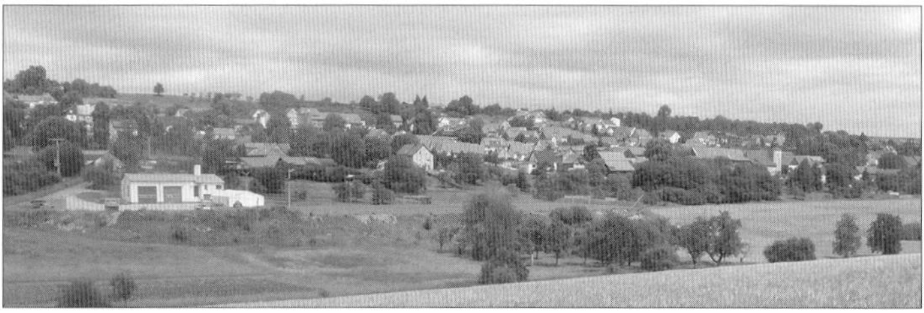

Scherbda.

In ***Frankenroda*** überqueren wir die Werra und wandern dorfeinwärts, bis wir links in die Carl-Grübel-Straße einbiegen.

Damit befinden wir uns zugleich auf dem Werratal-Radweg.

Über die Hutweide und den Mühlrain wird das ehemalige Kloster ***Probstei Zella*** erreicht.

SW 04: Hainichlandweg, Etappe 4: Von Probstei Zella zum Grenzhaus Heyerode

(14 km)

Probstei Zella – Sommerleite – Eselskopf (km 1,8) – Nazza (4,5) – Burg Haineck (5,4) – Struppeiche (8,6) – Trockenschildchen (9,2) – Mareilebank (9,5) – Dornschildchen (9,9) – Gedenkstein Jakob Hartung (10,9) – Ritzhäuser Ladestelle (11,4) – Heyerode, Alter Bf. (13,9)

- Δ **Höhenunterschiede:** 465 m Anstiege, 220 m Abstiege, gute Kondition erforderlich! Nicht für Radtour geeignet!
- Δ **Gehzeit:** 4 h
- Δ **Markierungen:** roter Punkt mit Buchenblatt (Hainichlandweg), außerdem: blaues Andreaskreuz (Hauptwanderweg), weißes, unterstrichenes R (Hainich-Rennstieg)
- Δ **Parkmöglichkeiten:** Probstei Zella, Alter Bf. Heyerode
- Δ **Wanderkarten:** Nr. 8, 1–6 (s. u. Wanderkarten)
- Δ **Sehenswertes:** Probstei Zella, Nazza, Burg Haineck, Mareilebank, Dornschildchen, Heyerode

Wissenswertes: Die Entstehung der Burg Haineck reicht in das Jahr 1392 zurück. Sie wurde auf Betreiben des Landgrafen Balthasar von Thüringen errichtet, um den Übergriffen Eichsfelder Raubritter wirksam zu begegnen. Angeblich soll ein Streifzug des Mainzer Landvogtes im Eichsfeld, des Ritters von Hardenberg, im Jahre 1389 der letzte Anstoß für den Bau dieser Schutzburg gewesen sein. Er hatte versucht, die *„aus dem Hainichwalde kommenden und mit Holz beladenen Wagen hinwegzuführen"*. Die aus Eisenach und Creuzburg heraneilenden landgräflichen Burgvögte vereitelten allerdings seinen Plan. Der Ritter von Hardenberg wurde schließlich mit 60 seiner Getreuen gefangen genommen. Die Burg wechselte mehrmals die Besitzer. Nach den Herren von Wangenheim und den Henneberger Grafen kamen die Herren von Hopffgarten in den Besitz der Anlage. Sie verließen die Burg um 1550, weil sie es vorzogen, im Ort Nazza zu wohnen, in ihrem dort errichteten Schloss.

Laut Chronik soll die Burg Haineck niemals bezwungen worden sein. Im Dreißigjährigen Krieg suchten deshalb Einwohner von Nazza hier Zuflucht vor marodierenden Truppen. Da sie unbewohnt blieb, verfiel die Burg nach und nach.

In ihrem Grundriss stellt sie ein unregelmäßiges Fünfeck dar. In der südwestlichen Ecke steht ein 19 m hoher Turm, der inzwischen bestiegen werden kann. Den Schlüssel erhält man beim 1992 gegründeten Burgverein Nazza. Seine Mitglieder kümmern sich um die Erhaltung dieses Kleinods und laden alljährlich am Himmelfahrtstag Besucher zum Fest rund um die Burg ein.

s. auch www.nazza.de

Routenbeschreibung: In ***Probstei Zella*** wird der Werratal-Radweg verlassen. So führt der Weg am *Reitstall* vorüber über die ***Sommerleite*** bergan.

Nach ca. 700 m gabeln sich die Wege. Dabei wird ein längerer, bequemer Weg, aber auch ein kürzerer, steiler Weg zum Aufstieg zur Eselskopfquelle vorgeschlagen. Wir nutzen den längeren Weg, der über eine breite Forststraße hinauf führt.

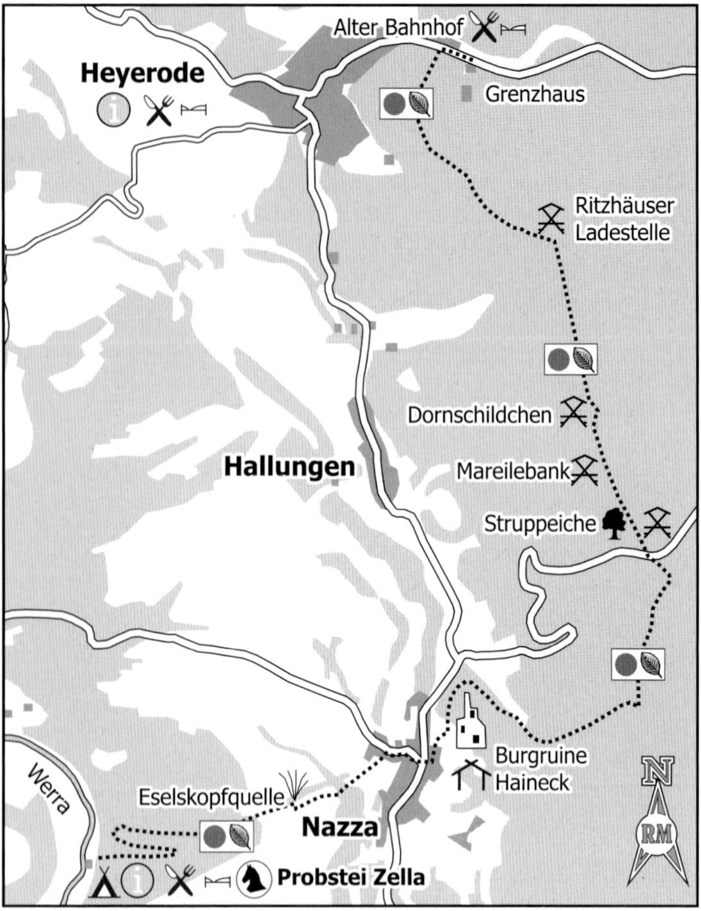

Auf dem ***Eselskopf*** angekommen, sind es nur ca. 20 m zur ***Eselskopfquelle.***

Nach 350 m passieren wir einen *Rastplatz mit Jagdhütte*. An der nächsten Weggabelung (Wanderwegweiser) führt der Weg über ein freies Feld.

Nun schweift der Blick zu den Bergen des Thüringer Waldes, wobei einmal mehr der Große Inselsberg herausragt.

Bei der nach 200 m folgenden Weggabelung geht es links über einen Teerweg auf das längst sichtbare Nazza hinab.

Dabei rückt das Wahrzeichen des Ortes, die Burgruine Haineck, immer mehr ins Blickfeld.
Ein Rastplatz mit einem markanten Stein bietet noch einmal Gelegenheit, auf den idyllisch gelegen Ort zu schauen.

Nach ca. 300 m verlassen wir den befestigten Weg und wandern rechtsabbiegend an einer Weide entlang. ***Nazza*** erreichen wir nach wenigen Minuten über die *Melmengasse* und die *Brückenstraße*.

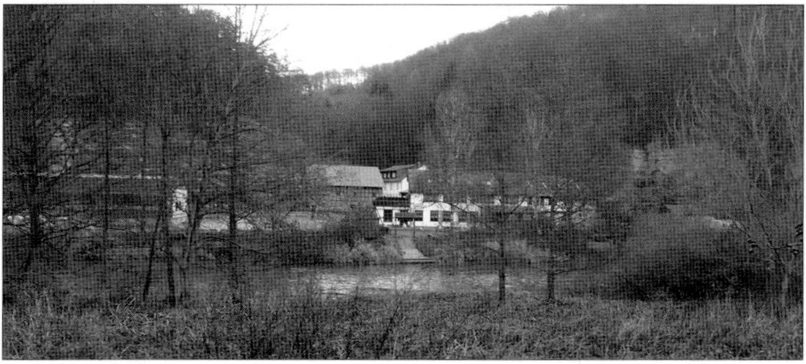

Probstei Zella.

Das Dorf mit seinen ca. 580 Einwohnern liegt idyllisch im Tal des Lämpertsbaches zwischen grünen Wiesen und Wäldern des Hainichs. Erstmals erwähnt wurde es im Jahre 1015. Sehenswert sind der gepflegte mittelalterliche Dorfkern, das Ensemble der Lehmkutte, die historische Brunnenanlage sowie die Christuskirche (um 1560) mit der schönen Ausstattung. Zwischen 1990 und 1996 wurde der Ortskern umfassend saniert. Ein Wahrzeichen des Ortes ist die Burgruine Haineck, die über dem Ort „thront". Lohnenswert ist auch ein Besuch im Heimatmuseum neben der Christuskirche.
s. auch www.nazza.de oder vg-mihla.de

Nazza verlassen wir über die *Burgstraße*. Am *Ortsrand* gabeln sich die Wege. Wir bleiben geradeaus, bis wir den *Waldrand* erreicht haben. Dort angekommen, halten wir uns links. Nach 250 m folgt eine weitere Weggabelung, von wo wir auf die ***Burg Haineck*** zugehen können.
Nach Besichtigung der Anlage folgen wir nun auch dem bergab führenden *Hauptwanderweg* (Markierung *blaues Andreaskreuz).* Bei den nun folgenden beiden Weggabelungen halten wir uns geradeaus. Nachdem wir ca. 1 km von der Burg zurückgelegt haben, kreuzen sich die Wege (Wanderwegweiser). Wir bleiben geradeaus.

Rechterhand führt ein Weg zum Barbara-Hager-Stein sowie zum Rastplatz Moser's Ruh.

Nach ca. 900 m erreichen wir eine weitere Weggabelung, wobei wir geradeaus bleiben.

In linker Richtung wird ein Abstecher zur Zwillingsbuche angeboten.

Bereits nach weiteren 150 m gabeln sich die Wege. Wir biegen links in einem Forstweg ein und befinden uns nun zugleich auf dem legendären *Hainich-Rennstieg*.

Eine Infotafel zeigt das Revier der Waldgemeinschaft Nazza an. Außerdem rücken einige Holzskulpturen in das Blickfeld des aufmerksamen Wanderers.

Bei den folgenden drei Weggabelungen bleiben wir stets geradeaus.

Hin und wieder fallen Grenzsteine ins Auge.

In der Nähe der *Straße Eisenach – Mühlhausen* kreuzen sich die Wege. Wir wandern links in Richtung Straße und erreichen nach ca. 250 m die ***Struppeiche.***

Die jetzige, noch junge Struppeiche wurde erst 1993 an Stelle ihrer Vorgängerin, der Namensgeberin, gepflanzt. Der Name Struppeiche steht für einen einzelnen, signifikanten Baum dieser Pflanzengattung.
Unweit von diesem schattigen Fleckchen befinden sich Relikte einer ziemlich unbekannten Befestigungsanlage, dem Teufelskopf – ein vorspringender Hügelsporn (418 m NN) in Richtung Nazza, der von zwei tiefen Tälern umschlossen ist. Gräben und Wälle verweisen auf eine im Durchschnitt 15 m große Innenburg hin.
s. auch www.rennsteigverein.de

Nun geht es halbrechts in Richtung Straße weiter, die wir nach ca. 60 m queren. Nach ca. 500 m kreuzen sich am ***Trockenschildchen*** die Wege (Wanderwegweiser). Wir bleiben geradeaus und sind nach weiteren 300 m an der ***Mareilebank***, wo es sich gut rasten lässt.

Die Mareilebank erinnert an Jutta Müller. Die 1905 in Oppershausen geborene Frau machte sich verdient um die Wanderbewegung in der Vogtei und im Hainich. Sie war aber auch eine leidenschaftliche Radfahrerin und Skiläuferin. So nahm sie 1935 an der Ski-Wanderung auf dem Rennsteig von Hörschel nach Blankenstein teil. Als Mitglied des Rennsteigvereines erhielt sie den Rennernamen „Mareile".
1965 verunglückte sie 60jährig, als sie mit dem Fahrrad von Langula nach Mühlhausen fuhr, tödlich. Am 18. März 1995 wurde die Mareile-Bank im Rahmen der ersten Jutta-Müller-Gedächtnis-wanderung im Beisein von Angehörigen übergeben. Jährlich führen organisierte Wanderungen zu diesem Fleckchen.
s. auch www.hainich-gemeinde.de oder www.rennsteigverein.de

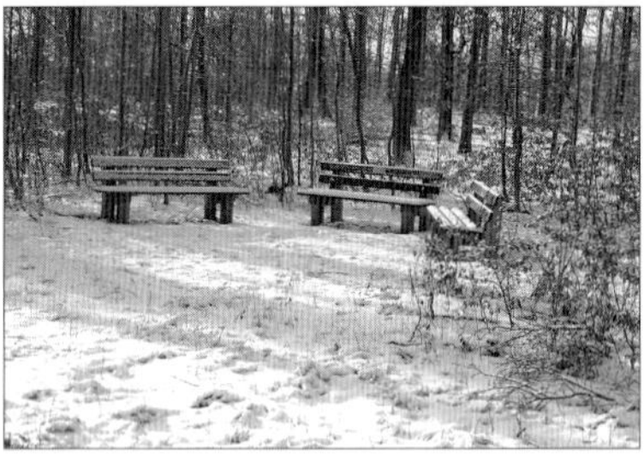

Mareilebank

Nach 500 m erreichen wir mit dem ***Dornschildchen*** einen weiteren beliebten Rastplatz.

Das idyllisch gelegene Dornschildchen ist der Festplatz der Langulaer.

An dieser Weggabelung (Wanderwegweiser) geht es links ab. Dabei trennen wir uns vom Hauptwanderweg. Nach ca. 600 m kreuzen sich die Wege. Wir bleiben geradeaus und nutzen eine Forststraße.

Dabei lassen wir rechts den Marthliesenweg liegen.

An der nach weiteren 350 m folgenden Wegkreuzung geht es geradeaus weiter *(Rettungspunkt UH-5281)*.

Rechterhand verläuft der Hainkuppenweg.

Nach ca. 150 m passieren wir den ***Gedenkstein von Jakob Hartung.***

Jakob Hartung arbeitete als Revierförster im Forstrevier Langula. Als er in seinem Forstrevier Hallunger Holzdiebe überraschte und diese zur Rede stellte, wurde er von ihnen getötet. Seine Nachkommen stellten für ihn den Gedenkstein auf.
s. auch www.rennsteigverein.de

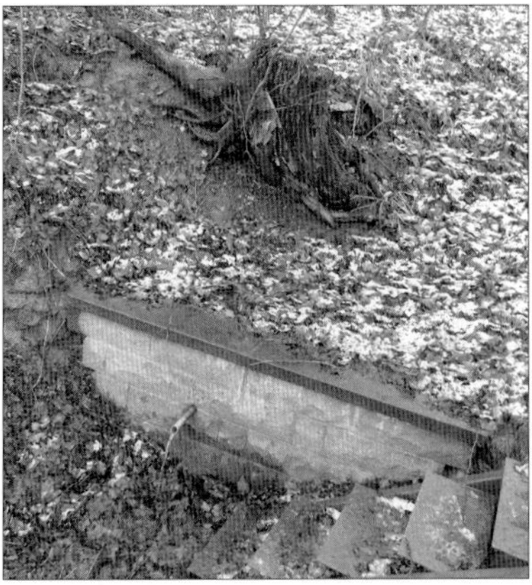

Eselskopfquelle.

Der *Rennstieg* führt nach weiteren 500 m zur ***Ritzhäuser Ladestelle***, wo wir uns geradeaus halten.

Dieses Plätzchen wurde nach dem einstigen Dorf Ritzhausen benannt. Hier war für die Forstarbeiter im Hainich über Jahrhunderte hinweg ein zentraler Platz, um das Holz zu sammeln und es zum Abtransport vorzubereiten. Von dieser Stelle sowie von Hallungen aus sind Wanderungen zum Sommerstein und zum Winterstein möglich. Beide „Steine" bilden zusammen die Form eines Hufeisens. Im Tale dieses Hufeisens lag der kleine Ort Ritzhausen. Unweit davon, an der Landstraße zwischen Heyerode und Hallungen, befindet sich das beliebte Waldbad – ein Naturbad, das von kühlen Hainichquellen gespeist wird.
An der Ritzhäuser Ladestelle besteht die Möglichkeit, über den Zuweg des Hainichlandweges einen Abstecher über das Bad nach Hallungen zu unternehmen.
s. auch www.vg-mihla.de

Wenig später schwenken wir links in einen schmalen Pfad ein. Nach einem knappen Kilometer kreuzen sich an einem *Rastplatz* die Wege. Wir bleiben geradeaus. Gleiches gilt für die nach 1,3 km folgende Wegkreuzung.
Schließlich wird nach weiteren 300 m das ***Grenzhaus Heyerode*** erreicht, in dessen Nähe sich auch der ***Alte Bf.*** befindet, wo dieser Tagesabschnitt endet.

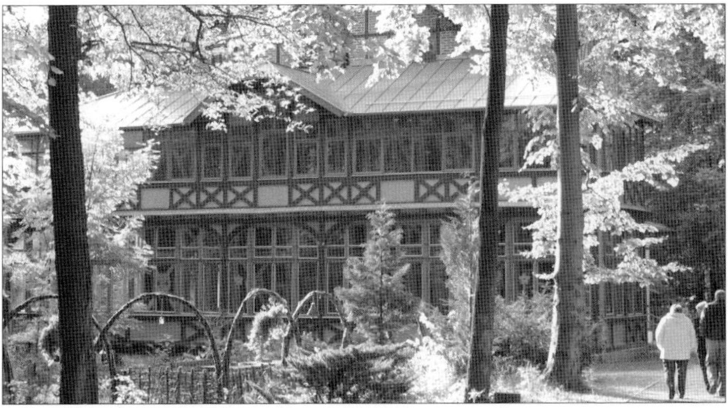

Tagunghaus und Ferienwohnungen im Kurhaus bei dem Landgasthof Alter Bahnhof. Foto Sammlung Mühlhäuser Werkstätten e.V.

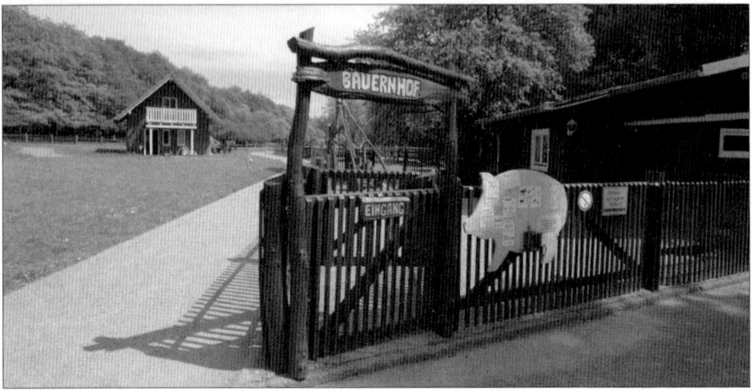

„Alter Bahnhof". Angeschlossen sind Ferienhäuser und ein Kinderbauernhof. Foto: Harald Rockstuhl

In diesem nicht nur bei Wanderern und Radfahrern beliebten Landgasthof „Alter Bahnhof" lässt es sich gut speisen und übernachten. Ein Kinderbauernhof und der Abenteuerspielplatz laden auch Familien zum Verweilen ein. Seit 1998 befindet sich das Objekt in Trägerschaft des Vereins Mühlhäuser Werkstätten für Behinderte. Im benachbarten „Kurhaus" sind Tagungsräume und eine Ferienwohnung des Landgasthofes eingerichtet.
s. auch www.landgasthof-hainich.de
Das Grenzhaus wurde einst von den Herren von Ebeleben als Jagdhaus errichtet. Um 1570 diente es dem sächsischen Forstschutzbeamten, dem sog. Hainichknecht, als Wohnung. 1650 erfolgte der Wiederaufbau des jetzigen Grenzforsthauses nach der Zerstörung im Dreißigjährigen Krieg. Heute wohnt hier der Revierförster, und der Maler Karl-Heinz Vogeley hat hinter den historischen Mauern sein Atelier. Ein Besuch seiner Bilderausstellung ist empfehlenswert. Das Grenzhaus, ein aus Bruchstein und Fachwerk bestehendes Gebäude unter Denkmalschutz, ist gut erhalten, und die örtliche Zufahrtsstraße führt durch einen Tordurchgang.
Idyllisch am Fuße des Hainichs, umgeben von herrlichen Buchenwäldern, liegt Heyerode (ca. 2800 Einwohner), im Jahre 1356 erstmals urkundlich erwähnt. Der Ort lädt mit seinem gepflegten Dorfanger, schmucken Fachwerk- und alten Bauernhäusern, zwei Kirchen sowie Bildstöcken zu einem Rundgang und zum Verweilen ein.
Heyerode eignet sich gut als Ausgangspunkt für Wanderungen auf dem Rennstieg, zum Senkig-Grund sowie zum Sommer- oder Winterstein.
s. auch www.lg-suedeichsfeld.de

SW 05: Hainichlandweg Etappe 5: Vom Grenzhaus Heyerode nach Struth

(22 km)

Heyerode, Alter Bf. – GLB „Bahneinschnitt“ – Diedorf (km 4) – Katharinenberg (6,5) – FND Steinbruch (11,3) – Hildebrandshausen (12,1) – Erlebnis-Draisine (13,7) – Lengenfeld unterm Stein, Viadukt (14,6) – Schutzhütte und AP „St. Florian“ (16,3) – Kloster Zella (19,9) – Friedaquelle – Struth (22,4)

- Δ **Höhenunterschiede:** 545 m Anstiege, 530 m Abstiege, gute Kondition erforderlich, nicht für Radtour geeignet
- Δ **Gehzeit:** 8 h
- Δ **Markierungen:** roter Punkt mit Buchenblatt (Hainichlandweg), außerdem: rotes Quadrat (Naturparkweg), blaues Dreieck (Harz-Eichsfeld-Thüringer Wald-Weg), X5 (Werraburgensteig)
- Δ **Parkmöglichkeiten:** Wanderparkplatz am Sportplatz Heyerode
- Δ **Wanderkarten:** Nr. 8, 1–3, 5 (s. u. Wanderkarten)
- Δ **Sehenswertes:** Heyerode, Alter Bf., Grenzhaus, Geschützter Landschaftsbestandteil Bahneinschnitt, Diedorf mit Strumpfmuseum, Kirchenruine Katharinenberg, Steinbruch, Hildebrandshausen, Lengenfeld mit Erlebnis-Draisine, Bahnviadukt und Schloss Bischofstein, Kloster Zella, Struth

Wissenswertes: Struth wird erstmals 1125 urkundlich erwähnt (Dobenecker-Verzeichnis). Am 17. Oktober 1273 verkaufte es Heinrich von Treffurt an das Kloster Zella. Der Kaufpreis betrug 24 Mark Silber. Die Untergerichtsbarkeit über den Ort übte seit dem 16. Jahrhundert ebenfalls das Kloster Zella aus, während für Kriminalsachen das Amt Gleichenstein zuständig war.
In der Gemarkung Struth befindet sich mit dem Rain (516 m NN) die höchst gelegene Erhebung des Unstrut-Hainich-Kreises.
Große Teile des Ortes wurden durch Kampfhandlungen zum Ende des 2. Weltkrieges zerstört.
s. auch www.rodeberg.de

Routenbeschreibung: Wir starten hinter dem ***Alten Bf.*** von ***Heyerode***. Der *Rennstieg* führt in östlicher Richtung weiter und wird zudem kurzzeitig vom *Barbarossaweg* (Markierung *X8)* flankiert. Nach ca. 200 m kreuzen sich die Wege (Wanderwegweiser). Entsprechend des Wanderwegweisers geht es links in Richtung Diedorf (Markierung *grünes Dreieck)*. An der nächsten Weggabelung halten wir uns halblinks und verlassen den Hainich-Rennstieg und auch den X8.
Nach ca. 150 m lädt an einem *Infopavillon* eine *überdachte Sitzgruppe* zur Rast ein. Nun folgen wir der Straße auf dem *Alten Bahndamm* des Vogteier Bimmelbähnchens entlang und befinden uns zugleich auf dem *Unstrut-Werra-Radweg*. An einem *Bildstock* gabeln sich nach ca. 800 m die Wege. Die *alte Bahnbrücke* wird nach 150 m gequert.

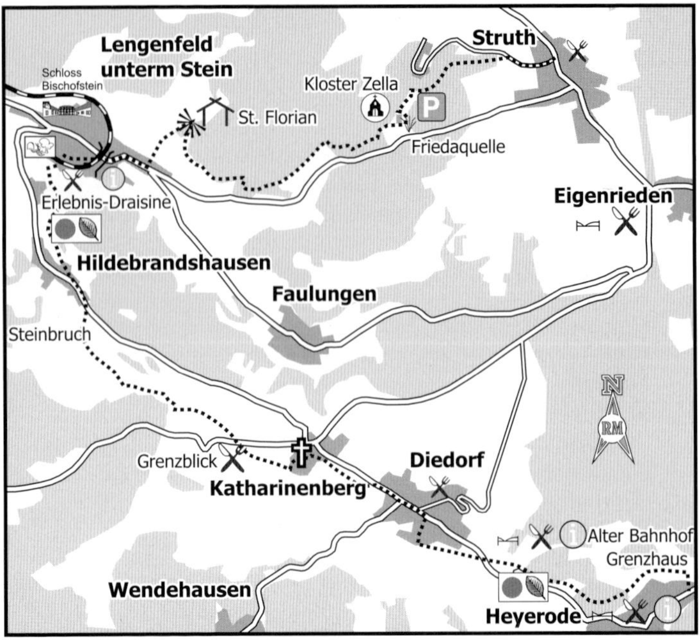

Auf dem weiteren Weg nach Heyerode kann man ständig über den idyllisch gelegenen Ort und auf die ihn umgebenden Berge und Wälder blicken.

Bald haben wir den ***Bahneinschnitt,*** einen Punkt der *Geologischen Route des Naturpark-Eichsfeld-Hainich-Werratal*, durchschritten. Am Ende des Bahndamms wird die *Straße Heyerode-Diedorf* gequert.

Dabei können wir auf Diedorf blicken.
Diedorf liegt in einem von den Ausläufern des Hainichs umgebenen Tal. Erstmals urkundlich erwähnt wurde es 876. Der sehenswerte Dorfanger mit seinen alten Linden diente als Versammlungsort. Ein wertvolles Kunstdenkmal ist das heilige Grab in der katholischen Pfarrkirche „St. Alban". Auf dem Gemeindefriedhof ist ein aus dem Jahre 1850 stammendes, aus einem Sandsteinblock gemeißeltes Steinkreuz zu sehen.
Seit Juni 2003 ist Diedorf um eine Attraktion reicher. Das Strumpfmuseum öffnete seine Pforten. Es dokumentiert die wechselvolle Geschichte der Strumpfproduktion im Obereichsfeld, die bis ins 17. Jahrhundert zurück reicht. Im einstigen Strumpfkombinat „Esda" rund um Diedorf und Heiligenstadt waren mehr als 2000 Menschen beschäftigt, deren Können nach 1990 nicht mehr gefragt war. Das Museum beherbergt Strümpfe und Etiketten aus allen Epochen. Zu den Exponaten gehört eine noch funktionstüchtige Schweizer Flachstrickmaschine aus dem Jahre 1892.
s. auch www.katharinenberg.de und www.lg-suedeichsfeld.de

Am ***ehem. Bf. Diedorf*** nutzen wir den rechts abbiegenden, geschotterten *Bahnhofsweg* dorfeinwärts. Anschließend schwenken wir links in die *Bahnhofstraße* ein, die an der *Bushaltestelle* von der *Herrenstraße* abgelöst wird. Nachdem wir den attraktiven *Dorfanger*

passiert haben, geht es durch die *Brunkelstraße* weiter. Durch die *Katharinenberger Straße* gelangen wir zum *Sportplatz*. 50 m vor dem *Ortsausgangsschild* schwenken wir in einen *Radweg* ein. So nehmen wir den Aufstieg nach ***Katharinenberg*** vor, das wir in der *Zollgasse* erreichen (s. auch SW 09).
Dort biegen wir links ein und folgen auch der Markierung mit dem *roten Quadrat (Naturpark-Wanderweg)* sowie dem *blauen Dreieck (HET-Weg)* bis zur ***Kirchenruine.***
Um den kleinen Ort zu verlassen, wandern wir am Friedhof vorüber. Nach ca. 150 m kreuzen sich die Wege (Wanderwegweiser). Über einen Feldweg geht es bergab zur stark befahrenen *B 249* (Markierung auch *X 5 – Werraburgensteig)*.
In der Nähe der Raststätte „Grenzblick" wird die Straße gequert. Ein holpriger Wirtschaftsweg führt durch Sträucher und mündet nach ca. 1 km rechtsabbiegend in den Kolonnenweg. Nach etwa 700 m wird dieser rechtsabbiegend verlassen und durch einen breiten Schotterweg abgelöst.

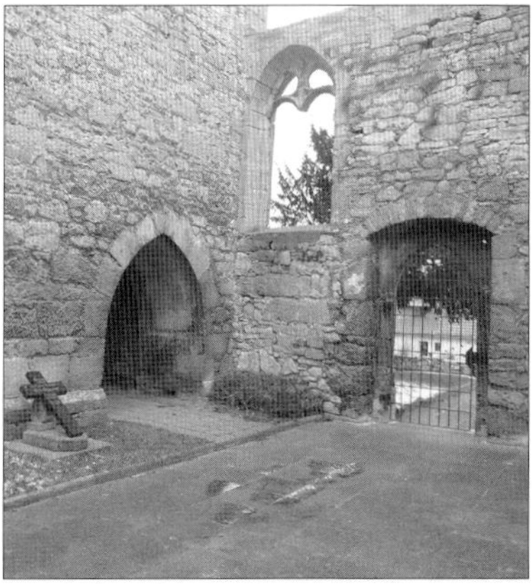
Katharinenberg, Kirchenruine.

Nachdem wir ca. 900 m zurückgelegt haben, gelangen wir zum ***GND „Steinbruch bei Hildebrandshausen"***, worauf eine Infotafel verweist.
Den Ortsrand von ***Hildebrandshausen*** erreichen wir nach 250 m und folgen nun der langgezogenen Hauptstraße bergab (s. auch SW 10). Nach ca. 500 m schwenken wir rechts in die *Klausgasse* ein.

Dabei trennen wir uns vom Werra-Burgen-Steig.

Nach einem kurzen Aufstieg erreichen wir das beliebte *Naherholungszentrum* der Hildebrandshäuser. Dort verlassen wir den Ort zwischen einem Feld und dem Waldrand unterhalb des *Heiligenbergs*.
Nachdem wir ca. 1,2 km zurückgelegt haben, lädt eine überdachte Sitzgruppe zur Rast ein.

Von hier schweift der Blick über den Hülfensberg, Geismar und den Rollsberg nach Lengenfeld unterm Stein mit seinem Schloss Bischofstein. Außerdem ist an der Chaussee von Lengenfeld nach Geismar die Hagemühle zu sehen.

Der Wiesenweg mündet nach ca. 250 m in eine schmale Straße ein, die zum ehemaligen *Bahnhof* von ***Lengenfeld unterm Stein*** führt, wo sich jetzt die ***Erlebnis-Draisine*** befindet.

Idyllisch im Tal der Frieda liegt Lengenfeld unterm Stein. Sein Ortsname leitet sich von Lengenfeld unterm Bischofstein ab. Sehenswert ist die 1882 bis 1884 erbaute dreischiffige neugotische Hallenkirche „St. Mariä Geburt". Am Südeichsfelder Krippenweg gelegen, ist das Dorf zwischen Weihnachten und Ende Januar Anziehungspunkt für zahlreiche Besucher aus nah und fern. Wahrzeichen des Ortes sind neben dem Schloss Bischofstein der weithin sichtbare Eisenbahnviadukt der ehemaligen „Kanonenbahn".
Die Eisenbahnstrecke von Leinefelde über Geismar ins hessische Eschwege war die interessanteste und abwechslungsreichste des Eichsfeldes. Neben der herrlichen Landschaft des Südeichsfeldes machten die vielen Tunnel und Viadukte eine Fahrt auf diesem Abschnitt zu einem Erlebnis. Sie war Bestandteil der Eisenbahntrasse Berlin – Wetzlar – Koblenz. Im Volksmund wurde sie „Kanonenbahn" genannt, weil sie 1875, also kurz nach dem Deutsch-Französischen Krieg, hauptsächlich aus militärstrategischen Gründen gebaut wurde. Allerdings erfüllte die Bahn diese Erwartungen nicht. Schon 1920 wurde die Strecke zur Nebenbahn herabgestuft. Die im Ergebnis des 2. Weltkrieges vollzogene Teilung Deutschlands wirkte sich auch auf diese Bahn aus. So verkehrten seit 1945 die Züge nur noch zwischen Leinefelde und Geismar. Seit Januar 1994 wurde zuerst der Zugverkehr auf dem Abschnitt zwischen Geismar und Küllstedt eingestellt, später der „Rest".
Seit dem 1. Dezember 2011 ist Lengenfeld unterm Stein eine Ortschaft der neugebildeten Gemeinde „Südeichsfeld".
s. auch www. l-u-st.de

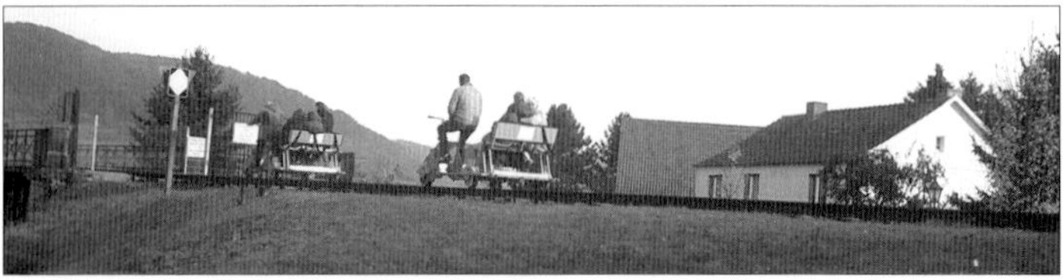

Erlebnis-Draisine in Lengenfeld unterm Stein.

Ein besonderes Erlebnis ist eine Fahrt mit der Draisine auf einer der schönsten Eisenbahnstrecken Deutschlands, der o. g. Kanonenbahn. Gleich hinter dem ehemaligen Bahnhof Lengenfeld unterm Stein geht die Fahrt über den 244 m langen und 23 m hohen Lengenfelder Viadukt. Die Erlebnistour führt im großen Bogen um das Dorf Lengenfeld, vorbei am Schloss Bischofstein zum ersten Tunnel auf dieser Strecke. Nach weiteren 3 km wird der ehemalige Haltepunkt Großbartloff erreicht. Bis zum Wendepunkt am ehemaligen. Bf. Küllstedt werden noch vier weitere Tunnel passiert und gewendet.
s. auch www.erlebnis-draisine.de

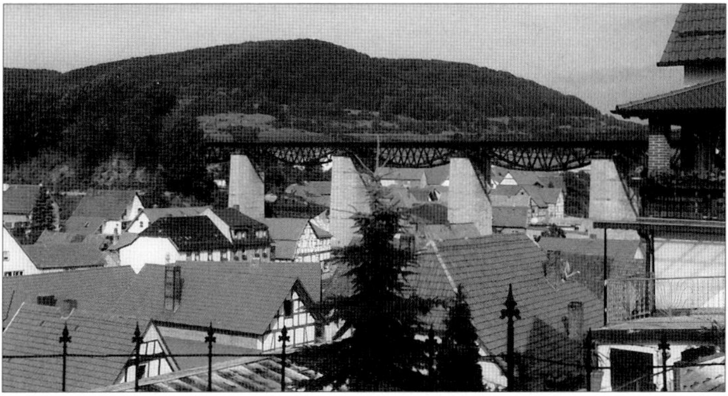

Der Viadukt der einstigen „Kanonenbahn“ in Lengenfeld unterm Stein.

In der Hagemühle bei Lengenfeld lädt das Kanonenbahnmuseum zum Besuch ein. Außerdem beherbergt das Gebäude das Thüringer Fußballinternat „Soccer-City“. *s. auch www.kanonenbahnmuseum.de und www.lg-suedeichsfeld.de*

Nach deren Besuch wandern wir durch die *Bahnhofstraße* an der *Fachklinik* und der schmucken *Kirche „St. Mariä Geburt“* vorüber zum ***Viadukt*** der einstigen Kanonenbahn. Dieses unterqueren wir rechts oberhalb der *Hauptstraße*.

Damit befinden wir uns zugleich auf dem MEM-Weg, dem Klosterpfad Nord-Westthüringen, dem Eichsfeld-Wanderweg sowie dem HET-Weg.

Ein *Steg* führt bergan. An einem *Kruzifix* mit Rastmöglichkeit vorüber geht es durch den *Schafhof* in Richtung *Kindergarten*. Dort biegen wir rechts ein und gehen auf eine *landwirtschaftliche Anlage* zu.

Dabei rücken die Schrannenfelsen oberhalb von Faulungen ins Blickfeld.

Vor dem *Weidezaun* geht es links bergan Richtung Wald. Unterhalb des *Kälberberges* nehmen wir den Aufstieg zur längst sichtbaren ***Schutzhütte „St. Florian“*** vor.

Kameraden der Freiwilligen Feuerwehr Lengenfeld unterm Stein errichteten im Jahre 2005 die Schutzhütte. Sie bietet hervorragende Ausblicke auf Lengenfeld mit seinem Viadukt und sämtliche den Ort umrahmenden 400er Berge.
s. auch www.l-u-st.de

Nach der Rast geht es geradeaus weiter.
Eine weitere *„Lust auf L.u.St-Bank“* lässt uns Abschied nehmen von Lengenfeld.
Wir bleiben unterhalb des *Kälberberges*. Die nächste Weggabelung folgt nach 700 m, wobei wir geradeaus bleiben.

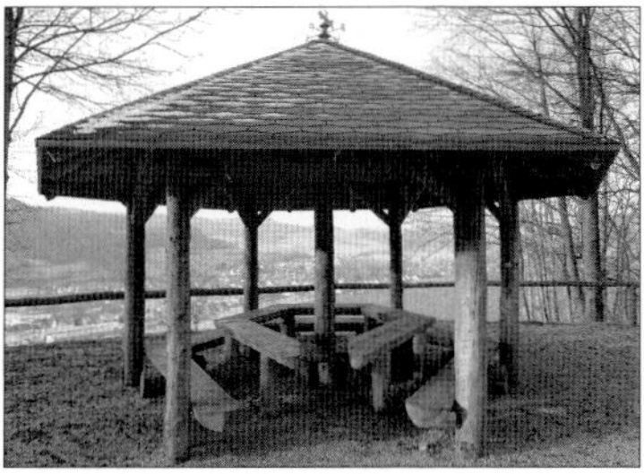

Schutzhütte „St. Florian“

Nach 400 m gabeln sich erneut die Wege. Entsprechend des Wanderwegweisers nehmen wir linksabbiegend den Aufstieg über einen Waldweg vor.
Nach einem guten Kilometer trennen wir uns vom Naturpark-Wanderweg und folgen geradeaus einem bergan führenden Waldweg.
Ungeachtet aller nun folgenden Wegkreuzungen und -gabelungen bleiben wir geradeaus und erreichen nach etwa 1 km das Gelände des ***Klosters Zella***.

1130 als Doppelkloster der Benediktiner, also für Männer und Frauen, gegründet, lebten hier ab 1230 Ordensfrauen. Im Bauernkrieg 1525 und im Dreißigjährigen Krieg zerstört, wurde es wieder bezogen. 1622 wurde in Fulda ein Tochterkloster geweiht. Nach Aufhebung des Klosters im Jahre 1810 ging es in Privatbesitz über. Seit 1948 wird es als evangelisches Alten- und Pflegeheim genutzt.
s. auch www.kloster-zella.de

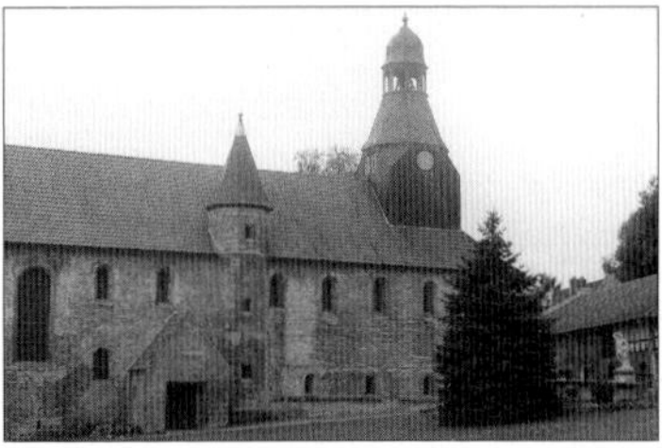
Gut erhalten ist das Kloster Zella.

Hinter dem Gelände der ***Klosters Zella*** folgen wir einer Forststraße geradeaus. Nach 500 m erreichen wir einen *Rastplatz*. Wir bleiben geradeaus. Am Waldausgang wandern wir bergan in Richtung der Telegrafenleitungen und der Straße. Wir erreichen den Ortseingang von ***Struth*** und folgen der Straße dorfeinwärts durch die *Annabergstraße*.

SW 06: Von Struth nach Kammerforst

(20 km)

Struth – Dörnaer Wald/Mühlhäuser Landgraben – Eigenrieder Warte – Eigenrieden (km 2,9) – Schäfersbrunnen (3,9) – Haferecke (5,7) – Gerberbank (6,5) (Mammutbäume) – Wendel-Hütte – Weißes Haus (8,2) – Ziegenfraßbank (9,7) – Waldschlösschen (10,7) – Rehbeinsruh (11,9) – Lindenrondell (12,8) – Langulaer Tal/Taternkreuz (15,7) – Lehdeborn (16,1) – Kirschlehde (16,5) – Steingraben (18,2) – Vorwerk Oppershausen (19,2) – Hainich-Haus Kammerforst (20)

Δ **Höhenunterschiede:** 255 m Anstiege, 410 m Abstiege, gute Kondition erforderlich, nicht für Radtour geeignet
Δ **Gehzeit:** 6 h
Δ **Markierungen:** roter Punkt mit Buchenblatt (Hainichlandweg), außerdem: weiße Mühlhaue mit Grabenprofil (Mühlhäuser Landgraben), roter Querbalken (MEM-Weg), blaues Andreaskreuz (Hauptwanderweg)
Δ **Parkmöglichkeiten:** Oststraße in Struth
Δ **Wanderkarten:** Nr. 8, 1–3, 5 (s. u. Wanderkarten)
Δ **Sehenswertes:** Struth, Anlagen des Mühlhäuser Landgrabens, Eigenrieden, Rastplätze, Hainich-Haus, Kammerforst

Wissenswertes: Eigenrieden wurde erstmals 1246 im Urkundenbuch der Stadt Mühlhausen erwähnt. Sehenswert sind hier der Ortskern mit den denkmalgeschützten Häusern sowie die evangelische Kirche „St. Ulrich“. Das Dorf eignet sich gut als Ausgangspunkt für Wanderungen auf dem Mühlhäuser Landgraben und auf dem Hainich-Rennstieg.
Eigenrieden bildet mit dem benachbarten Struth die Gemeinde Rodeberg.
s. auch www.rodeberg.de

Routenbeschreibung: Nach Überquerung der *Langen Straße* in Struth biegen wir rechts in die *Oststraße* ein und verlassen den Ort über den *Kirchberg* in Richtung Wald.
Im ***Dörnaer Wald***, wo wir den ***Mühlhäuser Landgraben*** betreten (s. auch SW 14), biegen wir rechts ein und folgen dem *Schild „Eigenrieden 1,2 km“*. Entlang dieses ehemaligen Walls gelangen wir in ***Eigenrieden*** zur *B 249*. Nach vorsichtigem Überqueren dieser **stark befahrenen Straße** erreichen wir die ***Eigenrieder Warte***.
Der Weg führt durch das *Oberdorf* und das *Unterdorf* zum ***Schäfersbrunnen***, an dem es halblinks geradeaus an einer Weide in den ***Mühlhäuser Stadtwald*** hineingeht (Grenzstein).

Vereine aus Eigenrieden erneuerten 2011/12 den 1826/27 errichteten Schäfersbrunnen.

Nachdem wir weitere 500 m zurückgelegt haben, passieren wir den ***Holz-Brand***.

Keine Angst! An dieser Stelle brennt nicht etwa der Wald. Hier erhielt eine überdachte Sitzgruppe den Namen ihres Sponsors, der Firma Holz-Brandt aus Struth.
s. auch www.carl-brandt.de

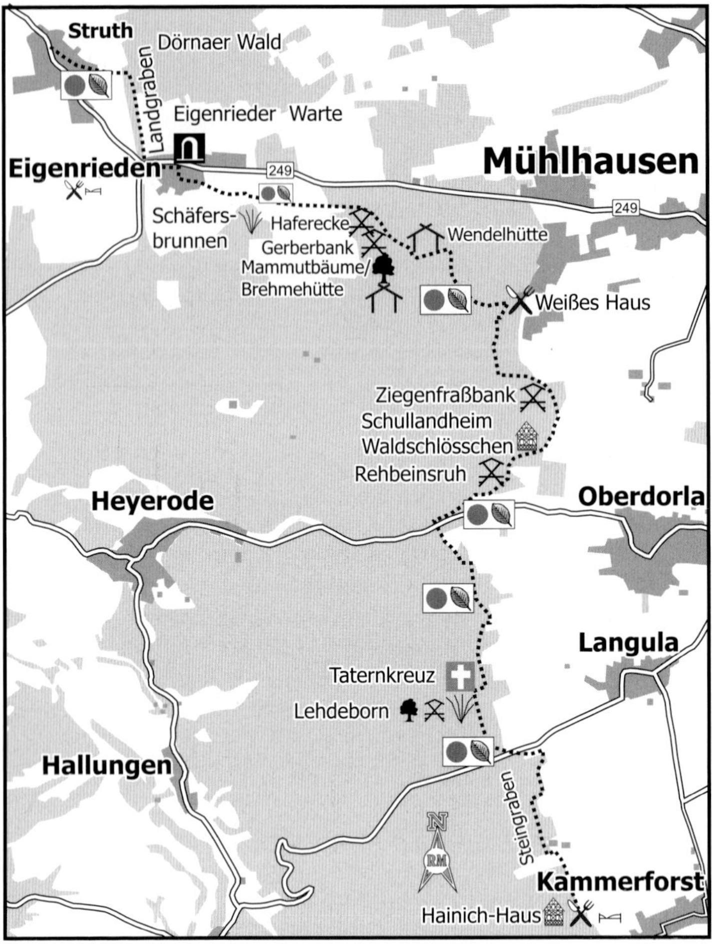

Bei der nach 600 m folgenden Wegkreuzung (Wanderwegweiser) nutzen wir einen schmalen Pfad, der zur *Roten Haus-Chaussee* führt. Dort schwenken wir links ein und erreichen wenig später die ***Haferecke***.

An dieser alten Ausspanne kann man auch heute gut rasten.

Wir bleiben geradeaus und erreichen nach ca. 700 m die ***Oscar-Gerber-Hütte***.
Von hier ist ein Abstecher zu den ***Mammutbäumen*** empfehlenswert (s. auch RW 03).

Anschließend folgt mit der ***Wendel-Hütte*** ein weiterer *Rastplatz*.

Die Wendelhütte wurde dem Postsekretär Heinrich Wendel (1884-1919) gewidmet. Er war Gründungsmitglied und erster Schatzmeister des Waldvereins Mühlhausen.

Über den herrlichen *Promenadenweg* gelangen wir zum ***Weißen Haus*.**

Das Weiße Haus wurde 1717 als Städtisches Forst- und Jagdhaus erbaut. Später erweitert, diente das Gebäude als Gaststätte und Tanzlokal. 1948 musste es wegen Baufälligkeit abgerissen werden. Die 1991 eröffnete kleine Imbissgaststätte hat den historischen Namen beibehalten.
Das Weiße Haus eignet sich bestens als Ausgangspunkt für Wanderungen im Mühlhäuser Stadtwald. Außerdem kreuzen sich hier mit dem Barbarossaweg, dem Hauptwanderweg Wernigerode – Eisenach, dem Waagebalkenweg, dem Fahner Höhe-Hainich-Weg und dem Mühlhausen-Eschwege-Mühlhausen-Weg weitere überregionale Wanderwege. Vom Weißen Haus bestehen regelmäßig Busverbindungen in die Stadt und zum Bahnhof Mühlhausen.
Beliebt bei Wanderern und Erholung Suchenden ist der Mühlhäuser Stadtwald. Er ist mit einer Fläche von mehr als 3000 ha der größte Kommunalwald in Thüringen.
Während der NS-Zeit wurde der Mühlhäuser Stadtwald durch die Firma Gerätebau GmbH als Stätte eines Rüstungsbetriebes missbraucht. Dort mussten während des 2. Weltkriegs neben Polen und Ukrainern auch bis zu 692 weibliche Häftlinge des Außenlagers Martha II des KZ Buchenwald Zwangsarbeit verrichten. Noch heute sind Ruinen des 1947 von der Sowjetarmee gesprengten Geländes sichtbar.

Der Weg schlängelt sich stets parallel zur *Chaussee Mühlhausen-Oberdorla*. Nach ca. 1 km ist ein Abstecher zum nahegelegenen *Rastplatz* ***Ziegenfraßbank*** möglich.
Im *Spittelgrund* wird eine Forststraße überquert und wir bleiben auf dem schmalen Pfad. Wenig später führt eine *Holzbrücke* über den *Felchtaer Bach*.

An der Brücke hat der Waldverein Mühlhausen eine Tafel angebracht mit folgendem Spruch: *„Natur ist Leben und Licht, Brücken verbinden, zerstöre Beides nicht, Dank wird Dich finden!"*

Nun sind es noch ca. 250 m bis zum ***Schullandheim Waldschlösschen*.**

1899 wurde auf dem Gelände eine Gaststätte errichtet, die bis 1955 Bestand hatte.

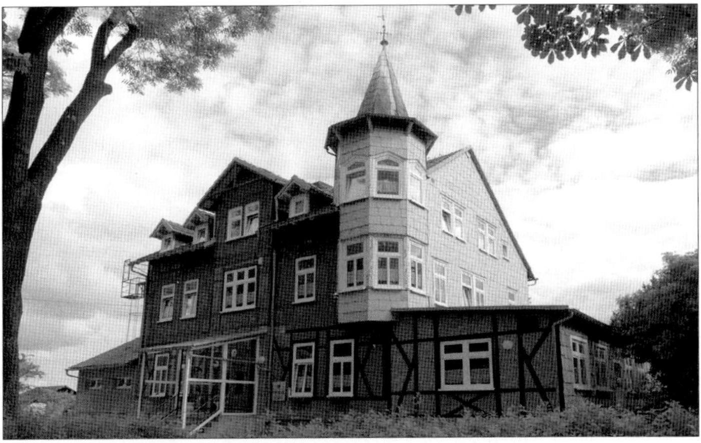

Das Schullandheim „Waldschlösschen" am Mühlhäuser Stadtwald.

Danach wurden die Gebäude als Ferienheim und später als „Station junger Touristiker" genutzt.
Seit 1992 ist das ehemalige „Waldschlösschen" ein Schullandheim. Es gehört zum Landesverband der Schullandheime in Thüringen e.V.
Das „Öko-Haus" auf dem Gelände trägt dazu bei, den Umweltgedanken umfassend zu vertiefen, Umweltwissen zu erwerben und zu erweitern. Es eignet sich hervorragend als Unterrichtsort für Schulklassen, die Projekttage naturnah gestalten oder ihren Biologieunterricht einmal anders erleben möchten. Streifzüge durch die Natur und Wanderungen helfen, die erworbenen Kenntnisse zu vertiefen.
s. auch www.kreis-uh.de

Wir halten uns geradeaus und bleiben zunächst im Wald. Allmählich entfernen wir uns von der Straße, um in einen Forstweg einzubiegen. Bald erreichen wir ein *Wildgehege*, neben dem wir zunächst entlang gehen. Hinter dem Wildgehege gehen wir auf einer Schotterstraße weiter. Bereits nach 100 m geht es links in den Wald hinein (leicht bergan). Nach weiteren 400 m wird ein Abstecher zum *Rastplatz* ***Willner's Eichen*** angeboten. Der Weg führt geradeaus an einer *Schonung* vorüber. Bei der nach 500 m folgenden Weggabelung am Waldrand schwenken wir rechts ein und wandern zwischen Waldrand und Obstzaun. Wenig später erreichen wir mit ***Rehbeinsruh*** einen weiteren *Rastplatz*.

An diesem beschaulichen Plätzchen ist zu lesen:
*„Das Vöglein im Gezweige singt
und lieblich rauscht der Hain,
ein jedes Blatt am Baume winkt,
Gedenke mein."*

Nach der Rast überqueren wir am *Parkplatz* ***Kirschtrift*** die *Straße Oberdorla – Heyerode*, wandern wieder in den Wald hinein, um auf einem schmalen Pfad neben der Straße zu laufen.
Bei der nach 500 m folgenden Weggabelung biegen wir links ab und überqueren die Straße an einem weiteren *Wanderparkplatz*. Wir wan-

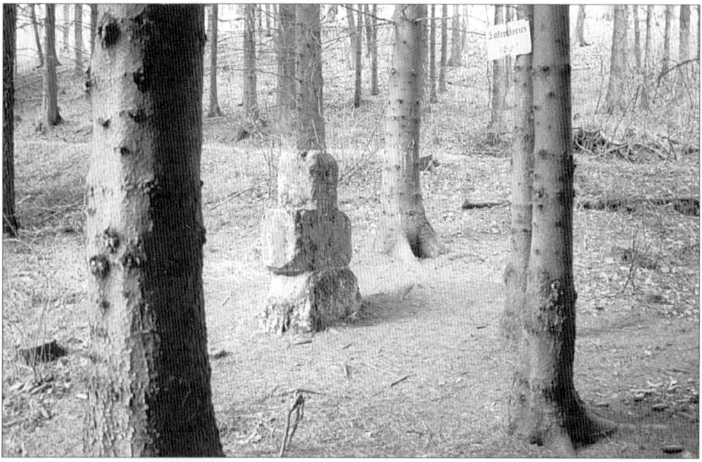

Taternkreuz. Foto: Harald Rockstuhl

dern durch Nadelwald bergan und erreichen wenig später mit dem ***Lindenrondell*** einen weiteren *Rastplatz*. Hinter dem Rastplatz geht es durch Obstplantagen hindurch und wenig später wieder in den Wald hinein.

Bei der nächsten Wegkreuzung halten wir uns geradeaus. Nach 400 m treten wir aus dem Wald heraus und wandern über eine Wiese an Sträuchern entlang. Bereits nach 150 m führt der Weg wieder in den Wald hinein (Wanderwegweiser). Der gut markierte Weg führt stets in Tuchfühlung zum Waldrand.

Wir erreichen das ***Langulaer Tal,*** wo wir rechts einbiegen. Hinter einem Rastplatz verbirgt sich, etwas im Wald versteckt, das ***Taternkreuz.***

Das Taternkreuz, auch Katharinenkreuz genannt, zählt zu den bemerkenswertesten unter den ca. 570 Steinkreuzen in Thüringen. Der Name geht auf die mundartliche Bezeichnung für Zigeuner (Tatern) zurück, die früher im Hainich fernab von Ortschaften lagerten. Mit seiner Armbreite von 85 cm und einer Stärke bis zu 33 cm wirkt das Steinkreuz äußerst mächtig. Das 1585 errichtete Kreuz war 1615 in einer Karte der Ganerbschaft Treffurt eingezeichnet. Warum es tatsächlich errichtet wurde, ist nicht genau überliefert.

Nach etwa 300 m verlassen wir die Forststraße im Langulaer Tal und biegen entsprechend des Wanderwegweisers in Richtung Lehdeborn ein. Um zum ***Rastplatz Lehdeborn*** zu gelangen, nutzen wir die steil bergan führenden *Holztreppen*. Dabei trennen wir uns vom *Hauptwanderweg*.

Der Lehdeborn sprudelt am Hang, in Stein gefasst unter einer dicken Linde hervor. Daneben laden ein steinerner Tisch mit der Aufstellungsinschrift 1746 und einige Bänke zur Rast ein. An diesem beschaulichen Plätzchen erinnert eine Gedenktafel an *„unseren Heimatdichter Ludwig Just, Pfarrer in Langula (1864–1899), zum Andenken"*.

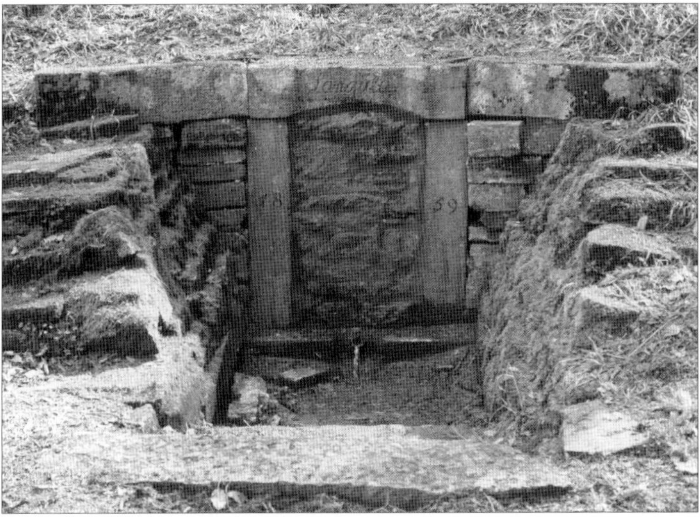

Lehdeborn. Foto: Harald Rockstuhl

Oberhalb des Lehdeborns biegen wir links ein. Der Weg führt bergab. Nun geht es am Waldrand entlang. Nach ca. 700 m gabeln sich die Wege, wobei wir uns rechts halten, um zwischen Obstplantagen und Waldrand weiter zu wandern. Alte *Grenzsteine* zieren den Wegrand. Beim nächsten *Rastplatz* führt der Weg bergab zur *Chaussee Langula – Nazza*. In diese *Straße* biegen wir links ein. Nach 100 m wandern wir rechts am Waldrand entlang. Dann geht es auf einem Schotterweg bergan in den Wald hinein. Hinter einem *Holzwendeplatz* wird der Pfad immer schmaler.
Am *Steingraben* steht ein Zwieselwegweiser. Wir bleiben geradeaus. Links abbiegend wird ein Abstecher zum ca. 300 m entfernten *Rondell* angeboten.

In einem kleinen Waldstück, südwestlich von Langula, befindet sich das „Rondelchen". Dabei handelt es sich um die 22 x 27 m große Stelle einer hochmittelalterlichen Herrenburg. Rings um den Rastplatz mit steinernem Tisch sind noch heute Spuren der einstigen Wallgräben aus dem 15. und 16. Jahrhundert zu sehen.

Nach ca. 500 m erreichen wir bei einer *Streuobstwiese* den Waldrand. Wir wandern nun auf einer Plattenstraße in Blickrichtung Kammerforst. Am Schießplatz der ehemaligen Volkspolizei vorüber geht es auf einem Feldweg links der Sträucher entlang.
Dann gehen wir wieder am Waldrand entlang, bevor wir rechts in den Wald hinein wandern (leicht bergan). Bald erreichen wir das ***Hainichhaus,*** auch *Weißes Haus* oder *Forsthaus Seebach* (Siebsches Haus) genannt.

Im Jahre 1890 ließ der Ornithologe Freiherr von Berlepsch das alte, am Rande des Hainichs stehende Forsthaus neu erbauen. Am alten Quergebäude entstand ein Längsbau mit dem Erker und dem Vorbau. Leider verfiel das Gebäude in den letzten Jahren immer mehr. Inzwischen wurde es fleißig durch die Inhaber des Rennstieg-Hotels und Gasthof Rettelbusch in Kammerforst restauriert, sodass es wieder als Einkehr- und Übernachtungsmöglichkeit für Wanderer genutzt werden kann.

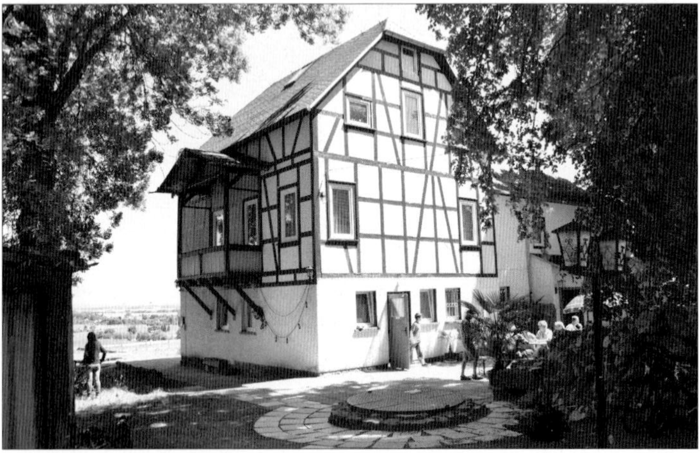

Das ***Hainich-Haus mit dem Klingbrunnen (vorn)*** *auch Weißes Haus oder „Siebsches Huus" genannt, lädt zum Verweilen ein.*
Foto: Harald Rockstuhl

Auf dem Gelände befindet sich auch der legendäre Klingbrunnen, der früher als eines der beeindruckendsten Geheimnisse des Hainichs galt. Die Bezeichnungen reichten von *„Schlund des Hainich“* bis gar zum *„Eingang zur Hölle“*. Nachdem er bis 1913 durch verkeiltes Bauholz teilweise zugeschüttet und später mit einer Betondecke verschlossen wurde, konnte er 90 Jahre später, im Oktober 2003, durch die Gastwirtsfamilie Rettelbusch freigelegt und der Vergangenheit entrissen werden.
s. auch www.rennstieg-hotel.de

Von hier ist ein Abstecher nach ***Kammerforst*** möglich, das nicht unmittelbar auf dem *Hainichlandweg* liegt, sich aber als Tagesetappenziel dieser siebenteiligen Wanderung ebenfalls hervorragend eignet (s. auch RW 24).

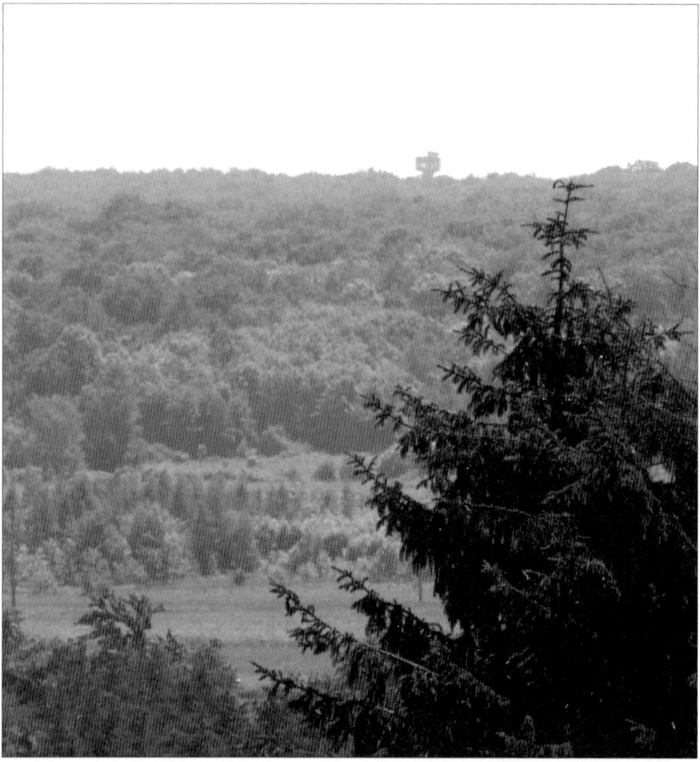

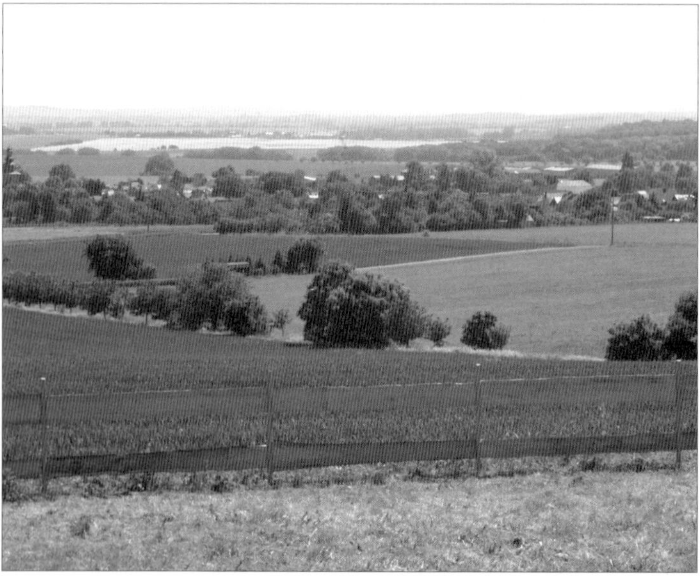

Blick vom Hainich-Haus zum 40 m hohen Turm des Baumkronenpfades oder bis zu 70 km in die Ferne. Fotos: Harald Rockstuhl

SW 07: Hainichlandweg, Etappe 7: Vom Hainich-Haus nach Weberstedt

(15 km)

Hainich-Haus Kammerforst – Kammerforster Holz – Thamsbrücker Grund – Reckenbühl/Kletterwald (km 3,2) – Betteleiche/ Ihlefeld (5,3) – Ihlefelder Kreuz – Eiserne Hand (6,3) – Brunstal (7,8) – Gänsekropf (12,3) – Weberstedt (15,4)

- Δ **Höhenunterschiede:** 205 m Anstiege, 255 m Abstiege, nicht für Radtour geeignet
- Δ **Gehzeit:** 5 h
- Δ **Markierungen:** roter Punkt mit Buchenblatt (Hainichlandweg), außerdem: rotes Quadrat (FHH-Weg), Waagebalkenweg
- Δ **Parkmöglichkeiten:** Hainich-Haus
- Δ **Wanderkarten:** Nr. 8, 1–7 (s. u. Wanderkarten)
- Δ **Sehenswertes:** Hainich-Haus, Kammerforst, Reckenbühl, Betteleiche, Ihlefelder Kreuz, Eiserne Hand, das wildromanti sche Brunstal, Erlebnispfad Brunstal, Gänsekropf, Weberstedt

Wissenswertes: Als Wahrzeichen des Hainichs gilt die etwa 1000 Jahre alte Betteleiche. Dieser altehrwürdige Baum drängt sich als Fotomotiv nahezu auf. Seine bizarre Form ist von Menschenhand beeinflusst. Um 1500 betrieben hier Bettelmönche eine Außenstelle des Eisenacher St. Katharinenklosters. Vorbeireisende und die Bewohner der umliegenden Orte spendeten Lebensmittel oder legten Bittzettel nieder. Um diese Gaben vor Witterungsunbilden zu schützen, schufen die Mönche eine Aushöhlung in dem damals schon dicken Baum. Das Kernholz brach im Laufe der Jahrhunderte mannshoch aus, sodass man heute hindurch schreiten kann. Trotz seines hohen Alters ist dieses „Herz des Hainichs" noch rüstig und wird noch lange schlagen. Dafür sorgt auch die Sanierung, die 1994 auf Initiative des Rennsteigvereins 1896 e. V., Ortsgruppe Hainich-Rennstieg, vorgenommen wurde.
s. auch www.rennsteigverein.de

Routenbeschreibung: Nachdem wir das ***Hainich-Haus*** umwandert haben, erreichen wir nach ca. 300 m eine Weggabelung (Wanderwegweiser). Der Weg führt linkerhand bergan über eine Forststraße *(Nadelwald)*.

Der Blick ist auf Kammerforst gerichtet.

Bei der nach ca. 500 m folgenden Weggabelung halten wir uns rechts. Der Weg führt bergan in Richtung Wald.

Von dieser Stelle bietet sich über einen Hainichlandzuweg ein Abstecher nach Kammerforst an.

Bereits nach 150 m gabeln sich zwischen dem Waldrand und einer *Streuobstwiese* die Wege. Wir folgen der Forststraße bergan und erreichen den *Kirschfestplatz von Kammerforst*.
Wenig später wird die *Reckenbühler Straße* gequert und wir bleiben am Waldrand des *Kammerforster Holzes*.

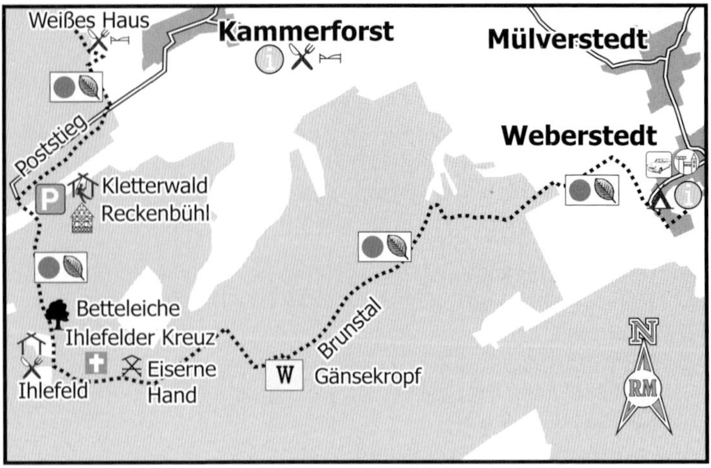

Damit befinden wir uns zugleich auf dem Betteleichenweg (s. auch RW 25)

Bereits nach 30 m weist ein Wanderwegweiser über den *Poststieg* in Richtung Betteleiche. Wir bleiben aber geradeaus am Waldrand und folgen einer Forststraße durch den ***Thamsbrücker Grund.*** Der Weg führt allmählich bergan.
An der nach ca. 350 m folgenden Weggabelung trennen wir uns entsprechend der Wanderwegweiser vom Betteleichenweg und halten uns geradeaus. Nachdem wir den ca. 1 km langen Aufstieg bewältigt haben, gabeln sich am Waldrand die Wege.
Wir schwenken links ein und können bereits auf den Reckenbühl blicken.

Der Reckenbühl entstand wahrscheinlich um 1100 als Wirtschaftshof der Antoniusbrüder. Nach deren Vertreibung durch den Thüringer Landgrafen im Jahre 1338 nutzten die Ritter der Umgebung diese Wiese als Turnierplatz. Die Sieger der Schaukämpfe nannte man „Recken". Somit übertrug sich der Name auf

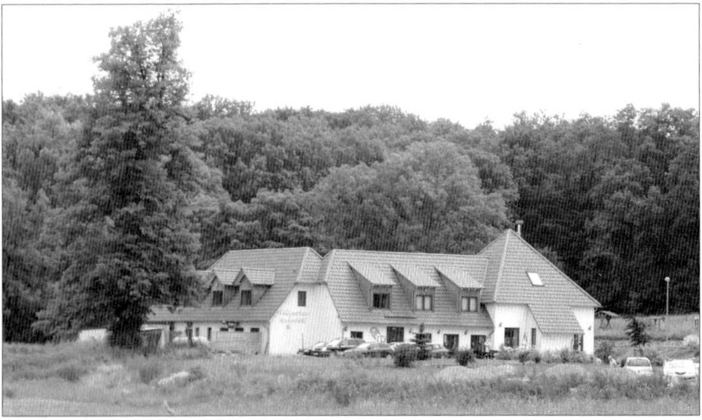

Das Reckenbühl. Foto: Harald Rockstuhl

dieses Anwesen. Als die Zeiten der „Alten Rittersleut" vorüber waren, nutzten die Gutsherren die Gebäude als Forsthaus, in dem auch der Förster seine Unterkunft fand. Im Zuge der Bodenreform 1945 wurden die Liegenschaften enteignet und es zogen zunächst Umsiedlerfamilien ein. Später wurde das Gelände von der LPG „Neues Leben" Kammerforst übernommen und noch ein Rinderstall angebaut. Als 1968 der letzte Bewohner nach Kammerforst zog, verfiel dieses einstmals herrliche Anwesen binnen kurzer Zeit zur Ruine. Bauherren der umliegenden Ortschaften bedienten sich bei Nacht und Nebel und nahmen Dachziegel, Türen und Fenster. Von der einstigen Pracht des Reckenbühls blieb nicht mehr viel.
Leider war bei Drucklegung des Büchleins das erst vor Kurzem errichtete Waldgasthaus ohne Pächter.
Seit März 2013 befindet sich in unmittelbarer Nähe des Reckenbühls der Hainich-Kletterwald. Sechs verschiedene Parcours in bis zu 18 m Höhe bieten nicht nur den Kindern ab fünf Jahren ein reiches Betätigungsfeld.
s. auch www.kletterwald-hainich.de

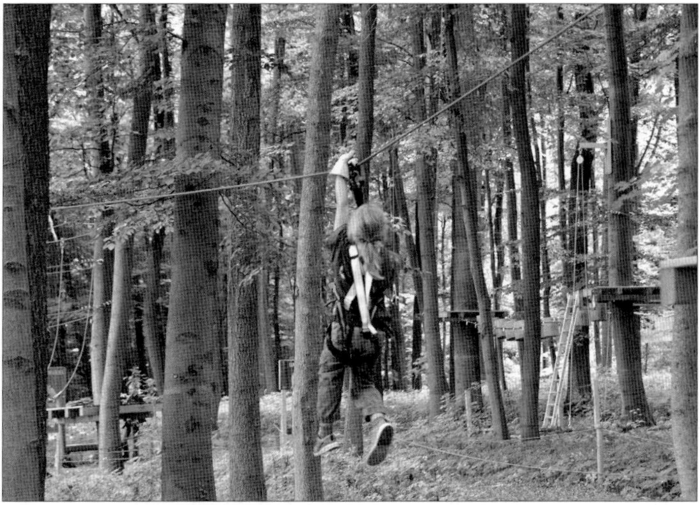

Kletterwald Hainich am Reckenbühl. Foto: Harald Rockstuhl

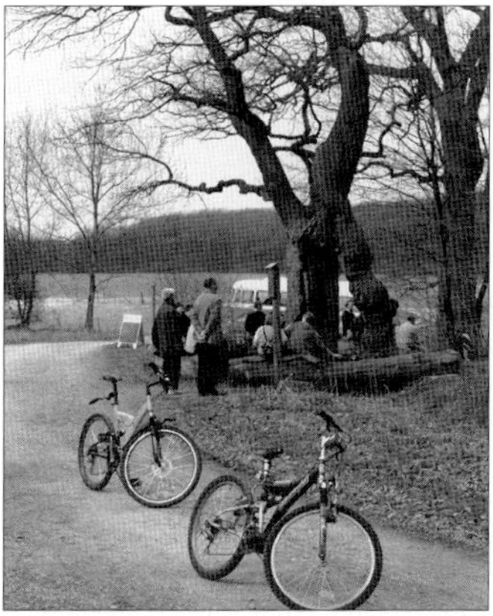

Betteleiche. Foto: Harald Rockstuhl

Ein schmaler Pfad schlängelt sich durch den Wald zur legendären ***Betteleiche***. Hier ist ein Abstecher zum 100 m entfernten ***Wüstung St. Katharinen-Ihlefeld (Forsthaus Mülverstedt)*** lohnenswert.

Anfang des 20. Jahrhunderts standen an diesem von Wanderern gern besuchten Platz drei Jagdhäuser. Am mittleren Gebäude war ein Türmchen angebaut, mit einer zinnengeschmückten Aussichtsplattform. Das Ihlefeld musste 1964 dem Truppenübungsplatz Weberstedt weichen. So wurden die Gebäude abgetragen, gesprengt und an

den Zufahrtsstraßen entstanden Schlagbäume und Sperren. Als im Frühjahr 1990 bekannt wurde, dass der Truppenübungsplatz aufgegeben werden soll, strömten Hunderte von Menschen zu jenem historischen Platz. Inzwischen lädt eine Schutzhütte über den Gewölben des früheren Forsthauses wieder zur Rast ein.
s. auch www.rennsteigverein.de
Von April bis Oktober gibt es samstags und sonntags sowie an Feiertagen eine Imbissversorgung für die zunehmende Anzahl Wanderer, Radfahrer und Reiter.

Anschließend führt eine Forststraße über den *Rennstieg*, *Betteleichenweg* und *Bummelkuppenweg* zum etwas im Wald versteckten ***Ihlefelder Kreuz***.

Bei diesem fast 2 m hohen Travertinkreuz in gotischen Konturen handelt es sich um das älteste Flurdenkmal im Hainich (15. Jahrhundert). Bis 1993 stand es stark geneigt, der Kopf war abgebrochen und ein Arm fehlte. Dann wurde es durch den im Heimatverein Oberdorla engagierten Steinmetzmeister Wolfgang Schütz restauriert. Unterstützung bakam er vom Förster Fritz Höppner. Dabei kamen einige der verwitterten Einrillungen zum Vorschein. Sie zeigen einen Menschen, der einen Jagdspieß hält, und die Hinterpranken eines Bären. Dies lässt darauf schließen, dass ein unbekannter Jäger sein Leben einbüßte und dessen Hinterbliebene für sein Seelenheil dieses Kreuz errichteten.
s. auch www.rennsteigverein.de

Bereits nach 50 m erreichen wir das Wegekreuz an der ***Eisernen Hand***.

Die früheste Erwähnung des Wegweisers Eiserne Hand stammt aus dem Jahre 1554. Die fünf unnatürlich gebogenen Finger zeigen in verschiedene Richtungen, die auf der Tafel dahinter erklärt werden. Während der Errichtung des Truppenübungsplatzes Weberstedt 1964 retteten in einer Nacht- und Nebelaktion der damalige Mülverstedter Bürgermeister und einige heimatverbundene Einwohner des Ortes das letzte „Original“. Es wurde im Park der Gemeinde aufgestellt, wo es auch heute noch bewundert werden kann. Die 1994 durch den Schmiedemeister Berthold Zilling aus Kammerforst vorgenommene Nachbildung steht jetzt an der Wegkreuzung im Forstort „Dreiangel“.
s. auch www.rennsteigverein.de

Wir folgen dem *ersten Finger* in Richtung *Cammerforst-Mühlhausen*. An der nächsten Weggabelung halten wir uns geradeaus und trennen uns vom *Rennstieg* und *Bummelkuppenweg* und befinden uns zugleich auf dem *Radweg Rote Route*. Bei einer weiteren Weggabelung mit Rastplatz gehen wir erneut geradeaus und verabschieden uns vom *Betteleichenweg* und schon wieder von der *Roten Route*.
Nach 500 m gelangen wir an eine Wegkreuzung, an der wir die Straße rechts abbiegend verlassen und in den schmaleren *Wanderweg Saugraben (Markierung Wildschwein)* einbiegen. Unser Weg führt nun mehrmals bergauf und bergab unter Zuhilfenahme von *Holztreppen* durch das wildromantische ***Brunstal***.
Nach etwa 3,5 km trennen wir uns vom Wanderweg Saugraben und befinden uns auf dem *Erlebnispfad Brunsta*l (Markierung *braunes Ahornblatt*).

Das Brunstal, ein besonders tief ausgespültes Trockentälchen, liegt in der Kernzone des Nationalparks Hainich. Den Talgrund durchzieht ein teilweise unüberquerbarer Erosionsgraben, wobei der Boden selbst bei Trockenheit ziemlich feucht ist. Besonders schön sind die Blütezeiten von Märzenbecher und Hohlem

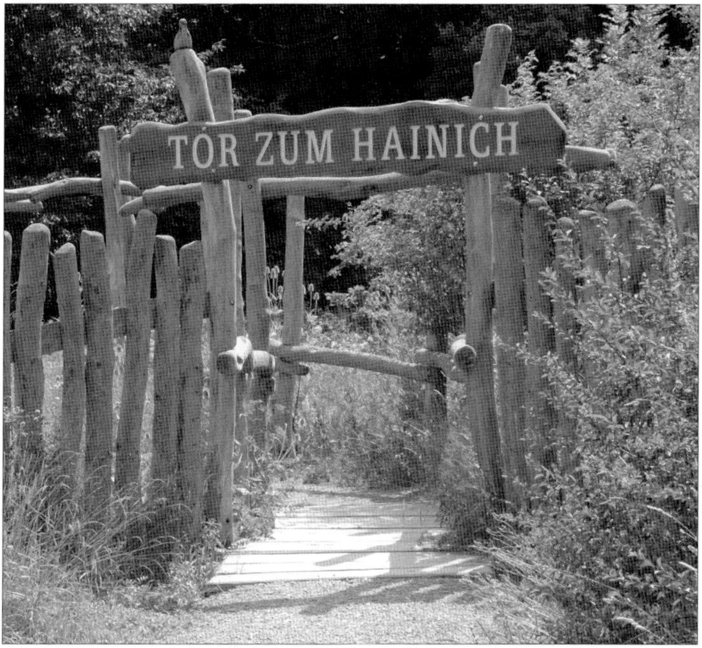

Weberstedt – Tor zum Hainich.

Lerchensporn im März. Im Mai beherrscht der Bärlauch die Augen und die Nasen der Wanderer.
Einer der kürzesten Wanderwege im Nationalpark ist der 3 km lange Erlebnispfad Brunstal, ein barrierefreier Weg. Er bietet auch blinden und sehschwachen Personen sowie Rollstuhlfahrern die Möglichkeit, die Naturschönheiten im Nationalpark Hainich zu erfahren.
Die Einführungstafel ist wie alle anderen neun Info-Tafeln auch in Brailleschrift zu lesen. Alle Stationen sind gut wahrnehmbar. Aber auch für Familien mit Kindern sind solche Erlebnisstationen wie Wildkatzenhöhle, Baumwurzel, Baumstämme, Tierspuren oder Kräftemessen nicht uninteressant.
Sie befinden sich zugleich auf dem Wanderweg Saugraben, worauf ein Wildschwein in der Markierung hinweist.
s. auch www.nationalpark-hainich.de

50 m hinter dem Rastplatz schwenken wir links ein und gelangen nach ca. 600 m zum ***Gänsekropf***.

Bis 1964 befand sich auf dem gleichnamigen Hügel mit dem Forsthaus Schönstedt ein beliebtes Naherholungsziel. Danach verfiel es durch die militärische Nutzung immer mehr. Es lag sehr idyllisch, umrahmt von einem schönen Teich. Der Heimatforscher Hermann Gutbier aus Bad Langensalza lieferte die Erklärung für den Namen des Platzes ab, „ *....der seinen wunderlichen Namen jedenfalls von der Ähnlichkeit seines Kartenbildes mit jenem Körperteil des kapitolinischen Vogels hat....*"

Der Weg führt uns nach etwa 500 m aus dem Wald heraus, wobei wir nun einen *Blick auf Mülverstedt* haben. Wir bleiben am Waldrand und wandern über den ehemaligen *Truppenübungsplatz*.

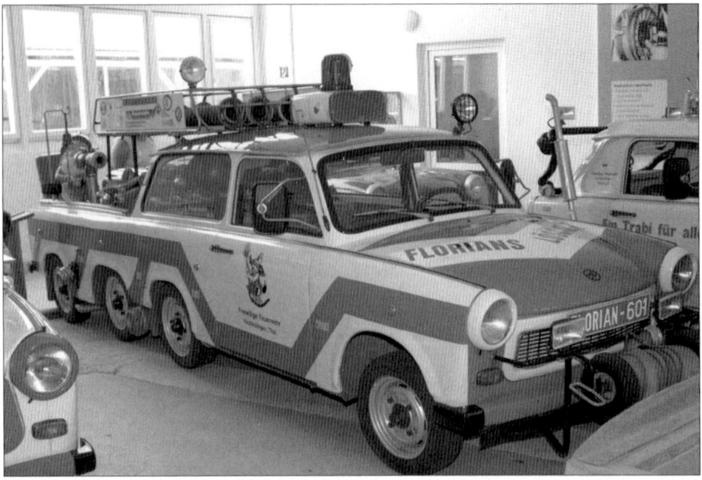

Weberstedt, Trabimuseum. Foto: Harald Rockstuhl

Nachdem wir dessen ehemalige *Zufahrtsstraße* von Weberstedt überquert haben, wandern wir an *Birken* entlang, die wenig später von *Pappeln* abgelöst werden.
Der Weg mündet schließlich in den *MärchenNaturPfad Feensteig* (s. SW 01) und endet am *Campingplatz* sowie am *Trabimuseum* von ***Weberstedt***.

II. Der Naturparkweg Leine-Werra

Streckenwanderungen 08–12

Der Naturpark Eichsfeld–Hainich–Werratal umfasst eine Fläche von 858 Quadratkilometern. Er erstreckt sich auf Gebiete der Landkreise Wartburgkreis (WAK), Unstrut-Hainich (UH) und Eichsfeld (EIC). In dieser Region sind etwa 84 000 Einwohner zu Hause.
Der Naturpark bietet herrliche Landschaften zum Wandern, z. B. auf dem Naturparkweg Leine-Werra, der sich von Creuzburg im Süden bis Heiligenstadt im Norden erstreckt. Der Verwaltungssitz des Naturparks befindet sich in Fürstenhagen (Landkreis Eichsfeld) im ehemaligen Bahnhof (s. auch SW 12). Der einstige Wasserturm wurde umgebaut zu einem Informationszentrum mit Dauerausstellung über vier Etagen. Auf dem Gelände gibt es einen Kräuter-, Tast- und Duftgarten, einen Teich, einen Walderlebnispfad sowie ein Baumhaus.
Beliebt bei Wanderern aus nah und fern ist der Eichsfelder Wanderbus, der in den Monaten April bis Oktober an verschiedenen Wochenendterminen durch den Naturpark und den Landkreis Eichsfeld fährt. Erfahrene Wander- und Naturparkführer begleiten die Gruppen auf ihren Wegen.
Im Jahre 2009 zeichnete der Deutsche Wanderverband den 98 km langen Naturparkweg Leine-Werra mit dem Prädikat „Qualitätsweg Wanderbares Deutschland" aus. 2012 gelang es, im Rahmen der Nachzertifizierung das Prädikat zu bestätigen.

Übernachtungsmöglichkeiten entlang der Strecke gibt es in allen kursiv gekennzeichneten Orten.
Der Naturparkweg ist durchgängig markiert mit einem roten Quadrat auf weißem Grund. Die einzelnen Stationen des Weges sind:
Creuzburg - AP und Rastplatz Wisch (km 0,9) - Stadtbergbuche (4,4) - Scherbda (5,1) - AP Triftblick (5,9) - *Frankenroda* (9,5) - Vogelbeobachtungsstation (11,9) - *Falken* (14,5) - *Treffurt* (19) - *Burg Normannstein* (19,9) - Lindenhecke (23) - Tiergehege Schierschwende (23,6) - Hinteres Kreuztal (24,2) - *Wendehausen* (26,1) - Ziegenberg (27,6) - Katharinenberg (28,9) - *Faulungen* (30,9) - Mariengrotte - Faulunger Kluft (31,9) - Faulunger Stein (32,2) - Faulunger Schranne (32,9) - Schutzhütte und AP „St. Florian" (39,6) - *Lengenfeld unterm Stein, Viadukt* (41,3) - Erlebnis-Draisine (41,9) - Hildebrandshausen (43,5) - *Döringsdorf* (48,1) - Hülfensberg (49,1) - *Geismar* (52,4) - Wilbich (53,7) - *Großbartloff* (59,1) - *Klostermühle* - *Luttermühle* - *Küllstedt (67)* - Schweizer Häuschen (68) - *Wachstedt* (70,5) - Klüschen Hagis (73,7) - *Martinfeld* (77,1) - Rosoppe-Quelle (80) - Bernterode/HIG (83) - Dieteröder Klippen (86,7) - Fürstenhagen, Naturparkverwaltung (88,7) - Lutter (91,4) - AP Maienwand (95,9) - *Heiligenstadt* (99,3)
Dieser Weg kann in beiden Richtungen begangen werden. Der Autor hat den Weg in fünf Tagesetappen gegliedert und in Creuzburg begonnen.
s. auch www.naturpark-ehw.de

SW 08: Naturparkweg Leine–Werra, Etappe 1: Creuzburg–Treffurt (19 km)

Creuzburg, Gottesackerkirche – Wisch (km 0,9) – Stadtbergbuche (4,4) – Scherbda (5,1) – AP Triftblick (5,9) – Frankenroda (9,5) – Vogelbeobachtungsstation (11,9) – Falken (14,5) – Treffurt (19)

- Δ **Höhenunterschiede:** 315 m Anstiege, 342 m Abstiege, ein anstrengender Anstieg von Creuzburg zum Wisch, ansonsten leichtes Profil, nicht für Radtour geeignet, barrierefreier Weg zwischen Falken und Treffurt (Begleitperson erforderlich)
- Δ **Gehzeit:** 6 h
- Δ **Markierungen:** rotes Quadrat
- Δ **Parkmöglichkeiten:** Markt in Creuzburg
- Δ **Wanderkarten:** Nr. 1–4, 6 (s. u. Wanderkarten)
- Δ **Sehenswertes:** Creuzburg, Wisch, Stadtbergbuche, Scherbda, Frankenroda, Vogelbeobachtungsstation, Falken, Treffurt

Wissenswertes: Creuzburg ist älter als 1200 Jahre. Kaiser Karl der Große stattet im Jahre 973 das Kloster Hersfeld bei der Gründung mit dem Fiskalzehnt aus. Das Stadtrecht wurde 1213 durch den Thüringer Landgraf Hermann I. verliehen. Burg und Stadt entstanden am wichtigen Werraübergang, einer bedeutenden Heeres- und Handelsstraße, und waren bevorzugter Aufenthaltsort der hl. Elisabeth. In Creuzburg überspannt die Werra seit 1223 eine der ältesten steinernen Brücken. Zusammen mit der 1499 geweihten Liboriuskapelle stellt sie ein einzigartiges steinernes Ensemble dar. Den Mittelpunkt der Stadt bildet die 1215 errichtete Nikolaikirche mit ihrer romanischen Apsis. An der Südseite erinnert ein Gedenkstein an Michael Praetorius. Sehenswert ist auch die Gottesackerkirche (Liebfrauenkirche) im Park mit einer Ausstellung des Naturparks Eichsfeld-Hainich-Werratal.
Wahrzeichen der Stadt ist jedoch die Burg Creuzburg, wo sich auch die Touristinformation befindet. Das Amtshaus beherbergt Ausstellungsräume und eine Heimatstube mit Gegenständen der regionalen Alltagskultur, vorwiegend von 1850 bis 1950.
Im Marstall ist eine Ausstellung dem berühmten Musikgelehrten, Komponisten und Hofkapellmeister Michael Praetorius (1572 bis 1621) gewidmet, der in Creuzburg geboren wurde.
s. auch www.creuzburg-online.de

Routenbeschreibung: Wir starten in ***Creuzburg*** am *Markt* und folgen der *Kasseler Straße* und der *Bahnhofstraße* (Markierung *roter Punkt)*.

Bis Frankenroda wird der Naturparkweg vom Hainichlandweg begleitet.

Nach ca. 350 m „durchstoßen“ wir rechts abbiegend einen *alten Torbogen*. Nun geht es zur ***Gottesackerkirche*** hinauf, in der eine Ausstellung des Naturparkes Eichsfeld-Hainich-Werratal untergebracht ist. Hier beginnt zugleich unser Wanderweg (Markierung *rotes Quadrat*).

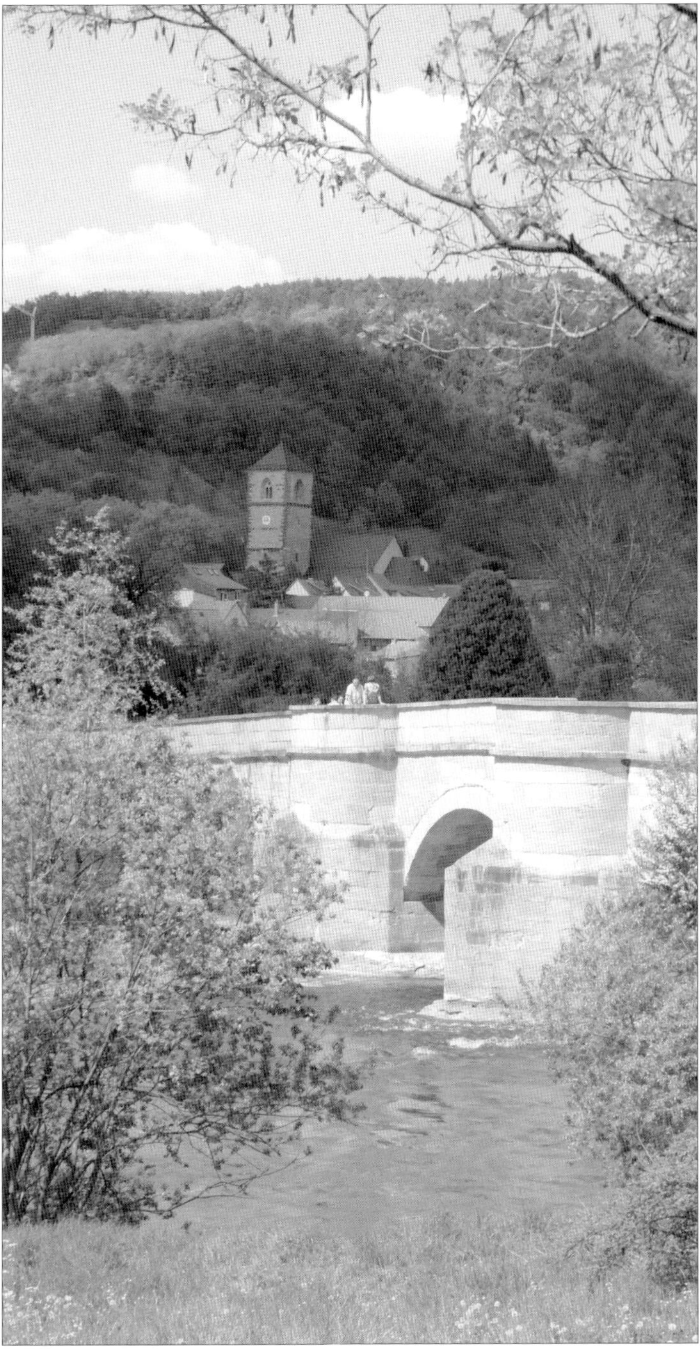

Die Creuzburger Werrabrücke und rechts die 1499 errichtete Brückenkapelle „St. Liborius". Foto: Harald Rockstuhl

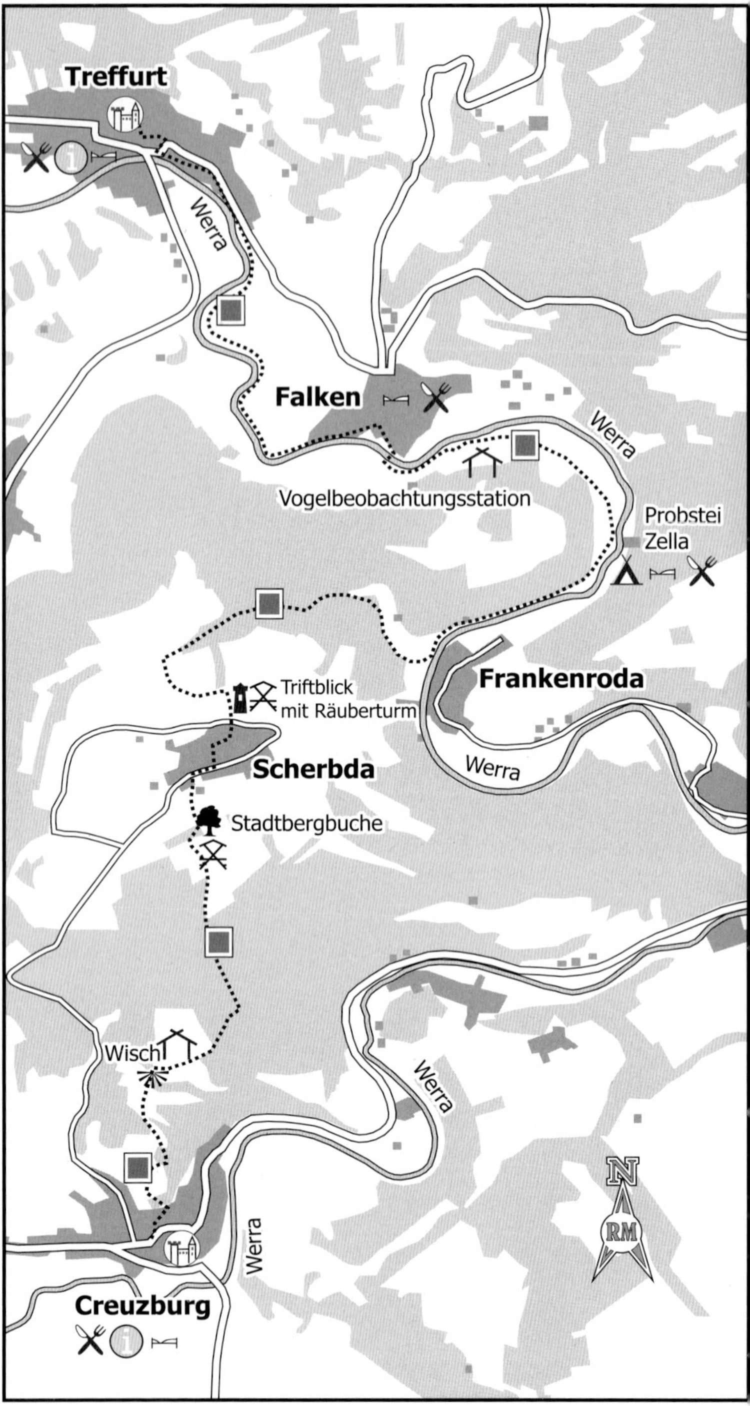
Treffurt
Werra
Falken
Werra
Vogelbeobachtungsstation
Probstei
Zella
Frankenroda
Triftblick
mit Räuberturm
Scherbda
Werra
Stadtbergbuche
Wisch
Werra
Werra
N
RM
Creuzburg

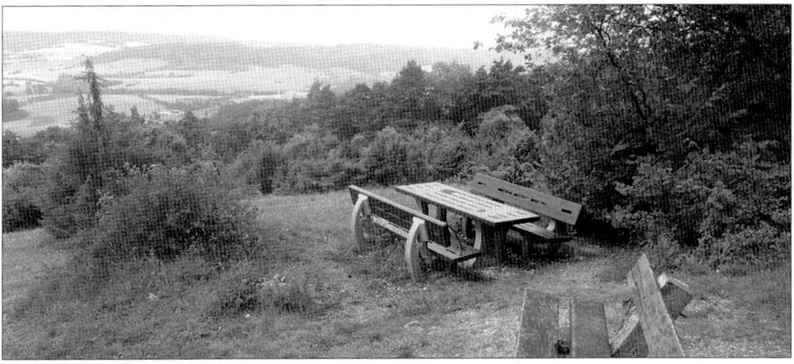

Rastplatz auf dem Wisch.

Hinter dem Gelände der Kirche gabeln sich an einem *Rastplatz* die Wege.

Eine Infotafel zeigt, dass wir uns nun auch auf dem Naturlehrpfad „Muschelkalkhänge bei Creuzburg“ befinden.

Ein Schotterweg führt geradeaus, steil bergan. Nach 250 m gabeln sich erneut die Wege. Wir bleiben gerdeaus und es geht weiter bergan.

Linkerhand ist ein Abstecher zur Kossenhaschengruft möglich.

Nach ca. 400 m zeigt ein Wegweiser, dass ein Abstecher zum ***Rastplatz und Aussichtspunkt Wisch*** möglich ist. Um diesen lohnenswerten Abstecher vorzunehmen, biegen wir rechts ab.

Hier kann man einen Ausblick über das Werratal hinweg zum Hainich, zu den Hörselbergen, zum Großen Inselsberg, nach Eisenach mit der Wartburg sowie zum Autobahnviadukt bei Hörschel genießen. Eine Tafel an der Schutzhütte lässt in die Sage von den Wichteln und den Heinzelmännchen eintauchen.
Lohnenswert ist auch ein Abstecher zu den Ebenauer Köpfen mit seiner imposanten Kulisse aus Kalkfelsen des Werratals.
s. auch www.naturpark-ehw.de

Hinter dem *Aussichtspunkt* führt ein Weg wieder auf den *Naturpark-Wanderweg*, sodass man nicht zurückgehen muss.
Am *Hetschberg* kreuzen sich nach ca. 300 m die Wege. Wir bleiben geradeaus und durchwandern eine *Kirschplantage*.

Infotafeln zeigen, dass wir uns nun auch auf dem Naturlehrpfad „Werrahänge bei Creuzburg“ befinden.

Am *Krannichspflug* biegen wir rechts ab und folgen einer Schotterstraße zum Waldstück *„Am Lindchen“*.

Wenig später zeigt eine Infotafel, dass die Eibe Baum des Jahres 1994 war.

Bei der nächsten Weggabelung schwenken wir links in einen Forstweg ein und passieren nach weiteren 200 m einen *Feuchtbiotop*. Nach 450 m kreuzen sich an einer *Lichtung* die Wege. Wir bleiben geradeaus und erreichen nach einigen Gehminuten den Waldausgang. Nun geht es zwischen Waldrand und Feld weiter.

Scherbda rückt immer mehr ins Blickfeld.

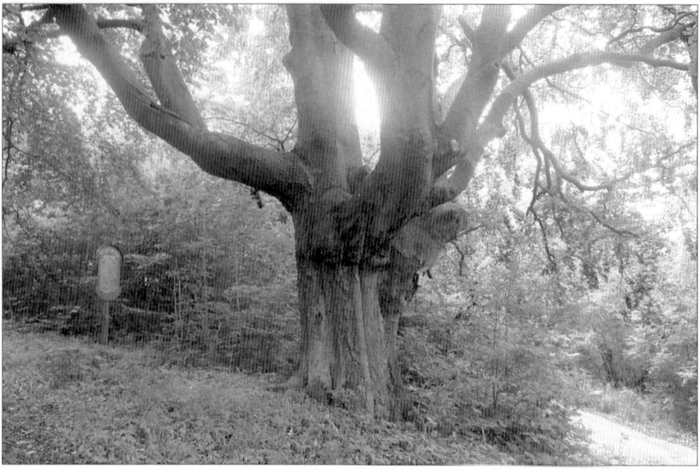

Stadtbergbuche.

An der nächsten Weggabelung bleiben wir geradeaus auf einem befestigten Weg, bevor wir nach ca. 300 m die ***Stadtbergbuche*** erreichen.

An dieser Stelle, auch Mordbuche genannt, befindet sich laut Sage eine Sühnestätte. Ein Besitzer oder Verwalter des Gutes Scherbda aus dem Geschlecht derer von Wangenheim erschlug einen Leibeigenen. Der Vater des Erschlagenen soll am Ort des Geschehens eine Buche gepflanzt haben.
Hier lässt es sich gut rasten.

Anschließend gehen wir auf ***Scherbda*** zu.

Scherbda, seit 1994 Stadtteil von Creuzburg, liegt auf einer Hochfläche an einem nach Süden abfallenden Hang (360–400 m NN). Sehenswert sind die Kirche, der Anger, die Schöne Aussicht und ein Gedenkstein für den verstorbenen Pfarrer Hempel. Der Grundstein für die jetzige Kirche wurde am 22. Mai 1671 durch Gideon von Wangenheim gelegt. Der Turm steht auf der Ostseite der Kirche. Der untere Hauptteil des Turmes ist aus Stein, darauf ein beschiefertes Geschoss mit achteckiger Schweifkuppe. Im Inneren überspannt ein hölzernes Tonnengewölbe den Altarraum. Die Ausmalung erstreckt sich auf die gesamte Innenausstattung. Sie erfolgte 1761 und wurde 1938 durch den Meister Brühl und seine Gesellen erneuert. An den Eingängen des Angers stehen je zwei Steinsäulen. In der Mitte befindet sich ein Steintisch, umgeben von Steinbänken. Am Anger wird alljährlich das beliebte Kirchweihfest gefeiert.
Zu einer festen Tradition hat sich der Bockwurstlauf gemausert. Das ist nur etwas für Hartgesottene. Jeder Teilnehmer muss fünfmal durch Scherbda rennen. Nach jeder Runde müssen eine Bockwurst und ein halber Liter Bier verdrückt werden.
s. auch www.scherbda.de oder www.creuzburg-online.de

Wir folgen der *Angerstraße* bergan und passieren dabei den *Dorfanger mit Brunnen*. Den Ort verlassen wir über die *Bergstraße*. An der nächsten Weggabelung wird linkerhand ein Abstecher zum *Hempel-Denkmal* angeboten.

Der Weg führt geradeaus weiter und wenig später erreichen wir die ***Triftblickhütte***.

Vom dazugehörigen Aussichtspunkt mit Räuberturm schweift der Blick über Scherbda bis zum Thüringer Wald mit Großem Inselsberg und zur Rhön. Auch der Hainich zeigt sich.

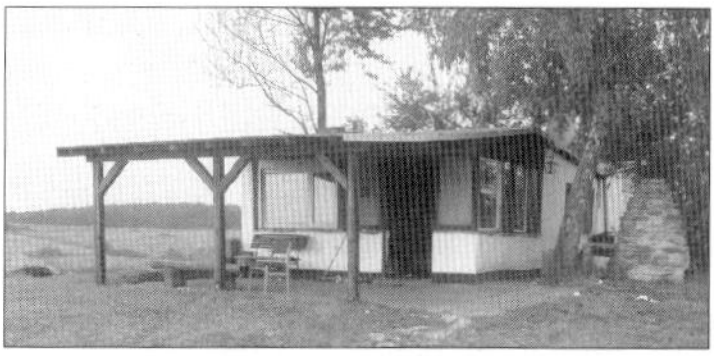

Triftblickhütte.

Nach 500 m gabeln sich die Wege. Wir halten uns rechts und wandern auf das *Schotterwerk Scherbda* zu, das wir nach weiteren 500 m erreichen. Der Schotterweg führt nun halbrechts bergab durch den Wald.
Nach 1,8 km passieren wir den ***Paradiesgraben***.
Wir treten aus dem Wald heraus. Der Weg führt nun durch *Obstplantagen* auf das bald sichtbare Frankenroda zu.

Linkerhand ist auf einem Berghügel das Türmchen zu sehen.

Frankenroda erreichen wir am *Carl-Grübel-Platz*.

Neben dem Denkmal gehört zum Platz auch die 1871 gepflanzte Kaisereiche.

An der *Werrabrücke* (Wanderwegweiser) bleiben wir links des Flusses und befinden uns zugleich auf dem Rundwanderweg Werraschleife (*gelbes Andreaskreuz*).

Wer den Ort besichtigen möchte, sollte rechts über die Brücke gehen (s. auch RW 13).

Nach ca. 1,1 km wird ein Abstecher zur *Schönen Aussicht auf dem Mönchsberg* angeboten.

Der Aufstieg zu diesem herrlichen Aussichtspunkt ist sehr lohnenswert. Man sieht, wie idyllisch Frankenroda an der Werra liegt. Allerdings würde der Umweg 3 km betragen. Außerdem sind ca. 130 Höhenmeter zu bewältigen.

Wir bleiben geradeaus zwischen Wald und Wiese. Nach ca. 400 m führt der Weg über eine *hölzerne Brücke*. Bei der nächsten Wegkreuzung nach 200 m halten wir uns geradeaus.

Auf der gegenüberliegenden Werraseite sehen wir die Probstei Zella.

Nach 600 m erreichen wir die ***Vogelbeobachtungsstation***.
Am Waldausgang, wo sich die Wege gabeln, haben wir einen Blick auf das vor uns liegende Falken, auf das wir zuwandern können.
Wir überqueren die *Werrabrücke* und wandern dorfeinwärts. 200 m hinter der Brücke gabeln sich die Wege (Wanderwegweiser). Nun schwenken wir links in die *Neue Straße* ein, die zum gepflegten *Dorfplatz* von ***Falken*** mit Kinderspielmöglichkeiten führt.

Falken wurde erstmals 1104 im Mainzer UB erwähnt. Sehenswert ist die restaurierte Kirche „St. Martini“ aus dem 15. Jh. mit schönem dreiflügeligem Altar. Sie war Teil eines Klosters. In ihrem Turm ist das kleine Dorfmuseum untergebracht, wo ländliches Haus- und Arbeitsgerät aus der Wende vom 19. zum 20. Jh. sowie steinzeitliche und bronzezeitliche Siedlungsfunde aus der Region gezeigt werden.

In unmittelbarer Nachbarschaft befindet sich der herrliche Dorfanger mit den dicht stehenden Linden, der den Wanderer zur Rast einlädt. Interessant ist auch das Wasserkraftwerk, ein technisches Denkmal aus den Anfängen der Elektrizitätsgewinnung.
s. auch www.treffurt.de oder www.falken-werra.de

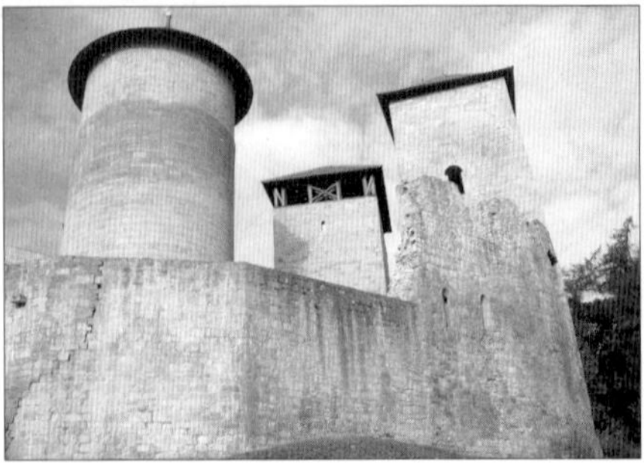
Burg Normannstein.

Wir verlassen den Ort über die *Flutgrabenstraße* und den ehem. *Bahnhof*.

Nun befinden wir uns zugleich auf dem Orchideen- und Naturlehrpfad Treffurt-Falken sowie auf dem beliebten Werratal-Radweg.
Bald rückt die Stadt Treffurt mit ihren Wahrzeichen der Burg Normannstein ins Blickfeld. Außerdem ist die Adolfsburg zu sehen.

Über den *Werrarain* und die *Hessische Straße* gelangen wir an mehreren Fachwerkhäusern vorüber in die sehenswerte Altstadt von ***Treffurt***. Am *Markt* endet diese Etappe.

Die Stadt Treffurt (ca. 3000 Einw.) wurde erstmals laut UB der Erfurter Stifter erwähnt. Sie liegt malerisch zwischen dem Abhang des Berges Adolfsburg und der Werra. Seinen Namen erhielt der Ort „Trifurte" von den drei Werrafurten der Burg Normannstein (siehe auch SW 09). Zwischen 1336 und 1802 stand die Stadt unter gemeinsamer Verwaltung von Hessen, Thüringen und Mainz. 1815 kam es zu Preußen. Sehenswert ist die ev. Pfarrkirche „St. Bonifatius". Gut erhalten ist der romanische Teil der Kreuzbasilika. Sie wurde gotisch vollendet und im 19. und 20. Jh. erneuert. 1609 wurde das viergeschossige Renaissance-Rathaus erbaut. Dieses und weitere gut erhaltene Fachwerkhäuser sorgten dafür, dass Treffurt 1997 an den Thüringer Abschnitt der Deutschen Fachwerkstraße angeschlossen wurde. Stellvertretend seien hier genannt das Ohrfeigenhaus, die alte Pfarrei und der Falkenstein, ein ehemaliges Gefängnis.
s. auch www.treffurt.de

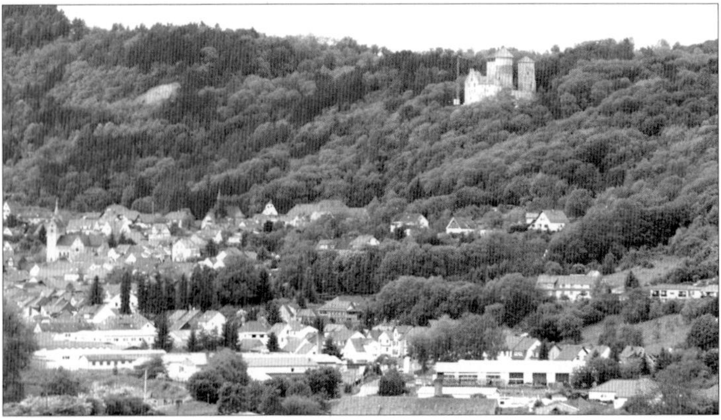
Treffurt.

SW 09: Naturparkweg Leine-Werra, Etappe 2: Treffurt – Lengenfeld unterm Stein

(22 km)

Treffurt – Burg Normannstein (km 0,9) – Hochantenne – Vierzigacker – Lindenhecke (4) – Tiergehege Schierschwende (4,6) – Hinteres Kreuztal (5,2) – Wendehausen (7,1) – Ziegenberg (8,6) – Katharinenberg (9,9) – Faulungen (11,9) – Mariengrotte – Faulunger Kluft (12,9) – Faulunger Stein (13,2) – Faulunger Schranne (13,9) – unterhalb Kälberberg – Schutzhütte „St. Florian“ (20,6) – Lengenfeld unterm Stein, Viadukt (22,3)

- Δ **Höhenunterschiede:** 785 m Anstiege, 720 m Abstiege mit Abstechern, schwieriges Profil, gute Kondition erforderlich! nicht für Radtour geeignet!
- Δ **Gehzeit:** 6 h (ohne Abstecher)
- Δ **Markierungen:** rotes Quadrat
- Δ **Parkmöglichkeiten:** Ortslage, vor Gaststätten
- Δ **Wanderkarten:** Nr. 1–3, 5–6 (s. u. Wanderkarten)
- Δ **Sehenswertes:** Treffurt, Burg Normannstein, Schierschwende, Wendehausen, Faulungen, AP um Faulungen, Lengenfeld, Eichsfelder Kreuz, Hülfensberg, Geismar

Wissenswertes: Die Burg Normannstein thront am Südrand eines schmalen Bergrückens rechts der Werra über der Stadt Treffurt. Ihre Ursprünge reichen bis in das 11. Jh. zurück. Erbaut wurde sie als Warte zum Schutz der 3 Furten, die am Fuße durch die Werra führten und der Stadt Treffurt ihren Namen gaben. Die ursprüngliche Anlage bestand aus einem Rundturm und einer Ringmauer. Im 12. Jh. wurde durch die Treffurter Ritter mit dem Bau von zwei viereckigen Wohn- und Verteidigungstürmen, dem Tor- und dem Knappenbau der Normannstein zur Burg ausgebaut. Die Ritter wohnten mit ihrem Hofstaat auf der Burg. Sie standen im Dienste des Landgrafen von Thüringen und waren ein angesehenes Rittergeschlecht. Im 14. Jh. jedoch „schulten sie um“ zu Raubrittern und unternahmen mit ihren Spangenberger Vettern viele Raubzüge. Im Jahre 1336 wurde ihnen deshalb durch das vereinte Heer der Landesfürsten von Mainz, Hessen und Thüringen der Garaus gemacht. Seit dem 16. Jh. verfiel die Burg immer mehr. 1894 wurde der Normannstein zur Gaststätte mit Wohnung ausgebaut. Seit 1996 wird die Burg umfassend saniert. Auf einem der beiden Vierecktürme wurde eine Aussichtsplattform installiert. Sie beherbergt eine Dauerausstellung mit dem Thema „Werraburgen über Werrafurten“.
In den altehrwürdigen Gemäuern kann auch gespeist und übernachtet werden.
s. auch www.treffurt.de

Routenbeschreibung: Nach der Besichtigung der Altstadt von ***Treffurt*** (siehe auch SW 08) führt der Weg an zwei Kirchen vorüber zur ***Burg Normannstein*** (steiler Aufstieg). 250 m oberhalb der Burg werden an einer Wegespinne verschiedene attraktive überregionale Wanderwege angeboten.

Neben dem Naturparkweg Leine-Werra sind das der Barbarossaweg (X8), der MEM-Weg (Mühlhausen-Eschwege-Mühlhausen-Weg) sowie der HET-Weg (Harz-Eichsfeld-Thüringer Wald-Weg). Außerdem befinden wir uns auf dem Adolfsburgstieg (s. auch RW 12).

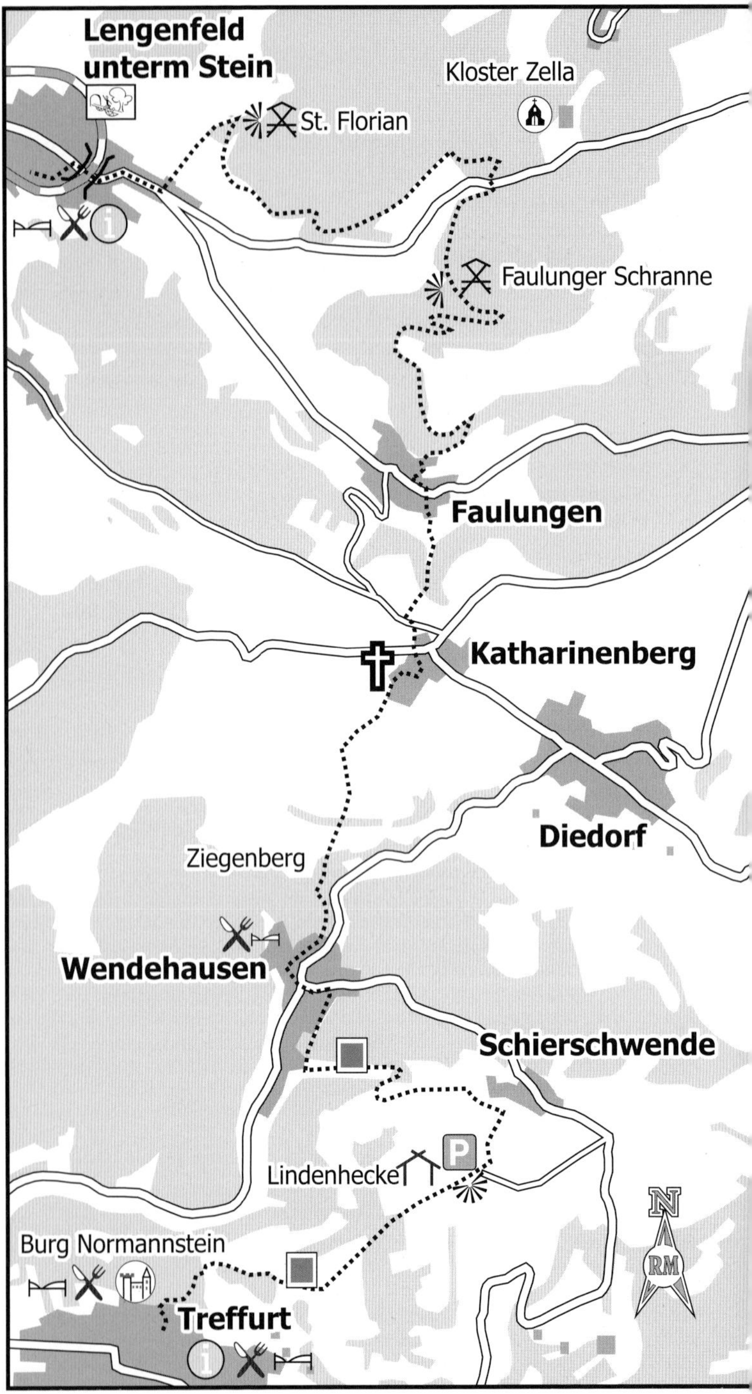
Lengenfeld unterm Stein
Kloster Zella
St. Florian
Faulunger Schranne
Faulungen
Katharinenberg
Diedorf
Ziegenberg
Wendehausen
Schierschwende
Lindenhecke
P
Burg Normannstein
Treffurt
RM
N

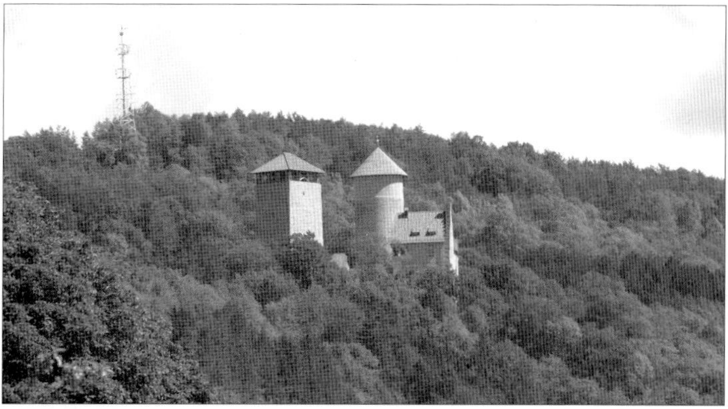

Burg Normannstein.

Der Weg führt unterhalb der ***Hochantenne*** entlang.

Dort befindet sich neben einem Rastplatz auch ein Aussichtspunkt. Im Norden reicht von dieser Stelle der Blick über Wendehausen hinweg nach Katharinenberg.

Nach 250 m gabeln sich die Wege. Wir wandern halbrechts und erreichen nach ca. 1,5 km einen *Schutzhütte* am ***Vierzigacker*** (Wanderwegweiser).

Außerdem informieren Tafeln über verschiedene Rundwanderwege und Lehrpfade.

Nun geht es durch eine *Obstplantage* hindurch. Wir bleiben geradeaus und erreichen nach 700 m unser Ziel, den *Rastplatz* und *Wanderparkplatz* ***Lindenhecke***.
Der Weg führt bergab in Richtung ***Schierschwende***. Ein Abstecher in diesen kleinen Ort ist lohnenswert (s. auch RW 12).
Nachdem wir das ***Tiergehege*** und ein *Holzwerk* passiert haben, erreichen wir nach ca. 700 m eine *überdachte Sitzgruppe* (Wanderwegweiser). Wir bleiben geradeaus.
Die nächste Weggabelung folgt nach 150 m, wobei wir rechts in Richtung Wald einschwenken (bergab). Durch das ***Hintere Kreuztal*** erreichen wir nach einem guten Kilometer einen *Eisenbahntunnel* von ***Wendehausen***.

An dieser Stelle trennen wir uns vom Adolfsburgstieg.

Wendehausen liegt eingebettet in einem Talkessel, umgeben von herrlichen Laub- und Nadelwäldern. Die Herkunft des Namens ist ungeklärt. So leiten einige Quellen den Namen von einer Niederlassung der Wenden ab, die 909 in einer Schlacht bei Eisenach geschlagen wurden. Eine andere Version besagt, dass der Name im Zusammenhang mit der Gewendegrenze entstanden ist, da Wendehausen direkt an der südlichen Eichsfeldgrenze liegt. Erstmals urkundlich erwähnt wird der Ort mit seinen etwas über 900 Einw. im Jahre 1333. Besonders erwähnenswert sind die 1720 erbaute Bonifatiuskirche sowie der Bonifatiusbrunnen. Laut Legende geht dessen Entstehung auf ein Wunder während einer großen Dürre zurück.
s. auch www.katharinenberg.de und www.lg-suedeichsfeld.de

Gleich hinter dem *Tunnel* führt der Weg an gepflegten Häusern und Gärten vorüber zum *Kinderspielplatz* im *„Dreiling“*. Wir biegen rechts in die *Diedorfer Straße* ein und verlassen Wendehausen über den steil bergan führenden *Katharinenstieg*.
Wir passsieren eine *wasserwirtschaftliche Anlage* und verlassen nach weiteren 300 m den Wald. Nach ca. 120 m gabeln sich die Wege, wobei wir uns links halten. Zwischen Obstbäumen und einem Feld geht es leicht bergan. Bei der nach 150 m folgenden Weggabelung mit Wanderwegweisern laufen wir rechterhand über einem weiteren Feldweg in Richtung Wald. Nach ca. 130 m durchwandern wir links abbiegend dieses kurze Waldstück. Dabei geht es steil bergan.
Oben angekommen, kreuzen sich die Wege. Wir nutzen einen geradeaus führenden Feldweg, der über den ***Ziegenberg*** führt.

Von hier schweift der Blick zu dem vor uns liegenden Katharinenberg sowie auf das nordöstlich gelegene Diedorf (s. auch SW 05).

Nach ca. 400 m schwenken wir rechts in einen befestigten Wirtschaftsweg ein, um auf ***Katharinenberg*** zuzugehen.

Wahrzeichen des kleinen Ortes ist die gotische Kirchenruine. Sie wurde im Jahre 1462 als Wallfahrtskapelle erbaut. Zwischen 1520 und 1525 wurde aus der Kapelle die Wallfahrtskirche; errichtet vom Kloster Anrode und dem Stift Großburschla. Wegen der Reformation und des Bauernkrieges blieb der Bau allerdings unvollendet.
Unter der 1970 gepflanzten Linde steht ein Steintisch mit runder Deckplatte. Mittelpunkt des gepflegten Ortes, der früher eine Zollstation an der Alten Heerstraße war, bildet der 1984 restaurierte Dorfanger.
s. auch www.katharinenberg.de und

Nach Besichtigung der *Kirchenruine* wandern wir durch die *Dorfstraße* und das *Gässchen* in Richtung *der* **stark befahrenen B 249**, die wir überqueren.
Anschließend nehmen wir den Aufstieg zur *Straße Hildebrandshausen – B 249* vor. Nachdem wir auch diese Straße gequert haben, folgen wir einem Feldweg in Richtung Wald.
Am Waldrand angekommen, geht es an diesem entlang. Nach 200 m gabeln sich an einem *Gartenzaun* die Wege, wobei wir links bergab in den Wald hineingehen. Wieder am Waldrand, können wir nach ca. 400 m auf Faulungen blicken und auf diesen idyllischen Urlaubsort zugehen.
Wir erreichen ***Faulungen*** in der *Friedensstraße,* durch die wir zur *Hauptstraße* gelangen.

Eines der jüngsten Dörfer im Eichsfeld ist Faulungen. So wird angenommen, dass der Ort frühestens im 15. Jh. als Rodung entstand. Erst seit 1562 ist Faulungen quellenmäßig nachweisbar und gehörte zum Amts- und Gerichtsbezirk Bischofstein. Ein Kleinod ist die katholischen Kirche St. Martin, die zwischen 1753 und 1756 erbaut wurde. Über dem Südportal befindet sich eine Reliefdarstellung des heiligen Martin. Bemerkenswert im Inneren sind der um 1600 geschaffene Taufstein und das Vesperbild, das im 14. Jh. geschnitzt wurde. Der in der Mitte des 18. Jh. geschaffene Hochaltar stammt aus dem Kloster Reifenstein.

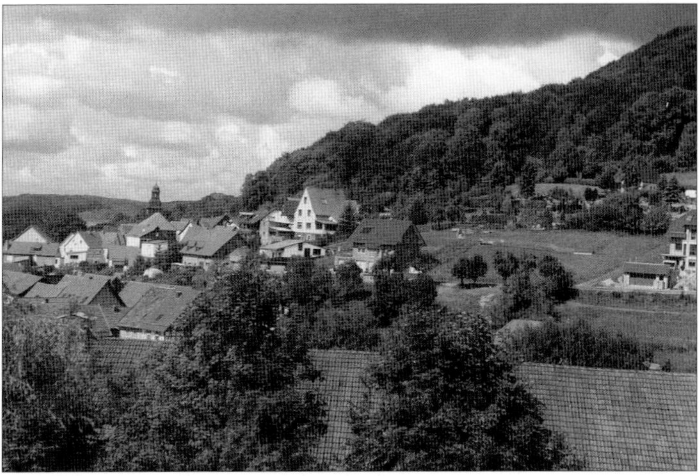

Blick auf den Eichsfeldort Faulungen.

Am Brunnen vor der Pfarrkirche „St. Martin“ kann man folgenden lustigen Spruch lesen:

> *„Das Wasser gibt den Ochsen Kraft.*
> *Dem Menschen gibt's der Rebensaft.*
> *Drum danke Gott als guter Christ,*
> *dass du kein Ochs' geworden bist“*

Am gut erhaltenen *Dorfanger* beginnt zugleich der etwa 6 km lange Naturlehrpfad. Prägend für das Bild des Dorfangers ist die alte Kopflinde.
s. auch www.faulungen.de und www.lg-suedeichsfeld.de

Wir folgen der *Burgstraße* bergan. Nach 20 m führen Treppen steil bergan zum *Bildstock „Die Gottesmutter von Schönstatt“*. Über den *Stationsweg* gelangen wir zur ***Mariengrotte***.

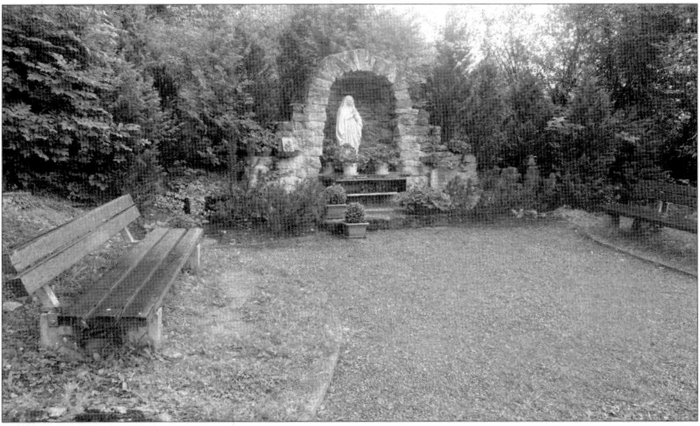

Mariengrotte.

Durch einen Hohlweg geht es weiter bergan in den Wald hinein. Wir wandern am Waldrand entlang, um nach 500 m links in den Wald „einzutauchen". Wenig später erreichen wir die ***Faulunger Kluft***.

Von hier reicht der Ausblick zum Heldrastein.

Wir wandern am Waldrand entlang und erreichen nach 300 m mit dem ***Faulunger Stein*** einen weiteren Aussichtspunkt.

Der Ausblick reicht zum Spindelsberg und zum Dünberg.

Nun geht es geradeaus weiter. Nach ca. 500 m haben wir einen Rastplatz erreicht, von dem wir einen Abstecher zur ***Faulunger Schranne*** vornehmen können.

Hier reicht der Blick über Lengenfeld unterm Stein mit seinem imposanten Viadukt zum Hülfensberg, zum Großen Mittelberg und zum Rollsberg.

Hinter dem Rastplatz folgen wir einem Waldweg in nordöstlicher Richtung. Dann geht es links am Waldrand entlang. Nach 300 m verlassen wir den Wald, um geradeaus über freies Feld zu wandern.

Im Norden zeigt sich ehemalige Richtfunkturm, im Volksmund „Cafe Moskau" genannt.

Der Weg führt wenig später wieder in den Wald hinein. Nach 250 m gabeln sich die Wege. Wir halten uns rechts und trennen uns vom Naturlehrpfad. An der nächsten Weggabelung geht es links steil bergab, wobei wir uns vom Eichsfeld-Wanderweg und dem grünen Quadrat trennen.
Nach dem Steilabstieg kreuzen sich die Wege. Ein Wanderwegweiser zeigt, dass es bis Lengenfeld unterm Stein 6,4 km sind. Wir schwenken links in eine bergab führende Forststraße ein.
Nachdem wir einen *Teich* passiert haben, wird die *Straße Struth-Lengenfeld* gequert.

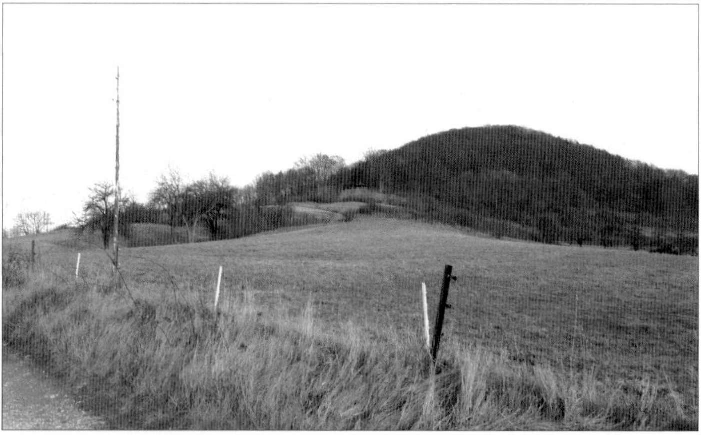

Blick zum Kälberberg.

Bereits nach 50 m verlassen wir rechts abbiegend diese **stark befahrene Straße**. Nach 400 m kreuzen sich an einer *Lichtung* die Wege (Wanderwegweiser). Wir halten uns links.
Bei den beiden nächsten Weggabelungen bleiben wir geradeaus. Unterhalb des ***Kälberberges*** gabeln sich die Wege. Nun geht es halblinks bergab. Bereits nach 300 m folgt die nächste Weggabelung. Wir halten uns erneut halblinks. Während wir den steilen Abstieg vornehmen, können wir durch die Bäume auf Lengenfeld blicken. Bei der nächsten Wegkreuzung mit Wanderwegweisern führt der Weg linksabbiegend am Waldrand mit einigen Ausblicken entlang.

Eine Bank macht „L.u. St“ (Lust) auf Lengenfeld unterm Stein.
Einen originellen Einfall hatte die Gemeinde Lengenfeld unterm Stein. Gemeinsam mit dem „HeimatStudio“ wurden mehrere „L.u.St.-Bänke“ angelegt, die Lust auf diese Südeichsfeldgemeinde machen sollen. „L.u.St.“ steht für Lengenfeld unterm Stein. Diese Bank eignet sich erst einmal zum „Anfüttern“.
www.l-u-st.de

Nach weiteren 1,2 km erreichen wir den ***AP Sankt Florian,*** wo es sich gut rasten lässt (s. auch SW 05).
Der Weg führt nun bergab. Wir treten aus dem Wald heraus und können auf das längst sichtbare ***Lengenfeld unterm Stein*** zugehen (s. auch SW 05).
Wir erreichen den Ort am *Schafhof,* wo wir uns geradeaus halten. Am *Kinderspielplatz* geht es links ab. An einem *Kruzifix* bietet sich die Möglichkeit zum Rasten. Wir unterqueren den *Viadukt* der legendären Kanonenbahn und wandern zur *Hauptstraße,* wo diese Etappe des *Naturparkweges Leine–Werra* endet.

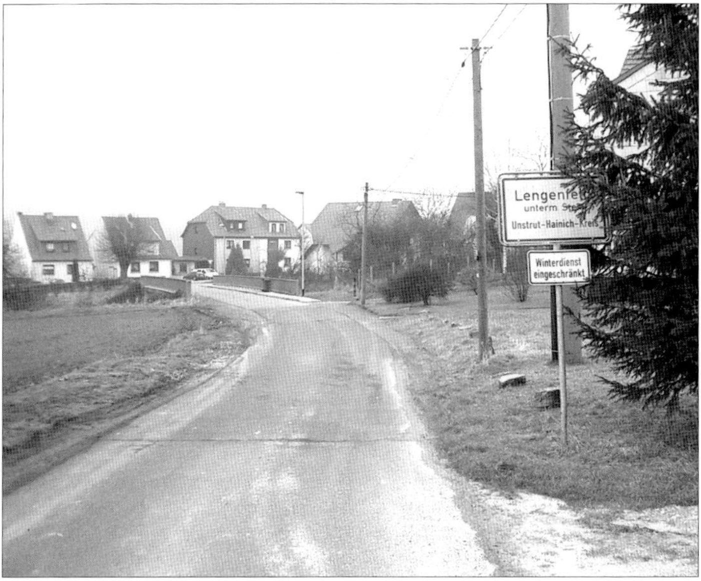

Lengenfeld unterm Stein.

SW 10: Naturparkweg Leine – Werra, Etappe 3: Lengenfeld unterm Stein – Großbartloff (18 km)

Lengenfeld unterm Stein, Viadukt – Erlebnis-Draisine (km 0,6) – Hildebrandshausen (2,2) – Döringsdorf (6,8) – Wallfahrtsstätte Hülfensberg (6,9) – Stationsweg – Geismar (10,2) – AP Hülfensbergblick (10,6) – Wilbich (11,9) – Heuberg (13,5) – Großbartloff (17,8)

- Δ **Höhenunterschiede:** 570 m Anstiege, 555 m Abstiege, gute Kondition erforderlich, nicht für Fahrradtour geeignet!
- Δ **Gehzeit:** 5 h
- Δ **Markierungen:** rotes Quadrat
- Δ **Parkmöglichkeiten:** Dorfmitte und am Viadukt in Lengenfeld
- Δ **Wanderkarten:** Nr. 1–2, 5 (s. u. Wanderkarten)
- Δ **Sehenswertes:** Lengenfeld, Hildebrandshausen, Döringsdorf, Wallfahrtsstätte Hülfensberg, Geismar, Wilbich, Großbartloff

Wissenswertes: Der Hülfensberg ist die bedeudendste Wallfahrtsstätte im kath. Eichsfeld. Seine Geschichte reicht weit zurück, wie auch archäologische Funde belegen. Laut einer Sage soll hier der hl. Bonifatius die Donareiche gefällt haben. Die erste urkundliche Erwähnung geht auf eine Papsturkunde des Jahres 1351 zurück. Sechs Jahre später erhielten die Zisterzienserinnen des Klosters Anrode die Patronatsrechte auch über das dortige kleine Kirchlein. Dessen Heiligtum, das Hülfenskreuz aus dem 12. Jh. mit Christus als siegreichem, goldbekröntem König, wurde bereits damals von Wallfahrern aufgesucht. Dieses sakrale Kunstwerk ist noch heute Hauptteil des rechten Seitenaltars in der Wallfahrts- und Klosterkirche der Franziskaner, die im gotischen Stil 1360 erbaut und 1890 baulich verändert und erweitert wurde. In den Gewölben der dreischiffigen Hallenkirche beeindrucken gotische Schlusssteine und Fresken aus dem 16. Jh. neben anderen barocken und neugotischen Ausstattungsteilen. Der Hülfensberg wird zur Hauptwallfahrt am Sonntag nach Pfingsten, dem Dreifaltigkeitssonntag, traditionsgemäß von vielen Christen aus nah und fern aufgesucht.
s. auch www.huelfensberg.de

Routenbeschreibung: Beim ***Lengenfelder Viadukt*** der ehemaligen Kanonenbahn schwenken wir in die *Bahnhofstraße* ein. Nachdem wir die *Kirche* und das *St. Elisabeth-Krankenhaus* passiert haben, führt der Weg in unmittelbare Nähe des Geländes der ***Erlebnis-Draisine*** *(s. auch SW 05).*
Dann folgen wir der *Straße* in *Richtung Hildebrandshausen*. Ca. 150 m hinter dem *Ortsausgangsschild* biegen wir links in einen bergan führenden Wiesenweg ein.

Dabei trennen wir uns vom MEM-Weg und dem Klosterpfad Nordwest-Thüringen.

An einem *Rastplatz* mit tollen Aussichten (s. auch SW 05) vorüber gelangen wir unterhalb des *Heiligenberges* nach ***Hildebrandshausen***, das wir am beliebten *Naherholungszentrum* seiner Bürger erreichen.

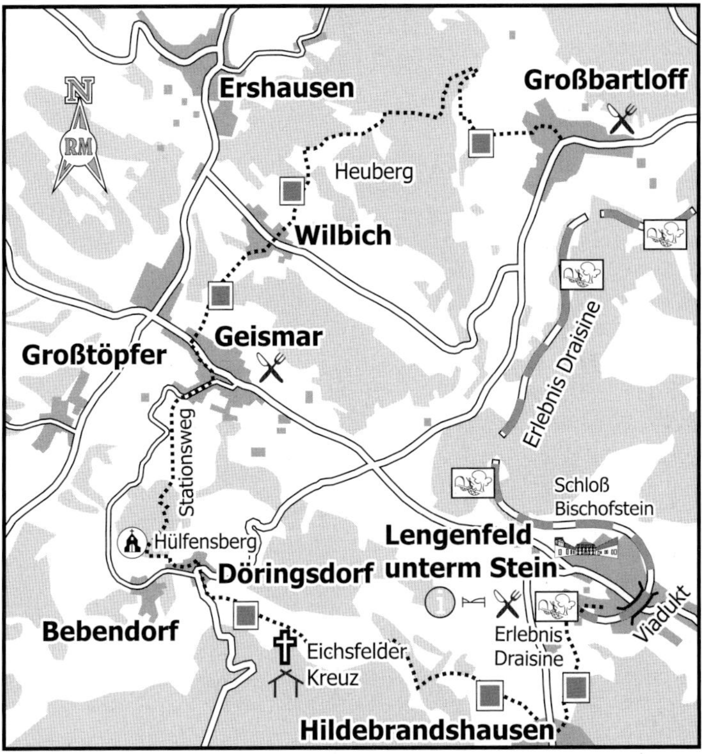

Durch die *Klausgasse* nehmen wir den Abstieg zur *Hauptstraße* von Hildebrandshausen vor.

Hildebrandshausen liegt in einem langen schmalen Tal des südlichen Eichsfeldes an der thüringisch-hessischen Landesgrenze. Die Entfernung zur Kreisstadt Mühlhausen beträgt 17 km.
Die urkundliche Ersterwähnung erfolgte im Jahre 1318 als Stiftung an das Erzbistum Mainz. Die spätere Entwicklung wurde durch die Herren von Keudel geprägt. Anfangs beherrschten sie das Dorf von einer kleinen Burg aus. Später errichteten sie sich ein Rittergut als ihren Sitz. Nach dessen Zerstörung im Deutschen Bauernkrieg 1525 ließen sie am Fuße der Keudelskuppe am Platz des ehemaligen Vorwerkes das Gut Keudelstein erbauen. Nach der Enteignung der letzten Besitzer 1945 zerfiel das Anwesen.
Seit dem 1. Dezember 2011 ist Hildebrandshausen Ortsteil der neugebildeten Gemeinde „Südeichsfeld“.
s. auch www.hildebrandshausen.de

Am *Dorfbrunnen* halten wir uns links und wandern durch die *Martinsgasse*. Über einen Feldweg verlassen wir den Ort.

Im Nordosten schweift der Blick auf Lengenfeld mit seinem Schloss Bischofstein.

Nach ca. 1,3 km kreuzen sich die Wege. Unser Weg führt geradeaus bergan durch den Wald. Oben angekommen, können wir zum Hülfensberg blicken.

Bei der nach 150 m folgenden Weggabelung mündet der Naturparkweg linksabbiegend in den *Klosterpfad Nordwest-Thüringen* (s. u. Pilgerwege).

Rechterhand ist ein Abstecher zu einem 200 m entfernten Aussichtspunkt lohnenswert.
Dabei reicht der Blick über L.u.St. zum „Eichsfelder Dom“ in Effelder.

Unterhalb der ***Keudelskuppe*** führt der Weg am ehemaligen Gut ***Keudelstein*** vorüber, von dem noch Mauerreste zu sehen sind. Nach ca. 250 m mündet der Weg rechts in den ehemaligen *Kolonnenweg*, wo wir auch wieder auf den *Eichsfeld-Wanderweg* treffen. Über den Kolonnenweg gelangen wir nach mehrmaligem Auf und Ab nach Döringsdorf.
Kurz vor ***Döringsdorf*** ist linkerhand ein Abstecher zum ***Eichsfelder Kreuz*** möglich, das auf hessischem Gebiet liegt.

Döringsdorf wurde erstmals 1421 erwähnt. Die Kirche besitzt einen schönen Barockaltar, den sie aus dem ehemaligen Kloster Zella erhielt.
s. auch www.ershausen-geismar.de

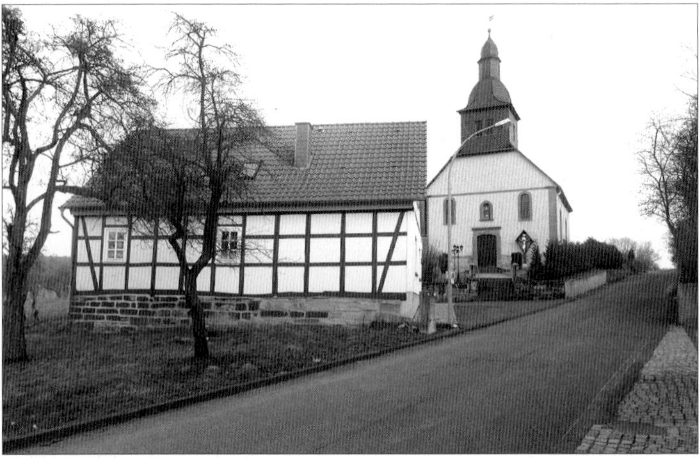

Döringsdorf.

Von Döringsdorf führt ein steiler Pfad zum 447 m NN gelegenen ***Hülfensberg*** hinauf, wo sich die bedeudenste Wallfahrtsstätte des Eichsfeldes befindet.
Vom Hülfensberg folgen wir dem *Stationsweg* hinab nach ***Geismar.***

Geismar wird erstmals 1139 im UB des Eichsfeldes erwähnt. Allerdings kann davon ausgegangen werden, dass der Ort wesentlich älter ist. Auch hier lohnt sich ein Besuch der Dorfkirche „St. Ursula und Gefährtinnen“. Der barocke Hauptaltar ist in einem Braunton gehalten und trägt alabasterfarbene Figuren um eine plastische Kreuzigungsgruppe. Der Hauptaltar kommt wie der 1694 geschaffene Nebenaltar, der eine Pieta enthält, aus dem Zisterzienserinnenkloster Teistungenburg. Das Dorfbild bietet eine gesunde Harmonie zwischen alter und neuer Bausubstanz.
s. auch www.ershausen-geismar.de

Vom Ortseingangsschild ***Geismar*** wandern wir dorfeinwärts und folgen der *Hauptstraße*, bevor wir rechts in den *Wilbicher Weg* einbiegen.
Nach ca. 300 m lädt eine *Sitzgruppe* am ***Aussichtspunkt Hülfensbergblick*** zur Rast ein.

Hier bietet sich ein Blick zum Großen Mittelberg, zum Hülfensberg und zur Burgruine Greifenstein.

Hinter dem Hügel „lauert" das kleine Dorf ***Wilbich*** auf uns.

Wilbich wurde erstmals 1121 im UB des Eichsfeldes erwähnt. Die vielen handgeschnitzten Wanderwegweiser zeigen, dass Wilbich noch immer eine Hochburg der Schnitzereikunst ist. Auch die Begrüßungsschilder sind aus Holz.
s. auch www.ershausen-geismar.de

Hinter der *Kirche* führt der Weg bergan. Bei der nach 150 m folgenden Weggabelung halten wir uns links und wandern zwischen Hecken hindurch bergan zum *Heuberg*. Am Waldrand gabeln sich die Wege.

Links geht es über den Kleinen Heuberg nach Ershausen.

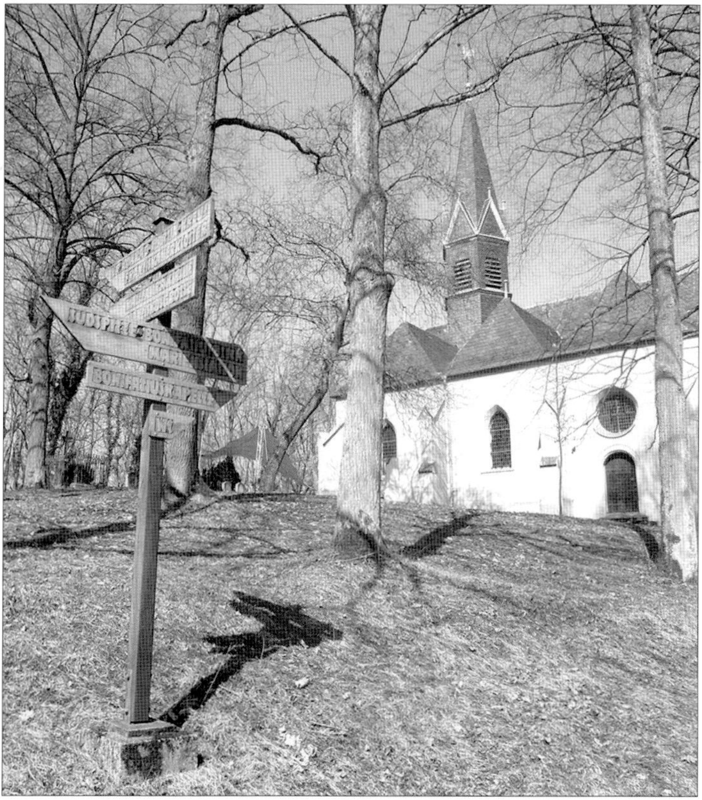

Wallfahrtsstätte Hülfensberg.

Wir halten uns geradeaus. Nach 300 m wandern wir geradeaus durch Nadelwald.

Auf dem ***Heuberg*** zeigen Wanderwegweiser die Richtung an. Wir wandern rechts in Richtung *Bartloffer Blick*. Nach 400 m wird ein Abstecher zu diesem herrlichen, allerdings 600 m entfernten *Aussichtspunkt mit Rastplatz* angeboten.

Wenig später kreuzen sich die Wege.

Wir können durch den Wald auf Großbartloff blicken. Der Ort erscheint ziemlich nah.

Wir wandern links am Waldrand entlang. Nach 500 m halten wir uns rechts, um auf das sichtbare Großbartloff hinab zu wandern.

Wir erreichen ***Großbartloff*** in der *Triftstraße*. Durch das *Herztor* gelangen wir zum *Gedenkstein von Valentin Degenhardt* in der *Hauptstraße*.

Am Friedhof von Großbartloff macht eine Tafel auf die Ersterwähnung des Ortes im Jahre 1306 aufmerksam. Um 1690 stand hier der erste Webstuhl auf dem Eichsfeld. Der Ort weist ein herrliches Fachwerkensemble auf. 1992 und 1997 wurde Großbartloff schönstes Dorf im Landkreis Eichsfeld. Sehenswert ist auch die Dorfkirche mit Doppelmadonna. Der bereits erwähnte Gedenkstein erinnert an den Begründer der Eichsfelder Webwarenindustrie Valentin Degenhardt. Laut Inschrift wirkte er hier von 1695 bis 1748.
s. auch www.grossbartloff.de

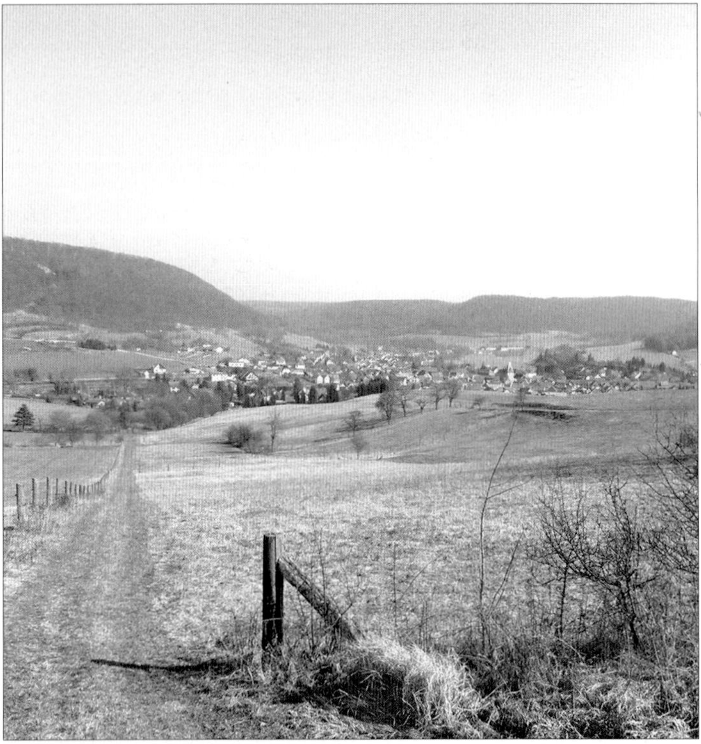

Blick auf Großbartloff.

SW 11: Naturparkweg Leine – Werra, Etappe 4: Großbartloff – Martinfeld (18 km)

Großbartloff – Lutterwasserfall (km 1,2) – Klostermühle (2,5) – Luttermühle (3,5) – Luttergrund/Neun Börner (4,4) – Rastplatz/Kruzifix (5,2) – AP Domblick (5,5) – Kuhtrift – Stationsweg Küllstedt – Iseke-Gedenkstein (8) – Kastanienallee (8,5) – Küllstedter Grund – Schweizer Häuschen (9,4) – Wachstedt (12) – Steinhaufen (15,1) – Wallfahrtsstätte Klüschen Hagis (15,2) – Martinfeld (18)

- Δ **Höhenunterschiede:** 425 m An- und Abstiege, gute Kondition erforderlich! Nicht für Radtour geeignet
- Δ **Gehzeit:** 5 h
- Δ **Markierungen:** rotes Quadrat
- Δ **Parkmöglichkeiten:** Großbartloff: In der Aue
- Δ **Wanderkarten:** Nr. 1–2 (s. u. Wanderkarten)
- Δ **Sehenswertes:** Großbartloff, Lutterwasserfall, Küllstedt, Schweizer Häuschen, Wachstedt, Wallfahrtsstätte Klüschen Hagis, Martinfeld

Wissenswertes: Heinrich, aus dem Geschlecht derer von Tonna-Gleichen, bezog 1246 seine neu erbaute Burg Gleichenstein auf der 450 m hohen steilen Nase der eichsfeldischen Muschelkalkplatte. Heinrich und seine Nachfahren führten nun den Namen „von Gleichenstein". Doch die Freude über den Besitz währte nicht lange. Schon 1294 war Heinrich IV. von Gleichenstein gezwungen, seinen gesamten Besitz im Eichsfeld, darunter die Burgen Gleichenstein, Scharfenstein und Birkenstein, an den Erzbischof Gerhard II. von Mainz zu verkaufen. Dieser schuf das Amt Gleichenstein mit 16 Dörfern und bestimmte die Burg als Sitz für den Amtsvogt, dem auch die Gerichtsbarkeit zustand. Im Dreißigjährigen Krieg war die Burg Schauplatz heftiger Kämpfe. Der mit den Schweden verbündete Herzog Wilhelm von Weimar beschoss die Burg 1632 ohne Erfolg. Dem schwedischen Oberst Schlammersdorf gelang es jedoch wenig später, trotz mutiger Gegenwehr des Vogtes Clemens Freitag und seiner Mannen, die Burg einzunehmen. Mehrmals wechselten die Besatzungen, bis der Gleichenstein 1641 endgültig durch den kaiserlichen General Piccolomini zurückerobert wurde.
Leider war bei Drucklegung dieses Büchleins nur eine Außenbesichtigung möglich.
s. auch www.westerwald-obereichsfeld.eu

Routenbeschreibung: In ***Großbartloff*** biegen wir hinter einem *Gasthaus* rechts ab. Den Ort verlassen wir *„In der Aue"*. Am *Wasserwerk Spitzmühle* vorüber gelangen wir zum ***Lutterwasserfall***.

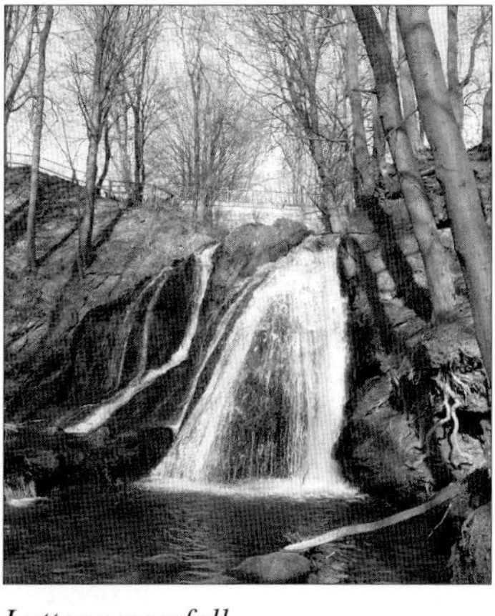

Lutterwasserfall.

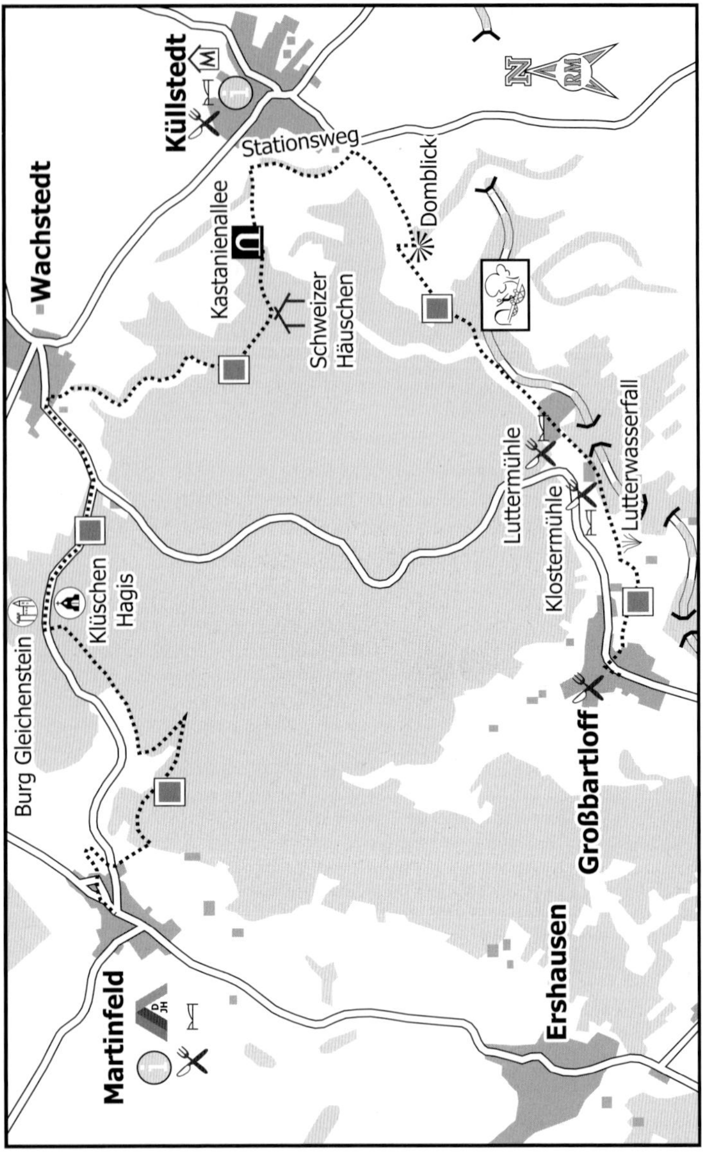

Seine Fläche beträgt 0,25 ha und seine Höhe etwa 10 m. Er entstand vor etwa 5000 bis 10 000 Jahren. Die schluchtartige Vertiefung unterhalb des Falls bietet einen Lebensraum für solche Vogelarten wie Wasseramsel, Gebirgsbachstelze und Zaunkönig. Der Wasserfall steht seit 1979 unter Naturschutz.

Der Weg führt nun an der ***Klostermühle*** und ***Luttermühle*** vorüber durch den *Luttergrund*, wo wenig später ein kurzer Abstecher zu den ***Neun Börnern*** lohnenswert ist. Dann geht es über einen Waldrandweg am *Steingraben* aufwärts.

Nach 150 m gabeln sich die Wege. Wir bleiben geradeaus, während es rechts laut Wanderwegweiser nach Büttstedt geht.
Nachdem wir 400 m dieses steilen Aufstiegs gemeistert haben, lädt an einem *Kruzifix* ein *Rastplatz* zum Verweilen ein. Nun sind es noch 300 m bis zum nächsten *Rastplatz*, wo sich außerdem der ***Aussichtspunkt Domblick*** befindet.
Oben angekommen, kreuzen sich die Wege (Wanderwegweiser). Wir schwenken rechts in einen Feldweg ein (Blickrichtung „Eichsfeder Dom"). Anschließend durchwandern wir mit der ***Kuhtrift*** ein kleines Waldstück. Wenig später wird der ***Stationsweg*** von ***Küllstedt*** erreicht. An dessen Ende biegen wir links in einen Wirtschaftweg ein, der zum ***Iseke-Gedenkstein*** führt.

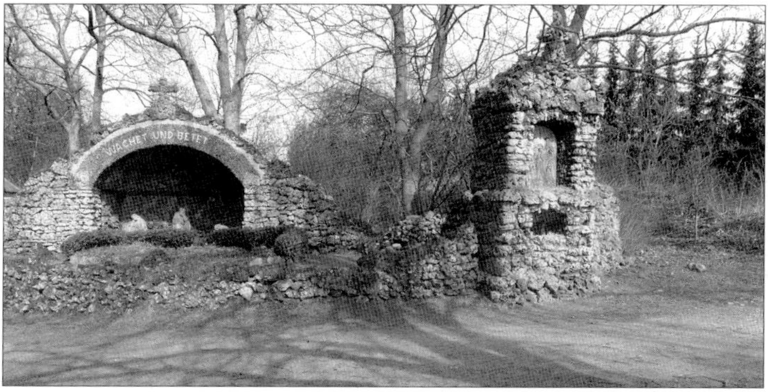

Stationsweg Küllstedt.

Der Gedenkstein wurde für den Schöpfer des Eichsfeldliedes errichtet.

Auch über die sich anschließende ***Kastanienallee*** ist ein Abstecher nach ***Küllstedt*** empfehlenswert.

Küllstedt wird erstmals 1128 im Mainzer UB erwähnt. Sehenswert sind hier die stil- und kunstvolle St. Georgs- und Julianen-Kirche mit Tonnengewölbe, Barockaltar, gotischem Taufstein und St. Georgs-Statue. Der kupferbedeckte Turm und einige Gebäude fielen 1967 einem Zyklon zum Opfer. Empfehlenswert ist auch ein Besuch der Küllstedter Heimatstube. Am Westrand von Küllstedt befindet sich ein Stationsweg mit der 1848 erbauten Antoniuskapelle und Andachtsgrotten. Gesäumt wird er durch die 600 m lange Kastanienallee.

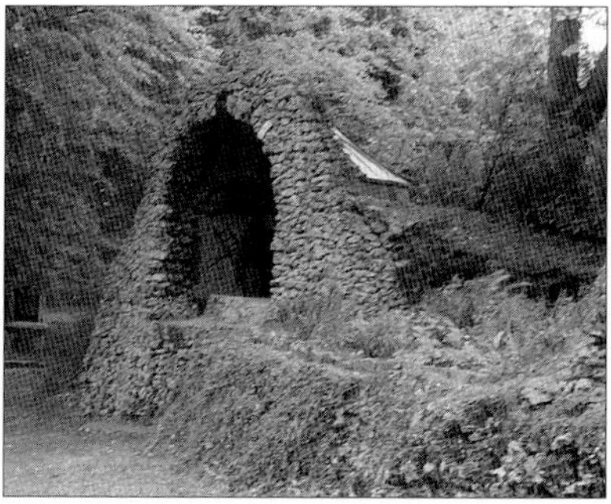
Ein beschauliches Plätzchen ist die Kastanienallee, die den Stationsweg der Eichsfeldgemeinde Küllstedt säumt.

s.auch www.westerwald-obereichsfeld.eu

Nach Besichtigung des Ortes wandern wir wieder durch die Kastanienallee, die zum *Küllstedter Grund* führt. Nach ca. 1,5 km erreichen wir eine Weggabelung mit Wanderwegweiser (Wachstedt 2,5 km). Am ***Rastplatz „Schweizer Häuschen"*** biegen wir nach 300 m links ab, bevor wir nach weiteren 700 m kurz vor der Straße den *Steingraben* überqueren. Von hier folgen wir dem Weg nach ***Wachstedt***.

Wachstedt wurde im Jahre 1134 erstmals urkundlich erwähnt. Seinerzeit bezeugte Erzbischof Adalbert von Mainz, dass Dietmar von Kirchberg dem Paterkloster zu Erfurt u. a. 2 1/2 Hufen Land in Wachstedt übereignet habe. Der Ort gehörte später zum Amts- und Gerichtsbezirk Gleichenstein.
s.auch www.westerwald-obereichsfeld.eu

An einem *Bildstock* und am *Dorfbrunnen* biegen wir links in die *Hauptstraße* ein. Den Ort verlassen wir über die *Schloßfeldstraße*, die bald in einen Feldweg übergeht. Nach 800 m gabeln sich die Wege. Wir schwenken links ein und wandern auf dem Feldweg in Richtung Westerwald.

Hier schweift der Blick im Westen nach Fürstenhagen, zu den Höhenzügen des Hohen Meißners, im Süden zu denen des Ringgaus, wobei der Heldrastein herausragt.

Am ***Steinhaufen*** mit *Lehrtafel* wird der Waldrand erreicht. Dort geht es geradeaus weiter, bis wir nach weiteren 200 m rechts in den Wald einbiegen. Wenig später geht es wieder am Waldrand entlang. Nach 1,2 km nimmt uns der Wald endgültig auf. Der Weg führt für ca. 1,2 km bergab, bis wir die *Chaussee Wachstedt - Martinfeld* erreichen.

Mehrere Quellen entspringen in diesem Talgrund.

Wer einen Abstecher zur ***Burg Gleichenstein*** vornehmen möchte, gelangt beim *Eselsborn* auf einem steilen Waldweg namens *„Eselsweg"* hinauf.
Seinen Namen verdankt der Weg den Eseln, die in früheren Zeiten auf dieser Strecke als Wasserträger eingesetzt wurden.

Um zur ***Wallfahrtsstätte Klüschen Hagis*** zu gelangen, überqueren wir die **stark befahrene Straße.**

Dort, wo einst im stillen Waldtal des Westerwaldes das Dorf Neuenhagen stand, gibt es nur noch das Barockkirchlein von 1771 mit seinem Gnadenbild, einer gotischen Pieta. Die steinerne Außenkanzel trägt die Jahreszahl 1614. Am Haus des Küsters erinnern Gedenktafeln an die beiden Schriftsteller des Eichsfeldes Carl Duval (1807–1853) und Dr. Hermann Iseke (1856–1907). Alljährlich treffen sich hier am Himmelfahrtstag Zehntausende Männer aus dem ganzen Land zur traditionellen Männerwallfahrt. Neben dem Kirchlein fällt dem aufmerksamen Betrachter eine Sommerlinde ins Auge. Sie wurde zwischen 1751 und 1771 gepflanzt.
s.auch www.westerwald-obereichsfeld.eu

Der Weg führt nun geradeaus bergan zum Waldrand, wo wir rechts einschwenken. Nach ca. 1,2 km gabeln sich am Waldrand die Wege. Nun geht es links über eine Forststraße bergan.
Nach 600 m erreichen wir eine Wegegablung mit Wanderwegweiser. Wir biegen rechts in eine Forststraße ein, die nach weiteren 500 m

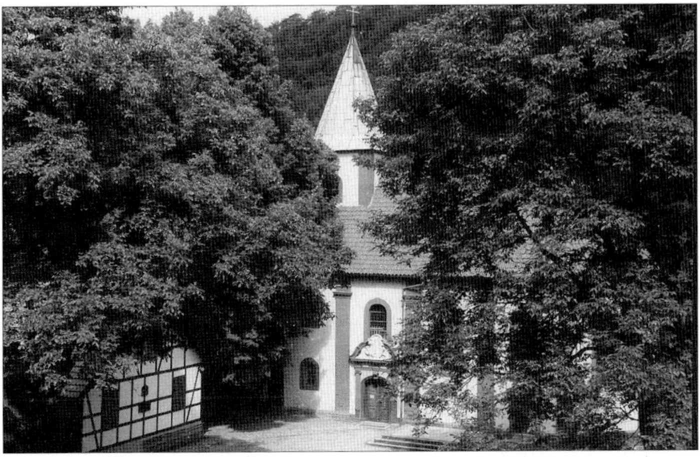

Die Wallfahrtskapelle Klüschen Hagis ist wegen ihrer traditionellen Männerwallfahrt über die Grenzen des Eichsfeldes bekannt.

aus dem Wald heraus führt. Nun können wir auf das bereits sichtbare ***Martinfeld*** zugehen.
Vorher passieren wir das *Kriegerdenkmal* und erreichen den Ort über den *Spitzenbergweg*.

Das Dorf Martinfeld wird bereits in den Annalen des mittelalterlichen Geschichtsschreibers Lampert von Hersfeld erwähnt. Nach einer am 30. Juni 1071 ausgestellten Urkunde schenkte König Heinrich IV. dem dortigen Kloster das Dorf Martinfeld. Der Ort war vom 16. bis 19. Jh. Sitz des Bodungschen Gerichts. Heinrich Werner von Bodungen war es auch, der ab 1611 das Ortsbild prägende Renaissanceschloss erbauen ließ. Heute bietet dieses als Jugendherberge genutzte historische Gebäude ein Wanderquartier mit guter Ausstattung.
s. auch www.ershausen-geismar.de

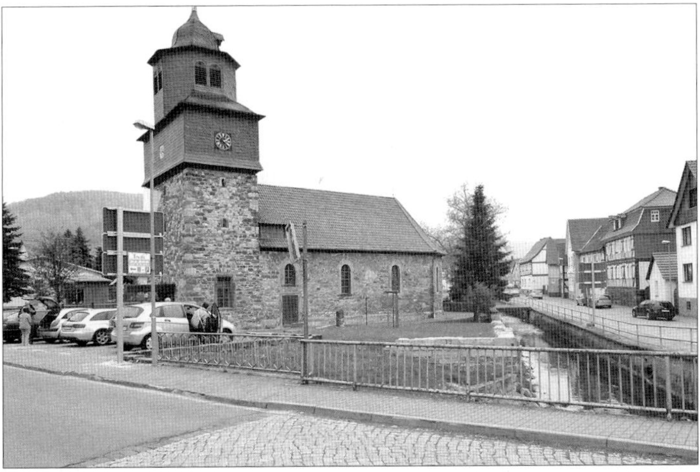

Kirche Martinfeld.

SW 12: Naturparkweg Leine–Werra, Etappe 5: Martinfeld–Heilbad Heiligenstadt (22 km)

Martinfeld – Rosoppe-Quelle (km 2,9) – Bernterode/HIG (5,9) – Dieteröder Klippen (9,6) – Fürstenhagen, Naturparkzentrum (11,6) – Fürstenhagener Born (12,6) – Lutter (14,3) – Dreiergrund – Schierbachtal – AP „Maienwand“ (18,8) – Klöppelsklus (20,5) – Jahndenkmal – Heilbad Heiligenstadt (22,2)

Δ **Höhenunterschiede**: 685 m Anstiege, 655 m Abstiege, gute Kondition erforderlich, nicht für Radtour geeignet, von Fürstenhagen bis zu den Dieteröder Klippen barrierefreier Weg (Begleitperson erforderlich)

Δ **Gehzeit:** 6 h

Δ **Markierungen:** rotes Quadrat

Δ **Parkmöglichkeiten:** Jugendherberge, Anger am Ortseingang, Sportplatz am Reit- und Freizeitzentrum Westerwald

Δ **Wanderkarten:** Nr. 1–2 (s. u. Wanderkarten)

Δ **Sehenswertes:** Dieteröder Klippen, Ausstellung in der Naturparkverwaltung, Maienwand, Klöppelsklus, Heiligenstadt

Wissenswertes: Die eichsfeldische Kreisstadt Heilbad Heiligenstadt (ca. 16 000 Einw.) liegt am Zusammenfluss von Leine und Geislede. Sie ist umgeben von Höhen des Ibergs und des Düns. Dies veranlasste den bekannten Dichter Theodor Storm, der von 1856 bis 1864 als Kreisrichter hier wirkte, zu dem Ausspruch: *„Die Berge gucken überall in die Stadt; es muß sich im Sommer hier angenehm im Freien und winters recht heimelig in den Stuben leben lassen...“*

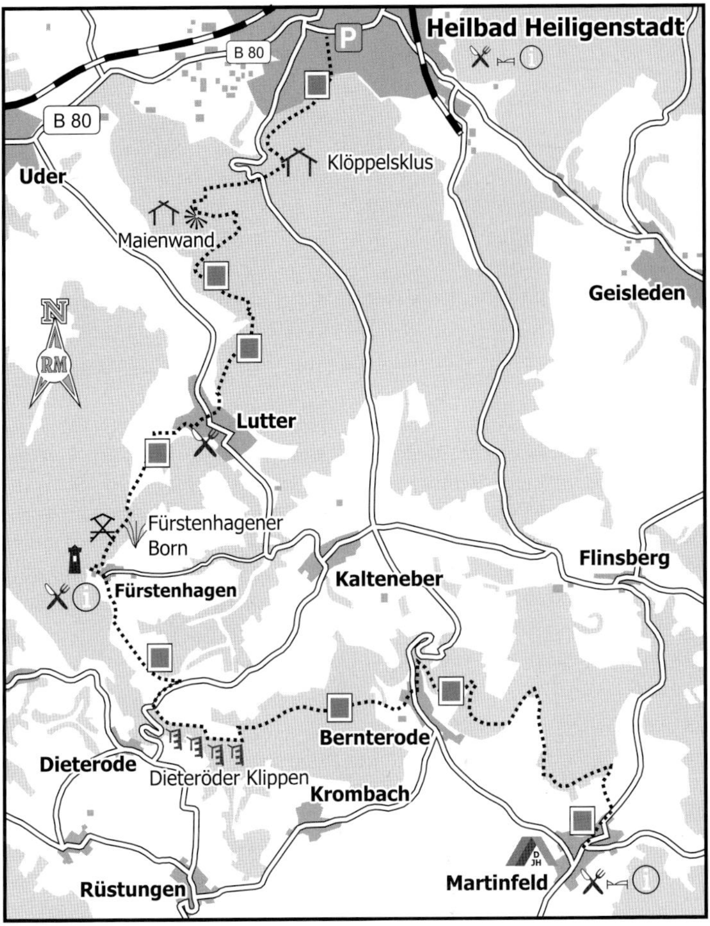

Heiligenstadt wurde erstmals 973 urkundlich erwähnt. Im Jahre 1227 wurde vom Erzbischof Siegfried II. das Stadtrecht verliehen. Die Stadt erhielt eine stattliche Mauer und drei größere Tore und dadurch im Verteidigungssystem des Eichsfeldes eine zentrale Rolle. Durch ihre Lage am Schnittpunkt bedeutender Straßenverbindungen erlebte sie bald einen gewaltigen Aufschwung. Im Jahre 1540 wurde der Sitz des Oberamtmannes vom Rusteberg hierher verlegt, und die gut befestigte Stadt wurde Hauptstadt des Eichsfeldes. Mit der Errichtung des Jesuitenkollegs im Jahre 1575 wurde Heiligenstadt ein bedeutender Schulstandort. Die drei gotischen Kirchen (St. Martin, St. Marien, St. Ägidien) und zahlreiche Profanbauten prägen das Panorama der Stadt. Heiligenstadt liegt an der Deutschen Märchenstraße. Inzwischen hat sich die Stadt auch einen Namen als Kurort von Herz- und Kreislauferkrankungen sowie Erkrankungen des Bewegungsapparates gemacht. Nicht nur bei Kurgästen ist die Eichsfeldtherme im VITAL-Park beliebt. Dort befindet sich auch ein Märchenpark.
s. auch www.heilbad-heiligenstadt.de

Routenbeschreibung: ***Martinfeld*** verlassen wir über die Aschengasse und folgen der *Straße in Richtung Flinsberg*.

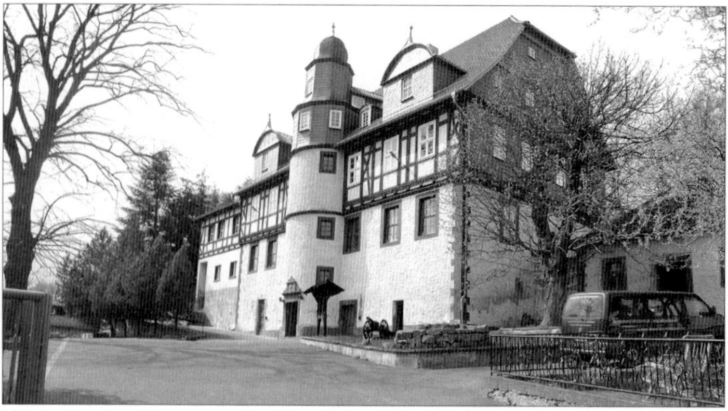

Freie Jugendherberge und Gästehaus im Schloss Martinfeld.

Etwa 100 m hinter dem Ortsausgangsschild biegen wir entsprechend der Markierung links in einen Feldweg Richtung Wald ein. Am Waldrand geht es rechts weiter. Nach 300 m schwenken wir an einer Weggabelung scharf links ein. Bei der anschließend folgenden Weggabelung gehen wir geradeaus, bis wir zur ***Rosoppequelle*** und zu einem *Teich* kommen. Bei einer Wegkreuzung nach 200 m folgen wir dem linken Weg bergan.

Der Blick reicht nun auf Martinfeld, den Westerwald und zum Hülfensberg.

Am Waldrand gabeln sich die Wege. Der Weg führt geradeaus in den Wald hinein. Dort wandern wir an der Wegkreuzung links bergab. Nach ca. 1,7 km folgt die nächste Weggabelung mit Wanderwegweisern. Wir folgen dem links bergab führenden Forstweg (*Rettungspunkt EIC-1302*). Bei der schon nach 20 m folgenden Weggabelung bleiben wir geradeaus auf dem Forstweg und können bereits nach Bernterode hinabschauen.
Bernterode erreichen wir über den Kirchberg und die Kirchstraße.

Der Ort wurde 1174 erstmals im UB des Eichsfeldes erwähnt. Sehenswert ist hier die neue, 1923 in der Dorfmitte fertiggestellte Kirche. Der Bau der neuen Kirche wurde notwendig, nachdem die im frühen Mittelalter gebaute St. Cyriakus-Kirche am Berghang zu klein geworden war.
s. auch www.ershausen-geismar.de

Nach Überquerung der *Chaussee Bernterode – Heiligenstadt* erreichen wir die *Meiergasse*. Beim *Sportplatz* geht es rechts in eine *Forststraße*. Der Weg führt durch den Wald hindurch ständig bergan. Am Waldrand oben angekommen, halten wir uns zunächst links, bis wir nach 100 m rechts an einer Schonung entlang gehen. Bald erreichen wir die ***Dieteröder Höhe*** und den ***Naturlehrpfad Dieteröder Klippen***. Wieder am Waldrand, haben wir einen Blick zum Wasserturm von Fürstenhagen, auf den wir nun zuwandern. Der Weg führt für etwa 300 m auf der Chaussee in Richtung Kalteneber entlang, bevor wir links abbiegen und durch Sträucher auf dem ehemaligen *Bahndamm* entlang gehen.

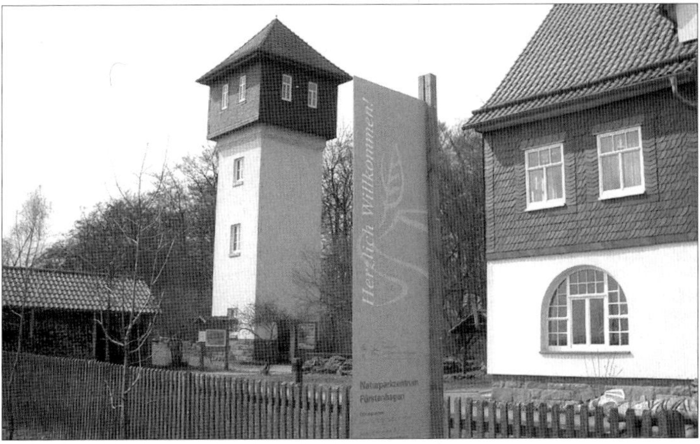

Sitz der Naturparkverwaltung in Fürstenhagen.

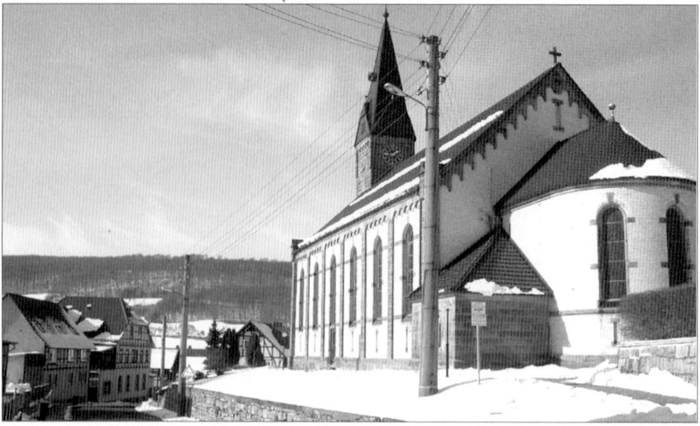

Lutter mit St. Mauritius-Kirche.

Wir erreichen das ***Naturparkzentrum*** mit Wasserturm und Erlebnisgelände sowie dem Sitz der ***Naturparkverwaltung Eichsfeld–Hainich–Werratal.***

Fürstenhagen war mit 491 m NN der höchstgelegene Haltepunkt dieser bereits 1947 stillgelegten Strecke. Sie führte von Heiligenstadt durch das Pferdebachtal, über Kalteneber–Fürstenhagen–Dieterode–Krombach–Ershausen und Großtöpfer in das hessische Schwebda mit Anschluss nach Eschwege. In der Nähe von Fürstenhagen befindet sich zugleich einer der größten Eibenbestände Europas. Ein 8 km langer Eibenlehrpfad lädt ein, alles Wichtige über diesen interessanten Baum zu erkunden. Ebenso interessant und ebenso lang ist der Naturlehrpfad „Dieteröder Klippen", von dem sich dem Wanderer herrliche Ausblicke in das südliche Eichsfeld auftun.
s. auch www.vg-uder.de oder www.naturpark-ehw.de

Nach Besichtigung des Informationszentrums wandern wir dorfeinwärts in Richtung ***Fürstenhagen***. Beim *Forsthaus* schwenken wir rechts in einen Forstweg ein. Wenig später folgen wir einem schmalen Pfad bergab.
Vom ***Fürstenhagener Born*** (Rastplatz) führt eine Forststraße aus dem Wald heraus und wir können auf Lutter hinab blicken.

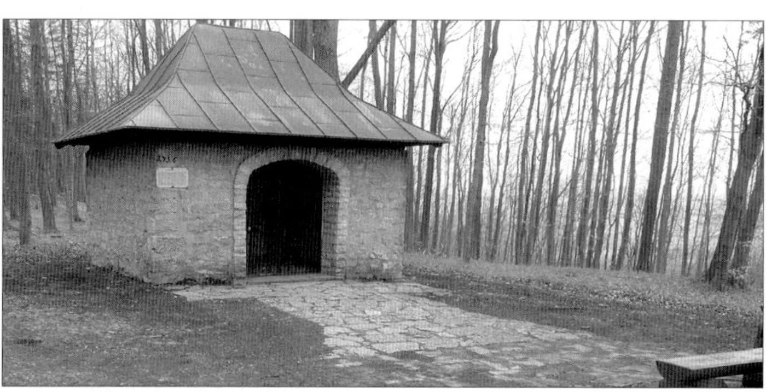

Klöppelsklus.

Dabei sehen wir, wie idyllisch dieser Ort liegt.
Lutter wurde erstmals 1175 im Mainzer UB erwähnt. Der Name wurde dem äußerst kräftig aus Karsthöhlen austretenden Bach entlehnt. Sehenswert ist in diesem sauberen Dorf besonders die St. Mauritius-Kirche.
s. auch www.vg-uder.de

In ***Lutter*** überqueren wir den gleichnamigen *Bach* und biegen rechts ein. Wir passieren eine *Bäckerei*, die *Gemeindeverwaltung* sowie eine *Gaststätte* und schwenken bei der nächsten Straßengabelung links ein. Hinter der *Buswartehalle* überqueren wir die Straße. Dabei fällt eine unter Denkmalschutz stehende *Linde* auf.
Durch die *Kirchgasse* geht es nun weiter bergan bis zum Waldrand, wo wir entsprechend eines Wanderwegweisers links einbiegen.

Hier lädt ein Pavillon zur Rast und zum Ausblick ein.

Bei der nächsten Weggabelung nach 250 m geht es links bergab und nach weiteren 5 m bereits wieder rechts.

Damit bleiben wir eine Zeitlang am Waldrand und parallel zur Straße Lutter-Uder.

Im ***Dreiergrund*** kreuzen sich die Wege. Wir folgen halbrechts einer Forststraße und entfernen uns dabei vom Wandrand und der Straße. Bereits nach 150 m halten wir uns vor einem *Bach* links (Wanderwegweiser) und folgen einem Waldweg leicht bergan. Die nächste Weggabelung nach 200 m führt uns zunächst am Waldrand entlang. Dann geht es steil bergan durch das ***Schierbachtal***, wobei wir uns vom Waldrand entfernen.
Nach 250 m gabeln sich erneut die Wege, wobei wir uns links halten. Den Waldrand erreichen wir wieder nach 650 m. Wir biegen rechts ab und bleiben bei der nächsten Weggabelung nach 500 m geradeaus. Bereits nach 50 m gabeln sich erneut die Wege. Nun geht es links steil bergan (Wanderwegweiser Heiligenstadt 4 km). Oben angekommen, folgen wir linksabbiegend einemWaldweg.
Nach 500 m gabeln sich die Wege (Wanderwegweiser). Hier ist ein Abstecher zum 250 m entfernten, beliebten Aussichtspunkt der Heiligenstädter an der ***Maienwand*** lohnenswert.

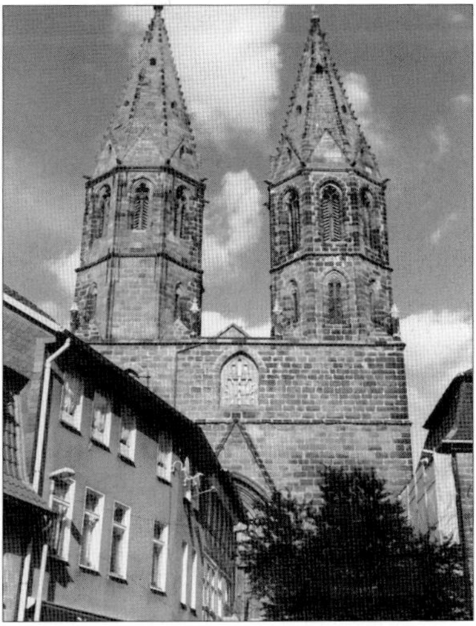

Die gotische St. Marienkirche in Heiligenstadt.

Er liegt 437 m NN auf steiler Muschelkalk-Felswand am Südwesthang des Ibergs und bietet einen reizvollen Blick in das Luttertal mit der Gemeinde Lutter sowie den Ortsteil Fürstenhagen zur Linken. Daran schließen sich der Lengenberg, der Kleine Lichtenbühl und der Knappberg mit der Gemeinde Lenterode an. Dahinter „lugen“ die Sendetürme des Hohen Meißners hervor. Rechts liegt im Leinetal die Gemeinde Uder sowie der markante Bergkegel des Rusteberges. Im Hintergrund ist der Hohe Hagen mit Gaußturm (478 m NN) in Südniedersachsen zu sehen.

Von dort kehren wir auf den Wanderweg zurück und folgen den Hinweisschildern in Richtung Heiligenstadt.
Bei der nach 300 m folgenden Weggabelung halten wir uns entsprechend der Wanderwegweiser rechts. Nach weiteren 300 m schwenken wir rechts in eine Forststraße ein.
Nachdem wir die Wegkreuzung am *Breiten Rasenweg* (Wanderwegweiser) passiert haben, queren wir die *Chaussee Heiligenstadt–Bernterode*.
300 m hinter der Straße erreichen wir die ***Klöppelsklus***.

Die ehemalige Raststelle aus dem Mittelalter befindet sich am Ende eines Steilhanges an der alten Chaussee Heiligenstadt – Eschwege. An dieser Stelle wurde der Vorspann, der für den steilen Aufstieg benötigt wurde, abgehängt. Es trat für Mensch und Tier eine Ruhepause ein. Zum Schutz gegen schlechte Witterung baute man eine Unterkunft, die Klöppelsklus. Sie trägt die Jahreszahl 1716. Nach alter Überlieferung gab man von hier ein Zeichen (Schlag mit dem Klöppel an eine Glocke), wenn sich ein Wagenzug talabwärts in Bewegung setzte. Die entgegen kommenden Wagen mussten am Fuße des Berges warten, da diese sonst bei der starken Steigung und kurzen Kurven nicht vorbeikamen. Später umgebaut, dient das ehemalige Rasthaus heute als Kapelle.

Nun folgen wir dem *Philosophenweg* in Richtung Heiligenstadt. Nach ca. 1,5 km passieren wir das *Jahndenkmal* und wenig später endet unterhalb des *Iberghäuschens* der *Naturparkweg Leine–Werra*, worauf eine *Infotafel* der Naturparkverwaltung hinweist. Von hier bestehen nun verschiedene Möglichkeiten, die sehenswerte Altstadt der Eichsfeldmetropole ***Heilbad Heiligenstadt*** zu erkunden, zu übernachten oder den Weg zum Bahnhof vorzunehmen.

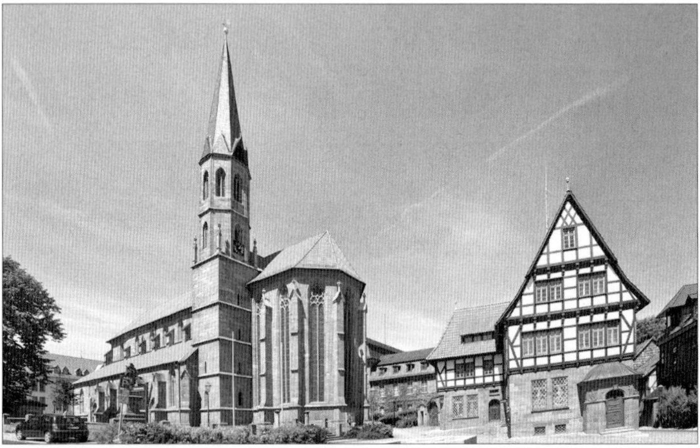

Heiligenstadt. Foto: Harald Rockstuhl.

III. Weitere Streckenwanderungen

SW 13: Hainich-Rennstieg: Eigenrieden – Behringen (31 km)

Eigenrieden – Mühlhäuser Landgraben – Güldenes Holz (km 1,2) – Himmelsleiter (2) – Großer Senkig (3) – Deutsche Mauer – Heyerode Grenzhaus/Alter Bf. (5) – Ritzhäuser Ladestelle (7,3) – Jakob-Hartung-Gedenkstein – Dornschildchen (8,4) – Mareilebank – Trockenschildchen (9,2) – Struppeiche (9,8) – Meta's Ruh (11,4) – Dreiherrnstein – Steinerner Tisch (12,8) – ehemalige Antoniusherberge (13,4) – Totenkopf (14,8) – St. Katharinen-Ihlefeld (16,1) – Betteleiche (16,3) – Eiserne Hand (17,3) – Hellmundstein – Otterbühl (19) – Craulaer Kreuz (20,7) – Turnerbank (21,5) – Alter Berg (24) – Kindel – Försterstein – Bunte Linde – Baumeisterkreuz (26,4) – Ortleppsruh/Wagener Bank (28) – Wartburgblick – Behringen, Schlosspark (30,3) – Behringen, Ort (31)

- Δ **Höhenunterschiede**: 365 m Anstiege, 550 m Abstiege, gute Kondition erforderlich, nicht für Radtour geeignet! Es besteht auch die Möglichkeit, die Strecke in zwei Tagesetappen abzuwandern und in Kammerforst oder in Mihla zu übernachten. Die Wanderung kann auch in Behringen begonnen werden.
- Δ **Gehzeit:** 9 h
- Δ **Markierungen:** weißes, unterstrichenes R (Rennstieg), stellenweise Hainichlandweg (roter Punkt)
- Δ **Parkmöglichkeiten:** Parkplatz an der B 249, vor Gaststätten
- Δ **Wanderkarten:** Nr. 1–5, 8 (s. u. Wanderkarten)
- Δ **Sehenswertes:** Grenzhaus, Betteleiche, Eiserne Hand, Behringen, mehrere Steinkreuze

Wissenswertes: Der ca. 31 km lange Rennstieg auf dem Hainich ist ein traditioneller Höhen- und Kurierweg, der 1448 erstmals als „Rynnestieg" Erwähnung fand. Aufgrund seiner vergleichsweise kurzen Distanz wird er auch als „kleiner Bruder" des bekannten Rennsteigs bezeichnet. Wie beim „großen Bruder" wird eine Wanderung auf dem Rennstieg „Runst" genannt. Im 19. Jahrhundert begann der Waldverein Mühlhausen 1882 e. V. mit der Erkundung des Weges und erwanderte ihn zunächst bis Craula. 1928 kennzeichneten ihn die Wanderfreunde der „Harthgemeinde" mit dem weißen, unterstrichenen R und verlängerten ihn bis Behringen. Im gleichen Jahr fand die erste durchgehende „Rennstieg-Runst" statt. Der 2. Weltkrieg und die weitere militärische Nutzung verhinderten bald die durchgängige Begehung. Seit 1993 ist er dank der Bemühungen der Anliegergemeinden, der Ortsgruppe Hainich-Rennstieg des Rennsteigvereins 1896 sowie der Mühlhäuser Wanderfalken wieder allen Wanderfreunden zugänglich.
s. auch www.rennsteigverein.de

Routenbeschreibung: Der ***Rennstieg*** beginnt in ***Eigenrieden*** am *Wanderparkplatz* neben der *B 249*. Bis zum *Hohenrode* befinden wir uns zugleich noch auf dem ***Mühlhäuser Landgraben.***

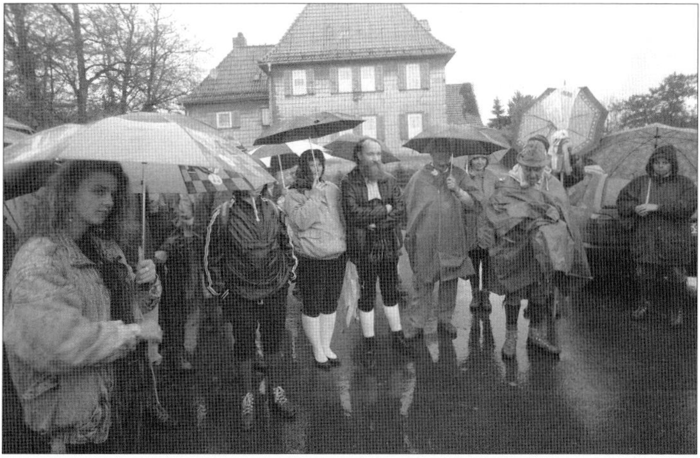

Nach 51 Jahren beginnt am 9. Oktober 1991 die erste Rennstiegrunst an der Eigenrieder Warte. Foto: Harald Rockstuhl.

Der Rennstieg erscheint nun auf den nächsten 4 km bis zur Deutschen Mauer so gerade, als wäre er mit dem Lineal gezogen worden. Dies belegt auch ein Blick auf die Wanderkarte. Allerdings trifft dies nicht auf das Höhenprofil zu.

So geht es zunächst bis zur ***Himmelsleiter,*** die wir überqueren, bergan. Südlich der Himmelsleiter, im ***Hohenrode***, endet bzw. beginnt der Mühlhäuser Landgraben.
Hinter der Himmelsleiter geht es bergab. Wir überqueren nach und nach den *Diedorfer Stieg* und die *Lange Bahn*. Beim ***Großen Senkig***, wo es sich rasten lässt, wird der Weg schmaler. Kurz vor dem Grenzhaus können wir am Waldrand einen Abstecher zur ***Deutschen Mauer*** unternehmen, von der der Blick bis zum Heldrastein reicht. Wenig später erreichen wir den ***Alten Bahnhof*** und das ***Grenzhaus*** oberhalb von ***Heyerode*** (s. auch SW 04).
Nun überqueren wir die *Straße Oberdorla – Heyerode* und wandern entsprechend der Wanderwegweiser geradeaus durch Buchenwald. Nach 1,7 km kreuzen sich an einem *Rastplatz* die Wege. Dabei wird ein Abstecher zum *Sommerstein* angeboten. Wir halten uns geradeaus, um bei der nächsten Weggabelung nach 600 m rechts in eine Forststraße einzubiegen. Nun befinden wir uns an der ***Ritzhäuser Ladestelle*** (s. auch SW 04).

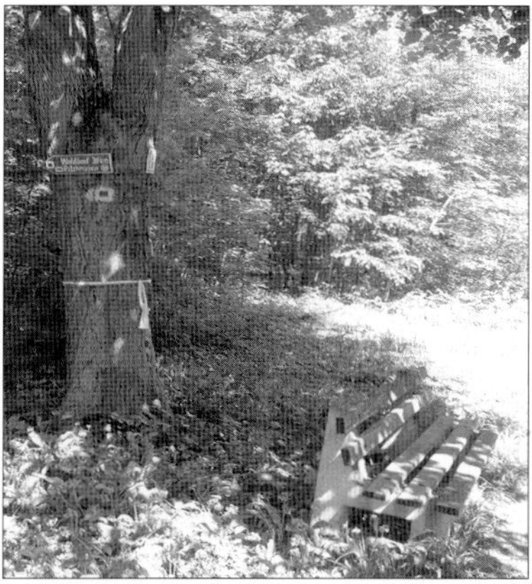

Ritzhäuser Ladestelle.

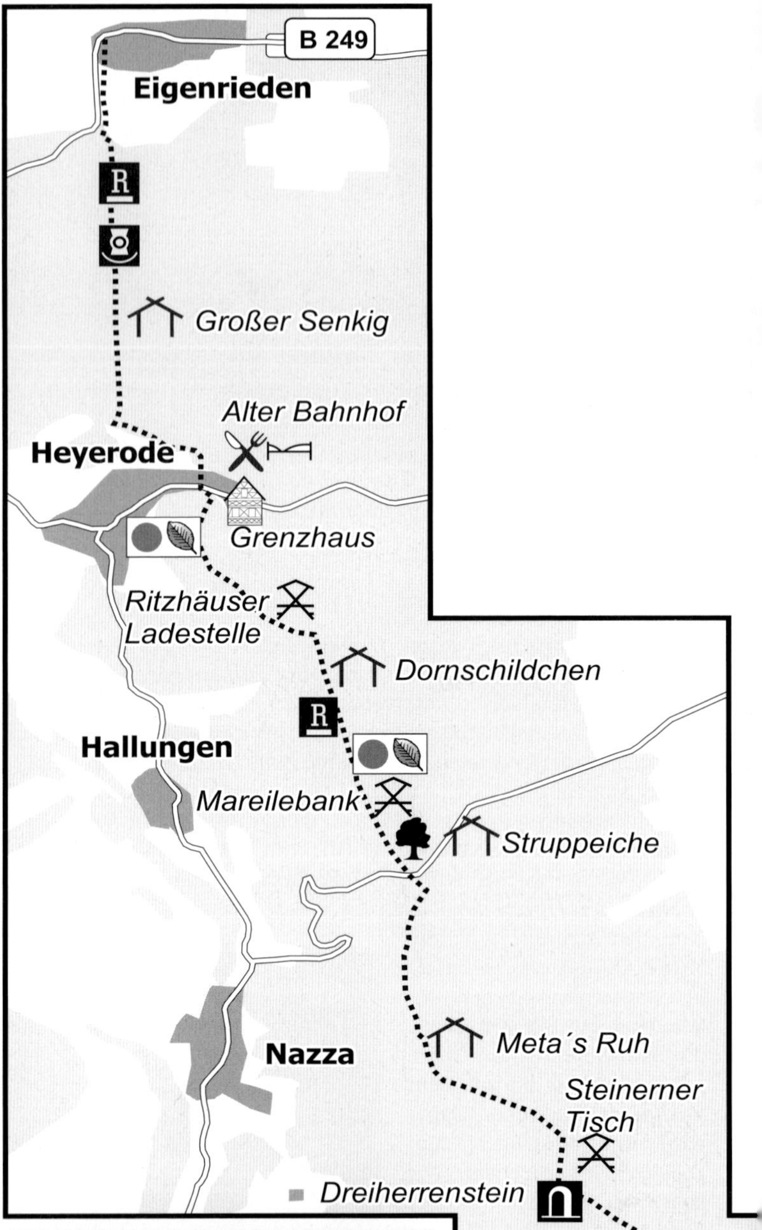
B 249
Eigenrieden
Großer Senkig
Alter Bahnhof
Heyerode
Grenzhaus
Ritzhäuser
Ladestelle
Dornschildchen
Hallungen
Mareilebank
Struppeiche
Nazza
Meta´s Ruh
Steinerner
Tisch
Dreiherrenstein
ehem.
Antonius-
herberge
Ihlef

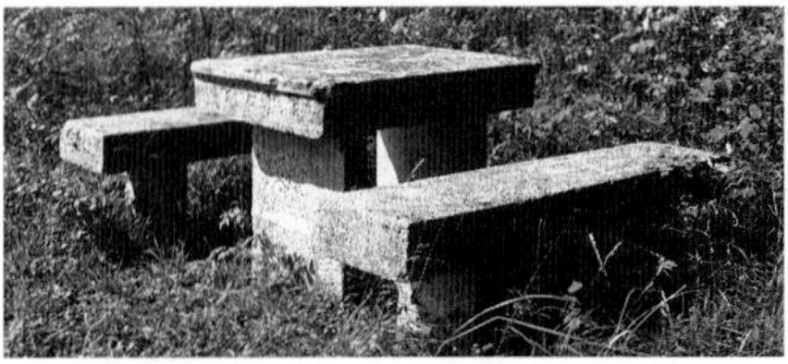

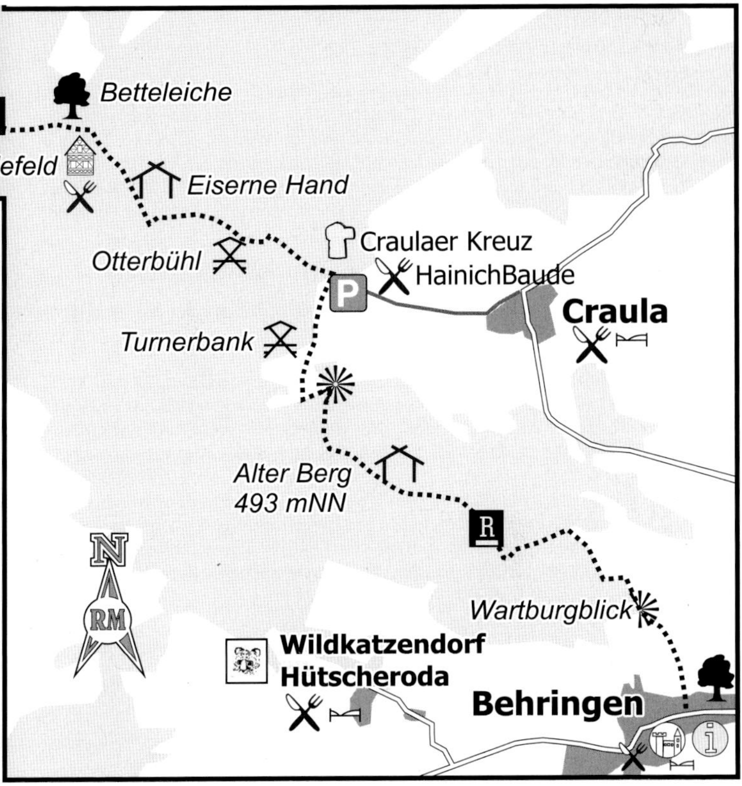

Bei den nächsten Weggabelungen und -kreuzungen bleiben wir geradeaus, bis wir an den ***Rastplatz Dornschildchen*** kommen, bei dem wir auch auf den *Hauptwanderweg Wernigerode–Eisenach* treffen. Wenig später erreichen wir gegenüber einem Schild der *Laubgenossenschaft Langula* mit der ***Mareilebank*** (s. auch SW 04) und dem ***Trockenschildchen*** zwei weitere Rastplätze.
Wir überqueren die Landstraße zwischen Mühlhausen und Eisenach. Kurz dahinter befindet sich die neu angepflanzte ***Struppeiche*** (siehe auch SW 04). Weiter geht es auf einer Forststraße, wobei diese nach 200 m stark nach rechts abgeht. Grenzsteine säumen den Weg. Nach einem guten Kilometer trennen wir uns vom *Hauptwanderweg,* der zur Burgruine Haineck (s. auch SW 04) führt. Wir bleiben geradeaus und kommen zum ***Rastplatz Meta's Ruh*** (408 m NN) (s. auch RW 06). Nach wenigen Metern, etwas abseits vom Rennstieg, steht ein *Dreiherrenstein*.

Von der „Sorte" gibt es vier im Hainich. Er gilt als der markanteste. Hier trafen die Grenzen vom Königreich Preußen und den sächsischen Herzogtümern Gotha und Weimar aufeinander.

Bei der nächsten Weggabelung führt der geschotterte Weg leicht bergan an einer *Schonung* vorüber. Nach ca. 1,5 km sind wir am ***Rastplatz „Steinerner Tisch“***.

Steinerne Tische gibt es viele im Hainich. Sie waren oft der Ort für zähe Grenzverhandlungen. Dieses Exemplar ließ Friedrich Wilhelm Carl von Seebach 1838 als Ruheplatz für Wanderer errichten. Geschätzt wurde der Treffpunkt auch von der Jugend. H. Gutbier stellte bei (s)einer Hainichwanderung 1894 fest, dass von dieser Stelle eine *„reiche Fernsicht nach den Bergen der Vorderrhön geboten wird: Baier, Bleß, Stoffelskuppe, Horn usw. sind deutlich zu unterscheiden.“*

Leider wird durch Baumwuchs diese Fernsicht beeinträchtigt.

Nun sind es noch etwa 600 m bis zum *Grillplatz* an der ehemaligen ***Antoniusherberge***.

Der Name stammt aus der Zeit, als sich hier Mönche niederließen. Die Mönche der aus Frankreich stammenden Antoniusbrüderschaft siedelten sich um 1100 hier an. Der befestigte Weg war einst ein wichtiger Verbindungsweg von Großengottern zur Werra. Die Mönche hatten damals Reisende mit geistlichem und körperlichem Labsal zu versorgen, bevor diese ihren Weg fortsetzten. Im Jahre 1338 wurde die Bruderschaft vom Thüringer Landgrafen des Reiches verwiesen. 1361 kaufte Kersten von Seebach die Liegenschaften zusammen mit den Dörfern Kammerforst und Oppershausen von Dietrich von Greußen. Aufgrund des zunehmenden Reiseverkehrs wurden die alten Gemäuer wieder restauriert und es entstand eine neue Wirtschaft.

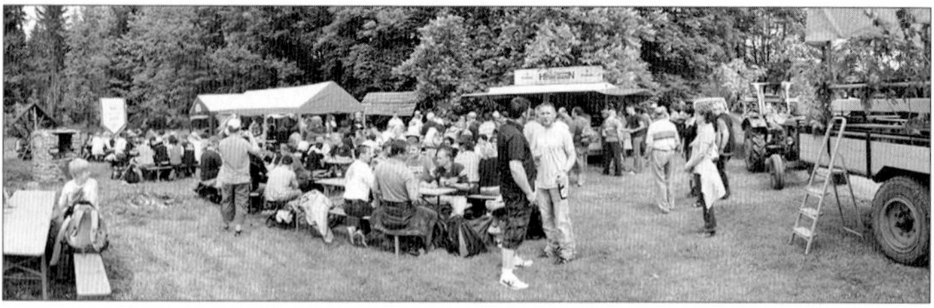

Himmelfahrt an der Antoniusherberge. Foto: Harald Rockstuhl.

Etwa 200 Jahre später geriet die Herberge jedoch in Verruf. Reisende, die hier ein Nachtlager suchten, verschwanden auf mysteriöse Weise. Bauern aus Mihla und Kammerforst überführten im Jahre 1568 den grausigen Wirt seiner Taten. Zuvor hatten zwei Reisende, die dem mordlüsternden Wirt entkamen, über dessen Treiben informiert.
s. auch www.rennsteigverein.de

Bei der nächsten Weggabelung schwenken wir rechts ein. Wie der *Wanderwegweiser „Behringen 16 km“* bezeugt, haben wir an dieser Stelle etwa die Hälfte der Strecke zurückgelegt. Wir erreichen die *Kernzone des Nationalparks* und passieren wenig später den ***Totenkopf***.

Grenzsteine verweisen darauf, dass hier früher einmal das Großherzogtum Sachsen–Weimar–Eisenach und das Königreich Preußen ihre Herrschaftsgebiete absteckten. Die Besonderheit des Totenkopfes besteht darin, dass neben dem Grenzstein tatsächlich ein Totenkopf aus Stein aus dem Boden herausragt.

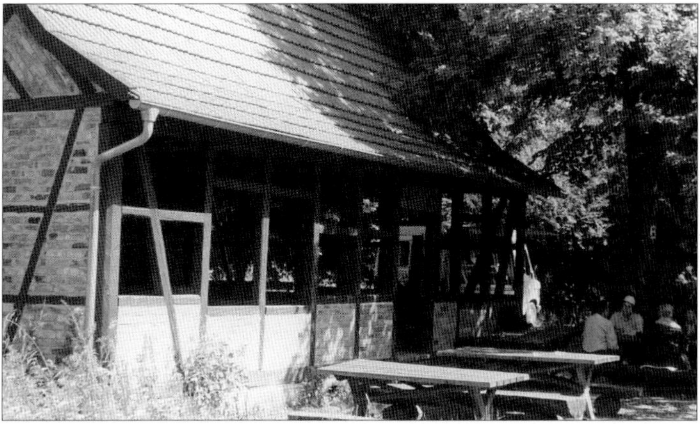

Wanderer bei der Rast am Ihlefeld.

Nach etwa 1,5 km wird die ***Wüstung St. Katharinen-Ihlefeld*** erreicht (s. auch SW 07).
Nach 200 m treffen wir auf das Wahrzeichen des Hainichs, die ***Betteleiche*** (s auch SW 07). Der Rennstieg tangiert nun auch den *Hainichlandweg, den Betteleichenweg* und den *Waagebalkenweg*. Diese Wege führen uns auch zum etwas im Wald versteckten ***Ihlefelder Kreuz*** (s. auch SW 07).
Wenig später kommen wir zur ***Eisernen Hand*** (siehe auch SW 07), an der wir uns wieder vom Hainichlandweg trennen. Bei der nächsten Weggabelung halten wir uns rechts und wandern nun für 1,2 km auf einem Plattenweg, der *Schnepfenharth-Chaussee* entlang. Dabei ist ein Abstecher zum ***Hellmundstein*** möglich.

Der auch Wagnerstein genannte Hellmundstein, ist ein viereckig zugehauener Steinblock von 105 cm Höhe, 42 cm Breite und 30 cm Stärke. Die Inschrift verweist auf einen tragischen Arbeitsunfall, der sich am 27. Juni 1798 ereignete. Dabei verstarb der aus Tüngeda stammende Wagner Johann Gottfried Hellmund im Alter von 47 Jahren bei Beladearbeiten von Langholz. Dabei rollte vermutlich ein Baumstamm von der Fuhre und verletzte den Wagner tödlich.
Anlässlich des 200. Todestages des Meisters war der Hellmundstein Ziel einer Wanderung der Harthgemeinde und des Hainich-Rennstieg-Vereins.
s. auch www.rennsteigverein.de

Wenig später erreichen wir die *Schutzhütte* am ***Otterbühl.***

Hier befand sich einst ein Jagdhaus, in dem noch bis in die 60er Jahre des 20. Jh. Lehrgänge und gemütliche Abende veranstaltet wurden. Dieses gemütliche Plätzchen war Gegenstand für lustige Geschichten, wie „Der Ritter vom Otterbühl", die Eingang im „Langensalzaer Dekameron" von Harald Rockstuhl fanden.
Heute steht an der Stelle nur noch eine überdachte Sitzgruppe. In den Monaten Mai und Juni beherrscht hier der Bärlauch die Augen und Nasen der Wanderer und Radfahrer. Der Otterbühl ist auch Endpunkt des Radwanderweges „Rote Route", der am Bahnhof Mühlhausen beginnt und zugleich Übergang in den von Creuzburg nach Bad Langensalza führenden Radwanderweg „Gelbe Route" ist. Der Verlauf beider Radwanderwege ist der Rubrik „Radtouren" zu entnehmen.

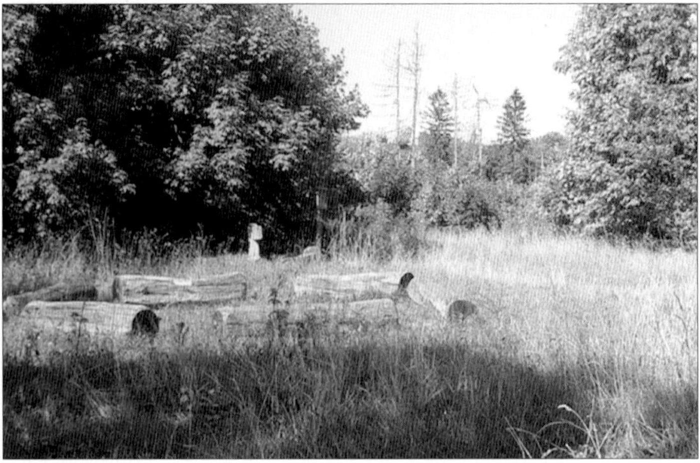

Am Crauler Kreuz.

Danach biegen wir in den *Wanderweg Craulaer Kreuz* ein. Am Waldrand gabeln sich die Wege, wobei ein Abstecher zum ***Craulaer Kreuz*** angeboten wird (s. auch SW 01). Es liegt zwar nicht unmittelbar auf dem Rennstieg, ein Abstecher ist dennoch lohnenswert. Anschließend kehren wir auf den Rennstieg zurück und wandern bergab auf den Waldausgang zu.

Nun befinden wir uns bis Behringen zugleich wieder auf dem Hainichlandweg (Markierung roter Punkt mit Buchenblatt) sowie auf dem Pilgerweg Via Porta.

Somit können wir nun bis Behringen der Beschreibung von SW 01 folgen.

Am *Sportplatz* von ***Behringen***, gegenüber dem *Skulpturenpar*k mit seiner imposanten Weymoutskiefer, endet der ***Hainich-Rennstieg.***

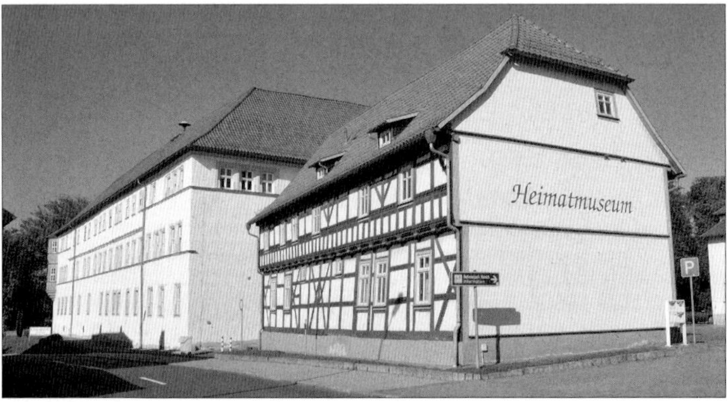

Hotel Schloss Behringen und das Heimatmuseum.
Foto: Harald Rockstuhl

SW 14: Mühlhäuser Landgraben: Menteroda–Eigenrieden (Hohenrode)

(32 km)

Menteroda – Mühlhäuser Hardt – Beginn Mühlhäuser Landgraben (4,5) – Sollstedter Warte (6) – Sondershäuser Landwehr – Eigenröder Warte (10,1) – Horsmarsche Warte (15,3) – Lengefelder Warte (19,9) – Bickenriede (23,2) – Dörnaer Warte – ehemaliger Ziegenturm (24,6) – Eigenrieder Warte (28,8) – Eigenrieden (30) – Hainich-Rennstieg – Güldenes Holz (31) – Hohenrode (32)

- Δ **Höhenunterschiede:** 525 m Anstiege, 490 m Abstiege, gute Kondition erforderlich, nicht für Radtour geeignet! Länge des eigentlichen Landgrabens ca. 25 km, Entfernung von Menteroda bis Eigenrieden 30 km, 32 km von Menteroda zum Ende des Mühlhäuser Landgrabens am Hohenrode, 35 km von Menteroda bis Heyerode.
- Δ **Gehzeit:** ca. 10 h
- Δ **Markierungen:** weiße Mühlhaue mit Grabenprofil für Mühlhäuser Landgraben, parallel dazu rotes sechsspeichiges Rad auf weißem Grund (Eichsfeld-Wanderweg). Der Abschnitt von Menteroda bis zum Mühlhäuser Landgraben ist mit einem gelben Strich markiert.
- Δ **Parkmöglichkeiten:** Holzstraße in Menteroda, Ortslage Sollstedt, Wanderparkplatz an der B 249 und Ortslage Eigenrieden
- Δ **Wanderkarten:** Nr. 2, 5 (s. u. Wanderkarten)
- Δ **Sehenswertes:** Wallanlagen des Mühlhäuser Landgrabens

Wissenswertes: Der Mühlhäuser Landgraben, ein Wall mit Gräben und Türmen, wurde im 14. Jahrhundert errichtet. Größtenteils ist er mit ein oder zwei Gräben mit Wällen „gespickt“. Vereinzelt sind drei Gräben vorhanden. Er schützte einst die Freie Reichsstadt Mühlhausen vor Übergriffen feindlicher Raubritter, insbesondere aus dem Eichsfeld. In seinem Verlauf berührt er die Gemarkung der Orte Sollstedt, Eigenrode, Horsmar, Lengefeld, Bickenriede, Dörna und Eigenrieden. Mit einer Länge von ca. 25 km und ehemals 15–20 m Breite ist das heutige Boden- und Flächendenkmal eine der größten erhaltenen Wehranlagen Deutschlands und Europas.

Routenbeschreibung: Wir beginnen in ***Menteroda*** in der *Holzstraße*.

Das ehemalige Bergarbeiterdorf (ca. 2500 Einw.) liegt auf einer Höhe von 450 m NN. Von 1195 bis 1540 gehörte Menteroda zum Zisterzienserkloster Volkenroda. Anfang des 20. Jh. wurde das Kaliwerk Volkenroda eröffnet. Dieser Kalischacht war mit 1001 m der tiefste Europas. Anfang der 90er Jahre des 20. Jh. wurde auch dieser Standort ostdeutscher Kaliindustrie abgewickelt, was für viele Kumpel der Sturz in die Arbeitslosigkeit bedeutete. Das Bergmannsdenkmal und das Museum mit Förderanlagen erinnern an bessere Zeiten. Auf der Löserückstandshalde, die zu bestimmten Anlässen begehbar ist, befindet sich sogar eine Hütte mit Grillplatz.
s. auch www.menteroda.de

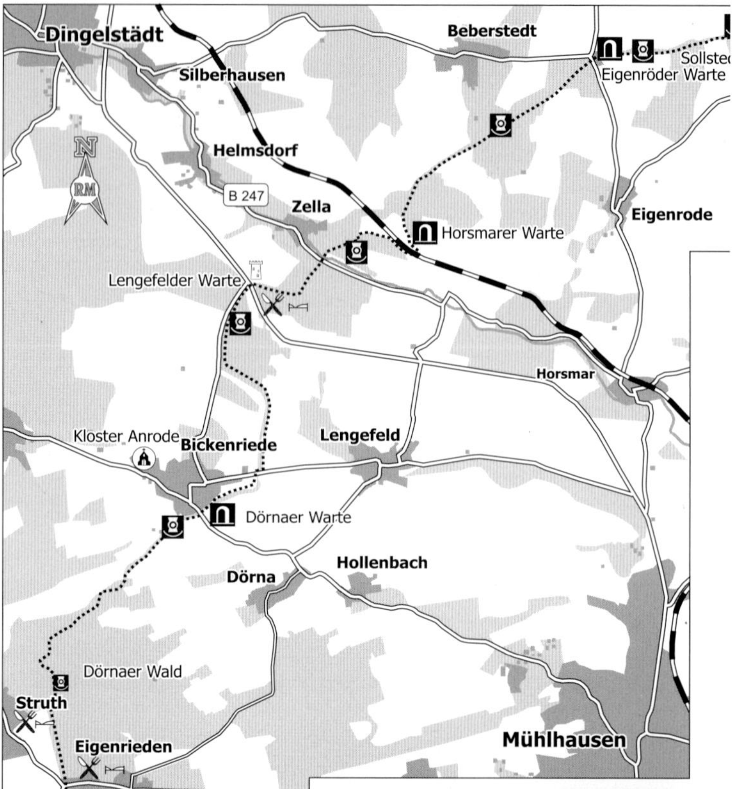

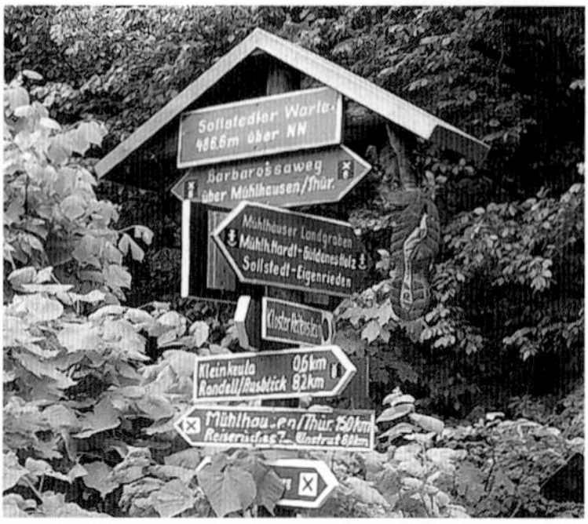

Wegweiser an der Sollstedter Warte.

An der Weggabelung *Holzstraße/Bergstraße* biegen wir links ein. Wir verlassen den Ort in Richtung Wald *(Mühlhäuser Hardt)* Dann geht es auf einem Forstweg durch den Laubwald. Nach ca. 1 km lädt eine *überdachte Sitzgruppe* zur Rast ein, bevor wir noch einem weiteren Kilometer zum Waldausgang zurückzulegen haben.

Rechterhand schweift der Blick auf Keula mit seinen Sendeanlagen des Mitteldeutschen Rundfunks und Windkrafträdern sowie auf den Höhenzug des Dün.

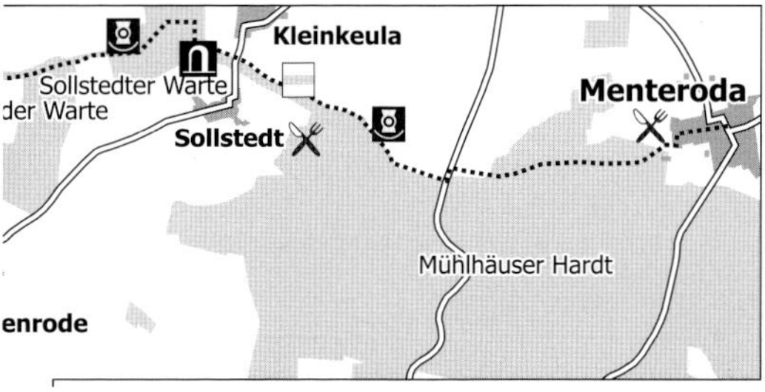

Wenig später überqueren wir die *Landstraße zwischen Mühlhausen und Nordhausen*. Bereits nach 30 m biegen wir rechts ein und finden am Waldrand eine erste *Erklärungstafel* über den *Mühlhäuser Landgraben*. Wir bleiben am Waldrand, bevor wir nach etwa 900 m wieder den Wald betreten. Bereits nach 200 m sind wir wieder am Waldrand.

Bei der nächsten Weggabelung, nach 150 m, geht es wieder in den Wald hinein. An dieser Stelle wird der Beginn des ***Mühlhäuser Landgrabens*** angezeigt (Wanderwegweiser).

An dieser Stelle befinden sich zwei Preußische Grenzsteine.

Auf unserem weiteren Weg nutzen wir den Pfad auf dem Wall. Wenig später können wir am Waldrand durch die Bäume hindurch auf Kleinkeula sehen. Nach Überquerung der *Straße Kleinkeula–Sollstedt* erreichen wir links am Waldrand einen Rastplatz. Nach weiteren ca. 120 m sind wir an der ***Sollstedter Warte.***

Hier befand sich einst das sagenumwobene Gasthaus „Grüner Esel“.

Von dieser Stelle ist ein Abstecher nach ***Sollstedt*** möglich.

Der etwa 150 Einwohner zählende Ort wurde erstmals 1269 urkundlich erwähnt. Davon zeugt die Schenkungsurkunde des Erzbischofs Christian von Mainz an das Kloster Volkenroda. Das Dorf weist zahlreiche Thüringer Fachwerkbauten auf und ist als Ausgangspunkt für Wanderungen am Mühlhäuser Landgraben gut geeignet.

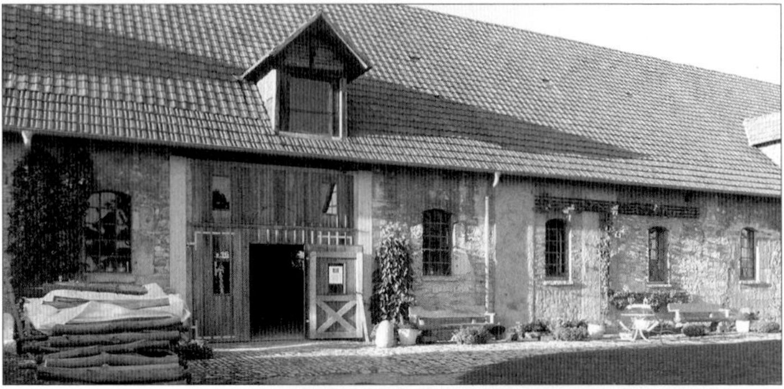

„Der alte Kuhstall“ in Sollstedt.

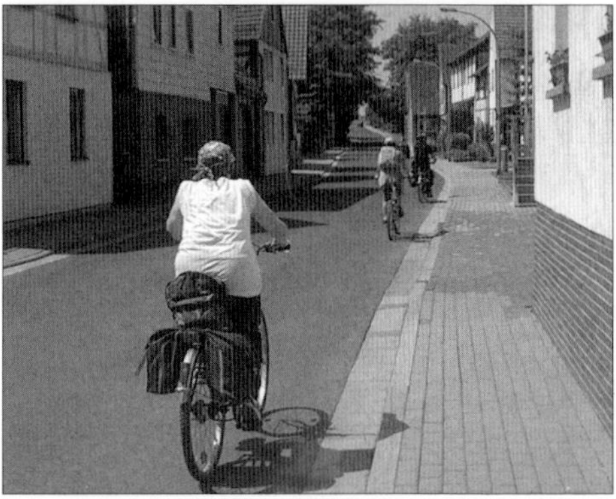

In Sollstedt.

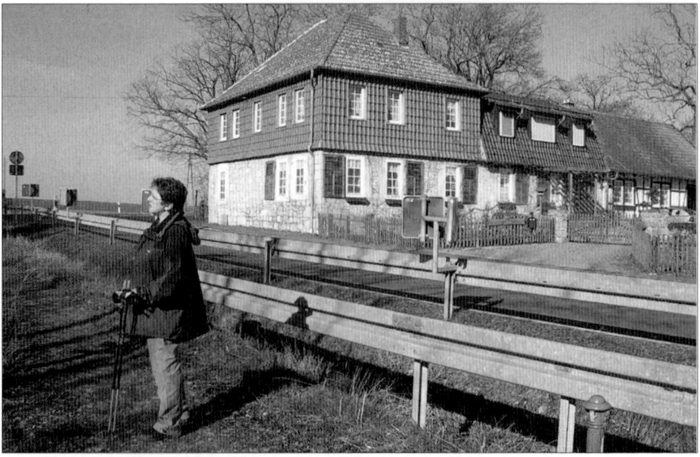

Eigenröder Warte.

Der Ort wird auch als „Klein-Sollstedt" bezeichnet, um Verwechslungen mit dem wesentlich größeren, keine 20 Wanderkilometer entfernten Sollstedt im Kreis Nordhausen zu vermeiden.
s. auch www.menteroda.de

Beim *ehemaligen Richtfunkturm* halten wir uns in nordwestlicher Richtung, wo wir bald auf die einstige ***Sondershäuser Landwehr*** treffen, wovon noch Relikte zu sehen sind. Nach etwa einer Stunde Gehzeit erreichen wir die ***Eigenröder Warte.***
Der Weg führt auf einem ziemlich schmalen Pfad entlang. Wir überqueren die *Straße Hüpstedt–Eigenrode*.

Hier wird ein Abstecher zur 500 m entfernten *Franzoseneiche* auf dem *Balzenberg* angeboten. Auf der rechten Seite schweift der Blick über das eichsfeldische „Höhendorf" Beberstedt hinweg zum Dün.

Kurz vor der Horsmarschen Warte führt ein Abstecher zum ***Gut Breitenbich.***

Um 1250 gründete hier der Mühlhäuser Reichsministeriale Werner Schieferstein ein Zisterzienserinnenkloster und stattete es mit 22 Hufen aus. Allerdings verließen die Bewohnerinnen das Kloster bereits nach 3 Jahren wegen kriegerischer Heimsuchungen. Jedoch wurde im gleichen Jahr ein Lazaritenorden gegründet. 1283 schenkte Graf Albert von Gleichen den Lazariten von Breitenbich das Patronatsrecht der Pfarrei Helmsdorf mit der Kapelle in Wolkramshausen bei Dingelstädt. 1489 gingen die Lazariten in den Johanniterorden auf. Von 1543 bis 1945 war das Gut im Besitz der Familie Knorr von Sollstedt.
s. auch www.gemeinde-anrode.de

Wenig später sind wir an der ***Horsmarschen Warte***.

Der Turm stürzte im Jahre 1967 ein.

Der Mühlhäuser Landgraben ist in seiner ursprünglichen Form wenig später durch den *Bahndamm* der Strecke Gotha–Leinefelde unterbrochen. **Die Überquerung der freien Bahnstrecke ist verboten und zudem lebensgefährlich**. Deshalb wurde die Wanderstrecke verlegt. In diesem Sinne folgen wir von der Horsmarschen Warte an der *Straße über den Bahnübergang* und biegen hinter diesem rechts ein. Der Pfad mündet dann wieder in den Landgraben.

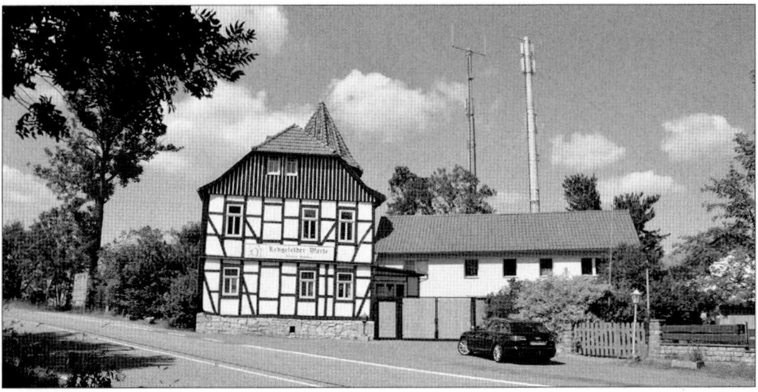

Lengefelder Warte. Foto: Harald Rockstuhl.

Der Weg führt nun wieder durch den Wald. Wir überqueren die *Unstrut* und den *Unstrut-Radwanderweg* sowie die *Chaussee Zella–Horsmar*. Nach ca. 1 km erreichen wir die Lengefelder Warte, welche von den sieben Warten am besten erhalten ist.

Hier befindet sich das Hotel „Lengefelder Warte“ mit Gaststättenbetrieb.

Nach Überquerung der stark befahrenen *B 247* wandern wir nun parallel zur Landstraße, die nach Bickenriede führt.

Hin und wieder tut sich ein Blick auf Lengefeld und andere Orte des Luhnetals auf.

Wir erreichen das *Ortseingangsschild* von ***Bickenriede***.

Das Dorf (ca. 1750 Einw.) wurde erstmals 1146 im Mainzer UB erwähnt. Das Peterskloster zu Erfurt erhielt zu diesem Zeitpunkt eine Mühle und acht Hufen in „Buchenried“ als Geschenk. Bis zum Jahre 1293 war der Graf von Gleichenstein Gerichtsherr, bevor die Gerichtsbarkeit im 14. Jh. an das Erzbistum Mainz überging. Der sehenswerte Dorfanger ist auch heute noch Schauplatz der beliebten Kirchweihfeier. In der Südmauer des Angers ist ein alter Neidkopf eingefasst, der wahrscheinlich aus vorchristlicher Zeit stammt. Die Gemeindeschenke ist mit einer Rolandsfigur verziert. Sehenswert sind auch die in der Kirche befindlichen stilvollen Barockaltäre sowie einige Häuser in der Hauptstraße. Zu Bickenriede gehört auch das Kloster Anrode.
s. auch www.gemeinde-anrode.de

Wir überqueren die nach Lengefeld führende *Chaussee* und die *Luhne*. Wenig später führt der Weg wieder in den Wald hinein. Am Waldausgang halten wir uns entsprechend der Wanderwegweiser geradeaus. Nach Überquerung der *Dörnaer Chaussee* bleiben wir ebenfalls geradeaus. Nachdem wir weitere 100 m zurückgelegt haben, erreichen wir den *Turmweg*, auf dem sich einst die ***Dörnaer Warte*** befand.
Wir folgen dem Wanderwegweiser geradeaus in *Richtung Struth* und lassen dabei den Sportplatz „links liegen“.
Nach ca. 1,5 km sind am Standort des ehemaligen ***Ziegenturms***.
Am Waldrand, den wir nach knapp 2 km erreichen, bieten sich mehrmals Blicke auf Struth, den mit 500 m NN höchstgelegenen Ort im Unstrut-Hainich-Kreis. Der Weg führt allmählich parallel zur *B 249* auf Eigenrieden zu. Mit der ***Eigenrieder Warte*** erreichen wir die letzte der einstmals sieben Warten. Der Weg führt nun parallel zur *B 249*, die wir am Ortseingang von Eigenrieden überqueren. Am *Wanderparkplatz* an der B 249 beginnt schließlich der ***Rennstieg***, der über den Kamm des Hainichs nach Behringen führt (siehe auch SW 13). Für noch ca. 1,2 km verläuft der Mühlhäuser Landgraben parallel der B 249 gemeinsam mit dem Hainich-Rennstieg.

Bis zum Ende des Mühlhäuser Landgrabens im *Hohenrode* (südlich der Himmelsleiter) bzw. zum Grenzhaus bei Heyerode können wir der Beschreibung des Rennstiegs (SW 13) folgen.

SW 15: Vom Weltnaturerbe Hainich zum Weltkulturerbe Wartburg (33 km)

JH Urwald-Life-Camp bei Lauterbach – Mihla (km 2,8) – NSG Nordmannsteine (8,8) – Creuzburg (10,8) – Stiftsgut Wilhelmsglücksbrunn (13,4) – Spichra (15,7) – Hörschel (18,7) – Gonnermanneck – Gr. Eichelberg (20,5) – Gerichtskiefer – Hohes Rod/ Franzosenstein 1813 (21,3) – Siebertswiese – Tiroler Platte – Flüchtiger Hirsch (22,3) – Weggabel Eisentor (23,3) – Clausberg (25,1) – Vachaer Stein (26,7) – Hainichblick (27,9) – Tunnelkopf – Hofmannlinde (28,5) – Wilde Sau (29,9) – Stern (31,1) – Sängerwiese (31,6) – Wartburg (33,1)

- **Höhenunterschiede:** 705 m Anstiege, 660 m Abstiege, gute Kondition erforderlich, nicht für Radtour geeignet
- **Gehzeit:** ca. 10 h
- **Markierungen:** vom Harsberg bis Creuzburg roter Punkt (Hainichlandweg), von Creuzburg bis Hörschel blauer Punkt (Thüringenweg), von Hörschel bis Steinkreuz Wilde Sau weißes R (Rennsteig), von Wilde Sau bis Wartburg grünes L (Lutherweg) sowie rotes Dreieck (Pummpälzweg)
- **Parkmöglichkeiten:** Wanderparkplatz Harsberg
- **Wanderkarten:** Nr. 6 (s. u. Wanderkarten)
- **Sehenswertes:** Urwald-Life-Camp, Mihla, Nordmannsteine, Ebenauer Köpfe, Creuzburg, Stiftsgut Wilhelmsglücksbrunn, Spichra, Hörschel, Stationen auf dem Rennsteig, Sängerwiese, Wartburg

Wissenswertes: Der Name Eisenach, gleich ob aus keltischer oder germanischer Wurzel ableitbar, deutet auf frühe Eisengewinnung hin, von der sich bis jetzt aber noch keine archäologischen Zeugnisse gefunden haben. Ins geschichtliche Rampenlicht rückte Eisenach im Jahre 979 im Zusammenhang mit einem Streit der Klöster Fulda und Hersfeld um Schifffahrtsrechte auf der Hörsel. Die älteste Besiedlung im späteren Bereich von Eisenach befand sich östlich der Stadt bei den Flurnamen „An der Peterskirche“ und „Altstadt“. Dort wurden Grundmauern von Gebäuden und einem runden Turm gefunden. In Alt-Eisenach führte die „Weinstraße“ vom Gebirge herab durch die Hörsel und stieg die jenseitigen Hänge hinan. Das Stadtrecht wurde Mitte des 12. Jh. verliehen.

Die Wartburg wurde wahrscheinlich um 1067 durch Landgraf Ludwig den Springer errichtet, wofür es allerdings keine urkundlichen Belege gibt. Erstmals erwähnt wurde sie 13 Jahre später in einem Buch von Bruno von Merseburg über den Sachsenkrieg. Im Jahre 1211 traf auf der Wartburg die vier Jahre junge ungarische Königstochter Elisabeth ein. Mit 14 wurde sie die Braut von Ludwig, dem Sohn des Landgrafen. Sie zog dem Wohlleben bei Hofe ein Leben in Askese und Barmherzigkeit vor. Darum wurde sie als „Heilige Elisabeth“ schon bald nach ihrem frühen Tode zur Legende.

Auch Martin Luther, dessen Mutter in Eisenach geboren wurde, war hier sehr aktiv. Während seines Exils vom 4. Mai 1521 bis 1. März 1522 übersetzte „Junker Jörg“ das Neue Testament aus dem griechischen Urtext in eine poesievoll und leicht zu lesende deutsche Sprache.

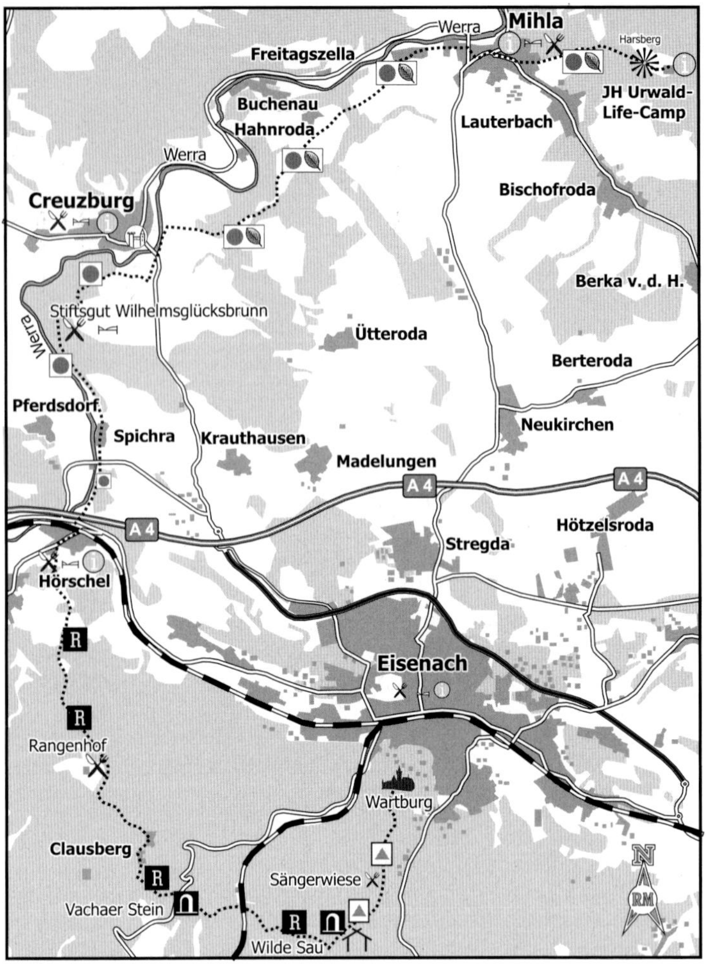

Eisenach war auch die Heimstatt für viele Mitglieder der Musikerfamilie Bach. Daran erinnert das Bachmuseum. Johann Sebastian Bach wurde in einem Haus in der jetzigen Lutherstraße geboren. Getauft wurde er in der Georgenkirche.
Obwohl Richard Wagner bis dahin nicht in Eisenach war, schuf er 1743/44 die Oper „Tannhäuser oder der Sängerkrieg auf der Wartburg". Erst nach 1849 kam der inzwischen in Dresden steckbrieflich Verfolgte auf seiner Flucht in die Stadt und auch auf die Burg. Ein Besuch empfiehlt sich auch in der Reuter-Villa, in der eine Richard-Wagner-Sammlung zu besichtigen ist.
Weitere Sehenswürdigkeiten sind die Gedenkstätte der Sozialdemokratie, das Thüringer Museum, das Lutherhaus sowie die alte Mälzerei. In der Predigerkirche wird die Ausstellung „Mittelalterliche Kunst in Thüringen" angeboten.
s. auch www.eisenach.de oder www.wartburg-eisenach.de

Routenbeschreibung: Wir starten am *Wanderparkplatz* auf dem ***Harsberg,*** wo sich auch die ***Jugendherberge Urwald-Life-Camp*** befindet.

Bis Mihla können wir der Beschreibung von SW 02 und von Mihla bis zur Liboriusbrücke in Creuzburg der Beschreibung von SW 03 folgen.

An der ***Liboriuskapelle*** betreten wir den *Werratal-Radweg* und folgen zudem der Markierung des *Hauptwanderweges (blaues Andreaskreuz)* und des *HET-Weges (blaues Dreieck).*
Nach ca. 2 km erreichen wir das ***Stiftsgut Wilhelmsglücksbrunn***.

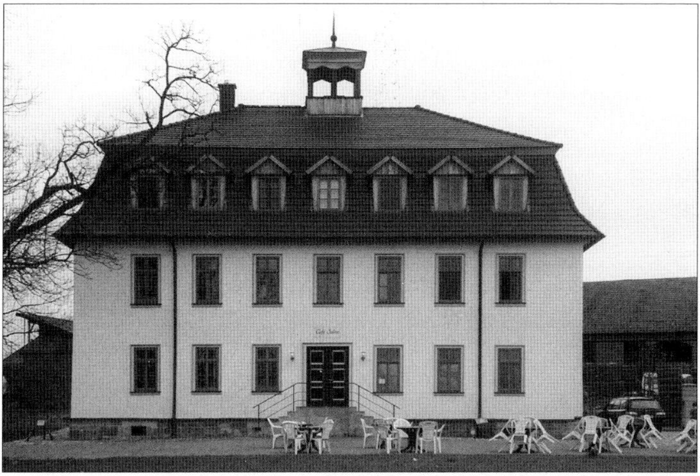

Hier lohnt sich eine Einkehr: im Cafe des Stiftsguts Wilhelmsglücksbrunn.

Im 18. Jh. arbeiteten hier zahlreiche Gradierwerke. Zur Salzgewinnung wurde das solehaltige Wasser über große Holzgatter mit Schlehenreisig verdampft. Auf einem alten Damm führt ein Wiesenpfad in Westrichtung zum Standort einer ehemaligen Solequelle mit neu errichtetem Brunnenhaus und Erläuterungstafeln zu der im 15. Jh. einsetzenden Salzgewinnung, die bis Anfang des 20. Jh. anhielt.
Seit 1997 wurden durch den Träger, die Diakonie Eisenach, große Anstrengungen zur Sanierung der Objekte unternommen. 2003 nahm die Käsemanufaktur mit Hofladen ihren Betrieb auf. Im Jahre 2011 eröffnete auf dem Gelände des Stiftsgutes das erste Biohotel in Thüringen. Ein Cafe versorgt die zahlreichen Radler und Wanderer mit leckeren Speisen und selbstgebackenem Kuchen.
s. auch www.wilhelmsgluecksbrunn.de

Von dort führt der Weg nach ***Spichra***, das wir am *historischen Wasserkraftwerk* erreichen.

Spichra wurde erstmals 1232 im UB Mühlhausen erwähnt. Das landwirtschaftlich geprägte Dorf Pferdsdorf-Spichra ist ein Ortsteil der Gemeinde Krauthausen.
Vor der hübschen Dreifaltigkeitskirche aus dem Jahre 1753 steht eine alte Linde. Das Gotteshaus entstand nach Umbauten aus einer bereits im Jahre 1626 errichteten Kapelle. Aus dem 17. Jh. stammt auch der Taufstein im Inneren der Kirche.
2011 wurde die Fußgängerbrücke zum Technischen Denkmal Wasserkraftwerk denkmalgerecht erneuert.
s.auch www.krauthausen-thueringen.de

Nach ca. 2,3 km unterqueren wir den *Autobahnviadukt* von ***Hörschel***, von wo wir dorfeinwärts wandern.

Hörschel, ein Ortsteil von Eisenach, liegt idyllisch zwischen den Berghängen des Hörschel- und des Tummelberges an der Mündung der Hörsel in die Werra. Es wurde erstmals 932 in den Urkunden der Kaiser und Könige erwähnt. Ein Wahrzeichen des Ortes ist auch der weithin sichtbare Viadukt der A 4 (Frankfurt–Dresden). Als Ausgangs- oder Endpunkt des Rennsteigs lockt es seit 1830 viele Wanderer aus nah und fern an. Seit 1990 ist es wieder möglich, den beliebten Höhenweg in voller Länge bis Blankenstein zu durchwandern. Zunehmender Beliebtheit erfreut sich auch der 195 km lange Rensteig-Radwanderweg, der ebenfalls von Hörschel nach Blankenstein verläuft.
s. auch www.eisenach.de/Neuenhof-Hoerschel.de

Nun folgen wir diesem populären, gut ausgeschilderten Höhenweg (Markierung *weißes R)*. Wenige Meter hinter dem *Rennsteighaus* steht auf der rechten Seite ein *Gedenkstein*, der *Julius von Plänckner* gewidmet ist.

Der Kartograph Julius von Pläckner (1791–1858) wanderte im Jahre 1830 als erster den gesamten Rennsteig von Blankenstein bis Hörschel zusammenhängend ab. Dafür brauchte er fünf Tage. Er definierte damit den Verlauf des heutigen Wanderweges.
s. auch www.rennsteigverein.de

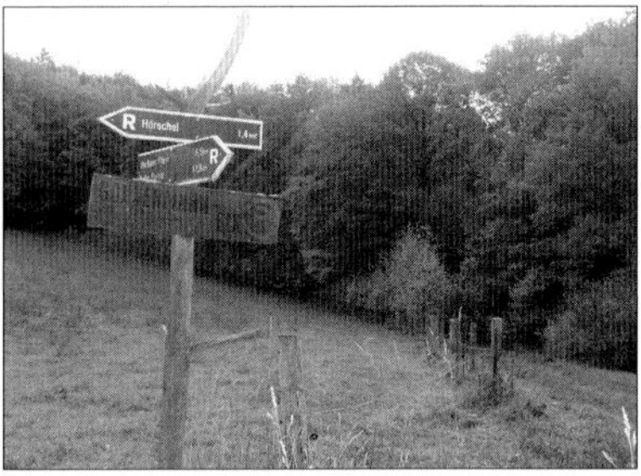

Gonnermanneck.

Der weitere Aufstieg führt uns zum ***Gonnermanneck***, wo bereits ein Möglichkeit zum Rasten besteht. Da uns das noch zu früh ist, wandern wir zwischen zwei Feldern hindurch und erreichen nach knapp 300 m die *Schutzhütte* auf dem ***Großen Eichelberg,*** wo es sich noch besser rasten lässt.

Der Blick reicht im Osten bis zur Wartburg, während man im Süden über Neuenhof ins Werratal blickt. Auf unserem weiteren Weg erweitert sich unser Blick bis zur Ruine Brandenburg, die über dem Örtchen Lauchröden thront sowie bis nach Herleshausen.

Wir bleiben geradeaus. Es geht leicht bergab, bis wir die ***Gerichtskiefer*** erreichen.

Sie bildete einst einen Grenzbaum zwischen dem Brandenburgisch-Neuenhofschen und dem Boyneburgisch-Stedtfelder Besitz.

An der Weggabelung ***Hohes Rod*** ist ein Abstecher zum ***Franzosenfelsen 1813***, einem Zechsteinriff möglich.

Hier soll sich 1813 ein französicher Soldat zu Tode gestürzt haben, als er von Einwohnern aus Neuenhof verfolgt wurde.

Nun geht es rechts steil bergab, bevor wir nach ca. 500 m den Rastplatz an der ***Siebertswiese*** erreichen, wo sich die Wege kreuzen

(Wanderwegweiser). Nach weiteren 250 m sind wir an der ***Tiroler Platte***, einer weiteren Wegkreuzung (Wanderwegweiser).
Wir bleiben geradeaus, um nach ca. 200 m zur Schutzhütte ***„Flüchtiger Hirsch“*** zu gelangen. Nach einem Kilometer erreichen wir die ***Weggabel Eisentor*** mit interessanten Informationen über den einstigen Bergbau um Stedtfeld.
Nun geht es rechts ab, bis wir zum Waldrand gelangen. Dort halten wir uns links, wobei rechts ein Abstecher zur *Waldgaststätte „Rangenhof“* möglich ist. Auch an der nächsten Weggabelung halten wir uns links und nutzen nun die *Straße* vom Rangenhof nach Clausberg. Außerdem mündet unser Weg nun in den *Thüringenweg* (Markierung *blauer Punkt*).

Clausberg, ein Orsteil der Gemeinde Oberellen, war im frühen Mittelalter Station an der Messestraße „Lange Hessen“, die von Frankfurt/Main nach Eisenach führte.
Von geologischer Besonderheit ist der 30 m tiefe Vulkankrater der südwestlich gelegenen Stopfelskuppe.
s. auch www.oberellen.de

Wir durchwandern den kleinen Ort und folgen der Straße in Richtung B 84.

Dabei tun sich in westlicher Richtung Blicke zum Hessischen Kegelspiel auf, einer Anordnung kegelförmiger Vulkanberge in der nordwestlichen Rhön.

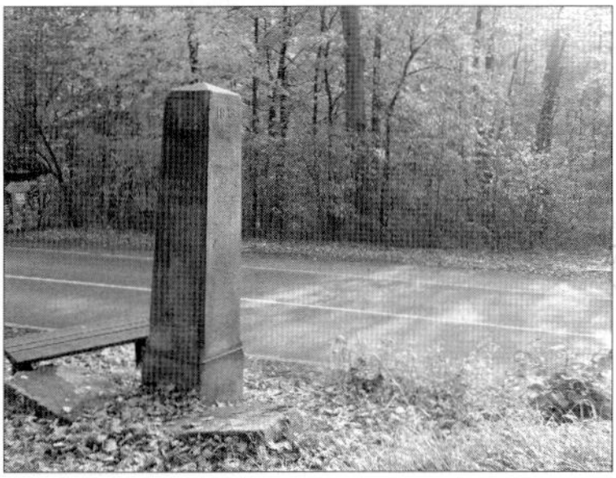
Vachaer Stein.

Ab dem Ortsausgang verläuft rechts neben der Straße ein Pfad bis zum ***Vachaer Stein***, auch ***Förthaer Stein*** genannt.

Es handelt sich dabei um einen Obelisk und Wegweiser an der alten Handelsstraße Leipzig - Eisenach - Frankfurt. Dieser Passübergang war einer der bedeutendsten im Thüringer Wald. Er wurde u. a. auch von Napoleon während seines Rückzuges von der Völkerschlacht bei Leipzig 1813 genutzt.
Zu DDR-Zeiten begann erst hier der Rennsteig.
a. auch www.rennsteigverein.de

Vorsicht beim Überqueren der vielbefahrenen B 84!

Nun geht es allmählich bergauf. Nach ca. 1,2 km lädt der Aussichtspunkt und Rastplatz ***Hainichblick*** zum Schauen und Verweilen ein.

Der Blick reicht über das Werratal zu den Ebenauer Köpfen, der Burg Creuzburg, zum Frankenrodaer Türmchen sowie zum Hainich im Hintergrund.

Wenig später sind wir am ***Tunnelkopf***. Bereits nach 100 m bietet sich an der ***Hofmannlinde*** eine weitere Möglichkeit zur Rast. Dies ist auch zweckmäßig, denn auf den nächsten 1,8 km geht es ziemlich steil bergan, bis wir am ***Steinkreuz Wilde Sau*** sind.

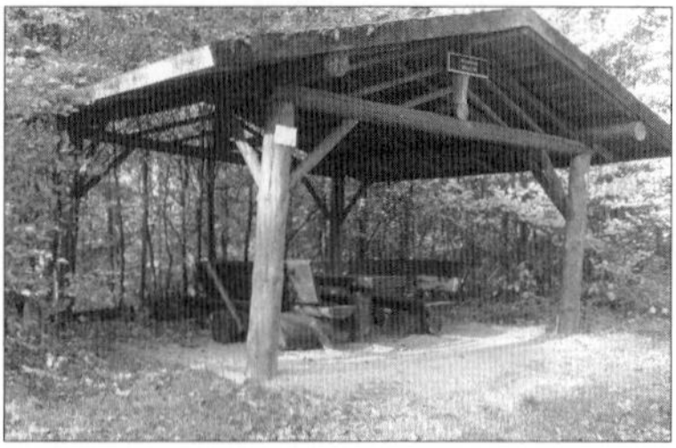

Rastplatz an der Hofmannslinde.

Das Steinkreuz „Wilde Sau“ erinnert an den tödlichen Ausgang einer Wildschweinjagd im Jahre 1483. Kein steinerner Geschichtszeuge des 169 km langen Rennsteigs trägt eine frühere Jahreszahl. Besonders bemerkenswert ist die plastisch-bildliche Darstellung des Geschehens, das zur Aufstellung dieses Kreuzes führte: Ein Wildschwein im Schweinsgalopp, auf dem ein Mann sitzt, wird von einem zweiten Mann mit einem Jagdspieß abgefangen. In dieser Jagdszene wird der Jagdherr Balthasar Rodecher von dem Tier unterlaufen und kommt auf ihm zum Sitzen. Der andere Beteiligte will ihn aus dieser misslichen Lage befreien, trifft aber an Stelle des Tieres seinen Jagdgefährten und tötet ihn.
a. auch www.rennsteigverein.de

Unser Ziel, die Wartburg rückt immer mehr ins Blickfeld. Leider müssen wir den Rennsteig nun verlassen. Wir schwenken links in den *Lutherweg* und in den *Pummpälzweg* (Markierung *rotes Dreieck*) ein. Über einen schmalen Pfad gelangen wir zu einer nach 500 m folgenden Wegkreuzung, von wo es auf einer breiteren Forststraße weitergeht. Wir halten uns rechts und erreichen nach 700 m ein Wanderwegekreuz namens ***Stern***. Von dort sind es noch 500 m bis zur ***Sängerwiese***, einem beliebten Ausflugslokal.
Nun folgen wir dem Wanderwegweiser zur Wartburg (1,4 km). Nach 600 m Anstieg erreichen wir das ***Totalreservat Viehburg***. Für geschichtlich Interessierte zeigen Infotafeln auf die *Geschichtlichen Bodendenkmale **„Die Bliddenstadt“*** und ***„Eisenacher Berg“***. An bizarren Felsen vorüber erfolgt der letzte Anstieg, der uns zur ***Wartburg*** führt.

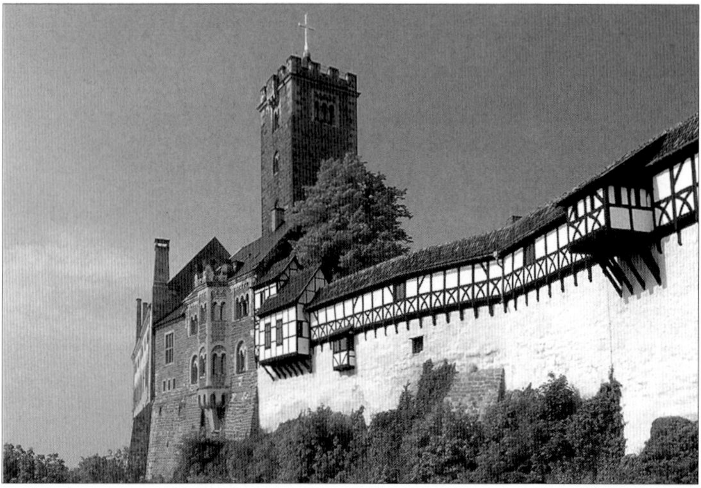

UNESCO Weltkulturerbe Wartburg.

Weitere überregionale Wanderwege

1. Hauptwanderweg (Markierung blaues Andreaskreuz)

Der Hauptwanderweg führt über 250 km von Wernigerode/Harz nach Eisenach.

Er überquert den Harz bis Nordhausen. Von dort geht es über den Alten Stolberg zur Heimkehle und durch das Kyffhäusergebirge nach Bad Frankenhausen. Von dort gelangt man über Sondershausen, die Hainleite und das Helbetal gelangt man in das Künstlerdorf Friedrichsrode. Parallel zum Barbarosaweg verläuft er bis Mühlhausen.

Abschnitte im Bereich des Buches:

Friedrichsrode - Rondell Keula - Kleinkeula - Sollstedt - Kaisershagen - Reisersches Tal - Ammern - MHL - Mühlhäuser Stadtwald - Langulaer Tal - Rennstieg - Dornschildchen - Burgruine Haineck - Nazza - Wernershausen - Mihla - Creuzburg - Stiftsgut Wilhelmsglücksbrunn - Spichra - Hörschel - Eisenach.

2. Barbarossaweg (Markierung X8)

Der 328 km lange Wanderweg führt durch die Bundesländer Hessen, Thüringen und Sachsen-Anhalt. Er beginnt in Korbach und endet bei der Königspfalz in Tilleda unterhalb des Kyffhäuserdenkmals.

Abschnitte im Bereich des Buches:

Treffurt - Burg Normannstein - Lindenhecke - Heyerode, Alter Bf./Grenzhaus - Lange Bahn - Mühlhäuser Stadtwald - MHL - Ammern - Reisersches Tal - Kaisershagen - Sollstedt - Kleinkeula - Rondel Keula - Friedrichsrode.

3. Harz-Eichsfeld-Thüringer Wald-Weg (Markierung blaues Dreieck)

Der Weg (Abkürzung HET-Weg) verläuft von Thale/Harz bis Hörschel/Rennsteig. Er hat eine Länge von 184 km (mit Abstecher zum Brocken).

Abschnitte im Bereich des Buches:

Lengenfeld unterm Stein - Faulungen - Katharinenberg - Burg Normannstein - Treffurt - Falken - Probstei Zella - Frankenroda - Scherbda - Stadtbergbuche - Wisch - Ceuzburg - Stiftsgut Wilhelmsglücksbrunn - Spichra - Hörschel

4. Mühlhausen - Eschwege - Mühlhausen-Weg (Markierung roter Querbalken)

Der 75 km lange Rundweg (Abkürzung MEM-Weg) wurde im Rahmen der Städtepartnerschaft zwischen der thüringischen Kreisstadt Mühlhausen und der nordhessischen Kreisstadt Eschwege ausgearbeitet und übergeben. Zweckmäßig ist es, die Wanderung in vier Etappen einzuteilen:

1. Etappe: MHL, Weißes Haus - Alter Bf. Heyerode - Lindenhecke - Burg Normannstein - Treffurt (16,5 km)

2. Etappe: Treffurt - Heldrastein - Großburschla - Weißenborn - Schlierbachswald - Eschwege (24,7 km)
3. Etappe: Eschwege - Schwebda - Frieda - Schutzhütte „Eichsfeldblick" - Bebendorf - Wallfahrtsstätte Hülfensberg - Döringsdorf - Lengenfeld unterm Stein (18,5 km)
4. Etappe: Lengenfeld unterm Stein - Kloster Zella - Struth - Eigenrieden - Schäfersbrunnen - Haferecke/Mühlhäuser Stadtwald - MHL,Weißes Haus (16,4 km)

5. Fahner-Höhe-Hainich-Weg (Markierung rotes Quadrat)

Dieser Weg (Abkürzung FHH-Weg) führt über 103 km von Erfurt über die Fahner Höhe, Bad Langensalza und den Hainich nach Mühlhausen.

Abschnitte im Bereich des Buches:

Gräfentonna - Lohmühle - Nägelstedt - Bad Langensalza - Gr. und Kl. Golk - Harth-Haus - Thiemsburg/Baumkronenpfad - Weberstedter Kreuz - Feensteig - Weberstedt - Gänsekropf - Brunstal - Eiserne Hand - Betteleiche - Reckenbühl - Kammerforst - Hainich-Haus - Langulaer Tal - Schullandheim Waldschlösschen - Weißes Haus - Prinzenhaus - Popperöder Quelle - MHL

6. Waagebalkenweg (Markierung weißes I)

Bei dem regional sehr bedeutenden Waagebalkenweg handelt es sich um einen alten Weg, der entlang der Oststeite des Hainichs führt und sich in Schlangenlinien durch die herrlichen Wälder, lieblichen Hügel und sanften Täler erstreckt. Rein forstwirtschaftlich gesehen, verbindet dieser Weg den Plenterwald mit dem sich ohne Bewirtschaftung entwickelnden Nationalparkwald.
Der Weg beginnt am Harth-Haus und endet am Prinzenhaus im Mühlhäuser Stadtwald. Der Verlauf entspricht fast durchgängig dem o. g. FHH-Weg.

7. Werraburgensteig (Markierung X5)

Wie die Werra verläuft dieser Weg durch die drei Bundesländer Thüringen, Hessen und Niedersachsen. In Thüringen ist dieser Weg zusätzlich mit einem blauem Quadrat markiert.

Abschnitte im Bereich des Buches:

Burgruine Brandenburg - Lauchröden - Neuenhof - Hörschel - Spichra - Stiftsgut Wilhelmsglücksbrunn - Burg Creuzburg - Volteroda - Wolfmannsgehau - Heldrastein - Treffurt - Burg Normannstein - Katharinenberg - Hildebrandshausen - Döringsdorf - Wallfahrtsstätte Hülfensberg

8. Thüringenweg (Markierung blauer Punkt)

Der Thüringenweg hat eine Länge von ca. 410 km und zieht sich von der Skatstadt Altenburg bis Creuzburg in ost-westlicher Richtung.
Abschnitte im Bereich des Buches:
Eisenach - Clausberg - Burgruine Brandenburg - Göringerstein - Göringen - Neuenhof - Hörschel - Spichra - Stiftsgut Wilhelmsglücksbrunn - Burg Creuzburg

9. Eichsfeld-Wanderweg (rotes sechsspeichiges Rad auf weißen Grund)

Um das Eichsfeld in seiner kulturellen und geologischen Vielfalt kennenzulernen, eignet sich besonders der Eichsfeld-Wanderweg. Er hat eine Länge von 240 km und erstreckt sich über Teile der Landkreise Unstrut-Hainich, Eichsfeld und Göttingen (Niedersachsen).
Abschnitte im Bereich des Buches:
Hüpstedt - Eigenröder Warte - Mühlhäuser Landgraben - Horsmarer Warte - Lengefelder Warte - Bickenriede - Eigenrieden - Heyerode - Schierschwende - Wendehausen - Diedorf - Katharinenberg - Faulungen - Kloster Zella - Lengenfeld unterm Stein - Hildebrandshausen - Döringsdorf - Hildebrandshausen - Wallfahrtsstätte Hülfensberg

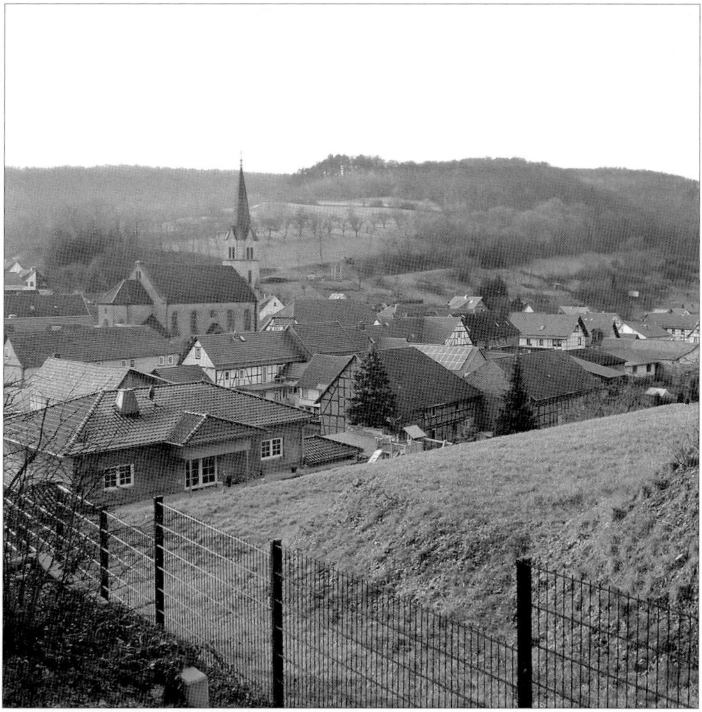

Blick auf Hildebrandshausen.

Pilgerwege

1. Lutherweg (Markierung grünes L)

Dieser Weg ist noch nicht durchgängig beschildert. Bis 2014 sollen allein in Thüringen 900 km Wanderwege ausgeschildert sein.
In SW 15 wird bereits ein Teilabschnitt des Lutherwegs genutzt.

2. Pilgerweg Loccum-Volkenroda (Markierung dunkelblaues Loccum-Zisterzienserkreuz)

Der ca. 300 km lange Weg verbindet das Kloster Loccum in Niedersachsen mit dem Kloster Volkenroda (s. RW 01). Beide Klöster verbindet eine gemeinsame Geschichte. Im Jahre 1163, nur 32 Jahre nach der Gründung des Klosters Volkenroda, gründeten zwölf Zisterziensermönche in Loccum ein Tochterkloster.
Abschnitte im Bereich des Buches:
Dachrieden - Reisersches Tal - Ammern - MHL - Görmar - NSG „Grabsche Berge“ - Birntal - Grabe - Eselsstieg - Kloster Volkenroda.

3. Via Porta (Markierung blaues Zisterzienserkreuz)

Ähnlich wie bei Nr. 2 verbindet dieser Pilgerweg über etwa 330 km das Mutterkloster Volkenroda mit einem Tochterkloster. Dieses befindet sich im oberpfälzischen Waldsassen (Freistaat Bayern). Der Weg führt auch über tschechisches Gebiet.
Abschnitte im Bereich des Buches:
Kloster Volkenroda - Körner - Altengottern - Großengottern - Heroldishausen - Mülverstedt - Weberstedt - Tor zum Hainich - Feensteig - Thiemsburg/Baumkronenpfad - Craulaer Kreuz - Rennstieg - Alter Berg - Behringen
s. auch unter www.viaporta.de

4. Klosterpfad Nordwest-Thüringen (Markierung grünes Zisterzienserkreuz)

Dieser Weg verbindet über 30 km die Stadt Mühlhausen mit der Wallfahrtstätte auf dem Hülfensberg im Südeichsfeld. Er ist ein Nebenweg vom Pilgerweg Loccum-Volkenroda.
Abschnitte im Bereich des Buches:
MHL - Popperöder Quelle - Mühlhäuser Stadtwald - Haferecke - Schäfersbrunnen - Eigenrieden - Struth - Briefträgerweg - Annaberg - Kloster Zella - Lengenfeld unterm Stein - Erlebnis-Draisine - Döringsdorf - Wallfahrtstätte auf dem Hülfensberg

Sehenswertes und Wissenswertes entlang der Radtouren

Bad Tennstedt (RT 39, 42–45, 48)

Bad Tennstedt ist eine der ältesten Städte Thüringens. Im 15. Jh. wurde Tennstedt mit einer Stadtbefestigung umgeben. Gut erhalten sind aus dieser Zeit außer dem Osthöfer Tor, der Pulverturm, die Fronveste und der Ketzerturm. Sehenswert sind die drei Kirchen. Die Stadtverwaltung Bad Tennstedt hat einen interessanten Rundweg gestaltet, auf dem 17 markante Punkte der Stadt erwandert werden können.
Im einstigen Amtshaus war von 1794 bis 1796 Friedrich von Hardenberg im sächsischen Verwaltungsdienst beschäftigt. Bekannt war er auch als Novalis, der Dichter. Zur Erinnerung trägt die Schule den Namen Novalis. Außerdem erinnert ein Gedenkstein an der Allee zum Tannenwäldchen an den Dichter.
Aber auch ein weiterer, noch bekannterer Dichter „wischte hier Staub“: Johann Wolfgang von Goethe kurte 1816 in der damals noch jungen Kurstadt. Fünf Jahre zuvor wurde die Schwefelquelle entdeckt, die der Stadt zu einem Aufschwung verhalf. 1925 erlangte sie den Status eines Heilbades. 1993 wurde eine Rehabilitations-Klinik neu eröffnet.
s. auch www. badtennstedt.de

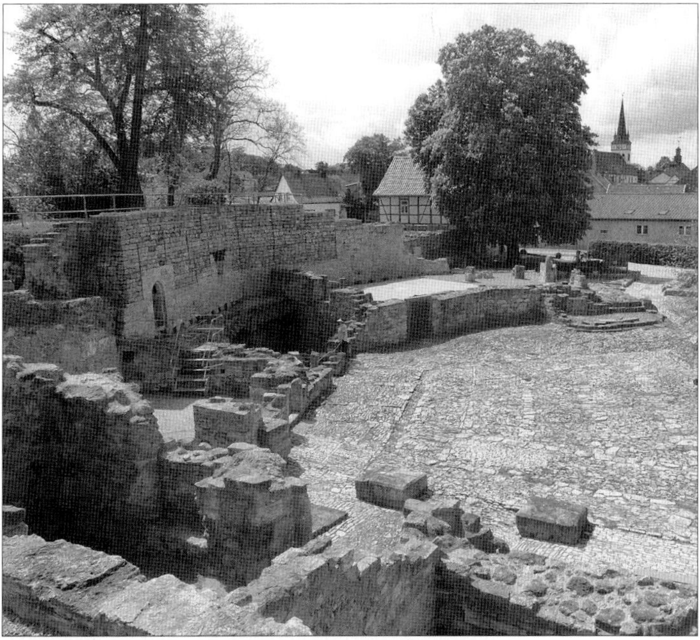

Schlossruine in Herbsleben.

Herbsleben (RT 39, 45–48, 52, 55)

1144 war der Ort nebst Burg im Besitz von Heinrich von Herbsleben. Später waren die Grafen von Henneberg die Besitzer. 1351 kam die Burg in die Hände der Landgrafen von Thüringen. Bis 1424 wurden Ritter von Herbsleben in den Urkunden genannt. 1554 und zwischen 1600 erfolgte der Umbau zu einem Schloss. 1958 wurde es leider abgerissen.

Seit 2000 finden auf diesem Gelände jedoch umfangreiche Freilegungsarbeiten statt. Inzwischen sind große Teile des historischen Mauerwerkes aus dem 13. bis 17. Jh. sowie Keller, Verliese und die freigelegte Schlossbrücke wieder zu besichtigen. Zurzeit wird das Amtshaus, als eines der letzten Gebäude, saniert und in seinem ursprünglichen Zustand wieder hergerichtet.

Die Gemeinde und der Verein Schlossruine setzen sich mit vereinten Kräften dafür ein, die Reste des Kleinodes zu erhalten. Für sein Engagement erhielt der Verein Schlossruine Herbsleben im Juni 2004 den Thüringer Denkmalschutzpreis, der von der Sparkassen-Kulturstiftung Hessen-Thüringen und dem Kultusministerium vergeben wurde.

Im Juni 2005 fanden erstmals Theateraufführungen in den altehrwürdigen Gemäuern statt.

Seit 1991 verfügt Herbsleben auch über ein Heimatmuseum. Im Obergeschoss kann sich der Besucher ein Bild über die Geschichte und das Brauchtum machen. Das frühere Leben in dieser ländlichen Region wird eindrucksvoll im Erdgeschoss dargestellt.

Herbsleben ist eines der ältesten Spargelanbaugebiete Thüringens. Der jährlich im Mai stattfindende Herbslebener Spargelmarkt ist ein Höhepunkt in der Region und zieht Tausende Besucher aus nah und fern an.

Ein Kleinod sind auch die Herbslebener Teiche. 1991 wurden die Teiche in das System der europäischen Vogelschutzgebiete integriert.

Nicht weniger als 97 Brutvogelarten besiedeln das Teichgebiet. Eine ausgesprochene Rarität ist dabei die Rohrdommel, deren dumpfe Rufe alljährlich aus dem Schilfbestand erhallen.
Die Kirche „St. Trinitais“ wurde zur Radfahrerkirche geweiht.
www.gemeinde-herbsleben.de

<u>Höngeda (RT 10)</u>
Erstmals urkundlich erwähnt wurde Höngeda im Jahre 876 (Urkunden Ludwigs des Deutschen). Der Kirchturm des Ortes ist ein alter Wehrturm des Mühlhäuser Landgrabens. Durch den Anbau eiens Kirchenschiffes wurde er zur Kirche umgestaltet. Nicht nur bei den Höngedaern beliebt ist das Naherholungsgebiet mit Gondelteich und Kleintieranlage.
s. auch www.weinbergen.de

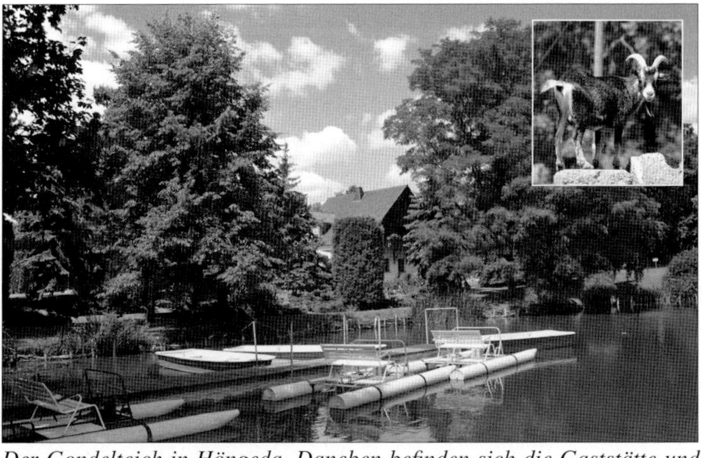

Der Gondelteich in Höngeda. Daneben befinden sich die Gaststätte und Pension sowie ein kleiner Zoo.

Hüpstedt (RT 04, 06, 08)

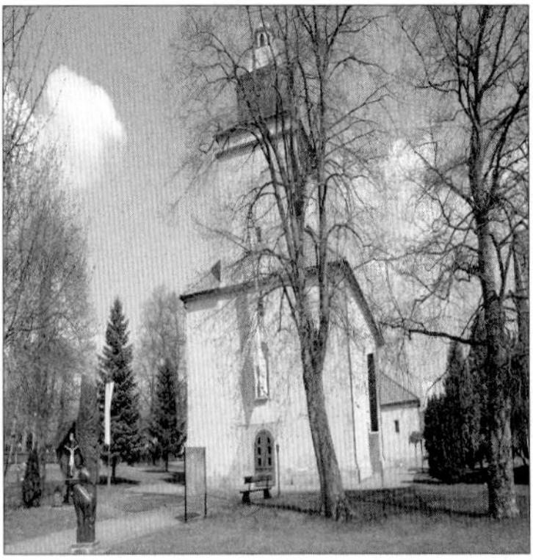

Das Eichsfelddorf Hüpstedt liegt im nördlichen Teil des Unstrut-Hainich-Kreises in einer Höhe von 450-460 in NN in einer flachen Senke des Höhenzuges „Der Dün", umgeben von frischen Buchenmisch-wäldern. Sehenswert ist die kath. Kirche „St. Martin". Der Neubau einer Vorgänger-kirche stammt aus dem Jahre 1740. Das Portal des Gotteshauses ist mit einer Steinskulptur verziert. Seit 2007 ist im Pfarrhaus ein 2,20 m großer Entwurf zu sehen, den die beiden Kunsthandwerker Heinz Günther aus Hüpstedt und Peter Svaral aus der Slowakei aus Tüster Kalkstein gestalteten.
Im ältesten Gebäude des Ortes, im Gutshaus aus dem Jahre 1582 wurde ein interessantes Heimatmuseum eingerichtet. Führungen sind nach Anmeldung möglich. Etwa 1700 Einwohner sind im „Tor zum Eichsfeld" zu Hause.
s. auch www.duenwald.de oder www.holzgestalter-guenther.de

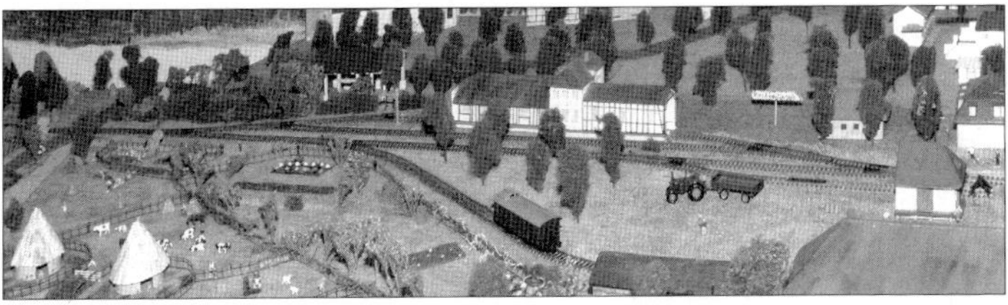

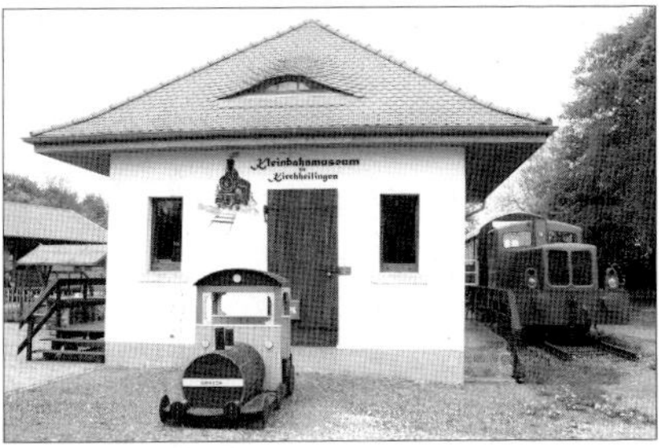

Kirchheilingen
(RT 34, 40, 49)

Der ca. 900 Einwohner zählende Ort weist einige interessante Fotomotive auf. Dazu gehören das „Torwärterhaus" des Schierbrandtschen Rittergutes sowie einige Gebäude in der Hauptstraße. Der Torbogen des Rittergutes stammt aus dem Jahre 1608. Ebenfalls in der Hauptstraße befindet sich das 1993 eingerichtete Heimatmuseum. „Großer Bahnhof" war in Kirchheilingen als im April 2009 das Kleinbahnmuseum eröffnet wurde. In dieser

Ausstellung kann man die Geschichte der Kleinbahn verfolgen, die einst über 27,5 km von Langensalza bis Haussömmern schnaufte. Auf dieser Strecke verläuft nun der Kneipp-und Kleinbahnradweg K². Viele Besucher lockt in der warmen Jahreszeit das Freibad an.
s. auch www.kirchheilingen.com oder www.knackwurstprofi.de oder www.freibadspass.de

Reichenbach (RT 37)

Das klassische Reihendorf liegt an der B 84 zwischen Bad Langensalza und Eisenach sowie zwischen der Großen Harth und dem Hainich. Erstmals urkundlich erwähnt wurde der Ort im Jahre 1160 als „Richenbac“. Die Dorfkirche wurde 1627 auf alten Grundmauern einer aus dem 13. Jh. stammenden Kapelle errichtet. In unmittelbarer Nähe befinden sich mit der ehem. Schule, dem Schulanger und einigen Wohnhäusern weitere unter Denkmalschutz stehende Gebäude. Liebevoll wiederhergestellt wurde eine alte Brunnenanlage am Schulplatz. Gut verweilen lässt es sich am schön gestalteten Anger sowie am Waidich. Dieser Treffpunkt für Jung und Alt erinnert an den Waidanbau im 14. Jh.
Reichenbach ist eine Hochburg des Köhlerhandwerks. Jährlich um Himmelfahrt kann man im Steinbruch Rabenhög, zwischen Reichenbach und Craula, eine Renaissance dieses Handwerks erleben. Männer und Frauen haben sich zur Interessengemeinschaft „Hainich-Köhler“ zusammengeschlossen, um das alte Handwerk zu pflegen.
s. auch www.gemeinde-hoerselberg-hainich.de.

Schlotheim (RT 01–03, 12, 50)

Schlotheim (ca. 4300 Einw.) wurde erstmals 817 in einer Urkunde des Klosters Fulda erwähnt. Wahrscheinlich bestand auf dem Platz des Schlosses in ottonischer Zeit eine Burg. Die heutige Umgebung des 1777 entstandenen Schlosses lässt noch Burggräben erkennen, die das Burggelände vom umgebenden Plateau abtrennen. Von der mittelalterlichen Burg sind noch Tonnenkeller des 13. Jh. vorhanden. Im 19. Jh. begann mit der Ansiedlung des Seilerhandwerks die Industrialisierung Schlotheims. Hergestellt wurden zunächst Möbelgurte, Ankerleinen und Zugstränge, was der Stadt den Beinamen „Seilerstadt“ verschaffte, deren Wahrzeichen auch heute noch das Seilermännchen ist. Das Bild der Stadt prägen enge Straßen und Gassen sowie einige gut erhaltene Fachwerkhäuser. Zu den Sehenswürdigkeiten zählen die ev. Kirche (11. Jh.), das 1285 entstandene Kloster, das Laubsche Haus (1567) und das Löwenhaus (1626). Die 1851 geschaffene „Linkes Mühle“ wird als Museum für das Seilerhandwerk genutzt. Zur Gemarkung Schlotheims gehört auch das bei Naturfreunden beliebte NSG „Sonder“. Besonders interessant ist dabei das 24 ha große Totalreservat um den Hanfsee, früher ein See, jetzt ein kleines abgegrenztes Moor.
s. auch www. www.vg-schlotheim.de

Seebach (RT 10)

Erbaut um 1107 befindet sich in der historischen Wasserburg die älteste staatliche Vogelschutzwarte Deutschlands. Die erfolgreichen Arbeiten zum Vogelschutz des Dr. h. c. Sittich Hans Freiherr von Berlepsch (1857–1933), im Volksmund auch „Vogelbaron" genannt, führten am 1. April 1908 zur Anerkennung als „Staatliche Versuchs- und Musterstation für Vogelschutz" – der ersten dieser Art. Zu besichtigen sind Burg mit Vogel- und Eierausstellungen, Parkanlage mit Teich und Volieren. Viel Wissenswertes vermitteln die ehrenamtlichen Gästeführer bei ca. zweistündigen Führungen ohne Anmeldung von Mai bis Oktober jeweils samstags, sonn- und feiertags um 14.00 Uhr.

s. auch www.vogelschutzwarte.de oder www.weinbergen.de

Tüngeda (RT 35, 37–38)

Ein Wahrzeichen von Tüngeda ist die restaurierte Bockwindmühle von 1840. Durch engagierte Heimatfreunde wurde sie neu hergerichtet. Sehenswert ist auch das im Stile des Mittelalters restaurierte Schloss. Es wurde 1582 von Hermann von Wangenheim erbaut. Ein weiteres Kleinod ist der Waidmühlenteich.
s. auch www.gemeinde-hoerselberg-hainich.de

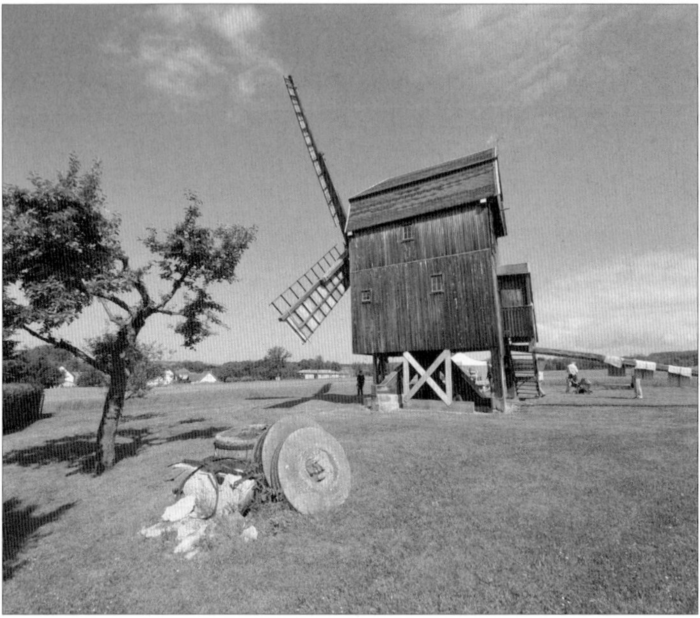

Bockwindmühle Tüngeda. Foto: Harald Rockstuhl

Register

Literaturnachweis

- Autorenkollektiv: Nationalparkregion Hainich - Natur und Kultur in der Mitte Deutschlands, Nationalparkverwaltung Hainich (Hg.) 1999
- Baum, Alexander: Barrierefreie Wanderwege im Eichsfeld, HVE Eichsfeld Touristik, Leinefelde (Hg.) 2003, ISBN 3-86140224-6
- Botzum, Paul/Lämmerhirt, Rainer: Wüstungen im Hainichgebiet, Heimat- und Verkehrsverein e. V. Mihla (Hg.), Verlag Rockstuhl 2001, ISBN 3-934748-86-4
- Ellrich, Hartmut: Thüringer Pilgerwege, Freundeskreis Thüringen Suhl (Hg), Grünes Herz, Ilmenau und Ostseebad Wustrow 1. Auflage 2008, ISBN 978-3-86636-121-8
- Funk, Rudolf: Museen und Heimatstuben im Wartburgkreis, Kulturamt Wartburgkreis Bad Salzungen (Hg.)
- Geißler, Roland: Die schönsten Wanderungen im Eichsfeld - Wanderführer - 2. überarbeitete und erweiterte Auflage, Mecke Druck und Verlag Duderstadt 2000; ISBN 3-932752-51-1
- Geißler, Roland: Großer Wanderführer Hainich, 2. überarbeitete Auflage 2005, Verlag Rockstuhl Bad Langensalza ISBN 3-936030-95-2
- Geißler, Roland und Rockstuhl, Harald: Wanderführer Baumkronenpfad, 3. überarbeitete Auflage 2010, Verlag Rockstuhl Bad Langensalza ISBN 978-3-86777-199-3
- Geyer/Patzelt/Schäfer: Geologie erleben - Geologische Route durch den Naturpark, VDF - Verein der Freunde des Naturparks Eichsfeld - Hainich - Werratal und des Nationalparks Hainich, Verlag F. W. Cordier Heiligenstadt
- Golchert, Horst: Der Rennsteig - Wanderführer, Touristische Marketing- und Vertriebsgesellschaft mbH Suhl, 3. Auflage 1997, ISBN 3-932788-00-1
- Golland, Elmar: Burgen und Schlösser im Eichsfeld, Landkreis Eichsfeld/Amt für Wirtschafts- und Strukturentwicklung Heiligenstadt (Hg.)
- Graf, Eduard: Heimatskunde des Kreises Langensalza 1886, 2. Auflage, Verlag Rockstuhl Bad Langensalza 2002, ISBN 3-936030-27-8
- Heerda, Ewald: Unsere Bäume, eine Studie über Bäume im Eichsfeld, Heiligenstadt 1994
- Henning, Iris: Hainichlandweg, Hainichland UG Bad Langensalza (Hg), 1. Auflage 2013, ISBN 978-3-00-044358-9
- Kahl, Wolfgang: Ersterwähnung Thüringer Städte und Dörfer bis 1300 - ein Handbuch, 2. verbesserte Auflage, Verlag Rockstuhl Bad Langensalza 2001, ISBN 3-934748-58-9

- Keppler, Josef: Unterwegs im westlichen Obereichsfeld, Verkehrsverband Heiligenstadt e. V. (Hg.), Cordier Satz & Druck GmbH Heiligenstadt 1996
- Köhler, Michael: Thüringer Burgen und befestigte vor- und frühgeschichtliche Wohnplätze, Jenzig-Verlag Gabriele Köhler, Jena 2001
- Lämmerhirt, Rainer: Adelsfamilien, Burgen und Schlösser in der Hainichregion, Westthüringer Heimatschriften (Hg), Verlag Rockstuhl 2013, ISBN 978-3-86777-535-9
- Moser, Otto: Wanderungen im Unstrutthal Verlag von Richard Bauer Leipzig 1885 - Reprint durch Leipziger Verlagsgesellschaft Fliegenkopf-Verlag 1990
- Nationalparkregion Hainich - Natur und Kultur in der Mitte Deutschlands, Nationalparkverwaltung Hainich (Hg.) 1999
- Dr. Patze, Hans/Dr. Aufgebauer, Peter: Handbuch der historischen Stätten Deutschlands - Thüringen, 2. verbesserte und ergänzte Auflage, Alfred Kröner Verlag Stuttgart 1989
- Reuther, R./Weise, R.: Der Unstrut-Hainich-Kreis mit seinen Landschaften, Naturschönheiten und Schutzgebieten, Naturschutz- und Informationszentrum Nordthüringen e. V. (NIZ) (Hg.), Druck und Verlag Mühlhausen GmbH C. Schröter 1996
- Röbke, Dierk: Der Mühlhäuser Landgraben - Das kleine Wanderbuch, Stadt Mühlhausen, Gemeinde Anrode, Gemeinde Unstruttal (Hg), Mühlhausen 2002
- Rockstuhl, Harald/Störzner, Frank: Hainich-Geschichtsbuch - Geschichte und Geschichtszeugen eines Naturerbes in Thüringen, 4. Auflage 2014, Verlag Rockstuhl Bad Langensalza, ISBN 978-3-86777-537-3
- Rödel, Jörg: Wanderführer rund um das Werraknie, 1. Auflage 2013, Eigenverlag
- Scheibe, Wolfram: Rennsteig Wanderung - ein Wanderführer, 1. Auflage 2004, Dr. Lutz Gebhardt, Grünes Herz Verlag für Tourismus Ilmenau und Ostseebad Wustrow, ISBN 3-935621-97-3
- Schreiber, Heinz-Werner: Wandern im Hainich, Verlagshaus Thüringen Erfurt 2000
- Stade, H.: RadTouren im Hainich plus angrenzende Regionen, ARTIFEX Kartenverlag Bad Langensalza 2003
- Weidauer, Martin: Radfahren & Wandern im Hainich, Dr. Lutz Gebhardt, Grünes Herz Verlag für Tourismus Ilmenau und Ostseebad Wustrow

Weiterhin wurden Angaben aus Prospekten, dem Internet und weiteren Publikationen verschiedener Orte, Institutionen und Vereine berücksichtigt.

Autor Roland Geißler

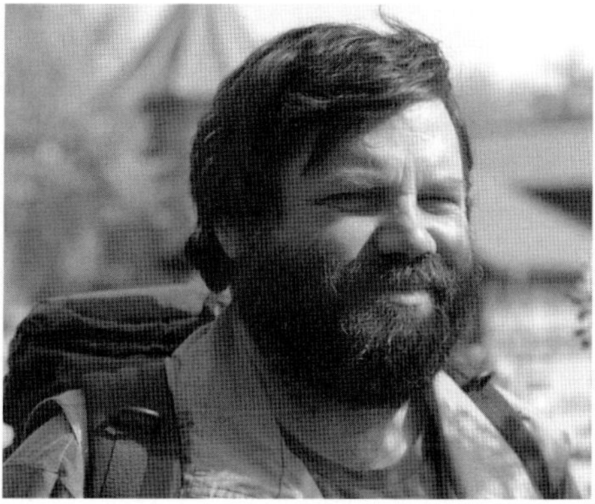

Roland Geißler. Foto von Harald Rockstuhl

Roland Geißler (geb. 1953) ist Autor zahlreicher Wanderführer mit Vorschlägen für Radtouren (s. S. 264).

Seiner Wanderleidenschaft geht er seit 1982 nach. Ausgehend von seinem Lebensmittelpunkt, dem wunderschönen Eichsfeld, erwandert er interessante und reizvolle Regionen in Thüringen und angrenzenden Gebieten.

1996 kam er auf die Idee, einmal das gesamte Eichsfeld abzuwandern, um darüber einen umfassenden Wanderführer zu verfassen (hrsg.:1998). Der Erfolg der binnen kurzer Zeit vergriffenen Auflage veranlasste ihn, weitere Werke folgen zu lassen.

Relativ spät, erst im Jahr 2001, entdeckte er für sich das Radfahren, was sich in der Zwischenzeit ebenfalls zu einer Leidenschaft entwickelt hat. Den Interessenkonflikt zwischen dem Wandern und dem Radfahren nutzt er seitdem produktiv, indem er alle seit 2004 erschienenen Werke als Wander- und Radwanderführer kombinierte.

Aus seiner Feder stammen auch einige Reportagen über Urlaubsreisen, Wanderungen und Radtouren in Tageszeitungen und Radmagazinen.

2011 hat er auch eine Ausbildung beim Deutschen Wanderverband als Bestandserfasser für Prädikatswanderwege absolviert. 2012 erfolgte die Ausbildung über den ADFC-Bundesverband zum Radwegeinspektor, was ihn berechtigt, Radwanderwege zu zertifizieren. Dank seiner Erfahrung und Ausbildung hat er an der Ausarbeitung und Kartierung von Rad- und Wanderwegen im Hainich und in der Hohen Schrecke mitgewirkt. Gern würde er dies auch in weiteren Regionen tun.

Roland Geißler ist Abteilungsleiter der Wandergruppe im Eisenbahnersportverein Lok Leinefelde e. V.

Harald Rockstuhl

Folgende Wanderführer von Roland Geißler sind erschienen

◊ **Hainich Wanderführer**
Pb. | 264 Seiten | 250 Abb. | 3. Auflage 2014
ISBN 9978-3-86777-160-3 | Verlag Rockstuhl

◊ **Wanderführer Baumkronenpfad**
Pb. | 72 Seiten | 100 Abb. | 3. Auflage 2010
ISBN 978-3-86777-199-3 | Verlag Rockstuhl

◊ **Drei Gleichen – Wanderführer**
Pb. | 96 Seiten | 60 Abbildungen | 1. Auflage 2004
ISBN 978-3-937135-57-1 | Verlag Rockstuhl

◊ **Wanderführer Fahner Höhe, Bad Tennstedt und Unstruttal**
Pb. | 144 Seiten | 100 Abbildungen | 1. Auflage 2005
ISBN 978-3-937135-58-8 | Verlag Rockstuhl

◊ **Wanderführer um Bad Liebenstein und den Inselsberg**
Pb. | 190 Seiten | 152 Abbildungen | 1. Auflage 2007
ISBN 978-3-938997-79-6 | Verlag Rockstuhl

◊ **Wanderführer Forsthaus Thiemsburg mit Radtouren**
Pb. | 96 Seiten | 115 Abb. | 1. Auflage 2007
ISBN 978-3-938997-95-6 | Verlag Rockstuhl

◊ **Die schönsten Wanderungen im Eichsfeld**
Pb. | 324 Seiten | 48 Abb. | 2. Auflage 2000
ISBN 978-3-932752-51-3 | Mecke Druck

◊ **Die schönsten Wanderungen zwischen Kyffhäuser, Hainleite, Schmücke und Hohe Schrecke**
Pb. | 456 Seiten | 354 Abb. | 1. Auflage 2009
ISBN 978-3-9811062-5-1 | Starke Druck

◊ **Die schönsten Wanderungen zwischen Südharz, Hainleite und Goldene Aue**
Pb. | 344 Seiten | 58 Abb. | 1. Auflage 2006
ISBN 978-3-9808465-9-2 | Starke Druck

Vorschau

◊ **Unstrut Wanderführer mit Radtouren**
Pb. | 312 Seiten | 250 Abb. | 1. Auflage 2014
ISBN 978-3-938997-09-3 | Verlag Rockstuhl